# 融"西"继"绝"

## 乾嘉天算专门之学论稿

陈志辉 著

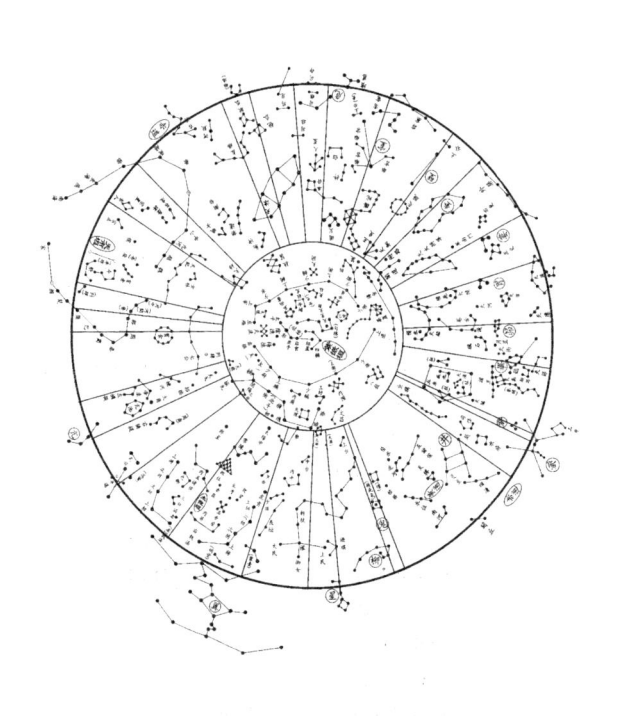

上海古籍出版社

图书在版编目（CIP）数据

融"西"继"绝"：乾嘉天算专门之学论稿／陈志辉著. －－上海：上海古籍出版社，2025.5. －－（观象）. －－ISBN 978-7-5732-1636-6

Ⅰ.B249.05

中国国家版本馆 CIP 数据核字第 2025AW6016 号

融"西"继"绝"：乾嘉天算专门之学论稿
陈志辉　著
上海古籍出版社出版发行
（上海市闵行区号景路 159 弄 1－5 号 A 座 5F　邮政编码 201101）
（1）网址：www.guji.com.cn
（2）E-mail: guji1@guji.com.cn
（3）易文网网址：www.ewen.co
常熟市人民印刷有限公司印刷
开本 850×1168　1/32　印张 15.75　插页 2　字数 339,000
2025 年 5 月第 1 版　2025 年 5 月第 1 次印刷
印数：1—1,500
ISBN 978-7-5732-1636-6
B·1461　定价：88.00 元
如有质量问题，请与承印公司联系

献给带领我进入古学之门的先舅祖周达孝公

# 目 录

序 —————————————————————————— 1

## 第一章　绪论：天算之学的清代学术史背景 ———————— 1
第一节　缘起与问题 ———————————————— 1
第二节　前人研究回顾 —————————————— 11
第三节　史料文献与概念术语 ——————————— 32

## 第二章　汉学范式中形成的乾嘉天算专门之学 ——————— 37
第一节　乾嘉汉学之形成 ————————————— 38
第二节　清朝前期天算专门之学源流 ———————— 48
第三节　乾嘉之际天算专门之学的各种表现形式 —— 72
本章小结 ———————————————————— 100

## 第三章　乾嘉天算专门之学在科举考试中的渗透 ————— 103
第一节　康熙禁止以天文算法命题的历史背景及其策略 ————————————————————— 105
第二节　纪昀的乡、会试策论题：科举考试中对天算学术史编撰体例的讨论 ———————— 109

第三节 天算专门之学在乡试策论与八股中的
　　　　渗透——以1804年江南乡试为中心 —— 114
第四节 学者官员在初级功名考试中的天算专门
　　　　之学取向 ———————————— 124
本章小结 ————————————————— 127

## 第四章 以天算注释经典：乾嘉学者对两种数学经注传统的重建 ———— 129
第一节 问题的提出 ——————————————— 129
第二节 江声及其学术与交游 ————————— 132
第三节 江声《恒星说》及其"恒星东行三题" — 154
第四节 江声"恒星东行三题"计算 ——————— 159
第五节 李锐对"恒星东行三题"的推理和计算 — 179
第六节 江声、李锐两种数学经注实作的比较 —— 189
本章小结 ————————————————— 192

## 第五章 以历算申论郑学：乾嘉学者以古历推算经史年代的实践 ———— 193
第一节 问题的提出 ——————————————— 193
第二节 《召诰》日名问题及其官方注疏 ———— 195
第三节 王鸣盛和江声对《召诰》日名问题之
　　　　研究 ———————————————— 200
第四节 李锐的《召诰日名考》 ————————— 204
第五节 李锐以古历推算排定年谱和月日谱的
　　　　依据 ———————————————— 213

本章小结及余论 —————————————— 218

第六章 许桂林对汉儒天算"绝学"体系的建构 —————— 221
  第一节 问题的提出 —————————————— 221
  第二节 许桂林之求学、游历与著述 ———————— 223
  第三节 许桂林《宣西通》及其"宣夜—西法"
          宇宙图景 —————————————— 230
  第四节 许桂林"绝学"知识的中西建构 ——————— 256
  第五节 《宣西通》的反响 ———————————— 263
  本章小结 ———————————————————— 268

第七章 李明彻《圜天图说》与乾嘉天算专门之学的经世
      致用 ——————————————————————— 271
  第一节 问题的提出 —————————————— 271
  第二节 李明彻及其《圜天图说》诸序跋问题 —— 274
  第三节 《圜天图说》的知识来源 ————————— 279
  第四节 移用与致用：从道光六年彗星见事件看
          乾嘉学者对西方四行说之态度 ——————— 297
  本章小结 ———————————————————— 322

第八章 李明彻天文舆地著作的儒学知识化及其在晚清
      海内外的流传 ———————————————————— 323
  第一节 李明彻天文舆地著作的儒学知识化 ———— 324
  第二节 西人笔下的李明彻科学著作 ———————— 338
  第三节 戊戌维新时期被盗版的《圜天图说》 ——— 342

　　　　第四节　凸显西学元素以作招徕：伪托《天文地球图说》的宣传手段 ———— 349
　　　　本章小结及余论 ———————————————— 352

## 第九章　天算专门之学的晚清回响：以《空际格致》邵增批跋本为中心 ———— 355
　　　　第一节　高一志《空际格致》及其邵增批跋本 ———— 357
　　　　第二节　常熟邵增及其家世 —————————— 365
　　　　第三节　淮幕生涯与邵增的西学意向 ——————— 375
　　　　第四节　邵增对四元素说的接受 ————————— 378
　　　　本章小结 ———————————————————— 388

## 结语　乾嘉天算专门之学在近代知识转型过程中的再定位 ———— 391

附录一　江声相关著述 ———————————————— 403
附录二　许桂林《宣西通》相关著述 —————————— 409
附录三　《圜天图说》《圜天图说续编》序跋 ——————— 417
附录四　上海图书馆藏《空际格致》邵增批跋本批语 ——— 425

参考文献 ———————————————————————— 431

人名索引 ———————————————————————— 479

再版后记 ———————————————————————— 489

# 图表目录

图 3-1 《明史·历志》中的"图" —— 114
图 4-1 《尚书集注音疏》及江声用印 —— 135
图 4-2 江声为王鸣盛篆书《窥园图记》（局部）—— 149
图 4-3 近市居本《恒星说》—— 155
图 4-4 近市居本《恒星说》（初印本）—— 155
图 4-5 问题 II 解答流程图 —— 171
图 4-6 问题 III 解答流程图 —— 178
图 8-1 《三礼通释》中的"浑天图"（左）与《圜天图说》中的"浑天十重图"（右）—— 337
图 8-2 《圜天图说》与《天文地球图说》版式文字对比 —— 344
图 8-3 《天文地球图说》中被错误拼合的"地球正面全图" —— 344
图 8-4 《天文地球图说》吴跰人序 —— 347
图 8-5 《天文地球图说》在《申报》上的广告 —— 351
图 9-1 上海图书馆藏《空际格致》邵增批跋本，邵增跋语（右）—— 364
图 9-2 常熟邵氏世系图 —— 369

| 表 2-1 | 今文经与古文经的专门家数表 | 39 |
| --- | --- | --- |
| 表 2-2 | 《荟要》"子部"类目与收书数量表 | 74 |
| 表 2-3 | 《四库全书》子部类目表 | 76 |
| 表 2-4 | 焦循《读书三十二赞》人物著作表 | 92 |
| 表 4-1 | 问题 II 解答过程（I） | 167 |
| 表 4-2 | 问题 II 解答过程（II） | 170 |
| 表 4-3 | 问题 III 解答过程 | 177 |
| 表 5-1 | 李锐排定的周初史事年谱 | 208 |
| 表 5-2 | 李锐所推居摄五年一月和二月日谱 | 212 |
| 表 6-1 | 许桂林生平及著述简表 | 226 |
| 表 7-1 | 七种版本的《圜天图说》诸序跋排列顺序表 | 277 |
| 表 7-2 | 《圜天图说》移用前人著述统计表 | 293 |
| 表 7-3 | 《观象玩占》和《开元占经》彗星占占词统计表 | 305 |
| 表 9-1 | 《空际格致》邵增批、跋及校改数量统计 | 364 |
| 表 9-2 | 常熟邵增生平简表 | 373 |
| 表 9-3 | 邵增对《空际格致》的正面批语 | 380 |
| 表 9-4 | 邵增对《空际格致》的负面批语 | 380 |
| 表 9-5 | 邵增对《空际格致》各节的校改条数 | 383 |

# 序

清代学术及其思想，是一个长盛不衰的学术史议题，清人自身就多有对"本朝"学术的评论。帝制结束后，不断有名家学者对这一演化进程作清理疏通，梁任公和钱宾四两先贤即有同题之作《中国近三百年学术史》，是故清代学术史的魅力自不待言。

过去数十年间，科学史界前辈对明清之际的中西科学交流史新见迭出，这是清代学术史上的一大关键问题。2009年，笔者在上海交通大学开始攻读博士研究生，有机会参加了《中华大典·天文典》的编辑点校工作，开始接触到江声等乾嘉学人的天算著述。当时感觉到这些文献十分有趣，但有一定难度，而前贤对此尚未有深入阐释，遂从解读江氏篆文《恒星说》入手，逐渐延伸到孙星衍、阮元、李锐等学者。随着积累的材料渐多，即思考以近代知识转型过程中的天算专门之学作为线索，贯穿起整个研究计划，以对乾嘉学术中天算绝学和西学相互碰撞、融合、援引和渗透等现象作更深刻的理解。稍后，又因接到明末高一志《空际格致》的点校任务，乃以邵增对该书的批跋及李明彻《圜天图说》一书的流转为案例，探讨四元素说在晚清的传播。因其与天学相关，亦被纳入乾嘉天算专门之学的研究框架当中。这些工作汇总而成博士论文，2013 年底通过答辩。

博士毕业后，笔者入职内蒙古师范大学科学技术史研究院任教，同时有幸前往法国，以博士后身份继续相关研究，多得林力娜教授（Karine Chemla）指点帮助，又从数学实作文化差异的角度，对乾嘉学者两种数学经注传统加以辨析，大大充实了研究内容。其间先后获教育部人文社会科学研究西部和边疆地区青年基金项目（15XJC770001）和内蒙古自治区高等学校"青年科技英才支持计划"B 类项目（NJYT‐19‐B24）的资助，玉成本书的出版。

自博士论文答辩至今阅七寒暑，中间略有所得，笔者即撰为单篇论文就正于方家，部分发表篇目如下所示，修订整合到本书成为一有机整体时有所补充，文字上也略有差异，敬请各位读者留意。

《西学的移用与致用：从道光六年彗星见事件看乾嘉学者对四行说的态度》（与江晓原师合作），载《上海交通大学学报（哲学社会科学版）》，2014 年第 2 期。

《乾嘉天算专门之学在科举考试中的渗透》，载《清史研究》，2014 年第 3 期。

《从〈空际格致〉邵瑠批跋本看明译西书对晚清士人的影响》，载《自然科学史研究》，2014 年第 3 期。

"Scholars' recreation of two traditions of mathematical commentaries in late eighteenth‐century China", *Historia Mathematica*, vol. 44（2）, Apr. 2017.

《乾嘉学者以古历推算史事年代的实践及其意义——以李锐等人对〈召诰〉日名问题的研究为中心》，载《上海交通大学学报（哲学社会科学版）》，2017 年第 6 期。

《四元素说在清代的后续传播与接受》，载《西学东渐研究（第九辑）：明清时期逻辑学与自然科学的东渐》，商务印书馆，2020 年 9 月。

《乾嘉之际天文算法类图书的设立及其藏刻校勘活动探讨》，载《内蒙古师范大学学报（自然科学汉文版）》，2021 年第 5 期。

《李明彻〈圜天图说〉的儒学化及其在晚清海内外的流传》，载《中国科技史杂志》，2022 年第 1 期。

本书或有一得之见，庶可为清代学术史研究补苴罅漏。但笔者仍恐思虑不周，致有讹舛，故书名以"稿"称之，亦望博雅君子批评指正。

陳志輝

辛丑十月吉日

于南岸静苑念壹楼

# 第一章

# 绪论：天算之学的清代学术史背景

## 第一节 缘起与问题

有清一代，人们可以列举出诸如明清鼎革、康乾盛世、西欧列强入侵等一系列大事，它们影响深远，研究其历史者多如天上星辰。伴随着这些历史大事的，尚有清代近三百年之学术，时时与世运升降交替，同样呈现出蔚为壮观的历史画卷。对学术史的考察，亦即章学诚（1738—1801）所谓"辨章学术，考镜源流",[1] 历代不乏其人。出于对学术源流的兴趣，梁启超（1873—1929）就是较早进行清代学术史研究的学者之一。[2]

---

[1]"校雠之义，盖自刘向父子部次条别，将以辨章学术，考镜源流。"章学诚的这句话，讲的固然是校雠的目的，但同时也可以理解为校雠学是学术史研究中的一条重要途径。参见（清）章学诚著，王重民通解，傅杰导读，田映曦补注：《校雠通义通解》，上海：上海古籍出版社，2009年，第1页。

[2] 朱维铮据梁启超之弟梁启勋（1879—1965）的回忆，认为梁启超"爱好考察'学术源流'"是受到他们的老师康有为（1858—1927）的影响。（转下页）

他于1921年出版的名著《清代学术概论》，直至今天仍为清学史研究的经典文献。[1] 随后，梁启超和钱穆（1895—1990）分别撰写了同名著作《中国近三百年学术史》，各自构筑了清代学术的大致图景。两者之高下暂可勿论，但如钱穆所说，他因此由对中国文化传统极大的关怀，进而关注上层的、领导文化前行并且独特的中国学术及其历史。[2] 正是因为中国学术是中国文化中极重要的组成部分，而清代学术又是中国传统学术的重要一环，所以清代学术史成为众多学者所关注的焦点之一。[3]

对于清代学术史的书写，有一个关键词无论如何也不能绕过，那就是乾嘉学术。从乾隆朝（1736—1795）鼎盛时期开始，经历嘉庆（1796—1820）至道光（1821—1850）中叶百余年，有所谓乾嘉学派出现，宗主学坛，其影响一直绵延至20世纪中。[4] 一般而言，乾嘉学派以经史考证为主，被认为是对宋明

---

（接上页）参见梁启超著，朱维铮导读：《清代学术概论》，上海：上海古籍出版社，1998年，朱维铮"导读"，第3、33页。

[1] 梁启超著，朱维铮导读：《清代学术概论》，朱维铮"导读"，第3页。

[2] 钱穆：《中国学术通义》，北京：九州出版社，2011年，"序"第1页。

[3] 朱维铮指出，比梁启超要早，就有章炳麟的《訄书·清儒》（1904年重订本，《訄书》后又改名《检论》，对《清儒》一文有所增删）、刘师培的《论清儒得失》等。参见梁启超著，朱维铮导读：《清代学术概论》，朱维铮"导读"，第25—28页；章炳麟著，朱维铮编校：《訄书：初刻本、重订本》，上海：中西书局，2012年，朱维铮"导言"第1—34页。按：比梁启超稍晚，有罗振玉《本朝学术源流概略》（1930），收于氏著，顾迁校点：《清代学术源流考》，南京：江苏文艺出版社，2011年，第99—136页。

[4] 陈祖武：《清代学术源流》，北京：北京师范大学出版社，2012年，第172页。

以来理学的反动：明末清初以来的儒者厌恶宋明诸儒束书不观，反对他们援引佛道二家的学说，空谈心性理学，要求他们应像汉儒（主要是东汉）一样，回到儒家经典，实事求是地进行研究；这种经学研究要求言必有据，文字朴实无华，不像宋明理学家那样游谈无根。因此，乾嘉学术又有汉学、考据学、朴学等别称。[1]

乾嘉学派对经史研究的考证方法又是多种多样的，因此，乾嘉学术还旁及语文学（训诂）、天文算学、历史地理学、金石学、博物学等。梁启超曾指出，训诂、天算等学科，逐渐脱离经学，由附庸而成大国，"卓然成一专门学科"。[2] 由于19世纪以来自然科学研究所带来的巨大成就，人们很容易把清代学术中的天文算学等专门学科比附于"科学"。如梁启超就说清代的王锡阐（1628—1682）、梅文鼎（1633—1721）一派"专治天算，开自然科学之端绪焉"；论清人之治学，则屡言其"纯用归纳法，纯用科学精神"。[3] 李约瑟（Joseph Needham，1900—1995）更认为，公元1600年是一个转折点，因为自此以后，"世界性的科学与中国的科学已不复存在根本性的区别"。[4] 不过，人们也

---

[1] 关于乾嘉汉学之形成，具体参见本书第二章第一节。
[2] 梁启超：《清代学术概论》，第47—48页。
[3] 梁启超：《清代学术概论》，第4、62页。
[4] Joseph Needham, with the research assistance of Wang Ling. *Science and Civilisation in China*, vol. III. Mathematics and the Sciences of the Heavens and Earth, Cambridge：Cambridge University Press, 1959. p. 437. 又 [英] 李约瑟（Joseph Needham）著，《中国科学技术史》翻译小组译：《中国科学技术史》（第四卷·天学），北京：科学出版社，1975年，第641页。

逐渐认识到，这是历史原因造成的一种诠释过度。

通过近数十年来科学史及其相关的历史学的更精细研究，学者由中西比较而认识到：与清乾嘉同时代的欧洲，牛顿经典力学的地位业已奠定，日心说宇宙体系成为学术界主流，由此而引发的科学、技术和产业革命武装了西欧列强，之后的七十年中，中国也因为洋人的坚船利炮而沦为半殖民地。[1] 另一方面，自18世纪初"礼仪之争"以来，历康雍乾三朝盛世的清廷仍以天朝上国的姿态，禁止外国传教士公开传教，傲视前来商讨全面通商的英使马戛尔尼（George Macartney, 1737—1806），锁国达百余年之久；学术界则以"西学中源"论回应明末以来传入的西学，如认为先前利玛窦（Matteo Ricci, 1552—1610）、汤若望（Johann Adam Schall von Bell, 1592—1666）等传教士传入的、远比以往有效精密的西方古典天文学是古已有之，又驳斥日心说为"上下颠倒"的不经之论。因此，乾嘉学派在科学史上很容易被描绘成阻碍科学发展的保守派，并为后来中国的落后承担责任。[2] 从此角度可以认为，乾嘉学者的著述中所出现的零散的天文、算学、舆地等自然知识，充其量只是经史考证的工具和附庸，发展不出近代天文学、数学、地理学等自然科学，对科学的贡献寥寥，因此似乎只有很小的、甚至没有研究意义和研究价值。

---

[1] 当然，中西思想、文化、制度差异等原因也在学者们的讨论之列，但科学技术之不如人，则是自清末以降者所持的第一印象和最明显直观的看法。
[2] 参见席泽宗主编：《中国科学技术史·科学思想卷》，北京：科学出版社，2001年，特别是第七章"明清之际科学思想"的第四节"西学中源说及其源流影响"，第489—495页。

不可否认，因为禁教和传统经学知识而引发的对欧洲科学新知的批判，"西学中源"论对引入西方先进文明的负面影响，乾嘉学派乃至整个清代学术界对近代科学文明的发展无甚重大的直接贡献，这些都是历史事实，但这远非事实之全部，特别是缺少了对历史主体及其实践活动的具体考察。对某些重要史事的忽略，很大程度上与以往研究对"科学"持有目的论倾向相关。与李约瑟的研究取向相似，以往论者多认为科学——特别是近代自然科学为纯粹客观超然的知识，古代各文明所产生的"科学"最后均要与近代科学合流，如百川汇于海。然而，当我们用"科学"这一概念来搜寻和分析乾嘉学术中某些合乎科学的元素时，我们所得到的可供研究的"科学"并不多，同时很多历史性的元素将被忽略。出于同一原因，这又造成了诠释不足。

因此，不可忽视而且应当被列为解释对象的，除了乾嘉学术中的天算、舆地等被清儒认为是考据学的基础且专门的知识以外，还有历史主体——即每一位直接或间接参与历史事件、且具有自我意识的学者及其周遭的学者群体，以及他们所处的清代近三百年学术史和学术思想史变迁的背景。质言之，科学史作为历史研究之一，其研究者应返回到具体的历史场景当中，以古人的立场和角度考虑并解释问题，而不仅仅以近代以来才产生的科学作为唯一的标尺。

科学作为重要的知识和思想，致使 19 世纪中叶以降的中国发生思想上的巨变，这是重要而不可否认的事实。早期的解释，是美国汉学家费正清（John King Fairbank，1907—1991）等运用汤因比（Arnold Joseph Toynbee，1889—1975）的"冲击—回应"模式（impact-response model），即把中国思想界的巨变完全归结为西方挑战和冲击的产物；又或由者是由"冲击—回应"模式发展而来的"传统—近代"模式（tradition-modernity model），即把近代以前的一切不加区分地归作"传统"，中国近代思想文化是由于西方的"解放"而产生的，似乎在此之前，中国社会、经济、文化乃至于学术思想基本上处于停滞状态，是一潭死水，毫无生机。然而，这被认为是一种过于简单的"政治背景决定论"。[1] 从 20 世纪七八十年代开始，首先在美国出现了反对用这种简单模式来解释晚期帝制中国历史的呼声：如柯文（Paul A. Cohen，1934— ）认为应该采用"中国中心观"（China-centered approach），注重中国内部的探索和中国人自身的经验，从而"在中国发现历史"（Discovering History in China）。[2] 与柯氏几乎同时，中国及其他国家也出现了以类似"中国中心观"作为理论框架的学术思想史研究著作。余英时从思想史发展的内在理路出发，认为乾嘉学术乃儒学变迁中智识主义（Confucian Intellectualism）的勃兴。[3] 艾尔曼（Benjamin A. Elman，1946— ）借用库恩（Thomas Kuhn，1922—1996）关于科学革命研究的

---

[1] 葛兆光：《18 世纪的学术与思想——评艾尔曼〈从理学到朴学〉》（原载《读书》1996 年第 2 期），引自《域外中国学十论》，上海：复旦大学出版社，第 1—14 页。

[2] Paul A. Cohen, *Discovering History in China: American Historical Writing on the Recent Chinese Past*, New York: Columbia University Press, 1984, 1996 Second Paperback Edition, 2010 Reissue；林同奇译：《在中国发现历史——中国中心观在美国的兴起》，北京：中华书局，1989 年，2002 年 8 月新 1 版。

[3] 余英时：《论戴震与章学诚》，北京：三联书店，2005 年。

范式（paradigm）理论，认为乾嘉考据学派的出现，是从理学（philosophy）到朴学（philology）的学术范式的转移。[1]葛兆光则认为，18、19世纪之际考据学的转向，是清儒对重建知识世界的一次尝试。[2]

由众多学者的研究成果得到的启示是：应把西方列强入侵前的18世纪至19世纪初叶的历史——包括学术史与思想史——作为清代近三百年历史进程的有机组成部分，[3]并注意这一时期中国内部系统变化的细节。如前所述，"科学"这一概念难以全面分析和解释乾嘉学术史乃至清代学术史，其问题之症结正与"传统—近代"模式的弊端如出一辙。当然，我们也不必将柯文"中国中心观"与费正清等人的"冲击—回应"模式完全对立起来，而可以把前者作为后者的一种必要修正和补充，即更重视中国作为回应一方的自主性、独特性与复杂性。事实上，仅以台湾地区近二十年来对明末清初的科学史的研究为例，研究者们采

---

[1]在本书中称统称为"汉学范式"。参见 Benjamin A. Elman, *From Philosophy to Philology: Intellectual and Social Aspects of Change in Late Imerial China*, Cambridge, Massachusetts: Harvard University Press, 1984；赵刚译：《从理学到朴学：中华帝国晚期思想与社会变化面面观》，南京：江苏人民出版社，1995年、2012年。按：柯文认为此书是20世纪80年代中以来众多以"中国中心观"写作的著作之一，见《二版前言》，"Preface to the Second Paperback Edition", *Discovering History in China: American Historical Writing on the Recent Chinese Past*, 2010 Reissue, pp.xii - xiii.

[2]参见葛兆光：《中国思想史》，上海：复旦大学出版社，2009年，特别是下卷第三编第四节"重建知识世界的尝试：18、19世纪之际考据学的转向"，第413—445页。

[3]艾尔曼原有相似意见，谓18世纪的历史"不应被孤立出来，搁置一边"，参见［美］艾尔曼著，赵刚译：《从理学到朴学：中华帝国晚期思想与社会变化面面观》，2012年，"著者初版序"第3页。

用"近代东西文明遭遇与冲撞的取向"(the encounter and mutual impact between modern civilizations of East and West)处理自然知识的发展与传播等问题，其成果依然十分可观。[1] 这似乎与明末清初中西文明交往双方的对等性有关，这种对等性使得研究者们在研究过程中对受到冲击和影响的一方不得不予以重视。

近年来，学术界兴起了"中国近代知识转型"(Constructing Modern Knowledge in China, 1600—1949)的议题，这一议题把"近代"的时间上限延伸至晚明，所探讨者则是这一时期内"中西学术援引、裂变与互渗的复杂过程"。[2]这一议题统摄了中国传统学术自身的演化和近代科学式知识在中国之建构两个方面的取向。无可置疑的是，乾嘉学术从历史发展上看，处于两次"西学东渐"大潮之间；而在学术形态上看，则是传统知识向近代知识转型过程中的关键环节。因此，如果中国研究者不能依据具体的历史细节，进而澄清乾嘉学术在近代知识转型背景下的特质，而仅依靠先前对乾嘉学术所持的繁琐考证、保守落后等刻板印象进行判断的话，对于中国近代知识转型这一议题则只能是祖述前贤、重弹老调，而且也会因学无实据而难以与20世纪末以来新一代西方学者就相关问题展开对话。

台湾地区学者张寿安就是在近代知识转型的角度下重新诠释了乾嘉学术。与以往不同，她特别提出"专门之学"(或称

---

[1]徐光台：《台湾近20年的科技史研究：近代东西文明的遭遇与冲撞取向》，《自然科学史研究》，2010年第29卷第2期，第216—231页。
[2]张寿安：《打破道统·重建学统——清代学术思想史的一个新观察》，《"中央"研究院近代史研究所集刊》，2006年6月第52期，第54页。

专门知识）这一概念，将之视为分析传统学术分化的一条重要线索。[1]受此启发，笔者结合自己比较熟悉的科学史特别是天文学史和数学史领域，认为不妨把乾嘉学术中的专门之学作为传统知识向近代科学式知识转型的中间形态，而在此前提下引发的问题是：在此过程中，乾嘉学术中的专门之学——特别是如天文、算学等这些与自然知识相关的学问如何建立？与传统学术（例如经学考证）的关系如何？学者们在建立这种知识系统时，利用了何种方式，援引了何种话语，又形成了怎样的文本？其具体的历史机缘为何？其周遭的学人社会群体有何反应？对后世的影响如何？

前贤著述体大思精，笔者无意亦绝不可能就所有乾嘉学术中的专门之学逐一进行研究。但笔者仍将使用专门之学这一概念，结合明清学术史的大背景，讨论乾嘉天算专门之学的形成及其在各学术面相上的渗透；重点分析18世纪至19世纪前期，与天算专门之学相关的几个具体而微的重点案例；亦由此顺流而下，考察乾嘉天算专门之学在晚清的影响。这几个重点案例中的主要人物包括：惠栋（1697—1758）弟子、《汉学师承记》作者江藩（1761—1831）之师、被称为"吴派嫡传"的江声（1721—1799），钱大昕（1728—1804）弟子、算学名家李锐，深受乾嘉健将阮元（1764—1849）赞赏、《畴人传续编》作者罗

---

[1] 张寿安:《龚自珍论乾嘉学术：专门之学——钩沉传统学术分化的一条线索》,《学海》,2010年第2期,第23—36页；又《专门之学：钩沉传统学术分化的一条线索》,黄东兰主编:《新史学（第四卷）：再生产的近代知识》,北京：中华书局,2010年,第1—29页。

士琳（1789—1853）之师许桂林（1779—1822），以及受阮元资助出版天算著述的广东道士李明彻（1751—1832）。

之所以选择这一时期，是因为此时的汉学或所谓考据学已确立其在学术界的主流地位。按照陈祖武所提倡的乾嘉汉学历史过程说，这一时期是乾嘉汉学的"总结期"，[1] 经史考证的地位得以完全确立。[2] 以精致的案例研究为重点，一则易于集中议题以搜集材料，二则便于作深入而有实据之议论，避免肤廓平滑之弊。

至于江、许和李明彻三人之代表性问题，亦可略作解释。以天算专门之学中纯粹数理科学部分的造诣论，此三人实不及乾嘉学派主将戴震（1724—1777）。事实上，笔者当然关注戴震，并会在书中论及。然而戴氏早逝，而上述数人则无不与乾嘉之交的阮元、孙星衍（1753—1818）等汉学名臣有或直接或间接的关系——这正是笔者欲承张寿安早前揭橥之"阮元学圈"[3] 而继续探讨的"孙星衍—阮元学圈"。显然，戴震本人与此"孙—阮学圈"并无太多的交集。另外，传统学术（如经学）视角也是笔者始终关注之所在，而纯粹数理科学造诣如何并非笔者全部的考量点。此三人为中心所牵引出的学者社会群体，也是本书讨论的重点之一。

---

[1] "乾嘉汉学为一历史过程"，此说为侯外庐（1903—1987）首先提出。参见陈祖武：《清代学术源流》，第172页。
[2] 陈祖武、朱彤窗：《乾嘉学派研究》，石家庄：河北人民出版社，2005年，第三章"经史考证主流地位的确立"，第258—434页。
[3] 张寿安即把"阮元学圈"作为文章的关键词之一。见氏著《打破道统·重建学统——清代学术思想史的一个新观察》，第54页。

## 第二节　前人研究回顾

本书所关注的时代主要为清乾嘉时期，特别是 18、19 世纪之交的乾隆—嘉庆交接时期，主题是讨论汉学派的天算专门之学。在这一时期，儒学形态体现为汉学，又或大致等同于乾嘉学者所说的经学、古学等名目。经学是中国的传统学术，这一方面应通过中国学术史（特别是经学史）、哲学史、思想史加以把握。虽然前贤多未对天算专门之学这一特有概念有所论述，但明清以来相关的天文学史、数学史乃至一般科学史，以及与之相关的科学与社会、文化的研究仍有很大的参考价值。特别是耶稣会士于明末清初通过天文、数学等西方古典科学知识，宣扬基督教。虽然因为康熙朝末年的"礼仪之争"问题，一般认为雍正、乾隆、嘉庆及道光早期，知识上的中西交流几乎停滞，但仍有不少乾嘉学者就传教士的著作展开论述、发表看法，因此明末清初有关中西交流史方面的论著也应给予注意。以下就这几个方面，整理回顾近代以来的相关研究，以确定本书在这些研究基础上作进一步推进的方向和空间。

### 一、学术史和思想史方面的研究

清代学术史的书写，自 20 世纪初清帝逊位后，即有众多大学者的参与。章炳麟（1869—1936）《清儒》首先以地域划分乾嘉学派，谓"吴始惠栋，其学好博而尊闻；皖南始江永（1681—

1762)、戴震，综形名、任裁断"，[1] 吴、皖二派由此分野。张舜徽（1911—1992）《清儒学记》，别设《清代扬州学记》，指出于吴、皖二派之外，尚有以王念孙（1744—1832）、引之（1766—1834）父子及汪中（1745—1794）、阮元、焦循（1763—1820）等为代表的扬州学派，并认为"吴派之学专、皖派之学精、扬州之学通"。[2] 这种划分有助于研究者对乾嘉学术作整体性的把握，此后学者大都沿此分门别派的做法进行研究。梁启超则从整个清代学术史着眼，考察各地学者的分布情况，[3] 因此他重视吴皖分野而不限于此。同时他承认："以行政区域分节，理论上极不适当，贪便而已。抑舍此而别求一科学的区分法，亦非易易也。"[4]

近来学者也认为，基于地域、学风特色划分派别的研究，难免带有主观判断和后见之明，更重要的应是对当事人的自我认识。[5] 章太炎扬吴抑皖，过分突出乾嘉学派中吴皖二派的对立，缺乏对两派学者之间联系、交流的分析。[6] 从不少学者的研究中可知，处于不同地域的乾嘉学者之间会利用札记、书信等形式

---

[1] 章炳麟著，朱维铮编校：《訄书：初刻本、重订本》，第132页。
[2] 张舜徽：《清代扬州学记》，扬州：广陵书社，2004年，第2页。
[3] 梁启超：《近代学风之地理的分布》（中华书局1936年《饮冰室合集》排印本），引自汪学群编：《清代学问的门径》，北京：中华书局，2009年，第94—128页。
[4] 梁启超：《近代学风之地理的分布》，第94页。
[5] 冯峰：《扬州学派形成考论》，《清史研究》，2011年5月第2期，第31页。
[6] 相关批评如武少民：《章太炎与清代学术史研究》，《古代文明》，2010年4月第4卷第2期，第43页。

进行学术交流,[1] 彼此相互砥砺而形成学术社群；扬州地区的学者也很有意识地与属于吴派的苏南学人进行"对话"。[2] 严格区分吴皖和扬州学派的学术精神气质,颇嫌机械。陈祖武指出,乾嘉学派影响深远,其生住异灭之过程绝非"吴皖分野的简单归类所能反映",而应"对各家学术进行实事求是的具体研究"。[3] 漆永祥即以人物为线索,将清考据学家大致分为惠（栋）、戴（震）、钱（大昕）三派,但仍注意到三派"异中有同,同中有异",难以"判焉分明"。[4]

对于清代学者,特别是乾嘉学者的精神气质,梁启超在《清代学术概论》中指出,他们的研究方法具备了"科学精神",如"考据学家"戴震；梁氏还认为"清儒所遵之途径,实为科学发达之先驱"。[5] 其后,他更在《中国近三百年学术史》中增加了相关材料,对此加以阐发。[6] 胡适（1891—1962）、顾颉刚

---

[1] [美]艾尔曼著,赵刚译:《从理学到朴学：中华帝国晚期思想与社会变化面面观》,第152—158页。
[2] 承载:《扬州学派与苏南学人》,《史林》,2001年第2期,第44—56页。
[3] 陈祖武:《乾嘉学派吴皖分野说商榷》,《贵州社会科学》,1992年第7期,第44—49、56页；陈祖武、朱彤窗《乾嘉学派研究》,"前言"第3页。按：关于吴皖分派之商榷,也有学者提出不同意见,认为吴皖分派仅为代称和概称,看重各人的师承关系,并不否认乾嘉学派是一个历史发展过程,且非章太炎首创,乾嘉时人已有类似划分,未宜遽废（参见王俊义:《关于乾嘉学派的成因及派别划分之商榷》,《中国社会科学院研究生院学报》,1995年第3期,第36—41页）。当然,一般指称某学者为某地域的学派亦未尝不可,毕竟这是客观事实,但问题是,若仅仅按照吴皖分野的框架来分析历史现象,势必只见其异,而忽略其相互联系的一面。
[4] 漆永祥:《乾嘉考据学研究》,北京：中国社会科学出版社,1998年,第111—136页。
[5] 梁启超:《清代学术概论》,第34—43、104页。
[6] 梁启超:《中国近三百年学术史》,北京：东方出版社,2004年,第158—168、362—383页。

(1893—1980)、傅斯年（1896—1950）等也持有同样的观点，[1]他们之所以得到如此高的评价，主要是因为清代治汉学者的治学精神，如怀疑的精神、征实的精神以及大胆假设、小心求证的精神，与胡、顾、傅等人所提倡的以科学方法研究古史的观点相契合。对于梁启超把有清一代学术比拟近代欧洲的文艺复兴，[2] 蒋方震（1882—1938）便提出了既然清代精神与文艺复兴的科学精神相类似，为何独考据发达，而其他学问和纯粹科学终不发达的疑问。[3]

20世纪初期的清代学术史书写者，还有刘师培（1884—1919）[4]、皮锡瑞（1850—1908）[5] 和王国维（1877—1927）

---

[1] 胡适：《清代学者的治学方法》（《北京大学月刊》[1919—1921] 第1卷第5、7、9期），引自季羡林编：《胡适全集》第一卷，合肥：安徽教育出版社，2003年，第363—390页；《戴东原的哲学》（北京大学《国学季刊》[1925年12月] 第2卷第1期），引自《戴东原的哲学》（第2版），合肥：安徽教育出版社，2006年，特别是第三部分"戴学的影响"，第63—150页。顾颉刚：《清代汉学家治学精神与方法》（《播音教育月刊》创刊号[1936年11月1日]），引自汪学群编：《清代学问的门径》，第334—347页。傅斯年：《清代学问的门径书几种》（1919），引自汪学群编：《清代学问的门径》，第1—8页。

[2] 参见梁启超：《清代学术概论》，第101—103页。

[3] 蒋方震：《清代学术概论序》，梁启超：《清代学术概论》"附录"，第109—110页。事实上，先是蒋方震请梁氏为其《欧洲文艺复兴时代史》写序，但梁氏下笔不能自休，"序言"篇幅几乎与原书相埒，故独立单行为《清代学术概论》，反索序于蒋方震。见梁启超：《清代学术概论》，"自序"第1—3页。

[4] 刘师培：《南北考证学不同论》（原载《国粹学报》第二、六、七、九期，1905年3月2日）；《近儒学术统系论》（原载《国粹学报》第二十八期，1907年5月2日）；《清儒得失论》（原载《民报》十四号，1907年6月8日）；《近代汉学变迁论》（原载《国粹学报》第七十一期，1907年7月29日），以上四文收于《刘师培儒学论集》，成都：四川大学出版社，2010年，第99—106、175—179、180—186、187—188页。

[5] （清）皮锡瑞著，周予同注释：《经学历史》（按：本书初刊于清光绪三十三年[1907]），北京：中华书局，2008年，第十部分"经学复盛时代"，第259—349页。

等人。刘师培认为清儒与明儒不同,他们"不求用世"而兴起"求是之学",[1] 刘氏以"民族主义"作为评价基础,对所谓汉学作出一番清理。[2] 皮锡瑞指出清朝经学三变,循"宋学—东汉古文经学—西汉今文经学"路径演变,[3] 是经学复盛的时代。王国维则以西洋哲学审视汉学。[4]

比梁启超等人稍后,有钱穆的论述。作为中国文化传统的守护者,他比较注重传统学术的内在发展,而略于明末以降西学传入后异质文化对中国士人的影响。[5] 钱穆高弟余英时进一步阐发,指出元明以来儒学形而上学式的理学与心学讨论已经穷尽,学者们无法得以辨明是非,因此只有回归"六经"原典这个"最高法院"进行"上诉"。[6] 这种所谓从"尊德性"向"道问学"[7] 的转变,是儒学内部争论并逐渐演化的结果,因而清学并非纯粹理学反动之结果,它在思想史内在理路上有其连续性。余氏仍未就晚明初清传入的西学与传统儒学进行十分专

---

[1] 刘师培:《清儒得失论》,第 181 页。

[2] 葛兆光:《清代学术史与思想史的再认识》,《中国典籍与文化》,2012 年第 1 期,第 9 页。

[3] (清)皮锡瑞著,周予同注释:《经学历史》,第 341—342 页。

[4] 王国维:《国朝汉学派戴阮二家之哲学说》(原载《教育世界》第 76 号,1904 年 6 月),引自《王国维儒学论集》,成都:四川大学出版社,2010 年,第 89—93 页。

[5] 钱穆:《中国近三百年学术史》(按:本书 1937 年上海商务印书馆初版),北京:九州出版社,2011 年。

[6] 余英时:《清代学术思想史重要观念通释》,《文史传统与文化重建》,北京:三联书店,2012 年,第 204—205 页。

[7] "尊德性而道问学"语出《中庸》,余英时视宋代儒学为"尊德性"与"道问学"并重,明代儒学以"尊德性"为主导,清代儒学则以"道问学"独霸。见氏著《清代学术思想史重要观念通释》,第 202—203 页。

门的探讨，但他关于学术思想史的"自主性"（autonomy）预设仍十分值得注意。自主性指思想和学术（scholarship，包括人文humanities 和科学 sciences）一旦出现即形成了一个自主的精神领域（包括宗教在内），从此一代一代地接续发展下去。[1] 这个观点实际上提示了包括科学史研究者在内的历史研究者，一定要注意传统学术演进的内在动力，而不能把科学作为一种纯粹客观的、超然于文化的知识体系，并将之从原有的文化整体脉络中抽离出来。[2]

张永堂以前后相继的两部专书探讨明末清初"理学与科学"之间的关系。[3] 他以方孔炤（1591—1655）、方以智（1611—1671）父子为中心，考察相关人物的行谊和学术。他认为以方以智为核心成员的方氏学派不满晚明王学末流，主张恢复邵雍（1011—1077）、朱熹（1130—1200）等早期理学家的传统，开启了清代考据学之先河。[4] 另一方面，以邵、朱等人为代表的理学派倡言以"数"格物，耶稣会士又以包括自然科学在内的西学重新解释儒家的"格物穷理"观念，于是理学与西学均具

---

[1] 余英时：《综述中国思想史上的四次突破》（2007 年），引自氏著《中国文化史通释》，北京：三联书店，2012 年，第 1 页。

[2] 相应的，余英时的应"把西方科学传统理解为西方文化整体的一个有机环节"观点，同样建基于此。相关讨论参见《古代思想脉络中的医学观念：李建民〈生命史学〉代序》（2005）、《环绕着"李约瑟问题"的反思：陈方正〈继承与叛逆——现代科学为何出现于西方〉序》（2008），引自氏著《中国文化史通释》，第 47—164、165—183 页。

[3] 张永堂：《明末方氏学派研究初编——明末理学与科学关系试论》，台北：文镜文化事业有限公司，1987 年；《明末清初理学与科学关系再论》，台北：学生书局，1994 年。

[4] 张永堂：《明末方氏学派研究初编》，第 61—62 页。

备"格物穷理"的共同焦点,明末清初的"西学派"在此共同焦点上进行科学和学术研究并取得成果。[1] 张永堂认为,"清代考据学者不乏对科学研究有兴趣者",而由于理学、经学和科学三者之密切关系,可以进一步思考清代经学与科学间之关系,以及明末"科学研究"在乾嘉考据独盛的时代如何发展等一系列问题。[2] 然而,他并没有对这些问题作更进一步的论述和解答。

艾尔曼一系列关于清代学术史的著作,[3] 则揭示了清代学术界,特别是清中期的考据学界的活跃性和多面性。其意在表明,鸦片战争前的中国知识界并非一潭死水,实证学风、学者职业化、藏书楼和学术圈等的建立,使得学术不断向前发展。[4] 相关的批评也注意到,艾尔曼相当注意从经学内部的分歧,科学知识,科举制度,士人身份角色以及家族、地域、通信和政治事件等方面,来看学术史、思想史和文化史的冲突与演进;[5] 但他似乎忽略了清代学者不仅仅限于江南的地域流动,以及在特殊时空背景下,清代学者的职业化有一个限度,如果忽略了这个限

---

[1] 张永堂:《明末清初理学与科学关系再论》,第五、六章,第215—255页。

[2] 张永堂:《明末方氏学派研究初编》,"序"第4页。

[3] Benjamin A. Elman, "Philosophy ($I-LI$) Versus Philology ($K'ao-Cheng$): The Jen-Hsin Tao-Hsin Debate"(义理对考证:"人心""道心"之辩),$T'oung Pao$, LXIX, 4-5 (1983), pp.175-222. [美]艾尔曼著,赵刚译:《经学、政治和宗族——中华帝国晚期常州今文学派研究》,南京:江苏人民出版社,1998年。又[美]艾尔曼著,赵刚译:《从理学到朴学:中华帝国晚期思想与社会变化面面观》。

[4] [美]艾尔曼著,赵刚译:《从理学到朴学:中华帝国晚期思想与社会变化面面观》,第三章"江南学者的职业化",第四章"学术、图书馆、出版业",第五章"江南地区的学术交流网络",第67—179页。

[5] 葛兆光:《清代学术史与思想史的再认识》,第12—15页。

度，则考据学之于传统思想的瓦解意义就会类似于"文艺复兴"之于"新时代"的价值判断，有事后追认、把思想变迁前的学术史剧变当作思想史书写之嫌。[1]

由于乾嘉学派在清代学术史上之重要性，前述梁启超书虽无专论乾嘉学派的章节，但一再表彰"以乾嘉学派为中坚之清代学者"整理旧学之总成绩。[2]而乾嘉学派又以惠栋、戴震、钱大昕、焦循、阮元等人为代表，故钱穆《中国近三百年学术史》又以人物为线索，戴震、焦循等人各自为章。[3]此后关于乾嘉学派的专论日多，林庆彰等人为乾嘉学术的重要论著编目，至1993年末，条目多达3 480条，分为"清代学术通论""乾嘉学术通论""四库学"和"乾嘉学者分论"四大部分。[4]及后陈鸿森勾稽乾嘉学人遗文，[5]陈祖武[6]、漆永祥[7]、刘

---

[1] 葛兆光：《清代学术史与思想史的再认识》，第15—20页；《18世纪的学术与思想——评艾尔曼〈从理学到朴学〉》，第10—14页。

[2] 梁启超：《中国近三百年学术史》，第200—392页。

[3] 钱穆：《中国近三百年学术史》，第331—574页。

[4] 林庆彰主编：《乾嘉学术研究论著目录（1900—1993）》，台北："中央"研究院中国文哲研究所筹备处，1995年。

[5] 如《钱大昕潜研堂遗文辑存》《潜研堂遗诗拾补》《王鸣盛西庄遗文辑存》《段玉裁经韵楼遗文辑存》《阮元揅经室遗文辑存》《江声遗文小集》等。参见陈祖武：《清代学术源流》，第十七章"乾嘉学派研究与乾嘉学术文献整理"之第二部分"别集佚文的辑存"，第327—330页；（清）江声著，陈鸿森辑：《江声遗文小集》，彭林主编：《中国经学（第四辑）》，桂林：广西师范大学出版社，2009年，第1—28页。

[6] 陈祖武、朱彤窗：《乾嘉学派研究》；陈祖武：《清代学术源流》中编"乾嘉学派与乾嘉学术"，第165—336页。其突出之处在于揭示乾隆帝对学术的喜好及对应的文化政策对乾嘉学术的影响，详述阎若璩（1638—1704）、惠栋至崔述（1740—1816）、章学诚、唐鉴（1778—1861）以来的重要人物及其重要作品。

[7] 漆永祥：《乾嘉考据学研究》。

墨[1]等学者的专论著作也陆续问世，足见乾嘉学派研究之盛。

20世纪80年代以来，又有学者提出"明清实学思潮"的概念，指代由明中期开始到清代中叶的一股学术思潮，并以之解释明清之际学术思想的转轨。[2] 然而，"实学"这一概念的内涵和外延实在过于庞大，自唐以来历朝历代使用者不乏其人，随时代之改变而改变，各家对其真正的意义各有不同意见。[3] 董光璧就认为，历史上并未形成统一的"实学"概念，"'实学'并非一种学说或理论体系，而是有关学术研究的一种主张'求实'的价值取向"。[4] 这实际上提示我们，虽然清人屡言"实学"，但要弄清其语境，看这个"实"到底是指学术能应用于现实的实用，还是指学术研究中的论断具有实证，两者不能混为一谈。

---

[1] 刘墨：《乾嘉学术十论》，北京：三联书店，2006年。分为"乾嘉学派的学术史渊源""18世纪的官学和私学""惠栋与'汉学'的建立""戴震与皖派""考据学的典范：钱大昕""'六经皆史'：章学诚的史学精神""《四库全书》及其评价标准""今文经学的兴起及其意义""考据学的目标""乾嘉学术与西学"十个部分，各部分以乾嘉学术的"知识谱系（genealogy）"作为线索贯串始终。其中"乾嘉学术与西学"部分，以同题发表于《清史研究》，2005年第3期，第53—62页。刘墨通过分析戴震和钱大昕等人的案例，认为西学只限在天文、历法、地理学、数学等方面再次唤起中国人兴趣，而"西学中源论"则阻止了中国学者进一步接受西方科学，但"18世纪的学者为西学在中国的渗透留下合理性的空间"，然而这一论点仍需要更原初的材料和更具体的案例加以补充论证。

[2] 陈鼓应、辛冠洁、葛荣晋主编：《明清实学思潮史》，济南：齐鲁书社，1989年；葛荣晋主编：《中国实学思想史》，北京：首都师范大学出版社，1994年。

[3] 参见李宜茜：《近十五年来"明清实学思潮"研究评介（1982—1997）》，《"国立"台湾师范大学历史学报》，1998年6月第26期，特别是第二部分"明清'实学思潮'的名称问题"，第262—264页。

[4] 董光璧：《实学与科学》，中国实学研究会编：《中韩实学史研究——第五届东亚实学国际学术研讨会论文集》，北京：中国人民大学出版社，1998年，第146页。

对近代中国学术的转型及其科学式知识的建立,陈平原等一系列学者多聚焦在晚清民国以降,分别从案例或具体论题入手进行剖析。[1] 左玉河则从宏观的角度,论述了中国学术如何从传统"四部"分类向"七科"分目演变,其中以两节的篇幅论及"从传统术数之学到近代数学"和"从天文历算之学到近代天文学"的近代"格致学"两个门类的移植。[2]

总之,清代学术史和思想史一直是学界的研究热点。前人的研究成果丰硕,可为本书所论述的大背景提供多方面的深刻理解。

## 二、专门学科史方面的研究

关于清代专门学科史——特别是与数学、天文学等方面的研究,李约瑟较偏重于明末以来耶稣会士所输入的天文学及其中西比较。[3] 较全面的论述,先有陈遵妫的《中国天文学史》,[4]

---

[1] 陈平原:《中国现代学术之建立——以章太炎、胡适为中心》,北京:北京大学出版社,1998年。罗志田:《权势转移:近代中国的思想、社会与学术》,武汉:湖北人民出版社,1999年。桑兵:《国学与汉学——近代中外学界交往录》,杭州:浙江人民出版社,1999年;《晚清民国的国学研究》,上海:上海古籍出版社,2001年。王先明:《近代新学:中国传统学术文化的嬗变与重构》,北京:商务印书馆,2000年。

[2] 参见左玉河:《从四部之学到七科之学——学术分科与近代中国知识系统之创建》,上海:上海书店出版社,2004年,此两节见该书第204—213页。

[3] [英]李约瑟(Joseph Needham)著,《中国科学技术史》翻译小组译:《中国科学技术史》(第四卷·天学),第二十章"天文学"第十部分"耶稣会传教士入华时期",第640—694页。

[4] 陈遵妫:《中国天文学史》,上海:上海人民出版社,1980年,第一册,第二编"中国古代天文学"第三章"中国历代天文学简介"第九部分"清代天文学",第246—259页。

他从《西洋新法历书》之颁行讲起，主要介绍了在清朝皇帝和耶稣会士主导下所制造的天文仪器，[1]及其所编撰的历法、星表和天文仪器的使用方法，[2]一般民间学者对测时用星表的编制和日晷著作，以及清代两位对天文学有所探究的女性。[3]陈遵妫大体上对于乾嘉考据学者的工作不以为然。他认为他们的最大成就，只是在于对经书中的天文内容、春秋历法、汉代《三统历》和《四分历》及以后的历代历法等古代资料作出清楚的诠释，而实际上有不少人"连诠释工作也没有做好"。[4]

陈美东《中国科学技术史·天文学卷》把明末至整个清代（1583—1911）视为一个整体，作为中西天文学交融的时期。[5]其中与乾嘉学派相关的部分包括有："阮元等人对日心地动说的怀疑或抵制""钱大昕对传统历法的研究""阮元、李锐等《畴人传》的编纂及其他""李锐对传统历法的研究""顾观光、汪曰桢等的历法研究"，[6]后4个部分统属于"乾嘉学派的天文工作"一节中。陈美东的着眼点在于乾嘉学派著名人物在经史考证基础上对传统历法的整理和研究工作，总体上属介绍性质。

---

[1]包括赤道经纬仪、黄道经纬仪、地平经仪、地平纬仪、纪限仪、天体仪（以上均在1673年），地平经纬仪（1715），玑衡抚辰仪（1744）等。
[2]包括《灵台仪象志》（1673），《历象考成》（1722）、《历象考成后编》（1742），《仪象考成》（1752）、《仪象考成续编》（1844）等。
[3]即乾嘉年间的王贞仪（1768—1797）和道咸年间的江蕙（1839—？）。
[4]陈遵妫：《中国天文学史》，第255—256页。
[5]陈美东：《中国科学技术史·天文学卷》，北京：科学出版社，2003年，第八章"中西天文学的交融——明末~清代"，第622—710页。
[6]陈美东：《中国科学技术史·天文学卷》，第721—723、731—741页。

可以注意的一点是，他把顾观光（1799—1862）、汪曰桢（1813—1881）等人也划入乾嘉学派的范畴。虽然从活跃年代上来说，这些学者显然离乾嘉时代稍远，而且社会形态也与前代不尽相同，但陈美东显然看出了他们受到了乾嘉学派对传统历法研究的某种影响。这种影响的方式与细节，显然可以进一步通过对乾嘉学者及其继承者的观察进行研究。

## 三、中西文化交流与比较方面的研究

清代的中西文化交流，历来是学界的研究热点，方豪（1910—1980）称此课题之兴起，乃发轫于清嘉庆以后对西北史地、域外地理的考证与研究。[1] 自方豪等前辈学者以降，均多有关于明清以来耶稣会士与中国学术、思想、文化方面的著述。[2] 其

---

[1] 方豪：《中西交通史》（按：此书于1953—1954年初版），上海：上海人民出版社，2008年，第2—6页。
[2] 比较重要的如着重入华（或在华）天主教传教士传记方面：[法]费赖之（Louis Pfister, S. J.）著，冯承钧译：《在华耶稣会士列传及书目》，北京：中华书局，1995年；[法]荣振华（Joseph Dehergne, S. J.）著，耿昇译：《在华耶稣会士列传及书目补编》，北京：中华书局，1995年；方豪：《中国天主教史人物传》（上册），影印香港公教真理学会、台中光启出版社1970年再版本，北京：中华书局，1988年。着重明末清初以来入华传教士（包括耶稣会士和新教传教士）带来的各种知识学说方面：方豪：《中西交通史》，第四篇"明清之际中西文化交流史"之第一章至第十二章，第485—725页；董光璧：《中国近现代科学技术史史纲》，长沙：湖南教育出版社，1991年；樊洪业：《耶稣会士与中国科学》，北京：中国人民大学出版社，1992年；曹增友：《传教士与中国科学》，北京：宗教文化出版社，1999年。着重传教士与中国士人、皇帝的互动关系：徐海松：《清初士人与西学》，北京：东方出版社，2000年；吴伯娅：《康雍乾三帝与西学东渐》，北京：宗教文化出版社，2002年；黄一农：《两头蛇：明末清初的第一代天主教徒》，上海：上海古籍出版社，2006年。此外方豪六十岁时的自定论文集中的多篇论文也涉及上述三方面，见氏著《方豪六十自定稿》（上册），台北：学生书局，1969年，第1—620页。

中，清人对西学的反应之一的"西学中源"论研究值得注意。江晓原认为清代的"西学中源"说发端于明末遗民黄宗羲、方以智、王锡阐等人，经过康熙的提倡、梅文鼎的阐扬以及阮元等人的推波助澜，延及晚清；而其原因是历算之学为与皇权密切相关的"天学"，此领域被西洋人取代为"以夷变夏"，中国士人要用"西学中源论"以"提高民族自尊心，增强民族自信心"。[1]王扬宗则认为，康熙倡导"西学中源"说，是要消除亲习西学与其"黜异端而崇正学"治国方针的矛盾。[2] 韩琦则利用中西文献相互参证，提供了更多的历史细节：1711 年前后，康熙有一个从深信到怀疑欧洲天文学的过程，因而倡导"自立"精神，努力摆脱传教士对历算的控制；同时期得到康熙赏识的非奉教天文学家何国宗（？—1766）的反西学态度从宫廷传到江南，与之相关的"西学中源"说影响了钱大昕、阮元等乾嘉学者。[3] 另外，"西学中源"说又由明末"天子失官，学在四夷""礼失求

---

[1] 江晓原：《试论清代"西学中源"说》，《自然科学史研究》，1988 年第 7 卷第 2 期，第 101—108 页；《欧洲天文学在清代社会中的影响》，《上海交通大学学报（哲学社会科学版）》，2006 年第 14 卷第 6 期，第 37—43 页。"天学"概念见氏著《天学真原》（1991 年初版）、《天学外史》（上海人民出版社，1998 年）等书，但天学概念能否适用于帝制晚期中国，值得讨论，详见本章第三节第二部分之术语界定。

[2] 王扬宗：《康熙、梅文鼎和"西学中源"说》，《传统文化与现代化》，1998 年第 3 期，第 83 页。其他相关论文参考氏著《"西学中源"说在明清之际的由来及其演变》，《大陆杂志》（台北），1995 年第 90 卷第 6 期，第 39—45 页；《康熙、梅文鼎与"西学中源"说再商榷》，《中华科技史学会会刊》（台北），2006 年第 10 期，第 59—63 页。

[3] 韩琦：《"自立"精神与历算活动——康乾之际文人对西学态度之改变及其背景》，《自然科学史研究》，2002 年第 21 卷第 3 期，第 210—221 页。

野"说发展而来,[1] 此说在清中期以后虽为学界主流,但也有研究指出有部分清代学者并不附和赞同"西学中源"说,如江永、赵翼(1727—1814)[2]、安清翘(1859—1830)[3] 等。因此,具体研究学者作品中的内容,方可进一步判定学者持论之异同及其原因。

在中西文化比较方面,陈卫平针对明清之际文化性质的"曙光说"(肯定明清之际文化的近代因素)和"晚霞说"(明清之际文化并未脱离儒家轨迹),提出"胚胎说":明清之际文化包含有的某些近代(西方)因素,这些近代因素因为传统过

---

[1] 韩琦:《明清之际"礼失求野"论之源与流》,《自然科学史研究》,2007年第26卷第3期,第303—311页。其他相关论文参考氏著《白晋的〈易经〉研究和康熙时代的"西学中源"说》,《汉学研究》(台北),1998年第16卷第1期,第185—201页;《再论白晋的〈易经〉研究——从梵蒂冈教廷图书馆所藏手稿分析其研究背景、目的及反响》,荣新江、李孝聪主编:《中外关系史:新史料与新问题》,北京:科学出版社,2004年,第315—323页。

[2] 江晓原:《试论清代"西学中源"说》,第108页;《17、18世纪中国天文学的三个新特点》,《自然辩证法通讯》,1988年第10卷第3期,第55页。按:把江永列入非"西学中源"论者之列,是根据梅毂成和钱大昕等人对江永"为西人所用"的指摘,以及江永"远西诸家,其创始之劳,尤有不可忘者"(江永:《翼梅又序》[1753],收于《翼梅》,海山仙馆丛书道光丁未[1847]刻本,第2a页)的言论。但在《翼梅》卷一"论地圆"节中江永又谓:"梅先生谓《周髀》中即有地圆之理,又谓《周髀》所传之说必在唐虞以前,此皆笃论。"(《翼梅》卷一,第6a页)很明显,这也是附和梅文鼎"西学中源"说之语,江氏《翼梅又序》仅言远西历学"后来居上",仍是"创始之劳",参考徐道彬:《论江永与西学》,《史学集刊》,2012年第1期,第54—63页。另一方面,有研究也认为,作为何国宗弟子、并指摘江永的钱大昕,其"对西学的看法没有戴震那样强固"(冯锦荣:《乾嘉时期考据学与历算研究的一些问题》,林庆彰、张寿安主编:《乾嘉学者的义理学》,台北:"中央"研究院中国文哲研究所,2003年,第758页)。因此实际情况可能更复杂,即使"西学中源"说是清代学界主流,也须具体问题具体分析。

[3] 韩琦:《明清之际"礼失求野"论之源与流》,第309页。

于强大而并未在清代中期孕育为近代文化，而晚清"近代文化的发展仿佛是向明清之际的复归"。[1] 可以说，陈卫平敏锐地察觉到了晚明与晚清之间关于明末以来近代知识转型的某种联系。对于乾嘉学术，他仅以戴震和焦循为例，揭示西学与戴震哲学的关联，以及西方逻辑对焦循《易》学的影响，同时指出他们作为经学家而用西学，"表现了用近代科学方法取代经学方法的近代化的历史要求"。[2] 另一方面，李天纲通过重点文本的对读，比较了中国经学与基督神学，探讨了明清时期包括天算之学在内的"汉学"与天主"天学"的关系，指出清代学者关心天文历算，并非出于"纯科学兴趣"，而是企图通过掌握天文最终达至"探知天道"，[3] 进而认为耶稣会士和中国儒生之间有比一般估计的器物层面更深入的精神交往。[4] 显然，关于乾嘉学术与晚明、晚清学术文化近代化之联系，尚可通过厘清史实、还原历史细部，进行深入探究。

## 四、科学与社会、学术、文化关系的研究

洪万生与刘钝较早地关注乾嘉学派以及同时期经学与算学互动的关系：他们以数学社会学作为研究取向，从汪莱（1768—

---

[1] 陈卫平：《第一页与胚胎》，上海：上海人民出版社，1992年，第3—4页。
[2] 陈卫平：《第一页与胚胎》，第164—180页。
[3] 李天纲：《跨文化诠释：经学与神学的相遇》，收于李国章、赵昌平主编：《中华文史论丛》（总第72辑），上海：上海古籍出版社，2003年，第252—309页。
[4] 李天纲：《跨文化的诠释：经学与神学的相遇》，北京：新星出版社，2007年。

1813）与李锐（1768—1817）不和的传言入手，分析了两人在数学研究的差异，认为李锐的研究遵循"经学—史学（年代学）—历学—算学"的正统途径，汪莱则就算学而论算学且过分援引西学，导致以复古为标帜的著名乾嘉学者对两人有不同的评价，以及"汪李齮龁"传言之发生。[1] 差不多同一时期，张瑞山也有文章涉及乾嘉学派的天算、地学、医学知识的研究。[2]

清代学者对儒家经典中的天文学以及古代历法都有整理和研究，卢仙文和江晓原的研究成果也显示了清人在这两个方面的工作，[3] 为后学列出了清人治相关学问的重要书目，并作了要点提示。当然，若不理会时空因素而论及整个清代，势必会遗漏当中的细节，而使得结论过于简单化。更进一步的工作，似应是选取具体文本，结合历史、地域乃至中国在世界中的背景，这样就可以对清人关于经典中的天文学和历法整理的历史进程，作出更多维度且更深刻的理解。

近年来，关于乾嘉学派的科技史研究也有相关论著出现。如田淼认为，清代中叶是数学的复古与西化交融之时代，这一时期与乾嘉学派的工作关系极大，揭示出《四库全书》的编撰极大地

---

[1] 洪万生、刘钝：《汪莱、李锐与乾嘉学派》，《汉学研究》（台湾），1992年第10卷第1期，第85—103页。关于清代经学与算学的关系，另可参见洪万生：《谈天三友：焦循、汪莱和李锐——清代经学与算学关系试论》，洪万生主编：《谈天三友》，台北：明文书局，第43—124页。

[2] 张瑞山：《乾嘉学派与清代天算、地学、医学》，《自然辩证法通讯》，1992年14卷第5期，第57—63页。

[3] 卢仙文、江晓原：《略论清代学者对古代历法的整理研究》，《中国科技史料》，1999年第20卷第1期，第81—90页；《清代学者对经书中有关天文学的研究》，《传统文化与现代化》，1996年第6期，第69—78页。

促进了清中叶的数学研究,并通过对李锐、焦循、汪莱等人及其后继者的研究,认为乾嘉时期的数学研究确是"中国数学西化历程中的重要一环"。[1] 田淼还指出,对于像李锐这样的乾嘉时期"重要的数学家",应当回到他所处的环境下"理解他的工作"。[2] 针对一般认为的戴震的贡献只在于传统算书之恢复,陈建平通过对戴氏《勾股割圜记》文本的解读,认为其"同限勾股互权"(相似直角三角形对应边成比例)作为最基本的算理,不能被简单地判断为数学成就上的退步,而应理解戴震之意图:以古之名构建了一种独立的勾股体系而欲与西法中的三角学相匹敌。[3]

美国学者艾尔曼对清代科学文化史也有过深入的论述,如他在近年发表出版的《18世纪的西学与考证学》[4]和《以其自有之名:科学在中国(1550—1900)》。[5] 特别是在提到"汉学家大本营"——四库馆时,关于四库馆臣对艾儒略(Giulio Aleni, 1582—1649)《西学凡》的负面批评,艾尔曼认为四库馆

---

[1] 田淼:《中国数学的西化历程》,济南:山东教育出版社,2005年,第三章"清代中叶的复古与西化之交融",第134—181页。

[2] 田淼:《中国数学的西化历程》,第152页。

[3] 陈建平:《由建构与算理看戴震的〈勾股割圜记〉》,《自然科学史研究》,2011年第30卷第1期,第28—44页。

[4] [美]艾尔曼:《18世纪的西学与考证学》(原载《故宫学术季刊》[台北],第21卷第1期[2003年秋季],第65—100页),引自《经学·科举·文化史:艾尔曼自选集》,北京:中华书局,2010年,第73—104页。

[5] Benjamin A. Elman, *On Their Own Terms: Science in China, 1550 – 1900*, Cambridge, Massachusetts, and London, England: Harvard: University Press, 2005. Especially Chapter III "Evidential Research and Natural Studies" ("考据学与自然知识研究"), pp. 233 – 254. 此书中译本为原祖杰译:《科学在中国(1550—1900)》,北京:中国人民大学出版社,2016年。

臣"把他们的18世纪格物观点置于晚明知识体系以外,晚明的这种知识体系与耶稣会士知识以及程朱学说相关",而"四库馆臣们感兴趣的,是自17世纪初以来,耶稣会士及其合作者所介绍的自然哲学、数学、天文学、地理学、农学和精巧的机械"。[1]

承艾尔曼"科学—社会—文化"的研究进路,祝平一关于清代前中期皖南学者与耶稣会士带来的欧洲古典天文学的叙事,则揭示了当时技术知识、文化实践和社会疆界之间的互动关系。[2]他又以明末清初地圆说的传入、争议与接受为个案,探讨了西方文化背景下的地圆知识在传播过程中,如何被本来没有这一文化传统的中国人所接受,并成为常识。[3] 祝平一的研究实际上提示我们,不论当时的中国人是支持抑或反对(接近于今天科学的)西学,都不能只从今天的科学理论去理解,而必须从当时双方的知识文化背景和理据加以考察、评估。[4] 胡明辉的博士论文则展示了17世纪80年代至19世纪20年代之间"天下主义儒学"(cosmopolitan Confucianism)的兴起过程,其重点是18世纪中国学者受耶稣会士天文数学(Jesuit astronomy and mathematics)影响的、对物理天下(physical cosmos)的重构,以及他们为此如

---

[1] Benjamin A. Elman, *On Their Own Terms: Science in China*, pp.263 – 264.

[2] Chu Ping-yi(祝平一),"Technical Knowledge, Cultural Practices and Social Boundaries: Wan-nan Scholars and the Recasting of Jesuit Astronomy, 1600 – 1800", PhD diss., University of California, Los Angeles, 1994.

[3] 祝平一:《跨文化知识传播的个案研究——明末清初关于地圆说的争议,1600—1800》,《"中央"研究院历史语言研究所集刊》,1998年第69本第三分,第589—670页。

[4] 祝平一:《跨文化知识传播的个案研究》,第592—593页。

何从经典中寻求政治（political）和社会合法性。[1]

21世纪10年代前期，林力娜（Karine Chemla）等学者开展了名为"古代世界的数学科学"的大型跨国研究项目，旨在运用"知识论文化"（epistemological culture，或作认识论文化）、"数学实作"（mathematical practice）等视角考察和比较古代两河流域、印度和中国地区的数学。林力娜认为，数学文化亦是一种"知识论文化"，包含数学从事者主体的价值取向；因此即使在同一古代地区，当中的数学文化和实作都具有多样性，须深入描绘和体会。[2]乾嘉学者的数学实作受儒家经学、传统算学等影响，而笔者又有幸参加到前述这个大型研究项目当中，深深认识到这种分析角度对本书部分章节撰写所具有的启发性意义。

波特（Jonathan Porter）为《畴人传》各编中所收清代畴人绘出了详细的人物和地缘关系图，此图显示出18世纪80年代至19世纪30年代清代科学家关系网（accociations between Ch'ing scientists）的四个节点人物是钱大昕、焦循、阮元和陈杰（钦天监博士，活跃约1820—1845）。[3]白莉民以《畴人传》为中心，探讨了清代前中期的"畴人"现象以及相关的数学研究与智识转变（Intellectual Transition）。他从"畴人"这一概念出发，

---

[1] Hu Minghui, " Cosmopolitan Confucianism: China's Road to Modern Science", PhD diss., University of California, Los Angeles, 2004.

[2][法]林力娜著，杨雅婷译：《从古代中国数学的观点探讨知识论文化》，引自祝平一编：《中国史新论：科技与中国社会分册》，台北：联经公司，2010年，第181—260页。

[3] Jonathan Porter, "The Scientific Community in Early Modern China", Isis, vol. 73, no.4 (1982), pp.510-541.

区分了清初畴人与清中期乾嘉畴人之间的不同处——前者重"实学"（practice learning），后者以"考证"为研究进路，前者之目的在于"经世致用"，后者的目的则在于通过考察文本进而复原儒家经典。[1] 白莉民还指出，康熙时代的畴人可以因皇帝奖掖而获得进士资格，而乾嘉时代的"畴人进士"则并无此"捷径"可走，他们研究数学，全是学术界风气使然。[2] 对《畴人传》的研究——特别是波特的研究，揭示了清代社会学术群体演进的总体趋向，且具有统计上的意义，而在此基础上的历史细部研究可进一步与之相印证。

另外，科学文化史中的个案研究近来也比较兴盛，如对钱大昕弟子李锐及其日记的研究，[3] 为了解李锐的生平、交游和学术提供了重要的第一手材料；张立通过对科学文化史上阮元的研究，认识到阮在中国科学文化从传统向近代转折过程中所起的作用。[4] 近来对钱大昕的个案研究，[5] 又加深了人们对当时自

---

[1] Bai Limin, "Mathematical Study and Intellectual Transition in the Early and Mid-Qing", *Late Imperial China*, vol.16, no.2 (1995), p. 43.

[2] Ibid. p.47.

[3] 郭世荣：《李锐〈观妙居日记〉研究》，《文献》，1986 年第 2 期，第 252—253 页；冯锦荣：《李锐的生平及其〈观妙居日记〉》，《文史》第 47 辑，北京：中华书局，1999 年第 2 辑，第 207—220 页。

[4] 张立：《从传统走向近代：中国科学文化史上的阮元》，合肥：安徽教育出版社，2005 年。

[5] 王记录：《西学与钱大昕的经史之学》，黄爱平、黄兴涛主编：《西学与清代文化》，北京：中华书局，2008 年，第 298—305 页；Ori Sela, "Confucian Scientific Identity: Qian Daxin's (1728 – 1804) Ambivalence toward Western Learning and Its Adherents", *East Asian Science, Technology and Society: an International Journal*, vol.6, no.2 (2012), pp.147 – 166.

然科学、西学与儒学之间互动关系的认知。如王记录通过研究钱大昕号召弟子认真学习天算之学、亲自深入研究古历、以天算方法考订廿二史《律历》《天文》诸志等几个案例，认为他"试图把历算之学重新纳入儒学正统的框架之中"，而这个历史过程有"西学的刺激"在起作用。[1]

综合上述各点，笔者认为本书可以在前贤所作的坚实基础上，从以下几方面着墨书写，进行突破：

（1）置于整体历史背景下的个案研究。一般而言，个案研究可以做得比较细致。在1990年代以后，诸如"清代初中期西学影响经学"一类问题的微观个案研究也显示出较强的学术生命力，[2]然而其缺点也是显而易见的——常常是"见树不见林"。因此，对某学者进行个案研究的同时，也应注意此学者的历史背景和社会网络，把研究对象置入整个清代学术史、思想史、文化史乃至社会史中去加以考察，使得研究对象更为丰满。

（2）注意新史料的开拓和一手史料的解读。"学如积薪，后来居上"，因此若要超越前辈学者，新史料之开拓为一重要途径，这自不待言。将新史料与旧有史料相互参证，对一手史料的文本进行专门而深入的对照解读，则可以在较有把握的基础上得出结论。

（3）注意近代知识转型这一线索。知识转型这一线索，要求研究者把握转型前后知识形态的联系，而不至于把那些远离今人

―――――――
[1] 王记录：《西学与钱大昕的经史之学》，第304页。
[2] 湛晓白、黄兴涛：《清代初中期西学影响经学问题研究述评》，《中国文化研究》，2007年春之卷，第80页。

"正确"知识（如科学）的古人言论，卑为无甚高论。这样做的好处是避免了后见之明的目的论倾向，以防止过分的价值判断影响事实判断。

## 第三节　史料文献与概念术语

### 一、史料文献

本书以乾嘉学人中善天文算法者为中心，他们的相关著述如江声之《恒星说》（1793）、《尚书集注音疏》（1796），李锐之《召诰日名考》（约1800年代），许桂林之《宣西通》（1812），李明彻之《圜天图说》（1819）、《圜天图说续编》（1821）等自然是核心文献。

然而，仅就一人一书进行讨论之缺点正如前述，易有"见树不见林"之弊，因而通过此四人引出当时支援、赞助他们进行学术活动的学者社会网络，其重要程度应与专书专论的研究相等甚至更大。张寿安所揭示的"阮元学圈"中的阮元、孙星衍二人，正是连结学者社会网络的关键人物，此外还有作为乾嘉学派领军人物的钱大昕、焦循等人，因此他们的文章、札记、书信等相关文字也是重要史料之一。

另外，不管效果是正面的还是负面的，乾嘉时学者对明末以降传入的西学有所反应是确凿无疑的，以上数人也不例外。比较他们所援引之西学源流也是必要工作之一，故如利玛窦、阳玛诺

(Manuel Dias, 1574—1659)、熊三拔（Sabatino de Ursis, 1575—1620）、高一志（Alphonso Vagnone, 1568 或 1569—1640）等耶稣会士的译介著作，熊明遇（1580—1650）、游艺（活跃于17世纪40—80年代）等人学习西学后形成的著述，也应作为一手史料前后参证。

其他诸如政书、别史、方志、书目、谱录、日记、别集、法帖乃至近代报刊等，凡有可资考证者，亦应纳入史料之范畴。

## 二、概念术语界定与辨析

清代是一个变动较大的社会，因此有必要对与本书论题相关的几个术语作一界定与辨析。

（1）儒学

正如西方基督徒中的区别往往比基督徒与非基督徒之间的区别还要大一样，同讲儒学者也各有不同。韩非早有孔子没后"儒分为八"之说（《韩非子·显学》），这正是因为其中各派所处环境、利益与针对的问题并不一样，有时竟至水火不容的境地。在明清两代，科举考试虽用儒家经典，官方的解释却是程朱理学。乾嘉时代的汉学家们通常认为，这其实算不上什么"学问"，只是"括帖之学"而已，这种争论随后发展成清代儒学内部的汉学与宋学之争。汉学派认为自己上承汉儒经说，是师承有自的正统；[1] 宋学派则指斥汉学派是"名为治经，实足乱经；

---

[1]（清）江藩：《国朝汉学师承记》，朱维铮主编：《汉学师承记（外二种）》，北京：三联书店，1998年，第1—80页。

名为卫道，实则畔道"。[1] 但总体上，汉、宋两派均标榜以孔门传人和"六经"。清中期儒学的主要形态是"汉学"（虽然此词也有争议），因而在此时期儒学之狭义用法为汉学，一般说来也不会有太大的歧义。

（2）经学

与儒学密切相关的是经学，但在乾嘉学者眼中，经学已逐渐成为学问而脱离意识形态。孙星衍指出明朝人的聪明才智"为举业所汨，一代通经之士甚少，惟以词章传世"。[2] 在乾嘉之际，由于各种专门知识的加入，使得经学的含义不断地向外扩张，主要体现在经数与经目的增加：段玉裁（1735—1815）已提出"二十一经"的说法。[3] 当然，虽然有此趋势并应予以关注，但当时大部分学者对经学仍持研究"六经"（《乐》经早早失传，实际上只有五部）学问的理解，[4] 因此在并无特别说明的情况下，这一概念也适用于本书。

---

[1]（清）方东树：《汉学商兑序例》，朱维铮主编：《汉学师承记（外二种）》，第235页；又见《汉学商兑序》，"名为治"三字脱，又"畔"写作"叛"，《考槃集文录》卷四，清光绪二十年（1894）刻本，第1b—2a页。
[2]（清）孙星衍：《尚书考异序》，收于氏辑《平津馆丛书》第八册，南京：凤凰出版社，2010年，第3977页。按：孙氏此说的目的，是要说明梅鷟《尚书考异》这一关于《伪古文尚书》的考据辨伪著作在明代十分少见。
[3] 除了宋以来的《易》《书》《诗》《周礼》《仪礼》《礼记》《春秋左氏传》《春秋公羊传》《春秋穀梁传》《孝经》《论语》《尔雅》和《孟子》等"十三经"外，增加《大戴礼记》《国语》《史记》《汉书》《资治通鉴》《说文解字》《周髀算经》及《九章算经》等八书，为"二十一经"。参见张寿安：《从"六经"到"二十一经"——19世纪经学的知识扩张与典范转移》，《学海》，2011年第1期，第150—153页。
[4] 特别是龚自珍不满经目的增加，认为只有"六经"为经之正名。参见张寿安：《从"六经"到"二十一经"》，第153—155页。

### (3) 天算专门之学

张寿安认为，传统知识体系的扩张乃"清儒面对新知识的开放态度"，"打开了史学、子学和历算之学的新局面"。[1] 人们常把中国古代的历算之学与天文、数学等自然科学相类比，但很多仅仅形名相同相似，而实不一致。欧洲自文艺复兴以来，创新的、分门别类的科学，主要是包括观察、实验、归纳、推理等形式在内，而研究对象为自然物的学术研究，以及在此之上形成的新知识。同时代的中国人对自然物的关注度显然要比西方人小得多，但一个不容否定的事实是，天文历算之学在清代成为士大夫阶层的时髦。[2] 这看来是一个矛盾，但其实是传统的经学知识外扩，由于种种原因的限制，与自然物相关的学问又未能发展成为独立的科学，而只能通过学习、整理和改造的方式形成书本学问。如张寿安所主张的，这些学问不能称为科学，但属专门之学的范畴。[3] 洪万生援引王昶（1724—1806）"各成专门名家之学"的教育观点，承认"乾嘉学派视天文算学为一种专门之学"，且在晚清得到张之洞（1837—1909）《书目答问》的回应。[4] 因此，笔者在此用"专门"二字，显示出乾嘉学者凸显乾嘉学派宗尚专门汉学、与传统经学相关联，而不与皇权或近现代自然科学相关联的特性。

---

[1] 张寿安：《从"六经"到"二十一经"》，第153—155页。
[2] 江晓原：《17、18世纪中国天文学的三个新特点》，第51—53页。
[3] 张寿安：《龚自珍论乾嘉学术：专门之学——钩沉传统学术分化的一条线索》，第30—36页。
[4] 洪万生：《〈书目答问〉的一个数学社会史考察》，《汉学研究》，2000年第18卷第1期，第158—160页。

江晓原曾区分中国古代天学与天文学之间的区别，认为天学作为古代中国帝王的通天手段之一，与皇权交互作用、密不可分，[1]但他也提到清代"天文学研究的重心第一次转移到民间"，[2]即清人之天文研究已不甚依赖于皇家，因此"天学"概念似乎并不完全能适用于有清一代。为使名实相符，笔者所冠之"天算"名目，乃"天文算法"之省称。"天文算法"一词，源于《四库全书》分类体系中的子部天文算法类，这一说法虽非正式审定推行之专有名词，但当为乾嘉以来多数清人所认同，可免时代误置之嫌。[3]天文算法类下又分"推步之属"和"算书之属"，推步之属是关于天文、历法及其步算乃至气象的作品，内容比较纷繁复杂，算书之属则是较前者更为纯粹的数学典籍。当然，立"天算专门之学"之名是要与科学相区分，实际行文中仍可沿用清人的其中一种说法，即省称为"天算之学"；而清人对天算之学的使用也并不统一，时有称为历算、历学的情况，但"天""算"二字或"历""算"二字连用时主要系指推步之属。因此，本书所论天算专门之学的重点也在于推步之属一类，即清人谈及与"天象"相关的知识（包括现在属天文学和气象学方面的知识），以及由"天象"引申的历法推算。

---

[1] 江晓原：《天学真原》，沈阳：辽宁教育出版社，2004年10月第2版，第三章"天学与王权"。
[2] 江晓原：《17、18世纪中国天文学的三个新特点》，第53—54页。
[3] 关于《四库全书》中的"天文算法类"，详参本书第二章第三节第一目。

# 第二章

# 汉学范式中形成的乾嘉天算专门之学

乾嘉学者们面对的首要议题是经学,而关于"经",周予同归纳了三个特点:首先是由历代官方指定的儒家书籍,其次是经孔子挑选、"真传"的儒家书籍,最后是作为政府进行文化教育、思想统治、选拔人才等各方面的主要工具和准绳。[1] 在此基础上的"经学",则是历代知识分子和官僚儒家对"经"的阐发和议论。[2] 由于乾嘉学者的经学研究常被称为"汉学","专门之学"的说法又从汉学而来,故先简述经学的历史,再以此为背景,渐次展开关于乾嘉天算专门之学的讨论。

---

[1] 周予同、汤志钧:《经、经学、经学史——中国经学史论之一》(原载《文汇报》1961年2月3日),引自朱维铮编:《周予同经学史论著选集》,上海:上海人民出版社,1996年第2版,第654—656页。

[2] 周予同、汤志钧:《经、经学、经学史——中国经学史论之一》,《周予同经学史论著选集》,第656页。

## 第一节　乾嘉汉学之形成

### 一、经学史上的专门汉学

自秦始皇焚书坑儒以后，儒家学说被官方列为禁学，六经也被列为禁书，民间不得私藏。然而，民间仍然有人私下教授儒学，特别是齐鲁一带，"弦歌之声不绝"。汉初，自儒者叔孙通（?—约前190年代末）制作汉礼仪受高祖（前256—前195）赞赏，儒家开始重新受到重视；后公孙弘（前200—前121）因治《春秋》而以布衣至封平津侯，天下靡然从向儒风。与此同时，武帝（前156—前87）置五经博士，又为博士置弟子，儒家经学开始有官方支持和指定的讲授传承。[1] 秦汉间书籍以竹简布帛为载体，流传很有限，因此经"秦火"以后，前代的儒家典籍大量散亡。幸存到西汉的六国旧儒，把平生所学所记的经文用当时通行的隶书记录下来，成为五经博士及其弟子所传授学习的经学文本。《诗》《书》《礼》《易》《春秋》五经中，因为六国儒者所记各有不同，每一经又可分为两家或数家，汉人治经者一人守一经，一经之中又师事一家，东汉光武帝立于官学者共14家（见表2-1），称为"专家之学""专门之学""专门家法""专门汉学"等。[2]

---

[1] [汉] 司马迁:《史记》卷七〇《儒林列传》，北京：中华书局，1959年，第3116—3120页。
[2] "专家之学"或"专门之学"中的"专"字，清人或写作古通假字（异体字）"耑""顓"或"嫥"。本书引文中的异体字适当保留，并括注以规范字。

表2-1 今文经与古文经的专门家数表[1]

| 五经 | | 今文 | | 古文 | |
|---|---|---|---|---|---|
| | 家 | 家（包括人和书[2]） | 备注 | 家（包括人和书[2]） | 备注[3] |
| 诗 | 鲁（申培公）(1)<br>齐（辕固生）(2)<br>韩（韩婴）(3) | 《鲁诗》《韩诗》，文帝时立博士；《齐诗》，景帝时立，均28卷 | | 《毛诗》（毛公） | 毛公，自称为子夏弟子，为河间王博士，《毛诗》共29卷 |
| 书 | 欧阳（生）(4)<br>大夏侯（胜）(5)<br>小夏侯（建）(6) | 三家同出于伏生所传今文《尚书》29卷 | | 《古文尚书》（中秘藏） | 有孔安国所献孔壁本及河间献王所献河间本两种，共46卷（57篇）[4] |

[1] 本表参考周予同所制表增删改制，参见《经今古文学》，《周予同经学论著选集》，第2—3页。
[2]《汉书·艺文志》中的"六艺"所称"家"常人、书混计，即以一人（家法代表）为一家。如《汉书·艺文志》中的"六艺"类，收录包括古文和今文在内的书目共12种，有名作者共7人，但称"凡书九家"。参见李零：《兰台万卷：读〈汉书·艺文志〉》，北京：三联书店，2011年，第10、23页。
[3] 周予同特别注明古文经传中的"备注"一栏，"都采用刘歆、班固、许慎诸人的话，这些话，今文经学家是不相信的；今文经学家以一书（家法著述）为一家，或以一书"凡书九家"。参见李零：《兰台万卷：读〈汉书·艺文志〉》，可参考康有为（1858—1927）《新学伪经考》《汉书艺文志辨伪》，但康氏改击古文经为新朝伪学亦不能尽信。
[4]《新学伪经考》，篇数悉据《汉书·艺文志》，其中凡称篇者为今书，凡称卷者为竹书，参见李零：《兰台万卷：读〈汉书·艺文志〉》，第10页。

续表

| 五经 | 今文家 | 今文备注 | 古文家（包括人和书） | 古文备注 |
|---|---|---|---|---|
| 礼 | 大戴（德）(7)<br>小戴（圣）(8)<br>庆普 | 三家同出于高堂伯—后仓所传《士礼》（《仪礼》）17篇 | 《礼古经》 | 有鲁淹中本、鲁孔壁本、河间本三种，共56卷 |
| | | | 《周官经》 | 河间献王所献，亦称《周礼》，6篇 |
| 易 | 施（雠）(9)<br>孟（喜）(10)<br>梁丘（贺）(11)<br>京（房）(12) | 四家同出于田何，均12篇 | 《古文易经》（中秘藏） | 刘向曾以"中《古文易经》"及与之相同的费氏《易》校施、孟、梁丘三家《易》 |
| | | | 费氏（费直） | |
| | | | 高氏（高相） | |
| 春秋 | 公羊（高）<br>严（彭祖）(13)<br>颜（安乐）(14) | 二家同出于胡毋生、董仲舒（前179—前104），与《穀梁传》均11卷 | 左氏（左丘明） | 《左氏传》为汉初北平侯张苍所献，30卷 |
| | 穀梁（赤） | 江公受于鲁申公，宣帝时立为博士，但不在十四博士内 | 邹氏 | "无师"，11卷 |
| | | | 夹氏 | 只有目录，"未有书"，11卷 |

另一方面，西汉官方宣布废除秦朝的"挟书律"，同时鼓励民间进献儒学典籍。其中"成果"最为显著的，是景帝（前188—前141）之子河间献王刘德（？—前129年），《汉书》本传说他"博学好古、实事求是"，其所得之书"皆古文先秦旧书，《周官》《尚书》《礼》《礼记》《孟子》《老子》之属，皆经传说记，七十子之徒所论"，[1]数量与朝廷所得的一样多。这里所说的古文，是相对于汉代通行的隶书（今文）来说的先秦六国文字，属篆书系统，秦代李斯将当中的异体字统一为小篆。而同为景帝子的鲁共王刘余（？—前127）因要扩建其宫殿而坏孔子故宅，意外发现了藏于墙壁中的经书，又"得古文《尚书》及《礼记》《论语》《孝经》凡数十篇，皆古字也"。孔子后裔孔安国得到孔壁中书，发现与通行的今文经有差异，便将之献于朝廷，但因孔安国（活跃于前100年代）涉及宫廷谋反，古文经被束之高阁，古文经学也未能立于学官，只在民间有传习。[2]直至刘向（前77—前6）、刘歆（约前50—23）父子校阅皇家图书馆图书，古文经才得以重见天日。刘歆想把古文经立于学官，以作为今文经的补充（见表2-1）。[3]然而，因为今文十四家博士传承已久，成为既得利益集团，故斥责刘歆是"改乱旧章"，并怀疑古文经的真实性；刘歆反诘太常博士为"保残

---

[1]（汉）班固：《汉书》卷五三《景十三王传》，北京：中华书局，1962年，第2410页。

[2]（汉）班固：《汉书》卷三〇《艺文志》，第1706页。

[3]如古文《尚书》就比今文《尚书》多出19篇，古文《礼》比今文《礼》多出39篇。见（汉）刘歆：《移书让太常博士》，引自（汉）班固：《汉书》卷三六《楚元王传》，第1969页。

守缺""党同妒真"。[1] 这是今、古文经学的第一次交锋。刘歆后因成为王莽（前45—23）国师，古文经在新朝得以成为官学，但随着新朝覆灭而昙花一现。[2] 然而，经过东汉两百年间古文经学与今文经学的多次争论，信奉古文经的人渐渐增多，郑众（?—83）、贾逵（30—101）、许慎（58—147）、马融（79—166）均为古文经学派大家，最后以郑玄（127—200）兼用今文与古文遍注群经，集大成而自成一家，作为两汉经学的句点。

大儒郑玄殁后，中原大地历经三国战争和"五胡之乱"，永嘉南渡后，原先的今古文经的文本大多散绝。东晋元帝（276—323，318—323年在位）时，立于学官之经学为：《易》王弼注，《尚书》郑玄注，《古文尚书》伪孔安国传，《毛诗》郑玄笺，《周官》《礼记》郑玄注，《春秋左传》服虔解谊[3]、杜预集解，《论语》《孝经》郑玄注。[4] 其中王弼（226—249）注《易》，多杂魏晋老庄式的玄学；伪孔《尚书传》一般认为是西晋开国皇帝司马炎外祖父、反对郑学的王肃（195—256）所伪托。[5]

---

[1]（汉）刘歆：《移书让太常博士》，引自（汉）班固：《汉书》卷三六《楚元王传》，第1969—1970页。
[2] 更详细的东汉今、古文经学论争见周予同：《经今古文学》第三部分"经今古文的争论"，最先以"经今古文之争及其异同"为题载1923年2、3月《民铎》第六卷第二、三号，引自朱维铮编：《周予同经学史论著选集》，第9—14页。
[3] 谊，通"义"字。
[4]（唐）房玄龄等：《晋书》卷七五《荀崧传》，北京：中华书局，1974年，第1976—1977页。此条由皮锡瑞、周予同揭示，参见（清）皮锡瑞著，周予同注释：《经学历史》，第160、162页。
[5] 伪孔《古文尚书传》由梅赜（又称枚赜、梅𩅧、枚𩅧）献给东晋元帝司马睿，当时人不以为伪。

其他如杜预（222—285）《左传集解》、范宁（339—401）《穀梁传集解》、郭璞（276—324）《尔雅注》等晋人经注，均与汉人治经大相径庭，今文十四家博士的专门师法已荡然无存。[1]

自南朝至唐以降，玄理哲学不断渗入经学解释之中，至宋代又受到佛教的影响，发展为"新儒家"。[2] 北宋自庆历（1041—1048）以后，刘敞（1019—1068）、王安石（1021—1086）、苏轼（1037—1101）等学者多不用历来传注，自创新义。[3] 其中理学一脉，有所谓周敦颐（1017—1073）之濂学，张载（1020—1077）之关学，程颢（1032—1085）、程颐（1033—1107）之洛学，最后集大成于朱熹的闽学，此派在方法论上重归纳，主由外而内的潜修而得"理"。心学一派，开创者为陆九渊（1139—1193），后由明代王守仁（1472—1529）集大成，此派主张自内而外、由心而物的顿悟。[4] 这两派，还有邵雍的象数派，都被归为"宋学派"，比较注重哲学上本体论的玄想。

明朝用八股文取士，以《大学》《中庸》《孟子》《论语》"四书"为标准，与汉唐经学相去已远。另外，永乐十二年（1414），胡广《五经大全》颁行天下，似乎是唐代颁《五经正义》、统一南北二派经学的翻版；但据顾炎武（1613—1682）考证，《五经大全》是取元人"已成之书，钞誊一过，上欺朝廷，

---

[1] 参见（清）皮锡瑞著，周予同注释：《经学历史》，第163—164页。
[2] 周予同：《"汉学"与"宋学"》（原载《中学生》第35号，1933年5月），引自朱维铮编：《周予同经学史论著选集》，第326—327页。
[3]（清）皮锡瑞著，周予同注释：《经学历史》，第230—231页。
[4] 周予同：《"汉学"与"宋学"》，第327—328页。

下欺士子",导致学者看不到经书的古义而空疏浅陋。[1] 顾氏归结为"自八股行而古学弃,《大全》出而说经亡"。[2]

## 二、清代经学与乾嘉汉学之形成

入清以后,由顾炎武、黄宗羲(1610—1695)等明末遗民开始反思科举八股和王陆心学末流所导致的空疏学问和束书不观、游谈无根的不良影响,倡导切切实实地返回儒家原典,进行经学研究。皮锡瑞归纳清朝经学凡三变:初期,承明代遗留,以宋学为根柢,但汉学开始萌芽,为"汉宋兼采之学";乾隆以后,许慎《说文》之学、郑玄经注之学大兴,不再空谈义理,为"专门汉学";嘉庆、道光以后,又由许、郑的古文经学溯源而上,宗主西汉十四家博士的今文经学。[3] 清代的这一"宋学—古文经学—今文经学"的过程,被称作"经学史的倒演"或"由近及远的怀疑与否定"。[4] 这三分法是晚清今文经派学者如康有为、梁启超等人,意图在西汉今文经学和东汉古文经学上作出切割。从广义上来说,西汉也是汉,因此西汉今文经学也属"汉学"的一部分。事实上,所谓清代学术"宋学—古文经学—今文经学"的过程,也并非前后相继,而是互有交迭,

---

[1] (清)皮锡瑞著,周予同注释:《经学历史》,第289页。
[2] (明)顾炎武著,陈垣校注:《日知录校注》卷一八,合肥:安徽大学出版社,2007年,第1010页。
[3] (清)皮锡瑞著,周予同注释:《经学历史》,第341页。
[4] 朱维铮:《18世纪的汉学与西学》,上海:上海人民出版社,1987年,特别是第三部分"古老学术史的倒演",第157—159页;《中国经学的近代行程》,《复旦学报(社会科学版)》,1989年第4期,第27页。

特别是后两者。嘉道以后的今文经学派，就是从乾嘉汉学派中嬗变产生的；[1] 而乾嘉时期的汉学家，也并非仅仅关注于古文经学，他们的口号是"求其是"。[2] 所以，乾嘉时期的学者认为，当前的经学史问题主要化归为汉学与宋学，如纪昀（1724—1805）等在总叙《四库全书》之"经部"时称"汉学具有根柢""宋学具有精微"，须"消融门户之见而各取所长"。[3]

如上一章所述，乾嘉汉学派传统上分为以戴震为首的"皖派"和以惠栋为首的"吴派"。一般认为，皖派学术水平较吴派为高，这是从戴震等人对经史等学的研究"上溯古义"后能结合己见，"断以己之律令"，[4] 较有思想而说的。相对于此，

---

[1] 如朱维铮认为今文经学派是汉学内部的"异端"，参见氏著《中国经学的近代行程》，第 28 页。又今文经学派以常州学派为最先，艾尔曼认为其起源于学派首领庄存与（1719—1788）与乾隆宠臣和珅之对立有关，参见氏著 *Classicism, Politics and Kinship: The Ch'ang-chou School of New Text Confucianism in Late Imperial China*, Berkeley: University of California Press, 1990, pp.108 - 116. 此书中译本为赵刚译：《经学、政治和宗族——中华帝国晚期常州今文学派研究》，南京：江苏人民出版社，1998 年。相关批评反对艾尔曼的说法，认为庄氏治今文《公羊春秋》，是要为乾隆帝的"大一统"思想作论证，参见黄俊义：《庄存与复兴今文经学起因于"与和珅对立"说辨析》，黄爱平、黄兴涛主编：《西学与清代文化》，北京：中华书局，2008 年，第 63—72 页。其实两家说法似乎无冲突，庄存与或与和珅冲突进而引发其研究经学在前，至于此种学说（从其后来的发展来看）论证之目的为何，则是另一问题。

[2] 如阮元谓"我朝儒学笃实，务为其难，务求其是"，参见《国朝汉学师承记序》（1818），《揅经室集·揅经室一集》卷一一（影印上海图书馆藏清道光阮氏文选楼刻本），《续修四库全书》（集部第 1479 册），第 663 页；又见朱维铮主编：《汉学师承记（外二种）》，北京：三联书店，1998 年，第 3 页。

[3]（清）永瑢、纪昀等：《四库全书总目》卷一，北京：中华书局，1965 年，第 1 页上栏。

[4] 章炳麟：《清儒》（录自《检论》卷四），引自汪学群编：《清代学问的门径》，第 34 页。

吴派则守汉人家法，被认为比较保守。[1] 但从方法上来说，两家都运用实据考证的方法，分析经史文本中哪些是属汉人的、较古老的，哪些是属汉以后的人掺入的；分别在于吴派以其考证所得出的汉人之说为是，皖派则参以己见综合判断，并不完全宗主汉（古）人。[2] 这当然是粗略的说法，在某些具体问题上乾嘉学者也各有各的处理方法，但总体上来说，其方法是一致的。

在清乾嘉时代复兴的所谓"汉学"，也并非简单地对汉代经学的复归，当时的学者自有其关注的问题，以及自身的历史大背景和个人小背景。一般而言，乾嘉汉学的形成有其内因与外因。内因是学术自身发展的理路，主要有以梁启超为代表的"宋明理学反动"说，[3] 以及以余英时为代表的"儒学内部争论演化"说。[4] 其区别在于，前者认为清学是顾炎武以降对晚明王学末流革命式的反动，是前后断裂的学术思想史；后者认为以朱

---

[1] 梁启超批评吴派"凡汉皆真，凡汉皆好"，参见氏著《清代学术概论》，第31页。

[2] 皖派有自身判断，有时却可能因为武断而形成新的文本混乱。如戴震校《算经十书》，多有原本未误而妄改而造成后学混乱的，故钱宝琮评价其"所遗憾者在自视过高，强作解人"，参见氏著《戴震算学天文著作考》，引自《李俨钱宝琮科学史全集》第九卷，沈阳：辽宁教育出版社，1998年，第143—167页。清人本有类似意见，朱一新（1846—1894）谓戴震"偏戾之气、博辨（辩）之词与毛氏西河（毛奇龄）相近。当此之时，海内翕然从风，不七十年而魏默深（魏源）诋之已无完肤矣"，《佩弦斋杂存》卷上，清葆真堂刻本，第26a页，钱穆揭示，参见氏著《中国近三百年学术史》，第699页。

[3] 梁启超：《清代学术概论》，第7—12页。

[4] 余英时：《清代学术思想史重要观念通释》，《文史传统与文化重建》，第196—203页。

熹为代表的宋学是"尊德性"和"道问学"并重，明人偏重于心性方面的"尊德性"，清人则偏重于考证式学问的"道问学"，是前后连续的学术思想史。

外因说包括乾嘉学术得以形成和存在的政治、社会、经济等外在条件。政治方面其主要认为，乾嘉学者是因为康、雍、乾三帝采取文字狱等文化压抑政策，以致不能评议时政、发表思想，而只能做经史考证。孟森（1869—1938）、侯外庐（1903—1987）等人均以此为乾嘉汉学出现的主因。[1] 除文字狱外，陈祖武等提出乾嘉学派的兴起与乾隆帝经筵讲论和崇奖经学有关。[2] 社会、经济方面的原因则包括江南作为商业和交通中心的特殊地位，以及林立的藏书楼和蓬勃的出版事业等。[3] 朱维铮虽提出汉学之兴起是满族统治者"以汉制汉"统治策略下的产物，[4] 但也认同学术发展的进程有相对独立的一面。[5] 周振鹤也认为，考证学的兴起内部原因和外部原因均有作用。[6]

---

[1] 孟森：《清史讲义》，北京：中华书局，2006年，第306页；侯外庐：《中国思想通史》第五卷，北京：人民出版社，1963年，第十章"18世纪的中国社会和专门汉学的形成"，第393—619页，特别是第三节"18世纪的专门汉学"，第410—429页。
[2] 陈祖武、朱彤窗：《乾嘉学派研究》，第1—49页。
[3] [美]艾尔曼著，赵刚译：《从理学到朴学：中华帝国晚期思想与社会变化面面观》，第4—6、113—126页。
[4] 朱维铮：《中国经学的近代行程》，第27页。
[5] 朱维铮：《18世纪的汉学与西学》，第156页。
[6] 周振鹤：《20世纪考据文章的代表性总结——评〈20世纪中国文史考据文录〉》，《余事若觉》，北京：中华书局，2012年，第137页。

总之，由于中国自身的学术思想逐渐发展，并伴随着政治、社会、经济等"大历史"的刺激，乾嘉汉学在清中叶兴起并发展，而其所关联旁及的文字、天算、舆地等专门之学，也打着清儒意识形态的烙印。

## 第二节　清朝前期天算专门之学源流

### 一、康熙对知识与权力的控制及其"御纂"历算书籍的流传

明末以来，传教士来华传播天主教，其重要策略便是利用中国士大夫深感兴趣的西方天文、数学、地理等新奇知识，结合教义，著书立说，以获"西儒"盛名。因明末钦天监历法推算屡有失误，亟待改革，以知识传教为主要策略的耶稣会士，如汤若望、罗雅谷（Giacomo Rho, 1590—1638）等人抓住此机会，利用他们擅长的天文学知识，直接参与官方的改历活动，获得"通天捷径"。[1] 明崇祯十六年（1643），崇祯帝（1611—1644）下

---

[1] 明末清初改历更多的细节见陈美东：《中国科学技术史·天文学卷》，第630—653页；黄一农：《汤若望与清初西历之正统化》，吴嘉丽、叶鸿洒主编：《新编中国科技史》下册，台北：银禾文化事业公司，1990年，第465—490页；《汤若望〈新历晓或〉与〈民历铺注解惑〉二书记记》，《国立中央图书馆》馆刊》（台北），1992年新25卷第1期，第151—157页。"通天捷径"一说见席泽宗主编：《中国科学技术史·科学思想卷》，第470页。更多关于康熙时代耶稣会士在华传播天文学的研究成果，参见韩琦：《通天之学：耶稣会士和天文学在中国的传播》，北京：三联书店，2018年。

诏，以丹麦天文学家第谷（Tycho Brahe，1546—1601）折中体系为核心内容的《崇祯历书》即将颁行，然而新的历法还没来得及正式施行，明朝便于次年亡于李自成（1606—1645）的大顺政权；随后，清王朝又继而入主北京。滞留在北京的汤若望便把《崇祯历书》改头换面，取名为《西洋新法历书》，献给顺治皇帝（1638—1661），得到赞赏，后更官至钦天监监正。康熙三年（1664），杨光先（1597—1669）控告汤若望等人阴谋叛逆、宣扬邪教和传播不合中国正朔的西洋谬误历算学说等罪名，汤若望本人最终被判有罪，虽免于死刑，但也含恨而终。[1] 接替汤若望的南怀仁（Ferdinand Verbiest，1623—1688）凭借优良的学术素养，通过在观象台比试测验日影、星象，反驳了先前杨光先的指控，为汤若望平反。这场以历争为名而实际上牵涉政治、科学和文化的公案，年仅十多岁的康熙帝直接参与其中。他先是为了判断孰是孰非，后也认识到西法的优越性，便以南怀仁为师，学习天文、数学等西方科学知识。[2]

---

[1] 关于康熙历狱的更多细节，见［德］魏特（Alfons Väth, S. J.）著，杨丙辰译：《汤若望传》，台北：商务印书馆，1960年，第420—518页。又见黄一农：《杨光先著述论略》，《书目季刊》（台北），1990年第23卷第4期，第3—21页；《择日之争与康熙历狱》，《清华学报》（新竹），1991年新21卷第2期，第247—280页。新近研究揭示历狱源于汤若望与满洲辅政大臣之间因五世达赖喇嘛进京事件意见不同而发生的政治冲突，参见马伟华：《历法、宗教与皇权：明清之际中西历法之争再研究》，北京：中华书局，2019年，第84—125页。

[2] 康熙帝在《律历渊源》等"御纂"历算著作完成后"庭训"皇子："尔等惟知朕算术之精，却不知我学算之故。朕幼时，钦天监汉官与西洋人不睦，互相参劾，几至大辟。杨光先、汤若望（按：当为南怀仁）于午门外九卿前当面赌测日影，奈九卿中无一知其法者，朕思：己不知，焉能断人之是非？因自愤而学焉。凡人算之法，累辑成书，条分缕析，后之学此者视此甚 （转下页）

南怀仁辞世后，法国耶稣会士、"国王数学家"白晋（Joachim Bouvet, 1656—1730）、张诚（Jean-François Gerbillon, 1654—1707），比利时耶稣会士安多（Antoine Thomas, 1644—1709），葡萄牙耶稣会士徐日昇（Tomás Pereira, 1645—1708）都相继向康熙皇帝讲授西洋科学。康熙虽然愿意作为学生学习西学，但并非纯粹地为知识而学习，为纯粹科学研究而赞助，而是与其乾纲独断的帝王身份逻辑相一致，即把与西学（科学）相关的活动最终归结到国家权力的控制上。[1] 其在历算方面的具体例证包括以下三个方面。

其一，康熙对西学和传教士的态度，有着前后不同的变化。在17世纪80年代后期至18世纪00年代中期的近20年间，康熙对西洋历算、医学等知识深信不疑，对传教士大加重用；但在1705年以后，当教会关于是否禁止祭祖、祭孔的"礼仪之争"达到高潮之时，对天主教愈加反感的康熙开始考虑打破传教士对知识的垄断地位，于畅春园中另辟独立于钦天监的蒙养斋（1713），进行《律历渊源》等历算书籍的编纂活动。这是"康熙对西学从信至疑的转变过程，以及对传教士由'用其技艺'，最后欲摒

---

（接上页）易，谁知朕当日苦心研究之难也？"见（清）玄烨：《圣祖仁皇帝庭训格言》，《四库全书荟要》（史部第99册），总第185册，台北：世界书局，1988年，第38页。揭示于吴伯娅：《康雍乾三帝与西学东渐》，北京：宗教文化出版社，2002年，第417页；韩琦：《科学、知识与权力——日影观测与康熙在历法改革中的作用》，《自然科学史研究》，2011年第30卷第1期，第3页。

[1] 韩琦：《君主和布衣之间：李光地在康熙时代的活动及其对科学的影响》，《清华学报》（新竹），1996年新26卷第4期；Catherine Jami（詹嘉玲）. "Imperial Control and Western Learning: The Kangxi Emperor's Performance", *Late Imperial China*, vol.23, no.1（2002），p.30.

弃不用而'自立'的变化过程",[1] 影响康熙有效管治的天主教和传教士受到了日益严厉的控制，正是这一过程的后果。

其二，康熙常对汉族士人展示其博学，多带有炫耀性质，营造能汉人所不能的"圣主"形象。他多次以星象为题考问"理学名臣"李光地（1642—1718），李光地因应对失据及信奉王学而失宠。这样就导致李光地两度延聘梅文鼎入馆学习历算，并改宗朱子学，以便能与康熙君臣唱和而得到宠信。[2] 另一方面，通过李光地、梅文鼎等人在"算学学习中心"保定的培养，大批具备专业素养的士人得以进入康熙钦定的蒙养斋，参与编纂由康熙皇子领衔的《律历渊源》。[3] 这也成为康熙控制汉族士人学术取向的手段之一。[4]

其三，在对《西洋新法历书》进行了大规模修订、改编而成的《历象考成》（《律历渊源》第一部）编纂完成后，西法被赋予钦定的地位，钦天监人员在推算时全依此法，不能有任何置疑。然而钦天监的预报与实际天象的观测之间，不可能完全没有一点

---

[1] 韩琦：《格物穷理院与蒙养斋——17、18世纪之中法科学交流》，《法国汉学》（四），北京：中华书局，1999年，第302—324页；《"自立"精神与历算活动——康乾之际文人对西学态度之改变及其背景》，《自然科学史研究》，2002年第21卷第3期，第211—214页。Catherine Jami et Han Qi（韩琦）."The Reconstruction of Imperial Mathematics in China during the Kangxi Reign（1662 - 1722）", *Early Science and Medicine*, v.8, no.2（2003），pp. 88 - 110.

[2] 韩琦：《君主和布衣之间：李光地在康熙时代的活动及其对科学的影响》，第421—445页。

[3] 韩琦：《君主和布衣之间：李光地在康熙时代的活动及其对科学的影响》，第436—438页。

[4] Catherine Jami, "Imperial Control and Western Learning: The Kangxi Emperor's Performance", pp. 39 - 43.

误差，于是出现了钦天监官员在呈交天象观测报告时并未如实上报数据，而是照抄预报的情况。[1] 出现这种情况，一是对康熙帝"钦定"历法的权威性和准确性过于自信，二是传教士钦天监和满汉官生慑于帝王的权力而欲自保其地位俸禄，莫不噤声。[2]

康熙帝在历算相关活动中的影响力集中于宫廷和深得其宠的臣子，但在其身后《律历渊源》一书因皇权之力而得以在民间广为传播。乾隆元年（1736）五月，梅文鼎之孙梅瑴成（1681—1764）奏请令礼部招募商人印刷《律历渊源》，以广流传。乾隆帝因此令礼部利用现存书版印刷数百部，按省份大小酌量分发给各省学宫和书院；书坊商贾有愿意翻刻者，"听其翻刻鬻卖"，以广流通。[3]

## 二、作为儒者的梅文鼎及其影响

梅文鼎，字定九，号勿庵，明崇祯六年（1633）生，清康熙六十年（1721）卒，宣城（今属安徽省）人，被清人誉为"国朝算学第一"。[4] 关于梅文鼎的生平和历算学贡献，前贤已有

---

[1] 石云里等分析了清代钦天监档案中康熙六十年至光绪二十四年（1721—1898）间总共225次日、月食观候报告，经与理论值对比验算，有很大误差，再经进一步分析后发现，报告的数据直接抄自先期的预报。参见石云里、吕凌峰：《礼制、传教与交食测验：清钦天监档案中的交食记录透视》，《自然辩证法通讯》，2002年第24卷第6期，第44—47页。

[2] 石云里、吕凌峰：《礼制、传教与交食测验：清钦天监档案中的交食记录透视》，第47—49页。

[3]《历象考成后编·奏议》，第965页下栏—966页上栏；又《清高宗实录》"乾隆元年五月庚申"条，《清实录》第九册，北京：中华书局，1985年，第482页下栏。

[4] 钱大昕语，见（清）阮元：《畴人传》卷三九《梅文鼎传上论》，第437页。

相当丰富和深入的研究。[1] 今人多以"科学人"的角度来探讨梅文鼎。然而不可忽视的一点是，梅文鼎的首要身份是儒生，其思考问题时自有其作为"儒者"的立场本位，[2] 这在他为何要写《历学疑问》一书时有所彰显：

---

[1] 关于其生平，重要的有（清）毛际可：《宣城梅公传》，收于（清）钱仪吉编：《碑传集》（影印清光绪十年[1884]诸可宝署检江苏书局校刊本）卷一三二，沈云龙主编：《近代中国史料丛刊》第93辑，第6294—6303页；（清）杭世骏：《梅文鼎传》，《道古堂文集》（影印清乾隆四十一年[1776]刻光绪十四[1888]年汪曾唯增修本）卷三〇、三一，《续修四库全书》（集部第1426册），第500—516页。又《清史列传·儒林传下一》本传、《清史稿·畴人传一》本传均因袭自毛、杭氏文字，仅有少量字词改动，参见《清史列传》卷六八，王钟翰点校，北京：中华书局，1987年，第5450—5454页；《清史稿》卷五〇六，北京：中华书局，1976年，第13944—13961页。李俨：《梅文鼎年谱》（修订版，原载于《清华学报》1925年第2卷第2号，第609—634页），《中算史论丛》第三集，北京：科学出版社，1955年，第544—576页，此据《李俨钱宝琮科学史全集》卷七，第515—545页。钱宝琮：《梅勿庵先生年谱》（原载《国立浙江大学季刊》，1932年第1卷第1期），引自《李俨钱宝琮科学史全集》第九卷，第107—139页。关于其天文历算之学，重要的有[日]桥本敬造：《梅文鼎の暦算学——康熙年间の天文暦算学》，《東方學報》（京都），1970年第41册，第491—518页；《梅文鼎の数学研究》，《東方學報》（京都），1973年第44册，第233—279页；王萍：《清初历算家梅文鼎》，《"中央"研究院近代史研究所集刊》，1971年第2期，第313—324页；刘钝：《清初历算大师梅文鼎》，《自然辩证法通讯》，1986年第1期，第51—64页；李迪、郭世荣：《清初著名天文数学家梅文鼎》，上海：上海科学技术文献出版社，1988年；严敦杰：《梅文鼎的数学和天文学工作》，《自然科学史研究》，1989年第8卷第2期，第89—107页；卢仙文、江晓原：《梅文鼎的早期历学著作：〈历学骈枝〉》，《中国科学院上海天文台年刊》，1997年第18期，第250—256页；杨小明：《梅文鼎的日月五星左旋说及其端》，《自然科学史研究》，2003年第22卷第4期，第351—360页；王广超、孙小淳：《试论梅文鼎的围日圆象说》，《自然科学史研究》，2010年第29卷第2期，第142—157页。

[2] 关于梅文鼎等人与明末清初"历算之学逐渐被视为儒学正统的一部分"、儒者概念内涵发生深刻变化的关系，参见韩琦：《清初历算与经学关系简论》，彭林编：《清代经学与文化》，北京：北京大学出版社，2005年，第410—418页。

鼎向有《古今历法通考》，因时时增改，讫无定本。(康熙)己巳(1689)入都，(梅文鼎)获侍诲于安溪先生。[1] 先生曰："历法至本朝大备矣，经生家若望洋者，无快论以发其意也。宜略仿元赵友钦《革象新书》体例，作为简要之书，俾人人得其门户，则从事者多，此学庶将大显。"鼎受命唯谨。[2]

也就是说，李光地认为历算之学要通过"经生家"们学习，然后才能发扬光大；而要让"经生家"学习、光大历算之学，梅文鼎应撰写一部易于使用的入门书供他们参看。显然，梅文鼎对此是认可的。毛际可(1633—1708)也从另一个角度记载了《历学疑问》的成书情况：

(梅文鼎)又曰："吾为此学，与年俱进，皆历最艰苦之途而后得简易。有从吾游者坐进此道，而吾一生勤苦，皆为若用矣。吾惟求此理大显，使古人绝学不致无存，则死且无憾。"安溪李大中丞见其书，叹曰："梅先生历学，赵缘督、陈壤、周述学、魏文魁诸人皆不逮也。"为刻其《历学疑问》于大名。[3]

---

[1] 安溪先生，即李光地。
[2] (清)梅文鼎：《勿庵历算书记》"《历学疑问》三卷"条，《景印文渊阁四库全书》(子部第795册)，第970页；(清)杭世骏：《梅文鼎传上》，《道古堂文集》卷三〇，第504页。
[3] [清]毛际可：《宣城梅公传》，第6297页。

## 第二章　汉学范式中形成的乾嘉天算专门之学

既然梅文鼎有让天算专门之学"大显"的志向，李光地便提议，最好的方法就是写一部类似"快速入门手册"的书，这就是后来由李于1799年刊刻的《历学疑问》。这得到了梅文鼎的同意。所谓"经生家"，亦即读儒家典籍、自幼接受儒家教育的儒者，也具有深意。李光地在提到《历学疑问》时称：

> 《历学疑问》，梅子定九之所著也。先生于是学，覃思博考四十年余，凡所撰述满家，自专门者不能殚览也。余谓先生："宜撮其指要，束文伸义，章逢之士得措心焉。夫列代史志，掀及《律》《历》，则几而不视，况一家之书哉？"先生肯余言。以受馆之暇，为之论百十篇，而托之疑者。[1]

"章逢之士"语出《礼记》，即戴"章甫之冠"和穿"缝掖之衣"的儒者，实为"经生家"之同义词。其后，李光地又设问，历算之学自有"畴人星官"等专人掌握，又何必催促梅文鼎早日成书呢？他便把天文历算与其所擅长的"理学"联系起来：

> 夫梅子之作辨于理也。理可不知乎？……今先生之论罗罔（网）千载，明皇历之得天，即象见理，综数

---

[1]（清）李光地：《梅定九历学疑问序》，《榕村全集》卷一二，《李文贞公全集》（上海图书馆藏清乾隆元年[1736]刻本）第5册，第6b页；又见（清）梅文鼎：《历算丛书辑要》（上海图书馆藏承学堂清乾隆十年[1745]刻本）卷四六，第17册，第3a页。

归道。异日兰台编次，必有取焉。《七政》《三统》，殆不足拟。而书体简实平易，不为枝离佶屈，吾知其说亦大行于经生家，非如《太元（玄）》之覆酱瓿者而终不显矣。先生之归也，谓余叙之。余不足以知历，姑叙其大意以质知先生者。先生续且为之图表、数术，以继斯卷，余犹得竟学而观厥成焉。[1]

把天文历算之学上升至当时流行的儒学形态，即"理学"的层面，当然是李光地自身的附会，同时也是他为素来不被儒者熟识的天文历算之学包裹的一层华丽外衣；梅文鼎对此并没有表示明显的反对，甚至愿意作出一些牺牲。[2] 事实上，《历学疑问》是经李光地多次催促后完成的，所以李氏要在序中对为何如此"不近人情"作一解释，甚至上升到儒学中"理"的层面。[3] 在《历学疑问》完成后，梅文鼎又应其要求，以十年的时间陆续完成《历学疑问补》的写作。

至于梅文鼎本人，也有形诸文字的意见。其《拟璇玑玉衡赋序》称：

---

[1]（清）李光地：《梅定九历学疑问序》，《李文贞公全集》第5册，第6b—8a页。
[2] 根据梅文鼎自称，他在写作较显浅的《历学疑问》时，不愿因袭前人成言，但"又欲其望而辄解"，因而"斟酌于浅深详略之间，屡涉笔而未果"，见《勿庵历算书记》"《历学疑问》三卷"条，第970页下栏。王萍认为以梅文鼎的学养而作《历学疑问》，是大材小用，见氏著《清初历算家梅文鼎》，第318页。
[3] 李光地把理学与历算学相联系，最根本而功利的目的是要投康熙所好以邀宠。参见王萍：《清初历算家梅文鼎》，第318页；韩琦：《君主和布衣之间：李光地在康熙时代的活动及其对科学的影响》，第433页。

>《易》言治历，策数当期；《典》重授时，中星纪岁。盖七政璇玑之制，类先天卦画之图。原道必本乎天，儒者根宗之学；制器以尚其象，帝王钦若之心。理至难言，以象显之则理尽；意所未悉，以器示之则意明。[1]

值得注意的是，《璇玑玉衡赋》是清康熙十八年（1679）举行的"博学鸿词"科考试的试题之一。[2]"博学鸿词"科的应考者均为经举荐的、著名的博学宿儒，这是清廷故做奖崇儒学的姿态，为巩固其统治提供"文化心理的无形保证"。[3] 韩琦认为这道试题与康熙对科学的浓厚兴趣有关；[4] 王扬宗也注意到梅文鼎的拟作与其鼓吹天算之学"中西吻合"之间的联系。[5] 从另一方面来说，应考者既为鸿儒，那似乎就要回答，儒跟

---

[1]（清）梅文鼎：《拟璇玑玉衡赋并序》，《绩学堂文钞》（影印清乾隆梅瑴成刻本）卷一，《续修四库全书》（集部第 1413 册），第 337 页下栏—338 页上栏。这篇拟作的写作时间大概在梅文鼎于 1689 年入京后不久。

[2] 是年"三月丙申朔，试内外诸臣荐举博学鸿儒一百四十三人于体仁阁。赐宴。试题：《璇玑玉衡赋》《省耕诗》五言排律二十韵"。（清）王先谦：《东华录》"康熙二三"（影印上海古籍出版社藏清光绪十年［1884］长沙王氏刻本），《续修四库全书》（史部第 370 册），第 42 页下栏。

[3] 陈祖武：《清初学术思辨录》，北京：中国社会科学出版社，1992 年，第 35 页。

[4] 韩琦：《君主和布衣之间：李光地在康熙时代的活动及其对科学的影响》，第 424 页；《从〈明史·历志〉的修纂看西学在中国的传播》，收于刘钝、韩琦等主编：《科史薪传——庆祝杜石然先生从事科学史研究 40 周年学术论文集》，沈阳：辽宁教育出版社，1997 年，第 61 页。

[5] 王扬宗：《康熙、梅文鼎与"西学中源"说再商榷》，《中华科技史学会会刊》（台北），2006 年第 10 期，第 61 页。

《尚书·尧典》所称的"舜在璇玑玉衡以齐七政"有何关系？这就不同于一般科举考试的八股文章，而是各人有各人的体验。梅文鼎既精通天算之学，又是一位儒家学者，深得两方面的旨趣。通过对历代天学的考察，他作出了自己的判断：

> 尧命羲和，四隅分宅；制闰成岁，厘工熙绩。匪有器以御之，孰所凭而推策？虞帝受之，玑衡以设。敬天勤民，两圣一辙……嬴秦力政，罔畏天常；迁周九鼎，焚毁旧章。球图湮没，莫知其乡；历纪乖次，伏阴愆阳。及夫汉造《太初》，浑天初置。唯意匠今经营，未详征今昔制。曾黄赤今未分，刻岁差今能治？历唐逾宋，代有讨论。小异大同，踵事而增。说存掌故，约略可陈……若乃元祖初服，广征硕儒：有美鲁斋，王郭之徒。既作《授时》，备器与书……可谓酌古准今，洵美且都者矣。[1]

按照通常的解释，"璇玑玉衡"是舜观天象的仪器，在梅文鼎眼中，这还是儒者所崇尚的上古制度文物。[2] 然而经秦火洗劫，上古文明不能复见，但天文之学、观天之器仍然是儒者所要留心的学问，如元世祖忽必烈（1215—1294）用许衡（1209—

---

[1]（清）梅文鼎：《拟璇玑玉衡赋》，第338—339页。
[2] 此可与"'在璇玑玉衡以齐七政'，乃治历之根本。自唐虞以来，未有不精测验而能定历者也"相参证，见（清）梅文鼎：《勿庵历算书记》"《测仪器考》二卷"条，第978页上栏。

1281，号鲁斋)、王恂（1235—1281）、郭守敬（1231—1316）一类儒者掌管天文历算，就很有成效。梅氏又云：

> 历年未百，有明膺命。虽《大统》之殊称，实《授时》之为政。属作都之石城，旋京邑之北定。既观台之屡迁，地更置之乖应。岂仪器之多迕，抑畴人之弗敬？转测之或朱娴，址渐倾之蒁正。宁不善厥初，岁荐更之滋衅。经生既非所习，又申之以厉禁；专科不相通，有愤悱之谁问？遂使灵台，徒为文具；交食或乖，谁知其故？帝谓之草泽，畴明理之习数。
>
> 尔乃理难终隐，道有必开；天相其衷，西人揭来。如礼失之求埜（野），似问郯之识官。此珍秘之勿泄，彼菽帛之非难。于是吴淞太史、仁和水部，夜译晨钞、心追手步。亦得请而开局，集欧逻与儒素；撷西土之精英，入中算之垆铸。
>
> 唯我盛朝，度越千代。正朔初颁，适逢斯会。唯钦若以为怀，奚畛域乎中外？洞新法之密合，命遵行为定制。哂竖儒之固陋，谬执古之非今。若盲不杖，聋别竽笙。斯术之无弊，经指摘之益明。[1]

上引加着重号处尤其值得注意。按梅文鼎的意见，明代交食

---

[1]（清）梅文鼎：《拟璇玑玉衡赋》，第339页。

预报乖乱的原因，是儒生不习天算"专科"，而灵台的"畴人"玩忽职守，连观象仪器要随观测地点的改变而变这样的知识都不清楚。但到了明末，情况发生变化，历局集合了西洋人和徐光启、李之藻（1571—1630）一类的儒者。梅文鼎虽然认为学习西洋历算学是"礼失求诸野"，持一种"西学中源"论的态度，但也表示信奉儒家学说的人都应像徐、李等人一样认真研习，"心追手步"，以继承上古圣人的伟业。[1] 对于这篇《拟璇玑玉衡赋》，著名学者杭世骏曾给予"词科诸君子莫能逮也"[2] 的评价，这与梅文鼎在赋中借天算之学的历史以申明儒学的主要思想不无关系。

梅文鼎站在儒家的本位立场，把天算专门之学纳入儒者应当研究的知识门类之一。为此，他还受到李光地的督促鼓励，为一般的儒生撰写历算之学的入门手册，这对后来的乾嘉学者影响很大。[3] 有学者提出，这是梅文鼎为确立历算事业在儒学中的合法地位而作出的努力。[4]

---

[1] 相同的观点，梅文鼎在《学历说》也有申明："或有问于梅子曰：历学固儒者事乎？曰：然。"见《绩学堂文钞》卷二，第356页上栏—359页上栏。揭示于 Chu Ping-yi（祝平一），"Technical Knowledge, Cultural Practices and Social Boundaries: Wan-nan Scholars and the Recasting of Jesuit Astronomy, 1600 - 1800", p.222.

[2]（清）杭世骏：《梅文鼎传下》，《道古堂文集》卷三一，第512页上栏。

[3]《畴人传》称："其论算之文，务在显明，不辞劳拙，往往以平易之语解极难之法……诚以绝业难传，冀欲与斯共明之故。不惮反复再三，以导学者先路，此其用心之善也……自征君以来，通数学者后先辈出，而师师相传，要皆本于梅氏。"参见（清）阮元等：《畴人传》卷三八，第437页。

[4] 刘钝、亢宽盈：《〈梅氏丛书辑要〉评介》，林德宏主编：《中国典籍辑要丛书·科技巨著》第9卷，北京：中国青年出版社，2000年，第174页。

儒者要知天算专门之学，就要认识学习当前比较先进的西法——耶稣会士带来的天文学。然而西法必然要与儒学有某种联系——即使这种联系是虚构的、想象的，才能消除大部分不谙天文历算而又想要入门学习的士人"用夷变夏"的心理障碍，[1]并使这些人区别于那些固陋的"竖儒"。这是"西学中源"说自明末以来得以成立和流行的重要原因之一。

本来，梅文鼎的《历学疑问》《拟璇玑玉衡赋》等著作在士人中已颇为流行，而士林主张"西学中源"说的气氛，则在1704年康熙御门听政时发表《御制三角形推算法论》，以及在1705年康熙于南巡返京途中召对梅文鼎后，显得更加炽烈。[2]被御赐以"绩学参微"的梅文鼎开始把"西学中源"说进一步精细化——撰写《历学疑问补》。然而康熙召见梅文鼎，所标举者不唯其天文算法之精，更在于其儒家经术。故李光地称："文鼎湛心经术，旁通诸家，不特以隶首、商高之业进。故上以儒者

---

[1] 王扬宗：《"西学中源"说在明清之际的由来及其演变》，《大陆杂志》（台北），1995年第90卷第6期，第39—40页。
[2] 关于康熙"西学中源"说代表作《御制三角形推算法论》（约刊刻于1707年），是否受到1702年李光地进呈梅文鼎《历学疑问》影响，现有两种观点，争议焦点在于"御制"书完成的时间。王扬宗认为，迟至1690年代初期，康熙对于历算学的关注点在于辨明中西得失，而自看到梅书以后，"转而开始倡导'西历原自中国'说"，并于1704年完成《御制三角形推算法论》，大力阐扬，见氏著《康熙、梅文鼎和"西学中源"说》，《传统文化与现代化》，1998年第3期，第80页。韩琦根据满汉对照本（《满汉七本头》）《御制三角形推算法论》中，康熙自述自初年历狱（1660年代末）后"专志于天文历法一十余载"一句，提出此书约完成于1692年，参见氏著：《君主和布衣之间：李光地在康熙时代的活动及其对科学的影响》，第422页注释5。王扬宗后对此提出商榷，在比对满汉文后认为"一十余载"为"二十余载"之讹，参见氏著：《康熙、梅文鼎与"西学中源"说再商榷》，《中华科技史学会会刊》（台北），2006年第10期，第59—61页。

待之,盼睐殊异,于古有加焉。"[1]

总之,康熙优礼梅文鼎,而两人又同时宣扬"西学中源"说,从梅文鼎自身来说,当然是莫大的殊荣,而这样的殊荣对于士人来说又有很大的刺激作用:只要认真研究与儒家经典有关的学问——包括西来的却附会成渊源自上古的学问,就是为儒学作出了贡献。四库馆臣评价梅文鼎"笃志嗜古",[2]而所谓"古学",与乾嘉学者所称的"说经""实事求是"等名目相当,[3]亦与今人所习称的"考据学"相近。祝平一认为,从收集佚书、校勘古籍、重新发明古儒意义等角度来说,梅文鼎是后来乾嘉考证学者的前驱。[4]

对康熙皇帝来说,他一方面确立了西法作为"钦定"历法的正当性或正统性,另一方面凭借儒学的外衣,笼络了江南士人,使其作为政治合法性的"治统"与作为文化合法性的"道统"相一致,[5]达到了控制的目的。但权术随君王之代谢而有异,道统也因儒学内部发展而变化,这种控制在后康熙时代能否

---

[1](清)李光地:《恭纪》,引自(清)梅文鼎:《绩学堂文钞》卷首,第330页下栏。

[2](清)纪昀等:《四库全书总目》卷一〇六,第900页中栏。

[3]乾嘉学者常用"实事求是""古学""说经"等称呼自己的学术工作。参见张寿安:《龚自珍论乾嘉学术:专门之学——钩沉传统学术分化的一条线索》,《学海》,2010年第2期,第29—30页。

[4] Chu Ping-yi(祝平一), "Technical Knowledge, Cultural Practices and Social Boundaries: Wan-nan Scholars and the Recasting of Jesuit Astronomy, 1600–1800", pp.217–224.

[5] Hu Minghui(胡明辉). "Provenance in Contest: Searching for the Origins of Jesuit Astronomy in Late Imperial China", *The International History Review*, vol.24, no.1 (2002), p.13.

继续成立？需要进一步分析。

## 三、乾嘉学者对天算专门之学的态度

根据江藩的意见，清代"汉学"鼻祖式的人物是阎若璩。梁启超亦谓"阎若璩之所以伟大，在其《尚书古文疏证》"。[1] 清代所指定的《尚书》，是由东晋梅颐所献的《古文尚书》"孔安国传"（参见本章第一节第一部分）。这一版本的《尚书》，自宋朱熹、吴棫（约1100—1154）以来就有人怀疑其真实性，阎书则从各方面论证其为伪作。其最重要的一点就是，确认了理学家们奉为道统心法的"虞廷传心"十六字[2]并非真正《尚书》的原文，使正统理学在士林中的权威性日渐消失。在《尚书古文疏证》举出的128条证据中，有多条是阎若璩用历算学的方法推算得出的。伪《古文尚书》记载，夏仲康即位当年的九月朔，日食在房宿，阎若璩用元代《授时历》和清代《时宪历》推算，得出结论为仲康即位当年的五月朔，于东井发生日食，以此证伪。[3] 他认为：

> 夫历法疏密，验在交食，虽于千百岁以上，规程不

---

[1] 梁启超：《清代学术概论》，第13页。
[2] 指伪孔安国传《古文尚书·舜典》中"人心惟危，道心惟微；允厥执中，惟精惟一"16字。参见启功，赵仁珪等编：《启功讲学录》，北京：北京师范大学出版社，2004年，第78页；Benjamin A. Elman, "Philosophy (I-LI) Versus Philology (K'ao-Cheng): The Jen-Hsin Tao-Hsin Debate"（义理对考证："人心""道心"之辩）, *T'oung Pao*, LXIX, 4-5 (1983), pp.175-176.
[3] （清）阎若璩：《尚书古文疏证》（影印上海图书馆藏乾隆十年［1745］眷西堂刻本）卷六上，上海：上海古籍出版社，1987年，第599页。

爽，无不可以筹策穷之。……今历学大明，夐绝前代，不难尽刊已成之案。而魏晋间书乃出一妄男子，多凭虚安处之。论以历法则不合于天文，以典礼则不合于夏制。屡折之于理，既如彼其乖；兹参之以数，复如此其谬。[1]

阎若璩认为自己用历法推算日食进而辨别伪《古文尚书》的做法，在当代是"知新"的举动。虽然这种革新似乎仅限于儒学的内部，但其方法可以说是科学化的，特别是阎若璩所运用到的《时宪历》，实据西法编成。韩琦也认为，阎若璩在撰写《尚书古文疏证》时可能看过传教士汤若望所著的《古今交食考》。[2]尽管乾嘉学者如阮元、李锐等人并不认同阎若璩对"书经日食"积年的判断，但也认同阎氏用天算学考证辨伪的方法，只是对其天算之学不能如其经学那样精通而感到惋惜：

若《嗣（胤）征》"辰弗集于房"一节，出于昭十七年《左传》引《夏书》，其积年不可审知，又安所求其日食与否耶？阎君经学名家，其于步算，盖余事耳。[3]

值得注意的是，阮、李等人提出的反对意见，虽有对历算专门之学的可操作性的考虑（积年未审），但将基于经史的证据

---

[1]（清）阎若璩：《尚书古文疏证》卷六上，第599—601页。
[2] 韩琦：《清初历算与经学关系简论》，引自彭林编：《清代经学与文化》，第417页。
[3]（清）阮元等：《畴人传》卷四〇，第453—454页。

(《左传》引书)也纳入了"步算"的范畴之内。

婺源江永一般被称为乾嘉学派中皖派的开山祖师,他在《翼梅序》中自述其学习天算之学的经过,以及他撰写历算著作《翼梅》的原因:

> 少好天官家言,始读《尚书》"闰月""璇玑"两注,即学布算。弱冠后见黄石斋[1]《答袁坤仪书》,始知地圆。又得游子六《天经或问》,已诧为奇书。三十在金陵,有佴氏者,家有《崇祯历书》,乞假一观,永之历学,是年骤进。既而闻宣城有梅勿庵先生,历算第一名家。……有太平崔君,尝游先生之门,携《勿庵书目》《历学疑问》《疑问补》三书假观,永始叹服,亟录之。又二年,始赚得兼济堂《历算全书》,乃望洋惊怖。……潜玩既久,渐启扃钥。《三角》《堑堵》,昭若发蒙,历理复多创获。……爰就先生之书衍绎之,或补所未言,或发所未竟。信者阐明,疑者辨难,约得八卷,曰"翼梅"。盖先生尝言:"禹服九州之大,必有同好。所冀共为阐发,俾古人之意,晦而复昭,一线之传,引而弗替,则生平之愿已毕。"其虚怀公善、跂望来学者如此。永与先生有同癖,虽不获抠衣其门,犹幸读其书,固当为之补苴而张皇也。[2]

----
[1] 黄石斋,即晚明学者黄道周(1586—1646)。
[2](清)江永:《翼梅序》(1740),《翼梅》(海山仙馆丛书道光丁未[1847]刻本),第1a—2a页。

江永由读《尚书》开始，逐渐展开其研治天算之学的历程。他的著作之所以称"翼梅"，就是因为他想要作为其私淑之师梅文鼎的"羽翼"，阐明梅氏未能深入的天算学问题，而其最终则归结到"复昭古人之意"、传一线之绝学上。这也与乾嘉学者所高举的"复兴古学"的旗号是一致的。戴震为江永弟子，研治天算也从经学而来，而归结于经学。其《与是仲明论学书》为戴震的治学宣言，常被治清代学术史的研究者引用：

> 至若经之难明，尚有若干事：诵《尧典》数行至"乃命羲和"，不知恒星七政所以运行，则掩卷不能卒业；诵《周南》《召南》，自《关雎》而往，不知古音，徒强以协韵，则龃龉失读；诵《古礼经》，先《士冠礼》，不知古者宫室、衣服等制，则迷于其方，莫辨其用；不知古今地名沿革，则《禹贡》《职方》失其处所；不知"少广""旁要"，则考工之器不能因文而推其制；不知鸟兽、虫鱼、草木之状类名号，则比兴之意乖。而字学、故训、音声未始相离，声与音又经纬衡从宜辨。汉末孙叔然创立反语，厥后考经论韵悉用之。释氏之徒从而习其法，因窃为己有，谓来自西域，儒者数典不能记忆也。中土测天用勾股，今西人易名"三角八线"，其"三角"即"勾股"，"八线"即"缀术"。然而三角之法有穷，必以勾股御之，用知勾股者，法之尽备，名之至当也。《管》《吕》言五声十二律，宫位乎中，黄钟之宫四寸五分为起律之本。学者蔽于钟律失

传之后，不追溯未失传之先，宜乎说之多凿也。凡经之难明，右若干事，儒者不宜忽置不讲。仆欲究其本始，为之又十年，渐于经有所会通，然后知圣人之道，如县绳树槷，毫厘不可有差。[1]

引文中加着重号处与天文算学相关。并且，戴震于此处不仅提到了天算学的"西学中源"，还指出音韵学上的反切也是源出于汉代的孙叔然。当然，戴氏这一治学宣言的目的并不是要儒者论证"西学中源"和反切的首创者，而是要认真切实地学习"经学的知识内容"，[2] 包括天算、音韵、名物、制度、地理、律吕、博物等，然后"会通于经"。

乾嘉学派的另一位重要人物钱大昕，也受到梅文鼎、梅毂成祖孙等人的影响。乾隆十六年（1751），时年24岁的钱大昕与大多江浙士子一样，向南巡的乾隆帝献赋，录取后被召试于"行在"；乾隆特赐给举人，授予内阁中书。[3] 两年后，钱大昕利用在内阁中书任上的闲暇，与"吴衫亭、褚鹤侣[4]两同年讲

---

[1]（清）戴震：《与是仲明论学书》，《戴震集·戴震文集》卷五，上海：上海古籍出版社，2009年，第183—184页。
[2] 张寿安：《龚自珍论乾嘉学术：专门之学——钩沉传统学术分化的一条线索》，第30页。
[3]（清）钱大昕编，（清）钱庆曾校注，陈文和校点：《钱辛楣先生年谱》，陈文和主编：《嘉定钱大昕全集》第1册，南京：江苏古籍出版社，1997年，第11页。
[4] 吴烺（1719—1771），字杉亭，通数学，著有《周髀算经图注》；褚寅亮（1715—1790），字鹤侣，曾为钱大昕《三统术衍》刊本校正误字。参见《畴人传》卷四二，第492—493页。

习算术",并且"得宣城梅氏书读之,寝食几废。因读历代史志,从容布算,得古今推步之理"。[1]

乾隆二十三年（1758）,已由翰林院检讨升任詹事府少詹事的钱大昕任武英殿纂修官,他也得以和礼部尚书何国宗一起,谈论"梅氏之学"以及耶稣会士传入的天文学,并奉旨润色耶稣会士蒋友仁（Michel Benoist, 1715—1774）所呈献的《地球图说》。[2]何国宗以通算学被康熙钦赐进士身份,父亲何君锡曾任钦天监五官正,而何君锡是反西教者杨光先的支持者,何氏一族有反西教的传统。[3]同时,因为钦天监监正纪理安（Kilian Stumpf, 1655—1720）熔化元代天文仪器事件,梅毂成也强烈反对西洋传教士。[4]韩琦指出,钱大昕对西学的态度受到梅氏祖孙著述以及何国宗等人的影响,这也奠定了江南乾嘉学者对待西学态度的基调。[5]的确,钱大昕也反对天主教,他在杨光先《不得已》后题写跋语,认为杨光先"于步算非专家,又无有力助之者"导致

---

[1]（清）钱大昕编,（清）钱庆曾校注,陈文和点校:《钱辛楣先生年谱》,陈文和主编:《嘉定钱大昕全集》第1册,第12页。

[2]（清）钱大昕编,（清）钱庆曾校注,陈文和点校:《钱辛楣先生年谱》,陈文和主编:《嘉定钱大昕全集》第1册,第15页;（清）罗士琳:《畴人传续编》,（清）阮元等:《畴人传》卷四九,第580页。

[3]韩琦:《"自立"精神与历算活动——康乾之际文人对西学态度之改变及其背景》,第215—216页。

[4]韩琦:《"自立"精神与历算活动——康乾之际文人对西学态度之改变及其背景》,第218页;郭世荣:《梅毂成对江永:〈翼梅〉引起的中西天文学之争》,《自然辩证法通讯》,2005年第27卷第5期,第83页。

[5]韩琦:《"自立"精神与历算活动——康乾之际文人对西学态度之改变及其背景》,第219页。梁启超则认为求"中国历算学之独立者"自王锡阐、梅文鼎始,见氏著:《中国近三百年学术史》,第158页。

失败，但杨氏"诋耶稣异教，禁人传习"，则有功于"名教"。[1]

然而另一方面，钱大昕又承认西方天文学比中国的确实有高明，儒者应当学习，不应视为小技：

> 祖冲之《缀术》，中土失其传而契丹得之大石林牙之西，其法流转天方，欧逻巴最后得之，因以其术夸中土而踞乎其上……欧逻巴之巧，非能胜乎中土，特以父子师弟世世相授，故久而转精。而中土之善于数者，儒家辄訾为小技，舍《九章》而演先天，支离傅会，无益实用。畴人子弟，世其官不世其巧，问以立法之原，漫不能置对，乌得不为所胜乎？宣尼有言"推十合一为士"，自古未有不知数而为儒者。中法之绌于欧逻巴也，由于儒者之不知数也。[2]

所谓"舍《九章》而演先天"，实际上是不满陈抟（871—989）、邵雍一派的理学宋儒对《易》作"先天图"式的解释和演绎，而要回归实实在在的对天算专门知识的学习。从这个角度来说，确实符合梁启超的"理学反动"说。然而，如石敖睿（O. Sela）所指出，在钱大昕眼中，作为科学的天算之学与作为文化身份认同的儒学是合为一体的，天算学知识与儒者不无

---

[1]（清）钱大昕：《不得已跋》，引自吴相湘主编：《天主教东传文献续编》第三册，台北：学生书局，1966年，第1301页。
[2]（清）钱大昕：《赠谈阶平序》，吕友仁点校：《潜研堂集》，上海：上海古籍出版社，1989年，第377页。

联系。[1] 对于在认同儒学的前提下进行对西方天文学的吸纳，钱大昕则利用"西学中源"说化解。

阮元也有类似的意见，他为焦循《里堂学算记》作序时说：

> 数为六艺之一，而广其用，则天地之纲纪、群伦之统系也。天与星辰之高远，非数无以效其灵；地域之广轮，非数无以步其极；世事之纠纷繁赜，非数无以提其要。通天地人之道曰儒，孰谓儒者而可以不知数乎？自汉以来，如许商、刘歆、郑康成、贾逵、何休、韦昭、杜预、虞喜、刘焯、刘炫之徒，或步天路而有验于时，或著算术而传之于后，凡在儒林，类能为算。后之学者，喜空谈而不务实学，薄艺事而不为，其学始衰。降及明代，寖以益微……我国家稽古右文，昌明数学。圣祖仁皇帝《御制数理精蕴》、高宗纯皇帝《钦定仪象考成》诸编……固度越乎轩辕、隶首而上之。以故海内为学之士，甄明度数、洞晓几何者，后先辈出：专门名家则有若吴江王晓（闇）〔庵〕锡阐、淄川薛仪甫凤祚、宣城梅征君文鼎；儒者兼长，则有若吴县惠学士士奇、婺源江慎修永、休宁戴庶常震，莫不各有譔述，流布人间。盖我朝算学之盛，实往古所未有也。江都焦君里堂，与元同居北湖之滨，少同游，长同

---

[1] Ori Sela, "Confucian Scientific Identity: Qian Daxin's (1728 – 1804) Ambivalence toward Western Learning and Its Adherents", *East Asian Science, Technology and Society: an International Journal*, vol.6, no.2 (2012), p.152.

学。里堂湛深经学，长于"三礼"，而于推步数术，尤独有心得。[1]

阮元所列通算之儒者，至隋为止，而因其后学者"喜空谈而不务实学"，以"本朝"学者直接继承这些通算之儒的谱系，总体上与乾嘉汉学者不满宋明学者在经学"摆落汉唐"，直承汉唐余绪的思维逻辑是相一致的。

总而言之，从阎若璩、梅文鼎等康熙时代的学者开始，到戴震、钱大昕、阮元等乾嘉学者，均在复兴古学（或说是儒学中的经学、汉学）的背景之下，[2] 提升了包括西方天文学在内的天算专门之学的地位，成为儒学知识的一部分。正如艾尔曼所揭示的那样，尽管康熙皇帝曾试图资助满洲和蒙古旗人控制天文历算这类知识，但学者们对这类知识的兴趣从梅文鼎开始就不断稳步发展，"到18世纪晚期已经在皇家宫廷之外变得更为重要"，"阮元也成功地将天文历算与考证学整合在了一起"。[3]

---

[1]（清）阮元：《里堂学算记序》，《揅经室集·揅经室三集》卷五，第238页；《定香亭笔谈》（影印清嘉庆五年 [1800] 扬州阮氏琅嬛仙馆刻本）卷四，《续修四库全书》（子部第1138册），第536页下栏—537页上栏。
[2] 大约同时，徐光启后裔、自鸣钟专家徐朝俊也称"好古嗜奇之士"对于"五星之运动、定差置闰之精微"，不应因"师巫妄语灾祥"的禁例而"不敢言不知"（《高厚蒙求·天学入门自序》，嘉庆丁卯 [1809] 云间徐氏刻本），可见天算作为古学是当时学者广泛认同的。
[3]［美］艾尔曼，于文、曹南屏译：《18世纪的西学与考证学》，《经学·科举·文化史：艾尔曼自选集》，第93—94页。

## 第三节　乾嘉之际天算专门之学的各种表现形式

本节主要从三个方面展开讨论以下问题：天算专门之学在乾嘉时期的学者圈子中，除了专门的数理论著外，还以何种面貌呈现？通过对天算专门之学与其他学术文化关系的剖析，我们可以进一步了解蕴藏其中的乾嘉汉学学术范式。

### 一、从"术数""数术"到"天文算法"[*]

清代的天算专门之学，经康熙皇帝、梅文鼎等人的影响，于乾隆年间已在学者圈子中占得一席位。笔者以《四库全书》（本小节以下简称《全书》）中"天文算法类"揭出天算专门之学的名目，并认为此名多为乾嘉以来的士人所认同，但事实上，"天文算法"的类目名称并非从来就有，其确立有一历史过程。

据江庆柏考证，四库馆内部图书分类的发展演化过程，主要通过《四库全书初次进呈存目》《四库全书荟要总目》和《四库全书总目》（本小节以下分别简称为《初目》《荟目》和《总目》）这三部书目体现。[1] 天文、历法和算学图书，在《初目》中入术数类，在《荟目》中入数术类，此二目均不设天文算法类。

---

[*] 本小节的主体思路，得益于与学友潘澍原博士的共同讨论，谨致谢忱。
[1] 江庆柏：《〈四库全书荟要〉研究》，南京：凤凰出版社，2018年，第234页。

## （一）《初目》的术数类和《荟目》的数术类

乾隆帝提出以四部分类法编纂《全书》后，四库馆臣进呈了《初目》钞本，最早为四库图书进行完整而系统的分类，而且分类体系相当成熟。[1] 后至乾隆三十八年（1773）二月，高宗诏开"四库全书馆"以编纂《全书》。但一方面是《全书》卷繁秩浩、规模宏大，"连楹充栋，检玩为难"，[2] 另一方面是乾隆帝此时已经63岁，深恐在有生之年不能亲睹书成，[3] 因而乾隆帝在同年五月下旨，令于敏中（1714—1779）、王际华（1717—1776）"于《全书》中撷其菁华，缮为'荟要'，其篇式一如《全书》之例"。[4] 乾隆四十三年（1778）五月，第一部《荟要》完成，藏于摘藻堂。

吴家驹曾总结《荟要》与《全书》有六个方面的不同点：（1）从卷帙的规模来说，《全书》收书3 503种，《荟要》收书463种；（2）从甄录的标准来说，《全书》取博，《荟要》取精；（3）从底本的选用来说，《全书》多用通行版本，《荟要》则多用内府藏本；（4）从缮写的质量来说，《全书》多错讹，《荟要》较认真；（5）从部次分类来说，《全书》设四十四类，《荟要》

---

[1] 江庆柏等整理：《四库全书初次进呈存目》，北京：人民文学出版社，2015年，第4—8页。

[2]（清）弘历：《上谕》，江庆柏等整理：《四库全书荟要总目提要》，北京：人民文学出版社，2009年，第79页。

[3] 刘乃和：《〈四库全书荟要〉的编修》，《史学史研究》，1985年第3期，第58—59页。

[4]（清）弘历：《上谕》，江庆柏等整理：《四库全书荟要总目提要》，第79页。

设四十二类，类目名称颇有不同；(6)从书目提要来说，《全书》和《荟要》的提要也不尽相同。[1]

艾尔曼根据《全书》天文算法类的小序，认为四库馆臣通过将"算学与天文学置于同一架构下而开启了新的视野"。[2]不唯四库馆臣自言其新，事实上《全书》中所设立的天文算法类，既不同于渊源自黄虞稷（1629—1691）《千顷堂书目》的《明史·艺文志》，[3]也不同于《初目》和《荟要》的分类体系。《荟要》四部之下只有类，仅有两级（参见表2-2）；有关天文、历法和算学知识的书籍则一律列入数术类。

表2-2 《荟要》"子部"类目与收书数量表

| 子 部 | | | |
| --- | --- | --- | --- |
| 儒家类（21） | 医家类（4） | 道家类（8） | 杂艺类（4） |
| 法家类（2） | 农家类（4） | 杂家类（6） | 类书类（7） |
| 纵横家类（1） | 数术类（12） | 小说家类（7） | |
| 兵家类（1） | 墨家类（2） | 考证类（2） | |

注：括号内数字表示该类收书种数。

虽说《荟要》分类体系"受到了《初目》分类体系的影响"，[4]但《荟要》把《初目》中的"术数类"改为"数术

---

[1] 吴家驹：《论摛藻堂〈四库全书荟要〉》，《古籍整理研究学刊》，1995年第1、2合期，第92—94页。

[2] [美]艾尔曼：《18世纪的西学与考证学》，第91页。

[3] 《明史·艺文志》滥觞于《千顷堂书目》，参见王重民：《〈千顷堂书目〉考》（《国学季刊》1950年第1卷第7期），引自《中国目录学史论丛》，北京：中华书局，1984年。

[4] 江庆柏：《〈四库全书荟要〉研究》，第235页。

类"，显示出两者的分别——数术包含了更广大的范畴。《荟要》子部数术类收书共 12 种：《京氏易传》《周易参同契通真义》《周髀算经》《五经算术》《新仪象法要》《测圆海镜分类释术》《御制历象考成》《御制律吕正义》《御制数理精蕴》《御制历象考成后编》《钦定仪象考成》和《御制律吕正义后编》，包含周易、乐律、算经、历法、仪器等主题的图书。对此，《荟要》于该类下有小序说明：

>臣谨案：数术之学，其用至博，测五行之理，考吉凶之用，与《易》筮相表里，此《周官》分著于卜师、筮人、视祲之掌者也。察日月星辰之次舍，辨其叙事，以会天位，此掌于冯相者也。揆天察地，以齐七政，以辨三统，以定四时成岁，以颁庶事，以同律度量衡，此则掌于太史者也。前志或分系为天文、历算、五行、阴阳诸家，今综而类之曰"数术"。而略于旧说，详于圣制，虽著录无多，凡于测候之精，制作之准，包蕴靡遗矣。[1]

可知荟要馆臣倾向将天文、数学和占卜等知识总称为"数术"，这与中国最早的目录分类中的一大类——刘歆《七略》中的"数术略"名目相同。其中冠以"御制""钦定"的书目达到了总数的一半，所以说"略于旧说，详于圣制"。

---

[1] 江庆柏等整理：《四库全书荟要总目提要》，第 316 页。

## （二）术数类的再现和天文算法类的设立

《初目》立为一类的"术数"，虽然不在《荟目》中单独设立，却在《全书》的类目上再次出现。《全书》分为"部—类—属"三级，在类的名称上也与《荟目》有所差异（参见表2-3）。

表2-3 《四库全书》子部类目表

| | 子 | 部 | |
|---|---|---|---|
| 儒家类 | 天文算法类 | 相宅相墓之属 | 类书类 |
| 兵家类 | 推步之属 | 命书相书之属 | 小说家类 |
| 法家类 | 算书之属 | 阴阳五行之属 | 释家类 |
| 农家类 | 术数类 | 杂技术之属* | 道家类 |
| 医家类 | 数学之属 | 艺术谱录类 | |
| | 占候之属 | 杂家类 | |

注：限于篇幅不列出所有类下的分属，仅列出相关的天文算法类及术数类下设之属。表中带*号分属名下无誊录入库书而只有存目，在《总目》中单独另设。

比较上列二表可知，《荟目》中的子部数术类，大致上对应于《全书》子部中的天文算法和术数两类。[1] 对于《荟目》没有设立天文算法类，江庆柏称不知"当时是出于何种考虑"。[2] 实际上这当与荟要馆臣及后来四库馆臣对术数、数术和天文算法的不同理解有关。荟要馆臣认为数术是天文、历算、五行、阴阳诸家"综而类之"，四库馆臣则坚持天文算法应与术数、占卜截

---

[1] 两套丛书所收相关图书归属则更复杂一些。在《荟要》所收的12种书中，《全书》收《京氏易传》于子部术数类，收《周易参同契通真义》于子部道家类，收《御制律吕正义》和《御制律吕正义后编》于经部乐类，收其余8种于子部天文算法类。参见〈《荟要总目》与〈总目〉图书分类相异一览表〉，江庆柏等整理：《四库全书荟要总目提要》，第503—504页。

[2] 江庆柏：《〈四库全书荟要〉研究》，第267页。

然区分，故天文算法类小序云：

> 三代上之制作，类非后世所及，惟天文算法则愈阐愈精。容成造术（历），颛顼立制，而测星纪闰，多述帝尧。在古初已修改渐密矣。洛下闳以后、利玛窦以前，变化不一。泰西晚出，颇异前规。门户构争，亦如讲学。然分曹测验，具有实征，终不能指北为南，移昏作晓。故攻新法者至国初而渐解焉。圣祖仁皇帝《御制数理精蕴》诸书，妙契天元，精研化本，于中西两法权衡归一，垂范亿年。海宇承流，递相推衍。一时如梅文鼎等，测量撰述，亦具有成书。故言天者至于本朝，更无疑义。今仰遵圣训，考校诸家，存古法以溯其源，秉新制以究其变。古来疏密，厘然具矣。若夫占验禨祥，率多诡说。郑当再火，禅灶先诬。旧史各自为类，今亦别入之术数家。惟算术、天文相为表里，《明史·艺文志》以算术入小学类，是古之算术，非今之算术也。今核其实，与天文类从焉。[1]

有论者称此小序清楚地体现出四库馆臣的"西学中源"论，并且视此发现为优胜于明代"捉襟见肘的算学知识的关键因素"。[2] 事实上，该序更能体现他们对当时学术体系的清晰构

---

[1]（清）永瑢、纪昀等：《四库全书总目》卷一〇六，第891页中栏。
[2]［美］艾尔曼：《18世纪的西学与考证学》，第91页。

建：把占卜排除在天文之外，"今之算术"即算法，则与天文相辅相成。因而在"算书之属"后，四库馆臣又有案语，对把算法附于天文之后作进一步的解释：

> 案：数为六艺之一，百度之所取裁也。天下至精之艺，如律吕、推步，皆由是以穷要眇，而测量之术，尤可取资。故天文无不根算书。算书虽不言天文者，其法亦通于天文。二者恒相出入，盖流别而源同。今不入小学而次于天文之后，其事大，从所重也。不与天文合为一，其用广又不限于一也。[1]

从天文计算中产生数学问题而成算书（即算法书），如秦九韶《数书九章》中"推气治历""治历推闰""治历演纪"等章节，是中国自身的传统。明代此传统已断，但明末传教士传入的西方天文学，十分依赖几何这种数学工具。因而四库馆臣基于"天文无不根算书"说而将天文算法并为一类，似乎有自身传统和西学东来这两方面的考虑。

《全书》另立天文算法类，也与荟要馆臣与四库馆臣不同的学术取向有关。《总目》"子部总叙"曰：

> 自"六经"以外立说者，皆子书也。……儒家

---

[1]（清）永瑢、纪昀等：《四库全书总目》卷一〇七，第909页下栏—910页上栏。

尚矣！有文事者有武备，故次之以兵家……次以法家……次以农家……次以医家。重民事者先授时，授时本测候，测候本积数，故次以天文算法。以上六家，皆治世者所有事也。百家方技，或有益或无益，而其说久行，理难竟废，故次以术数……次以艺术。以上二家皆小道之可观者也。[1]

有学者认为，《总目》将农家、医家和天文算法三类升至前六位，"提高了传统科学体系的整体地位"；而将占验、禨祥部分改隶术数类，"在一定程度上区分了科学和迷信"。[2]从今人事后的眼光来看，客观上的确如是。不过，当我们把《四库全书荟要提要》（本小节以下简称《荟要提要》）与《总目》作一比较就会发现，提升科学地位可能并不是当事人的初衷。江庆柏指出，《荟要提要》与《总目》学术立场的差异，与两馆馆臣对汉学、宋学态度的差异相关。《荟要提要》对宋代理学及以朱熹为代表的学术多有肯定，而这一部分内容在总目中则多被删除，表明"四库"系列图书的修纂思想观念有一演化的过程。[3]从《荟要》的数术类到《全书》的天文算法类的分类变化，也体现着汉学和宋学在《全书》编撰时的相互消涨。宋学派中邵

---

[1]（清）永瑢、纪昀等：《四库全书总目》卷九一，第767页上栏。
[2]司马朝军：《〈四库全书总目〉研究》，北京：社会科学文献出版社，2004年，第159—161页。
[3]江庆柏：《〈四库全书荟要提要〉与〈四库全书总目〉学术立场差异考论》，《文史哲》，2012年第6期，第138—140页。

雍的著作如《皇极经世书》，就被四库馆臣归为"小道之可观者"的术数类占候之属，收录于《全书》中；[1] 他们所称道的，是上引《总目》"天文算法小序"中所讲的"具有实征"，能"存古法以溯其源，秉新制以究其变"的著作，与乾嘉考据学派要求"实事求是"的宗旨相一致。

《荟要提要》"子部数术类小序"中，把包括历算在内的数术描述成"与《易》筮相表里"，《总目》"天文算法小序"根本不以为然，改为"算术、天文相为表里"。推测其原因，似是供职于四库馆、编修天文算法类书籍的戴震及其后继者，[2] 继承梅文鼎、江永以来不断发展的学术，于宋学之外独立出天文算法这一专门之学。

## 二、藏刻书活动中的天算专门之学

有清一代，版本、校勘、目录等关于图书的专门学问，也由于考据学的兴盛、刻书藏书的流行而有极大发展，其成果多见于书目、藏书志、题跋等文献之中。"天文算法"既在《四库全书》中成为一类，又与考据学合流，自然也能体现在藏书、刻书活动以及相关的版本校勘之学当中。

乾嘉时期最负盛名的版本校勘家为黄丕烈（1763—1825）

---

[1]（清）永瑢、纪昀等：《四库全书总目》卷一〇八，第 915 页下栏—916 页上栏。
[2] 前人如钱宝琮等多认为《全书》天文算法类提要均出自戴震之手，而新近研究表明，该类提要并非全出自戴震，其中也有戴震拟有草稿而复经纪昀等四库馆臣修改的情况。参见司马朝军：《〈四库全书总目〉编纂考》，武汉：武汉大学出版社，2005 年，第 11—21 页。

和顾广圻（1766—1835）。[1] 吴县（今属江苏苏州）黄丕烈以藏书家闻名于世，他资财丰厚，家藏宋本、善本颇多，且十分注重延聘专门学者为之鉴别、校理藏书。黄氏并非天算专家，但其天文算法类藏书题跋往往能显示出黄氏与专门学者的交往：

《大宋宝祐四年丙辰岁会天万年具注历 影宋本》一卷。是书余亦有之，盖从李生尚之传录本手影也……尚之受业于竹汀，推步之术，竹汀授之，故尚之亦录本竹汀之跋存焉。余从尚之本手影，有吴文境跋，故知其详也。竹汀跋与此所跋不同，文义多出入，未知此所据云何。[2]

算学家李锐及其师钱大昕与黄丕烈同县，相交过从。黄氏所藏影宋本《大宋宝佑四年丙辰岁会天万年具注历》，也是从李锐的传录本影钞的。在清初反西教士人杨光先的历算著作《不得已》钞本后，钱大昕和黄丕烈均有作跋：

向闻吾友戴东原说，欧罗巴人以重价购此书即焚毁

---

[1] 有学者将版本学分为校雠派与鉴赏派两派（或版本学者的两种倾向）：前者注重对藏书的利用和藏书的学术价值，以顾广圻等人为代表；后者注重对藏书的鉴赏品评和藏书的文物艺术价值，以黄丕烈为代表。参见江曦：《清代版本学史》，北京：中国社会科学出版社，2013年，第29—31页。
[2]（清）黄丕烈撰，（清）潘祖荫辑：《士礼居藏书题跋记》（影印清光绪潘祖荫刻本）卷三，引自国家图书馆编：《国家图书馆藏古籍题跋丛刊》第6册，北京：北京图书馆出版社，2002年，第199—200页。

之，欲灭其迹也，今始于吴门黄氏学耕堂见之。杨君于步算非专家，又无有力助之者，故终为彼所诎。……已未十月十九日，竹汀居士钱大昕题，时年七十有二。[1]

初，书估携此册求售，余奇其名，故以白金一锭购之。后李尚之谓余曰，钱竹汀先生尝以未见此书为言。则此诚罕觏之本矣。因付装潢，求竹汀一言，前所跋者是也。至于"步算非专家"，余属尚之详论其所以。适尚之应阮芸台中丞聘，临行拣还，未及辨，此当俟诸异日尔。[2]

显然，黄丕烈最初也只是因对《不得已》的书名感到好奇而从书商处购买，至于从天算专门之学的角度来评判，尚要请钱大昕和李锐深入研究，然后作为题跋写入自己的藏书之中。另一方面，李锐对黄丕烈执弟子礼，常为黄氏鉴别天算学著作，他在其日记中提及：

黄荛圃师寄来残本《大统历通规》九、十两卷（原注：系旧钞本。"通规"或写作"通经"，未详），前有"四余躔度格式"四页，九卷曰"交食通规"，十卷曰"四余躔度通规"。其书如"阴历""阳历"之

---

[1]（清）钱大昕：《不得已跋》，引自吴相湘主编：《天主教东传文献续编》第三册，第1301页。
[2]（清）黄丕烈：《不得已跋》，引自吴相湘主编：《天主教东传文献续编》第三册，第1301—1302页。

"阴""阳"字，"盈历""缩历"之"盈""缩"等字，皆用红字书，易辨别也。梅勿庵所著《历学骈枝》，当即此本。其前八卷虽未见，以意计之，当是一卷为"气朔"、二卷为"日躔"、三卷为"月躔"、四卷至八卷为"五星"也。索价钱三千，亦以太昂还之。[1]

鉴赏派藏书家如黄丕烈者问道于专门名家，以鉴别天算专门之学书籍，而顾广圻则是"通才"式的版本目录学家。顾氏受业于同县江声（详见本书第四章），是惠栋的再传弟子，校书不轻改一字，对古书的校勘提出"不校校之"[2]的原则，只出校勘记以示各本异同。顾广圻所撰写的天算专门之学书籍题跋，也显示出他天算专门之学的知识基础。天文方面，顾氏为孙星衍所得之隋李播《天文大象赋》写两跋：

嘉庆庚申岁，渊如先生在浙中，得晴川孙之騄手钞本《大象赋并注》一帙，题云："张衡《大象赋》，苗为注。"因考《困学纪闻》云："《大象赋》，《唐志》谓'黄冠子李播撰，李台集解'。播，淳风之父也。今本题'杨炯撰，毕怀亮注'。《馆阁书目》题'张衡撰，李淳风注'。"愚观《赋》之末曰"有少微之养寂"云

---
[1]（清）李锐撰，（清）吴嘉泰摄钞：《观妙居日记》"乾隆六十年（1795）三月初七日"条，上海图书馆藏钞本。按：此本无页码。
[2]（清）顾广圻：《思适斋集》（影印复旦图书馆藏清道光二十九年［1849］徐渭仁刻本）卷一，《续修四库全书》（集部第1491册），第13页上栏。

云，则为李播撰无疑矣。播仕隋，高祖时弃官为道士。张衡著《灵宪》，杨炯作《浑天赋》，后人因以此赋附之，非也。故改定题为"《天文大象赋》，李播撰"，依《唐志》及《崇文总目》《通志·艺文略》也……先生以此注世间罕传，属予校刊以行。今年五月，遂取隋唐间人言天文之书，若《史记天官书正义》、《汉书天文志颜注》、《晋》《隋》两《天文志》、《开元占经》等参互细勘，凡晴川本之脱讹衍错、不能卒读而了然可知者几数百处，悉补改删乙之矣。至稍涉疑似，如注云"罗堰三星"而《晋》《隋志》皆云"九星"，注云"砺石四星"而《隋志》云"五星"，注云"天庾三星"而《晋》《隋志》皆云"四星"，当是别有所出，未敢据彼改此。又如《赋》云"其外郑越开国，燕赵邻境；韩魏接连，齐秦悠永。周楚列曜，晋代分冏"，注云："郑一星在越南，越一星在郑北……合十六星。"脱去齐、周、楚、晋。而《开元占经》引《巫咸占》则云："齐一星在九坎东，赵二星在齐西北……魏西一星曰楚，楚南一星曰燕。"皆与此注差违不合，当亦是别有所出，非可相补……校既毕，缮写一通，质诸先生，而记其书之本末及校之大略于后。[1]

---

[1]（清）顾广圻撰，王大隆（欣夫）辑：《思适斋书跋》（影印1935年刊本）卷三"《天文大象赋》一卷 钞本"条，引自国家图书馆编：《国家图书馆藏古籍题跋丛刊》第5册，第266—270页。

晴川钞本脱误累累，此照彼钞写，未曾校正。今因编入《续古文苑》，据《史记·天官书》《汉书·天文志》及《晋志》《隋志》《开元占经》互勘，颇费日力，然自是粗可读矣。[1]

《天文大象赋》是隋代李播创作的认星文学作品，因年代久远而造成的传写错讹很多。顾广圻使用的是他校法，即用历代正史的天文志和《开元占经》等与《天文大象赋》比勘，对于文义不通而确切可知的错讹，一律增删改正。但更重要的是他意识到，各种典籍在星数、方位上的记载都有所不同，是不同星图系统传承的缘故，并非传抄之误，故不轻易径改，一仍其"不校校之"的思想。

算学方面，顾广圻《数书九章序》云：

敦夫太史[2]校其家道古《数书》[3]开雕，属文焘为之覆算，其题问与术草不相应，或术与草乖甚，且算数有误，则当日书成后，未经亲自覆勘耳……若大衍术实非天元一法，未可以其有立天元一之语，遂以郭守敬及李冶所谓天元一者当之。《潜研堂集》亦言大衍术与李敬斋自言得自洞渊者有异，不信然乎？闻李

―――――――――
[1]（清）顾广圻撰，王大隆（欣夫）辑：《思适斋书跋》卷三"《天文大象赋》一卷 孙渊如钞本"条，第271页。
[2]敦夫太史，指曾任翰林院编修的秦恩复（1760—1843）。
[3]道古《数书》，指南宋秦九韶（1208—1261）的《数书九章》。

尚之尝谓,《孙子算经》中"'三三数之''五五数之''七七数之'"一题为大衍求一术所自出,予谓道古自序实已自言之,何也?是书大旨,为《九章》广其用。[1]

这篇序是顾广圻代其友夏文焘所写,正确地指出了秦九韶《数书九章》所创的大衍术虽然也"立天元一",但并不是建立一元高次方程求解的算法天元术,而是求解一次同余式组算法,同时引述了钱大昕和李锐的成果。顾氏《开方补记后序》又云:

盖闻开方元始,载于《少广》;其在《勾股》,用以为法。嗣是相承,踵事推衍,稍变能精,《缉古》有焉。逮于季宋之世,入诸天元之术。爰因平立,以增诸乘。乃洎正负,而兼带从。诚非其法有异,良由所御不同。作述之旨,如是焉耳。入明以后,厥术寖微:畴人子弟,罕洞前故;根柢云昧,枝叶竞兴。箬溪分《测圆》之类,宣城拾《西镜》之遗。转转迁移,重重隔碍。以致沿流愈远,趋路弥歧。临初商而回沉,值几数而眩眩。持小学之一端,等天高而难上。其可闵也,不已甚乎?[2]

---

[1](清)顾广圻:《数书九章序》,《思适斋集》卷一〇,第79页下栏。
[2](清)顾广圻:《开方补记后序》,《思适斋集》卷一一,第91页下栏—92页上栏。

这篇序是顾广圻为张敦仁（1754—1834）[1]而作，用骈文对仗风格写成。序文概述了中国数学史上求解一元二次以至高次方程算法，即开方术的源流：从《九章算术》"少广"章到王孝通的《缉古算经》（著于626年），宋元时发展了增乘开方、正负开方、带从开方等算法，至明代学者已不识开方术，以张敦仁为代表的清代学者又重新认识和理解这些算法。

关于顾广圻对天文算法图书的校勘，《畴人传三编》评论道：

> 道光朝近承乾嘉朴学之习，知名辈起，项背相望。顾茂才资禀过人，无书不读，经史、小学、天文、历算、舆地之术，靡弗贯通，为寰宇所推重。终其身虽未著一书，而精谊（义）特识时见于所为文。如秦、张二书序，不明算者，恶足语此？盖非寻常经生家言也。[2]

《畴人传》虽多次续补，但如上述评论顾广圻所精通的天算专门之学"非寻常经生家言"，其思想则是一以贯之的，即儒家义理与具体技术相结合。这一点在《程瑶田传》论中最能体现：

---

[1] 张敦仁，山西阳城人，号古愚，与交者避愚字贬义，多称古余太守。他在经学、算学以及《资治通鉴》版本方面都有重要著述，江藩《汉学师承记》中称他为"北方之儒者"。参见张秀琴：《数学家张敦仁传略》，《中国科技史料》，1996年第17卷第4期，第33—38页。
[2]（清）诸可宝：《畴人传三编》卷二，（清）阮元等撰：《畴人传汇编》，扬州：广陵书社，2009年，第685页。

> 天算之学有数端：守其法而不能明其义者，术士之学也；明其义而不能穷其用者，经生之学也。若既明其义又穷其用，而神明变化举措咸宜，要非专门名家不可。[1]

天算之学分为术士之学、经生之学和专门名家之学，前两者因各执一端而落于下乘。顾广圻的相关校勘成果和序跋，显示出他在天算之学的造诣上非经生之学，而是专门名家之学。

经由乾隆"钦定"的《全书》分类体系对乾嘉学人影响深远，如周中孚（1768—1831）《郑堂读书记》对书籍的分类标准即源于《全书》。他入阮元幕中，并执弟子礼，因常与众学人交往而得以经眼各类书籍。与顾广圻相似，他也对天文算法类的几十部书撰写了"读书记"，其中虽有部分与《四库总目提要》重出，但对于当时学者的著述，则能叙述其来龙去脉：如为张作楠《交食细草》《量仓通法》《方田通法补例》《仓田通法》等书而写的读书记。[2]

随着天算专门之学的日益专业化，以"通才"面目出现的版本目录学家对天算之学有一定的了解，但并不是对某些领域有深入研究的天算学研究者。但正如《四库总目提要》体现的是纪昀等人的考据学成就一样，天文算法类书籍的序跋提要，

---

[1]（清）阮元等撰：《畴人传》卷四九，《畴人传汇编》，第589页。
[2]（清）周中孚：《郑堂读书记》（影印上海辞书出版社藏1921年刻吴兴丛书本）卷四四，《续修四库全书》（史部924册），第528页下栏、第548页上栏—549页上栏。

往往体现的是顾广圻等学者的天算专门之学。黄爱平指出《四库全书》的修纂与明末清初出现的"儒藏说"密切相关，[1]近来更有学者提出《四库全书》即"儒藏"的说法，[2]而从《畴人传》对天算学专门名家本质上是能"穷其用"的经生之学的标准来看，这与天文算法类书籍为儒藏组成部分的逻辑也是相一致的。

## 三、关于天算专门之学的词章

除了在经学上返古，清人还复兴了中国历史上各种文学体裁，天算专门之学相关的文学作品也有不少，像前一小节中所引之顾广圻《开方补记后序》，就被曾燠（1759—1830）视为骈文中的范文，收入到他所编辑的《国朝骈体正宗》之中。[3]另外，诗歌为文体之大宗，且中国素有"诗言志"的传统，以复兴古学为职志的乾嘉学人也创作出比前代更多的述志论学的篇什，下以咏人、咏物、咏史三类，分别论述。

### （一）咏人

焦循作有《读书三十二赞》，其序云：

---

[1] 黄爱平：《〈四库全书〉纂修研究》，北京：中国人民大学出版社，1989年，第9—15页。

[2] 司马朝军：《〈四库全书总目〉编纂考》，第5、728页。陈祖武等也认为，从曹学佺（1474—1646）到周永年（1730—1791）"儒藏"构想的具体化为"《四库全书》的开馆唱了先声"，见陈祖武、朱彤窗：《乾嘉学派研究》，第26页。

[3] （清）曾燠辑：《国朝骈体正宗》（影印湖北省图书馆藏清嘉庆十一年[1806]赏雨茆屋刻本）卷一二，《续修四库全书》（集部第1668册），第202页下栏—203页上栏。

本朝文学之盛,一洗元明之陋。仆读诸君子著述,心向往之,意有所契,随赞其末。集之良久,具三十有二首,仅就耳目所及容再续之。[1]

焦循所称的"文学",其实指的是统摄于"儒学"或"经学"旗帜下的各类学术知识,其中六赞就涉及天算专门之学:

《晓庵遗书》(原注:王寅旭,名锡阐,吴江人)
天算之学,首推王公。制器立法,贯西于中。日法反古,退朔技穷。短为西独,长与中同。中术不修,使西见功。一言以蔽,惟天之从。日食求边,理密数通。唐之一行,汉之刘洪。

《历算全书》(原注:梅定九,名文鼎,宣城人)、《赤水遗珍》(原注:循斋,名瑴成)
本朝历学,推梅与王。王核而精,梅博而详。千秋绝诣,自梅而光。循斋穆穆,妙悟独彰。谓东来法,是有借根。古天元一,实其滥觞。洞渊九容,于以不亡。

《乡党图考》(原注:江慎修,名永,婺源人)
《论语》一书,人无不习。叩以典故,目瞠气聂。婺源老儒,考核独及。著书饷世,人得摭拾。抑知江

---

[1](清)焦循:《读书三十二赞序》,《雕菰集》(影印中国科学院图书馆藏清道光四年[1824]阮福岭南节署刻本)卷六,《续修四库全书》(集部第1489册),第162页上栏。

君，为学不厌。天文律吕，古今地邑。六书七音，罔不精洽。用之此书，众妙乃集。

《溉堂述古录》《史记释疑》（原注：钱岳原，名塘，嘉定人）

溉堂述古，莫如三江。毗陵为北，阳羡为中。北会于汇，南江逸东。班《志》不易，其说宜宗。律吕历算，生平所工。用此释史，人谁与同？大岁大阴，左右分官。大阴纪岁，故建焉逢。

《衡斋算学》（原注：汪孝婴，名莱，歙人）

汪君孝婴，天授以敏。数学精深，独入于理。人所共可，君知其否。一问两答，以难秦、李。两形互易，创立新式。贯通和较，缕析正负。探赜索隐，迈越诸子。

《勾股细草》[1]（原注：李尚之，名锐，元和人）

李君尚之，深于古术。《太初》以下，一一详述。用集大成，古无其匹。宋金六家（原注：卫朴、姚舜辅、李德卿、谭玉、杨级、耶律履），残缺废脱。用道古法，积年数出。仁卿之书，说天元一。校而通之，秘奥以发。惟兹细草，仅露其藁。[2]

---

[1]《勾股细草》，即《勾股算术细草》。
[2]（清）焦循：《读书三十二赞》，《雕菰集》卷六，第162—165页。

焦循之"赞"为抒发阅读近代学者著述后的感情，而将人系于书名下注，故实为咏人之作。虽题为"三十二赞"，却有以治学相近者合为一赞的情况，实共咏赞37人，分列如下表：

表2-4 焦循《读书三十二赞》人物著作表

| 序号 | 学者姓名 | 所列著作 | 专门之学 |
| --- | --- | --- | --- |
| 1 | 王锡阐 | 《晓庵遗书》 | 天算之学* |
| 2 | 万斯大 | 《学春秋随笔》 | 《春秋》学 |
|   | 惠士奇 | 《春秋说》 |  |
| 3 | 顾炎武 | 《音学五书》 | 声音之学* |
| 4 | 阎若璩 | 《古文尚书疏证》 | 辨《伪古文尚书》之学 |
|   | 王鸣盛 | 《尚书后案》 |  |
|   | 江 声 | 《古文尚书集注音疏》 |  |
| 5 | 梅文鼎 | 《历算全书》 | 历学* |
|   | 梅毂成 | 《赤水遗珍》 |  |
| 6 | 毛奇龄 | 《圣门释非录》 | 圣学* |
| 7 | 张尔岐 | 《仪礼句读》 | 《仪礼》学 |
| 8 | 胡 渭 | 《禹贡锥指》《易图明辨》 | 《尚书》地理学、《易图》辨伪学 |
| 9 | 沈 彤 | 《周官禄田》 | 《周礼》学 |
| 10 | 江 永 | 《乡党图考》 | 通学 |
| 11 | 戴 震 | 《孟子字义疏证》 | 孟学 |
| 12 | 惠 栋 | 《易例》《易汉学》《左传补注》 | 《易》学、《左传》学 |

续 表

| 序号 | 学者姓名 | 所列著作 | 专门之学 |
| --- | --- | --- | --- |
| 13 | 程瑶田 | 《通艺录》 | 通学 |
| 14 | 金榜 | 《礼笺》 | 礼学 |
| 15 | 钱塘 | 《溉堂述古录》《史记释疑》 | 律吕之学*、历算之学*、史学 |
| 16 | 任大椿 | 《深衣释例》《弁服释例》 | 礼学 |
| 17 | 邵晋涵 | 《尔雅正义》 | 雅学 |
| 18 | 武亿 | 《经读考异》 | 训诂学 |
| 19 | 章学诚 | 《文史通义》 | 史学 |
| 20 | 段玉裁 | 《六书音均表》《说文注》《诗经小学》 | 《说文》学、音韵学、《诗》学 |
| 21 | 孔广森 | 《诗声类》 | 音韵学、《诗》学 |
| 22 | 周广业 | 《孟子四考》 | 孟学 |
| 23 | 阮元 | 《经籍籑诂》《十三经注疏校勘记》 | 训诂之学*、校勘之学 |
| 24 | 钱大昕 | 《二十一史考异》 | 史学 |
| 25 | 王念孙 | 《广雅疏证》 | 训诂学*、声音学* |
| 25 | 王引之 | 《经义述闻》 | 训诂学*、声音学* |
| 26 | 姚文田 | 《说文系声》 | 《说文》学、声学* |
| 27 | 汪中 | 《述学》 | 通学 |
| 28 | 凌廷堪 | 《燕乐考原》 | 乐律学 |
| 29 | 汪莱 | 《衡斋算学》 | 数学* |

续 表

| 序号 | 学者姓名 | 所列著作 | 专门之学 |
|---|---|---|---|
| 30 | 李锐 | 《勾股细草》 | 术（历）学* |
| 31 | 王聘珍 | 《大戴礼记解诂》 | 《大戴礼记》之学 |
| 32 | 王坦南 | 《琴旨》 | 乐律学 |
|  | 都四德 | 《黄钟通韵》 |  |

注：著作名均依焦循所列，不作校改；带*号者为焦循赞中所提到的专门之学名称。

由此可窥视出，在焦循眼中，天算专门之学与经学、小学、史学等专门之学具有很大的同质性。与焦循相仿，同属扬州的著名学者汪中，也为顾炎武、胡渭、梅文鼎、阎若璩、戴震等六人作《国朝六儒颂》。[1] 凌廷堪（1755—1809）称：

君最恶宋之儒者，闻人举其名则骂不休。又好骂世所祠诸神，如文昌、灵官之属，聆之者辄掩耳疾走，而君益自喜，汉唐以后所服膺者，昆山顾宁人氏、德清胡朏明氏、宣城梅定九氏、太原阎百诗氏、元和惠定宇氏、休宁戴东原氏。尝云："古学之兴也，顾氏始开其端；《河》《洛》矫诬，至胡氏而绌；中西推步，至梅氏而精；力攻古文《书》者，阎氏也；专言汉儒《易》

---

[1] 一说《六君子颂》，见（清）阮元辑：《淮海英灵集》（影印清嘉庆三年[1798]小琅嬛仙馆刻本）丁集卷四，"汪中条"，《续修四库全书》（集部第1682册），第239页下栏。

者，惠氏也：凡此皆千余年不传之绝学。及戴氏出，而集其成焉。"拟为《国朝六儒颂》而未果。[1]

汪中的《国朝六儒颂》虽未成，但和焦循一样，他们把王锡阐和梅文鼎、梅瑴成祖孙等天算学者与顾炎武、胡渭、阎若璩、惠栋等经学大师并列，且作为儒家绝学继承者的代表，显然得到乾嘉学人的广泛认同。

**(二) 咏物**

关于天算专门之学的咏物诗，其源流似可以追溯到历代描写天文仪器如浑仪、浑象之类的辞赋。清人既已接受了西方古典天文学模型和仪器，咏物之作也绝异前代，典型者如阮元的《望远镜中望月歌》：

> 天球地球同一圆，风刚气紧成盘旋。阴冰阳火割向背，惟仗日轮相近天。别有一球名曰月，影借日光作盈阙。广寒玉兔尽空谈，搔首问天此何物？吾思此亦地球耳，暗者为山明者水。舟楫应行大海中，人民也在千山里。[2]

此诗已有学者提及，认为阮元与众多乾嘉学者一样通中学和

---

[1]（清）凌廷堪：《汪容甫墓志铭》，《校礼堂文集》（影印复旦图书馆藏清嘉庆十八年 [1814] 张其锦刻本）卷三五，《续修四库全书》（集部第 1480 册），第 351 页。

[2]（清）阮元：《望远镜中望月歌》，《揅经室集·揅经室四集》卷一一，第 402 页下栏。

西学，不拘泥于传统的月亮神话，具有"西学东渐"影响中国知识阶层的社会文化象征意义。[1] 确实，"天球""地球"等为西方古典天文学的中译名词，以这些名词入诗，表明西方几何天文模型在一定程度上被乾嘉学者视为真实，而并非仅是计算天体位置的工具。[2] 另一方面，在1820到1830年代，包括数学家高斯（Karl F. Gauss，1777—1855）在内的很多西欧的科学家都热衷于讨论月亮是否存在生命并设想如何跟"月亮居民"进行交流的问题，[3] 而阮元诗中反思了中国传统的嫦娥传说，但也设想月亮中有"人民"，以及类似于现代"月陆""月海"的概念。考虑到此诗作于1820年，阮元在两广总督任上，与西人有所交往，是否有在广州经商的西人向他传播了西欧某些相关的思想，并由此触发其诗兴？笔者在此也不排除这一可能。

**（三）咏史**

中国古代有极为丰富的天文学知识传统，乾嘉学派倡言"古学"，也有咏天文算学之史的作品。如凌廷堪有《后学古诗》十首，其前五首云：

---

[1] 王川:《西洋望远镜与阮元望月歌》，《学术研究》，2000年第4期，第85—88页。

[2] 江晓原:《试论清代"西学中源"说》，《自然科学史研究》，1988年第7卷第2期，第108页。

[3] 穆蕴秋、江晓原:《19世纪的科学、幻想与骗局——1835年"月亮骗局"之科学史解读》，《上海交通大学学报（哲学社会科学版）》，2011年第19卷第5期，第78—80页。

《九章》述勾股，测天乃其略。西法入中国，遂有弧三角。八线立标准，方圆更量度。边角互相求，分秒无少错。斜正兼次形，得数捷而约。日月所运行，太虚仰寥廓。假以算经纬，不啻掌中握。浑盖洎平仪，非此不能作。《缀术》佚已久，弧矢亦高阁。礼失求诸野，未可遽菲薄。汲汲勿庵叟，中西细商榷。《黍尺》《堑堵》篇，千古惠来学。

虞喜论岁差，莫能言厥故。自晋迄前明，茫如坐云雾。或云日道缩，臆揣岂足据。近知缘恒星，每岁自东去。所以冬至宿，虞周不同处。历六七十年，向右移一度。昔贤未发覆，由兹豁然悟。妙哉欧罗巴，谈天凭实数。七政同一源，验候了不误。古疏今渐密，畴人慎推步。

大地本圆形，方指厚载德。九天包地外，枢机惟两极。人物周环列，高下始可测。温带气和平，是在赤道北。冬寒而夏暑，其下为中国。南北辨纬度，昏旦异晷刻。东西分经度，证之以月蚀。半年为昼夜，最易起回惑。相彼简平仪，中维能转侧。以极作天顶，谛观心自得。《周髀》有遗书，古人固先识。

赤道束天腰，黄道斜络之。大距廿四度，两交相抱持。七政行其上，逐度皆束移。南北曰二至，冬夏各有时。二分在交点，均由黄道推。寒暑进退理，平易原非奇。仰观偶指示，童稚都可知。底事张子厚，冥心矜寸私？妄谓亦左旋，致启儒生疑。朱、蔡注《尚书》，从而为之辞。斜直本异势，后世胡能欺？

　　日食为月掩，旧说世所解。月食因地影，新说人共骇。不知泰西书，中有至理在。大地居天中，日月相对待。太阳光四照，大于地数倍。暗影落空虚，星月为匿彩。吾道无不包，刍荛尚须采。何况兹说长，羲和不能改。猥云日亢月，讵异蠡测海。既匪虾蟆精，词人复奚罪？张衡《灵宪》文，洵足证千载。[1]

值得玩味的是，凌廷堪诗中关于天算专门之学历史的叙述，本身就折射出乾嘉学术反宋学的一面。平心而论，凌氏在接受了比较精确的西方天文学后，又以此攻击张载、朱熹、蔡沈（1167—1230）等宋人的天文学错误，其实并不能说明宋儒的学问空疏，但利用"西学中源"话语策略——"源出"并"符合"宋以前学说，且已被证明为正确精密的西学——能彰显出当时反宋学、倡古学的正当性。

事实上，乾嘉学者的有关天算专门之学词章，早在梅文鼎那里就已露端倪，姑举两诗以证：

　　象数岂绝学？因人成古今。创始良独难，踵事生其新。测量变西儒，已知无昔人。便欲废筹策，三率归同文。宁知九数理，灼灼二支分。勾股测体线，隐杂恃方

―――――――
[1]（清）凌廷堪：《后学古诗》，《校礼堂诗集》卷一一，第81页下栏—82页上栏。

程。安得以比例，尽遗古法精。勿庵有病夫，闲居发疑情。展转重思维，忽似窥其根。和较有实用，正负非强名。始信学者过，沿古殊失真。譬彼车与骑，用之各有神。篆籀夫岂拙？弩啄日以亲。援笔注所见，卷帙遂相仍。念子学有宗，何当细与论。[1]

历谱源经史，学者忽如遗。刿心事良难，逢世非所资。逊矣西儒术，耳食尤深疑。苟未明实理，其肯去町畦？《元本》著几何，引仲析豪厘。三角总万形，要眇称难知。夫君述作雄，而复能精思。乃识才人心，善入无幽奇。余亦耽癖嗜，一卷恒自怡。音稀人鲜听，碎琴徒尔为。区区二纪勤，今日逢钟期。[2]

前一首诗是梅文鼎寄给习西算的桐城学者方中通（1634—1698）的诗，谈到了如何继承天算（象数）绝学的问题；后一首是梅文鼎写给潘耒（1646—1708）的诗，指出历学与经、史同源。

另外还有专门论述天文学模型原理的说理诗，以许桂林《谈天小言》（1812）为代表，可参见本书第六章和附录二，在此不赘述。

总之，乾嘉学者在其有关天算专门之学的诗作中所体现的，

---

[1]（清）梅文鼎：《复柬方位伯》，《绩学堂诗钞》卷一，第458页下栏。
[2]（清）梅文鼎：《奉答潘稼堂检讨兼送归吴江二首》（之一），《绩学堂诗钞》卷三，第480页上栏。

多是反对空谈、注重实证的考据学精神气质，这种精神气质与近代科学精神有契合之处，但他们所学习、研究的知识学问并不完全等同于科学，也不能被拔高为科学中的某一门类。

## 本 章 小 结

本章通过对中国经学史的勾勒，论述了清代乾嘉汉学派"复古"、反宋明理学以复兴儒学的学术大背景。在此学术大背景笼罩之下，加上康熙帝对西学的引入，以及梅文鼎作为精通天算绝学的儒者的影响，天算专门之学成为乾嘉学者所关注并亟须复兴的儒学知识的一部分，与同一期兴盛的文字、音韵、训诂、舆地、校勘等专门之学一样，天算专门之学遵守的是"汉学"研究的范式。尽管因为禁教政策，乾嘉时期的西学并不能像明末清初时期那样得到大规模的输入，但西学知识对学人的刺激以及学术圈的反应依然存在。乾嘉时期对传统天算知识研究的复兴，西学与考证学的相互结合的重要特点，前人时贤也早有相当多的论述。因而本章最后一节将此工作向前推进，重点在以具体事例揭示天算专门之学与其他学术文化活动之间的联系，而这些联系又是前人较少关注或理解尚未深入的；并以此说明近代知识转型过程中的专门之学在学者知识活动中的各种表现，表明明末至清末中西学术互引渗透的连续性。

通过对各种原始资料的分析，天算专门之学广泛体现于大型丛书的分类变化、当时流行的藏刻书活动、文学作品的描绘表达和情感抒发等各个方面。然而，无论从哪个方面来看，乾嘉天算专门之学都深深地带着汉学的烙印。当然，这之中更重要而直接的体现在于科举考试、经学著述和专门著作当中，以下数章将分别进行讨论。

## 第三章

## 乾嘉天算专门之学在科举考试中的渗透

自19、20世纪之交开始,一般认为明清时期的科举考试为程朱理学所笼罩,并以规定的八股文为主要取士的手段,呈现出僵化的状态,"摧残中国人的科学思想"。[1] 1970年代以后,学者更多地关注科举与学术之间的互动关系。艾尔曼即通过明清科举考试问题(特别是策问)和答卷的研究,揭示明代科举考试中的自然之学,[2] 以及科举考试对包括自然学、汉学等学术发展的影响。[3] 李弘祺认为,科举对于汉学的影响,必须考虑师友等因素;而对自然学的影响,则持谨慎保留的态

---

[1] 梁启超:《中国近三百年学术史》,第19页;邓嗣禹:《中国考试制度史》,南京:考选委员会,1936年,第392—395页。

[2] [美]艾尔曼著,雷颐译:《晚明儒学科举策问中的"自然之学"》(原载《中国文化》1996年第13期),引自刘海峰编:《20世纪科举研究论文选编》,武汉:武汉大学出版社,2009年,第586—609页。

[3] Benjamin A. Elman, *A Cultural History of Civil Examinations in Late Imerial China*, Chapter 9.

度。[1] 徐光台通过对历史背景的考察，分析了李之藻于万历三十一年（1603）福建乡试出的一道"天文"策题，认为此题显示了李之藻从利玛窦处所学习到的西学知识，并成为吸引士人进一步了解学习西学的策略。[2]

　　学者们认为，与明代不同的是，1700年代以后，有关天文和历法的自然之学问题"完全消失"于科举考试之中。[3] 另一方面，艾尔曼又指出1800年前后，汉学派的考据学术取向能通过第三场策问影响科举考试的内容。[4] 这里令笔者追问的是，既然考据学派的学术取向能渗透在科举考试中，为什么他们的天算专门之学未能在科举中有所反映？又或者说，乾嘉时期的科举考试中真的没有天算专门之学的内容出现吗？如果有的话，又是以什么样的形式，在什么样的历史脉络下出现的呢？本章拟结合原始史料，尝试回答这些问题。

---

[1] 李弘祺：《中国科举制度的历史意义及解释：从艾尔曼对明清考试制度的研究谈起》，《台大历史学报》，2003年12月第32期，第256—258页。

[2] 徐光台：《西学对科举的冲激与回响——以李之藻主持福建乡试为例》，《历史研究》，2012年第6期，第66—82页。

[3] [美]艾尔曼：《晚明儒学科举策问中的"自然之学"》，第591页；李弘祺：《中国科举制度的历史意义及解释：从艾尔曼对明清考试制度的研究谈起》，第258页。

[4] [美]艾尔曼著，张琰译：《清代科举与经学的关系》，《经学·科举·文化史：艾尔曼自选集》，第158—181页；《早期现代还是晚期帝国的考据学？——18世纪中国经学的危机》，《复旦学报》，2011年第4期，第12—16页。

## 第一节　康熙禁止以天文算法命题的历史背景及其策略

### 一、康熙禁科举考天文算法的历史背景

导致人们认为1700年代以后的科举考试再也没有自然学内容的原因，当在于康熙皇帝曾下令，科举考试不能从相关范围中命题。

（康熙）五十四年（1715），敕科场毋出熟习拟题，令同考官互相纠察，并停止五经中式。先是，康熙五十二年以近科乡、会试多择取冠冕吉祥语出题，每多宿构，幸获降旨申饬，兹复奉谕旨："科场出题关系紧要，乡、会经书题目不拘忌讳，断不可出熟习常拟之题。朕常讲《易》及修定天文、律吕、算法诸书，尔等考试官断不可以此诸书出题；表题亦不可出修书、赐书等类。不然，则人皆可拟题幸进，实学何由而得？"[1]

---

[1]《清朝文献通考》（影印1935年上海商务印书馆《十通》本）卷四八"选举考"，杭州：浙江古籍出版社，2000年，第5312页中栏。

艾尔曼根据《皇朝政典类纂》引用了上述引文中加着重号的部分，又结合沈镐[1]的《地学自序》，认为康熙禁止以天文算法作为科举内容，与历代天文所设厉禁相似，即不允许民间讨论预言、占验等术数之学。[2]然而沈镐《地学》是讨论墓葬地选择术的著作，而并不是艾尔曼所意译的"地理学研究"（Studies of geography）。[3]沈氏《自序》中所提到的"今天文有禁，非所宜言"，[4]也是要为突出其"地学"重要性而写与之相对的语句，因而沈氏笔下的"天文"，仍偏于术数占验一类，与康熙所说的天文、律吕、算法等学问有一定的差别。

尽管康熙谕旨指示考官不能在皇帝"钦定"的天算学书籍中出题，而除此以外的相关知识似乎仍然可以考察，[5]但他"御定"的《律历渊源》是一部集大成之作，因此天算（特别是与西学相关的）等内容基本上禁止出现在科举命题中。根据康熙谕旨的含义，他之所以禁止考官以天算等内容命题，是不希望有

---

[1] 沈镐（约1649—1726），字新周，望江县人（今属安徽），康熙己丑科（1709）进士，生平齐心史学，以《蜀游记》《四书文稿》《诗经文稿》《地学》等书行世。参见（清）郑交泰等修，曹京等纂：《（乾隆）望江县志》（影印清乾隆三十三年［1768］刻本）卷七"人物·儒林"本传，《中国地方志集成》（安徽府县志辑第13册），南京：江苏古籍出版社，1998年，第526页上栏—下栏。

[2] Benjamin A. Elman, *A Cultural History of Civil Examinations in Late Imerial China*, pp.483-485.

[3] Ibid, p.485.

[4]（清）沈镐：《六圃沈新周先生地学》，上海图书馆藏清康熙五十二年（1713）三让堂刻本，"自序"第1a页。

[5] 感谢学友王刚提示此点。

人据此"押题",并预先宿构文章以应试,[1] 因为这样的应试文章无益于天文、律吕、算法等"实学"。[2] 康熙帝对天文历法以及相关的耶稣会士传播而来的欧洲天文学十分留意,并于早前称这些知识"实有证验,非比书生作文,可以虚词塞责也",[3]又称算法对错"明显易见","虽不谙文义之人亦能辨其是非,欲以空言取胜,不可得也"。[4] 由此可见,康熙清楚科举文章由于形式所限,难以考查考生在天文算法方面的真正水平。

## 二、康熙选拔天算人才的策略

康熙五十年(1711),皇帝发现由耶稣会士管理的钦天监在推算夏至时刻方面的错误,而且知道其原因在于钦天监并未使用欧洲最新的天文表。此事动摇了康熙帝对西法拥有绝对优势的信心,于是决意打破传教士的知识垄断,使中国人能独立掌握天文历算知识。[5] 相应的措施,是皇帝于康熙五十二年(1713)下

---

[1] 袁枚称"举子于场前揣主司所命题而预作之,号曰'拟题'",故清人所称"拟题"大约相当于今天所说的"押题",参见《拟题之讹》,《随园随笔》(影印华东师大图书馆藏清嘉庆十三年[1808]刻本)卷一七,《续修四库全书》(子部第1148册),第310页上栏。
[2] 顾炎武称:"今日科场之病,莫甚乎拟题……因陋就寡,赴速邀时。"也对科举考试中的拟题现象表示反对。参见(明)顾炎武著,陈垣校注:《日知录校注》卷一六,第912—913页。
[3]《清圣祖实录》卷二四八"康熙五十年十月辛未"条,《清实录》第六册,第456页上栏。
[4] (清)章梫:《康熙政要》(影印清刊本)卷一八,台北:华文书局,1969年,第899页。
[5] 韩琦:《"自立"精神与历算活动——康乾之际文人对西学态度之改变及其背景》,第212页。

旨，在畅春园内设置由诚亲王胤祉领导的临时性修书机构——蒙养斋，编译《历象考成》《数理精蕴》和《律吕正义》（合称为《律历渊源》）。[1]

但另一方面，以科举考试选拔人才的制度是固定化、规程化的制度，士子从考中生员（秀才）进学，到有资格参加皇帝主持的殿试，一般来说都是一个漫长的历程。士子循科举途径，凭借专门知识到皇帝身边的蒙养斋从事天文、律吕、算法等"实学"研究，时间更久；更加可能的情况是，这种士子可能被困于初级功名的考试中久久未能通过，甚至放弃举业。事实上，为了规避矛盾的问题，康熙曾以皇帝身份绕过正常的科举晋升系统直接提拔相关人才。1713年，在设置蒙养斋的前两个月，康熙又下旨，称生员王兰生和监生梅瑴成"做人正道，所学亦好，赐与举人，一体会试"。[2]梅、王二人又分别在1715年和1721年被赐为进士"一体殿试"。[3]在1721年会试后，康熙还亲自黜落原已会试中式的劳必达等12人当年殿试的资格，而明确表示王兰生是"学问优长"但"不得中式以致抱屈者"，给他以殿试的资格。[4]而王兰生和梅瑴成正是在蒙养斋修纂《律历渊源》的主力干将。

---

[1] 韩琦：《格物穷理院与蒙养斋——17、18世纪之中法科学交流》，《法国汉学》（四），第312—319页。
[2]（清）王兰生：《恩荣备载》（清道光十六年交河王氏刻《交河集》本），《北京图书馆藏珍本年谱丛刊》第91册，北京：北京图书馆出版社，1999年，第414页。
[3]《清朝文献通考》卷四八"选举考"，第5312页下栏。
[4]（清）王兰生：《恩荣备载》，第422—424页。

在此历史脉络下我们可以得知，大约在 1711 年以后康熙皇帝之所以禁止科举考试中以天文、算法等内容命题，并不是要禁止天文之学。相反他亟须相关的人才以求独立于传教士的知识垄断，但作为皇帝他有特殊的考虑：一方面要防止善于钻营的考生揣摩上意，靠"拟题"和虚话文章侥幸获得功名；另一方面可以利用自己至高无上的身份特权，绕过繁琐的科举取士过程，直接提拔人才。

## 第二节　纪昀的乡、会试策论题：科举考试中对天算学术史编撰体例的讨论

虽然康熙皇帝的谕旨不准以天文、算法命题，但其本意并非要禁绝士人研习相关学术，而乾嘉之际的实际情形又有所不同。纪昀于乾隆己卯科（1759）山西乡试的第三场"经史时务策"中策问：

> 问：史家之难，无过表、志……司马迁为《天官书》，史家因有《天文》《天象》诸志。然日月星辰终古不易，非每代各有一天也，故刘知幾《史通》谓《天文志》可不必作，其论果是欤？抑作者别有故欤……诸史《艺文志》皆兼载藏书，《钦定明史》则惟载明一代之著作；诸史不过作表，《钦定明史》则于表外增图。此

皆损所当损，益所当益者也。所以损益之精义，能仰窥而阐发之欤……诸生学古入官，他日必有备圣朝著作之选者，其详悉以对，将以是验史识焉。[1]

在晚清废八股、科举以前，清代乡试（被录取者为举人）和会试（被录取者为贡士）的考试形式相同，分三场，前后共进行九天。其中第一场必定要以"四书"中选文三段为题，考生分别作八股文；第三场则必考"经史时务策"，称为策问或策论。[2]原则上主考官必须根据应试者在三场考试中的答卷情况，综合权衡后录取，但一般考官与士子所重在第一场八股制艺。末代探花商衍鎏（1875—1963）即称"唯取前列者，三场各艺必须匀称，考官若重实学，则二、三场之草率者亦不予取中"。[3]通过对清代乡、会试中第二场五经论题的分析，艾尔曼指出，汉学或考据学者的学术取向，有时能在很大程度上影响、改变科举考试的内容。[4]同时，通过对第三场策论题的研究，艾尔曼也指出，18、19世纪之交的科举策问"开始反映出操纵儒学科举的学术脉络之改变"，汉学趋势"能经由第三场的策论题渗入科举"。[5]

---

[1]（清）纪昀：《纪文达公文集》卷一二，《纪文达公遗集》（影印清嘉庆十七年［1812］纪树馨刻本），《续修四库全书》（集部第1435册），第414页。
[2] 商衍鎏著，商志馣校注：《清代科举考试述录及有关著作》，天津：百花文艺出版社，2004年，第72—93页。
[3] 商衍鎏著，商志馣校注：《清代科举考试述录及有关著作》，第101页。
[4]［美］艾尔曼：《早期现代还是晚期帝国的考据学？》，第12—16页。
[5]［美］艾尔曼著，张琰译：《清代科举与经学的关系》，《经学·科举·文化史：艾尔曼自选集》，第179页。

纪昀所重视的，是修史时表和志的体例，当中涉及天算知识史的"天文志"和"历志"。事实上，类似的策论题目，凡纪昀任主考官则必考，但乾隆甲辰科（1784）会试和嘉庆丙辰科（1796）会试的提问中均未涉及《明史》。[1] 其中问及唐刘知幾（661—721）论《天文志》不当作的问题，纪昀实际上有自己的判断。刘知幾之所以认为《天文志》不必作，是因为他不懂岁差，以为星辰的宿度、分野等是终古不变的，不能纳入某一朝的断代史当中；断代史中的《天文志》只宜记载当时的彗星、日月食、五星特殊运行等有所变化的天文异象。[2] 浦起龙（1679—1762）指出："至西法起，而体象俱为改观，见端于晚明而大阐于昭代，乃为千古立极。是其发端表象，有不可不特书者。"[3] 考生首先要懂得刘知幾认为《天文志》不必作的理由，更优秀而有学问的考生则如浦起龙一样，懂得包括西法在内天算专门之学的常识，说明刘知幾为何持此理由及其不当之处，以回答纪昀所提出的"抑作者别有故"的问题。

在嘉庆壬戌科（1802）会试中，作为"总裁"（即主考官）、年近八旬的纪昀在其策问中再次提及《明史·历志》问题：

---

[1] 乾隆甲辰科会试策论题："问：史家要领，体例为先……《史记》包罗历代，其《天官书》，刘知幾以为当作；《汉书》综括一朝，其《天文志》，知几以为不当作。持论果不谬欤？"嘉庆丙辰科会试策论题："问：史例亦繁矣。……刘知幾《史通》乃欲废表、志，孰为是欤？"见（清）纪昀：《纪文达公文集》卷一二，第416页上栏、417页。

[2]（唐）刘知幾著，（清）浦起龙释：《史通通释》卷三，上海：上海古籍出版社，1978年，第58—59页。

[3]（唐）刘知幾著，（清）浦起龙释：《史通通释》卷三，第59页。

> 问：史家褒贬，宜祖《春秋》……如斯之类，能详数诸史之表、志，指其某例当删欤？《明史·天文志》有图，盖测量非图则不解，故创是例也。亦有似此当增者欤……诸生即翔步玉堂，备著作之选，其详悉以对。[1]

虽然此题中提到了关于《明史·天文志》"创例"的问题，但事实上，《明史·天文志》并没有附图，附图的是《历志》，[2]似乎是纪昀命题时未检原书，记忆混淆所致。无论是纪昀1759年乡试策论题中的《明史》"表外增图"，还是1802年会试策论题中的"非图则不解"，云云，其来源正是《明史·历志二》"平视之图"后的一段按语：

> 按旧史无图，然表亦图之属也。今勾股割圆弧矢之法，实为历家测算之本。非图不明，因存其要者数端。[3]

从纪昀的策问题来说，显然是要考生论述修史过程中繁复与

---

[1]（清）纪昀：《纪文达公文集》卷一二，第419页。
[2] 包括《历志二》"割圆弧矢图""侧立之图""平视之图""月道距差图"和《历志三》"二至出入差图"共五图，参见《明史》（影印清乾隆武英殿原刻本）卷三二、三三，引自薄树人主编：《中国科学技术典籍通汇·天文卷》第三册，郑州：河南教育出版社，1993年，第1485页、1488页上栏、1502页上栏。
[3]《明史》卷三二，引自薄树人主编：《中国科学技术典籍通汇·天文卷》第三册，第1485页下栏。

简略、因循与创新等方面的取舍，今人视之为"编史学"问题。纪昀先有若干案例提示，考生也要就具体事例作答，这是清代科举策问的一贯形式。《明史·历志》最终由梅瑴成改定，当中对明代《大统历》有深入的解说和剖析，吸收了很多西学内容，确实为前代正史所未有。[1]《历志》所载"侧立之图"和"平视之图"，则来源于梅瑴成祖父梅文鼎《堑堵测量》中的"侧视之图"和"平视之图"，是复原元代郭守敬《授时历草》中换算黄、赤道坐标的创新方法"黄赤道差法"推导过程的重要组成部分。[2] 不但如此，梅瑴成还特意就相关问题作《时宪志用图论》，他认为明朝《大统历》本于元朝《授时历》，复原《元史》所删削的《授时历草》及其用图，是作史者实事求是的表现；而且增创用图体例，与康熙皇帝"御制"《历象考成》"作图立说"是一致的。[3] 这正是1759年山西乡试策论题中，纪昀明确要求考生阐发"损益之精义"的答案所在。换言之，纪昀把正史中的这种记载天算专门之学知识演化的历史作为编修史志的典型事例，只有涉猎广泛的考生才能明白题旨。在某种程度上，天算专门之学及其知识之演变，伴随着经史考证等学问，以出现于科举考试之中的方式，再次被汉学家考试官提上日程，这无疑对整个士人社会产生了很大的影响。

---

[1] 薄树人主编：《中国科学技术典籍通汇·天文卷》第三册，郑州：河南教育出版社，1993年，"明史历志、天文志提要"第1422页；韩琦：《从〈明史〉历志的修纂看西学在中国的传播》，第64—68页。
[2] 刘钝：《郭守敬〈授时历草〉和天球投影二视图》，《自然科学史研究》，1982年第1卷第4期，第329页。
[3]（清）阮元等撰：《畴人传》卷三九，《畴人传汇编》，第440—441页。

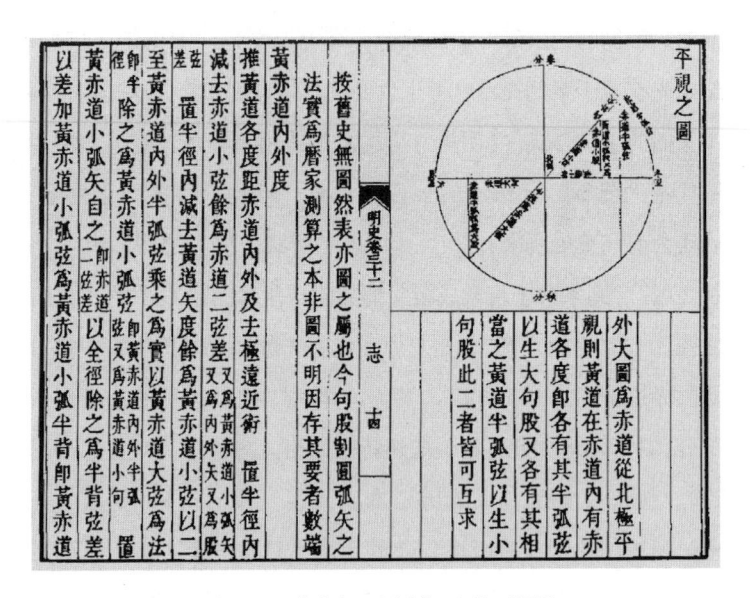

图 3-1 《明史·历志》中的"图"

## 第三节　天算专门之学在乡试策论与八股中的渗透——以1804年江南乡试为中心

由于一般士人并不熟习天算专门之学，而科举乡会试评卷时糊名易书，因此以之为策问题目，即可判断某卷为某人。《畴人传》载有一则关于著名算学家李锐的故事：

嘉庆九年（1804）甲子科，江南主司耳锐名，欲罗致之。未出京，询之云门侍郎，谓如何而后可得李某。侍郎曰："是不难，吾有策题一，能对者即李某。"主司如其言，犹虑有失，并益以"天之高也"一节"四书"题文。闱中大索，不可得，窃疑之。及榜发，果无锐名。访知，锐是年因病未与试。主司叹曰："噫，是有命也！"其当时见重有如此。[1]

云门侍郎即精通算学并与李锐齐名的李潢（1746—1812），"江南主司"当为嘉庆甲子科江南乡试主考戴均元（1746—1840）。[2] 举行乡试的当年，通天文算法的学者陈昌齐（1743—1820）奏言钦天监推算日食不准，应修改历法；戴均元"欲奏留之"以主持改历，陈昌齐以精力不足推辞。[3] 这或许是戴均元之所以要罗致天算专门之学人才原因之一。

---

[1]（清）阮元等撰：《畴人传》卷五〇，《畴人传汇编》，第597页。
[2]（清）佚名编：《江南乡试录（嘉庆甲子科）》，国家图书馆藏清嘉庆刻本，第1a页。又（清）王家相、魏茂林等：《清秘闻述续》（影印湖北省图书馆藏清光绪十四年［1888］刻本）卷一，《续修四库全书》（子部第1178册），第192页上栏。
[3]（清）温训：《陈观楼先生传》，《登云山房文稿》（影印清道光三年［1823］番禺潘氏刻、光绪二十四年［1898］补刻本）卷三，《清代诗文集汇编》第561册，上海：上海古籍出版社，第93页下栏。又（清）题伍崇曜：《测天约术跋》，（清）陈昌齐：《测天约术》（影印清道光三十年［1850］南海伍氏《岭南遗书》刻本），《丛书集成新编》第42册，台北：新文丰出版公司，1985年，第67页。此两书均称戴均元时任礼部侍郎，然据戴氏年谱，他于1800年"六月补授内阁学士兼礼部侍郎"，至1804年"正月调补户部左侍郎，七月转补右侍郎"，见（清）汤金钊编：《戴可亭相国夫子年谱》（影印清道光间大庚戴氏刻本），《北京图书馆藏珍本年谱丛刊》第116册，第550、554页。

## 一、1804年江南乡试策题与策论分析

按规定，第三场所设的"经史时务"策论题共五道，1804年江南乡试的策题中第三道与天文算法相关，当是李潢为戴均元所设的那一道：

> 问：三代以上人人皆知天文，凡见于经传者，其词可举欤？众星之名有以国与人为名者，有以官与爵为名者；中星之义，有以午为中者，有以未为中者，其故可考欤？占天以二十八宿为纲维，分度以赤道为则，而唐一行考四宿分度与古不同，至宋黄祐初又与唐异，绍圣间惟有四宿与旧法合。《宋中兴天文志》云"黄道横络天体，列□□〔宿分〕度随岁差而增减"，顾有谓五十年退一度、百年退一度者，有取前二说中数谓七十五年退一度□〔者〕，□〔又〕有谓恒星东行、岁本无差者，其说可详□〔欤〕？勾股算术，西法较古术为密，言天得诸实测，言算取以捷法，如平圆浑圆、八线三角，其详可推欤？后有取古法《九章》勾股测量与新法相较者，且有以西术易《九章》者，其要可稽欤？伏读《御制数理精蕴》，通中西之异同，阐天人之微奥，宜何如悉心研究，以襄敬授人时之至治欤？[1]

---

[1]（清）佚名编：《江南乡试录（嘉庆甲子科）》，第16a—17a页。

这道策题共有六个小问,第一、二问简要考察天文与经史的关系,以应乡试第三场"经史时务策"之名。该科解元、著名的常州学者李兆洛(1769—1841)回答:

> 后世禁私习天文,而三代以上,直无人不知者。故七月农夫,能知流火;束刍庶女,便解三星。辨离、毕于征夫,咏昴、参于宫妾。盖敬授民时,实在于此。至梓慎、裨灶以别吉凶,虽亦保章、冯相之司,而渐流奇诡,遂开后世阴阳家者流,而末世遂以象纬为怵术矣。众星之名,不知何昉。如秦、晋、吴、越名以国,王(长)〔良〕、傅说名以人,将、相、执法名以官,三公、诸侯名以爵,往往即其国与官以占其事,而常应所谓天事恒象也。[1]

在回答第一个小问中,李兆洛策论中首先举的基本上是顾炎武所称"三代以上人人皆知天文"的《诗经》中的例子。随后他引申到《左传》中著名的星占家梓慎和裨灶,与同时期的乾嘉考据学者一样,认为应严格区分天文推算和吉凶占验两者的区别。[2] 对于第二个小问,李兆洛只回答了一半:关于众星命名

---

[1](清)李兆洛:《嘉庆甲子科江南乡试策论(三)》,《江南乡试录(嘉庆甲子科)》,第 47a—47b 页。
[2] 典型的如阮元认为,宋人不应将上古善于算术的名家隶首、商高和梓慎、裨灶相提并论,其所编《畴人传》只收历代"步算一家",从事占验吉凶的古代学者"一概不收"。(清)阮元等撰:《畴人传汇编》,"畴人传凡例"第 1—2 页。

的问题，他直接承认不知道起源，只是列举了几类命名方法，实际上没有置一词以说明策题中"中星之义，有以午为中者，有以未为中者"。这一句出自宋人郑樵（1104—1162），以说明《尚书·尧典》"四仲中星"与《礼记·月令》中四季季月的昏中星之间有所差异的原因。[1] 郑樵的这种说法其实很牵强，经典所记中星之不同，当是由于岁差所造成的。大概李潢的思路，是由此而引出关于岁差的第三个小问。

第三小问跟岁差有关，当是李潢认为的可以检验出考生是否是李锐的一个问题。事情源于1795年，著名吴派经师江声因要论证《月令》为因袭吕不韦《吕氏春秋·十二月纪》所作而非周初的周公所作，需要用到西法岁差数据来推算《月令》四季季月昏中星与《尧典》"四仲中星"两星象之间的年代差。但"恒星东行"每年51″数据不能直接使用，要化成每东行一古度需要多少年的形式（即策题中"五十年退一度""七十五年退一度"等形式）。江声在推算是项数据时，在"半日之间"的分数部分不能确定，于是向李锐请教。李锐用较简便的方法为江声计算出每69年209$\frac{105}{204}$日"恒星东行"一古度这个准确数据，江声更把李锐的算术附于其《恒星说》后出版。李锐也在其日记中记载到自己为江声"算恒星东行三纸"并"见赠新著《恒星说》

---

[1] "有正于午者谓之中（方位），有中于未者谓之中（星宿之伏见）。《尧典》四仲迭建之星则以午为中，《月令》昏旦之星则以未为中。"括号中为双行夹注。见（宋）郑樵：《中星辨》，《六经奥论》卷六，引自（清）纳兰性德编：《通志堂经解》（影印清同治十二年 [1873] 富文斋刊本），第16册，扬州：江苏广陵古籍刻印社，1996年，第558页上栏。

一卷"二事；而由《恒星说》引发了江南汉学圈中对以西法解经是否适用的争论，参与者包括孙星衍等著名学者（以上详见下章）。根据李锐与李潢在天算专门之学上交流密切可推测，此事当为李潢所知。在李兆洛的答卷中，他也回答得头头是道：

> 推步之法，以二十八宿为纲维，以之定度，分以之定日躔，所谓恒星天也。恒星有东行之度而岁差生焉，岁差者，日至之躔每岁不及五十一（抄）〔秒〕，积久则见……自洛下闳定《太初》法，谓数百年后当差一日。晋虞喜始立差法，谓五十年退一度。宋《大明》之法以四十年差一度，何承天以为太过，谓百年差一度，隋刘焯以为七十五年差一度，唐一行以为八十三年差一度。宋《纪（年）〔元〕》之法以七十三年差一度，大抵《纪（年）〔元〕》之法最得中矣。[1]

显然，李兆洛并未能回答出李锐已经换算过的每69年209$\frac{105}{204}$日"恒星东行"一古度这个数据，但他能列举出历史上各家所定的岁差数值，也能说明岁差之原因是"恒星有东行"，又知晓当时西法岁差的准确数据为每年51″，所以足以被认为是通晓天文算法的学者。更何况，策题最后两个小问是关于西学和当时学术上的问题，李兆洛基于"西学中源"论，而以西学中的基本概念

---

〔1〕（清）李兆洛：《嘉庆甲子科江南乡试策论（三）》，（清）佚名编：《江南乡试录（嘉庆甲子科）》，第48a—48b页。

和原理作答，更显示出他是一位通天算专门之学的学者：

> 布算之法，古惟勾股，自西人有三角法而益精。三角之法，有三角、有八线、有平圆、有浑圆。三角者，九十度为平角，不及九十度为锐角，过九十度为钝角；八线者，正切、正割、正弦、正矢、余切、余割、余弦、余矢也……其用法较古术为密，而其法根实皆本于古。盖勾三股四弦五，而天下比例之道尽矣，即算三角者亦必析之成勾股而后可算。明李之藻等欲以西法易《九章》，而国朝梅氏、戴氏以勾股御西术，得其理矣。《御制数理精蕴》囊括万有，通中域、欧逻各出之神奇；《御制仪象考成》经纬七政，启黄帝、颛顼以来未穷之秘奥：所以玉衡正而泰阶平也。[1]

"国朝梅氏、戴氏"分别指梅文鼎和戴震，均持"西学中源"论。由此可见，明末以降的西学透过与经史考证相融合的方式，可以在乾嘉之际出现在乡试的策论题当中，而考生可以用天算专门之学及其学者普遍持有的"西学中源"论作出相应的回答。

## 二、八股文中的西学知识

事实上，西学或天算专门之学不仅渗入该科考试的第三场策

---

[1]（清）李兆洛：《嘉庆甲子科江南乡试策论（三）》，（清）佚名编：《江南乡试录（嘉庆甲子科）》，第 48b—49b 页。

论，还在第一场"四书"文（八股文）中有所体现。前揭《畴人传》已称戴均元犹虑有失，特意增加"天之高也"一节八股文题目。此题为三道考题中的第三道，即《孟子·离娄下》中"天之高也，星辰之远也，苟求其故，千岁之日至可坐而致也"一句，与天算专门之学相关。因为八股文的基本思想必须为程朱理学，以明人性义理，在这一点上，李兆洛的答卷也没有例外，他在其制艺第一句"破题"即谓："知天之有常行，则知人之无异趋矣。"其后在"起讲"中又补充说"且善言性者，必求其端于天"。[1] 然而，在其第一、二股文字中即融入了西学知识：

> 夫千岁之日至而岂易致哉？夫日者，以天为本、以星为经纬、以辰为次舍者也。天下有高于天者乎？累而上者曰七重，曰九重，曰十二重；离于地者曰亿万里，曰八亿万里，曰百亿万里：不尽揣摩意拟之词，而本轮均轮、最高最卑之纷纷者无论也。天下有远于星辰者乎？度其经者曰地平，曰赤极，曰黄极；割其圆者曰半周，曰象限，曰纪限：备极纵横浩衍之观，而古多今少、古狭今宽之参差者无论也。[2]

当中所谓七重天、九重天、十二重天、本轮、均轮、最高、

---

[1]（清）李兆洛:《"天之高也"一节制艺》，（清）佚名编:《江南乡试录（嘉庆甲子科）》，第33a页。

[2]（清）李兆洛:《"天之高也"一节制艺》，（清）佚名编:《江南乡试录（嘉庆甲子科）》，第33b—34a页。

最卑、地平、象限、纪限等词汇，均是明末以后由西方传入的天文学概念，在李兆洛的笔下融化为骈体文字成为最佳的答卷。另一位考生的八股文中也运用到西学知识作答，亦予取中：

> 今夫高莫过乎天，远莫逾乎星辰。天体最高曰宗动，其下即恒星二十八舍，其下镇星、岁星、荧惑，各居一重，其下日与金、水，亦各居一重，其下者月也。……天直径三十八万七千里，恒星右旋而附天左转。[1]

加着重号的句子是散行的，但在原文中加有圈点，被视为是"佳句"。就其内容来看，是对耶稣会士传入的西方天球体系的描述。八股时艺，讲求的是模拟圣贤口气，"代圣贤立言"，不可出现周代以后的典故。[2] 文中尽管有"天直径三十八万七千里"这个《尚书考灵曜》中宇宙大小的数字，[3] 但以西学入时文而当时主考又不认为是方枘圆凿，恰恰说明了在清儒的知识观中，大量吸收了西学的天算专门之学与儒家崇尚的三代制度是混同的。此文作者，正是苏州府长洲县人徐颋（1771—1823），次

---

[1]（清）徐颋：《"天之高也"一节制艺》，顾廷龙编：《清代朱卷集成》第131册，台北：成文出版社，1992年，第245—248页。
[2] 商衍鎏著，商志馣校注：《清代科举考试述录及有关著作》，第244—245页；启功：《说八股》，《北京师范大学学报（社会科学版）》，1991年第3期，第51—52页。
[3]"据四表之内，并星宿内总有三十八万七千里，然则天之中央、上下正半之处则一十九万三千五百里，地在于中，是地去天之数也。"（晋）郭璞注，（宋）邢昺疏：《尔雅注疏》卷六《释天》，引自《十三经注疏》（缩印世界书局本），北京：中华书局，1980年，第2606页下栏。

年殿试一甲第二名（榜眼）进士，其师为江声[1]、钱大昕、段玉裁[2]等乾嘉经学名家。[3] 特别是对天算专门之学有所研究的江声，是徐颋早年尚未中举时的老师；同乡的李锐，也与徐颋分属同窗。徐颋之所以能以此写文，估计也有师友的影响。

艾尔曼认为，李兆洛是典型的常州学人，致力于"算学、天文推步和地理学兴趣的基础上，将之与音韵训诂等传统标准考证学相结合"，[4] 他的这些成就很大程度上应建基于在1804年的江南乡试得中解元。在评卷过程中推荐李兆洛的，也是精通天算的著名汉学家张敦仁：

> 监试阳城张公敦仁得先生卷，击节不置。又虑其辞格古浩，不投时赏，乃手录全卷，从容示主试大庾戴公均元，若为拟程者曰："此等文将焉置？"答曰："闱中果有此，岂得抑置第二人？"张公袖中出朱卷，曰："此非闱中来耶？"即命录其五经文及策论，相与传观

---

[1] 江藩称江声"弟子数十人"，"长洲徐颋最知名"，参见《国朝汉学师承记》卷二，朱维铮主编：《汉学师承记（外二种）》，第45页。孙星衍称徐颋、顾广圻、钮树玉（1760—1827）等"从声游，俱以通小学，为声契赏"，参见《江声传》，《平津馆文稿》卷下，《孙渊如先生全集》，第553页下栏。

[2] 缪荃孙：《段玉裁传》，引自闵尔昌：《碑传集补》（影印1923年刊本）卷三九，沈云龙主编：《近代中国史料丛刊》第100辑，第2116页。

[3] 徐颋朱卷履历中"业师"一栏排名依次为江声、钱大昕、汪元亮（1762年举人）、吴霈（1763年进士）、夏枚功、段玉裁和蒋寅。见顾廷龙编：《清代朱卷集成》第131册，第234页。

[4] Benjamin A. Elman, *Classicism, Politics and Kinship: The Ch'ang-chou School of New Text Confucianism in Late Imperial China*, Berkeley：University of California Press, 1990, p.120.

之，称美不容口，遂襄然为举首焉。初，本房师金乡周公垣因不识三艺中"祘"字，以问张公。曰："是古'算'字也，其人必晓算法。"取观，力怂恿得荐。[1]

从这段记述可以看出，李兆洛的八股文答卷本来有黜落危险。其原因是：（一）多用"古辞"，当中包括混同于上古天文绝学之中的西学辞汇；（二）用古字，上述引文中所称"祘"字时人鲜知，《江南乡试录》中即误刻作"祄"，[2] 估计原卷中李兆洛写作"祘"，这样很可能被阅卷者认为是错别字而判答卷不合格。[3] 然而正是在张敦仁的努力下，李兆洛的答卷不仅没有遭到黜落，而且还被擢为第一名。因此，虽然主考戴均元未能按其本意录取到天算学者李锐，但选拔到其他相关专门学人才也可谓达到最初的目的。

## 第四节　学者官员在初级功名考试中的天算专门之学取向

与天算专门之学相关的知识出现于科举考试的策论题中，其主要目的当是发现、选拔与主考官学术倾向相一致的人才。然而这种学术倾向不一定能时时通过常规化的考试程式，如八股文体

---

[1]（清）蒋彤编：《武进李先生年谱》（影印民国间吴兴刘氏刻《嘉业堂丛书》本），《北京图书馆藏珍本年谱丛刊》第131册，第20页。
[2]（清）李兆洛：《"天之高也"一节制艺》，（清）佚名编：《江南乡试录（嘉庆甲子科）》，第34a页。
[3] 启功：《说八股》，第52页。

现，因此考官可能会酌情使用其选人权力，另谋办法。乾嘉汉学主将阮元任浙江学政时，曾动用其特权，直接选拔天算专门之士：

> 余于天文算法中求士，如临海洪颐煊、震煊，归安丁传经、授经，钱唐（塘）范景福、海盐陈春华等，皆有造诣，然以临海周治平为最深。治平拙于时艺，久屈于童子试。余至台州，治平握算就试，特拔入学。治平精于西人算术，通《授时》《〔时〕宪》诸法，明于仪器。余有诗云："中法原居西法先，何人能测九重天？谁知处士巾山下，独闭空斋画大圜。"[1]

童试或童子试是童生入学成为生员的考试，分县试、府试和院试，其中决定性的是学政所主持的院试，考八股时艺两篇和五言六韵试帖诗一首。但学政仍可于院试开考前，考八股文和试帖诗以外的题目以考察当地文风，童生或生员均可自愿参加，称为"经古"或"观风试"；考生参加这类考试后，经学政评定录取，进行复试后（也有不进行复试的）即可入学。[2] 周治平参加的即属此类自愿性质的考试，因此阮元称为"握算就试"。[3]

---

[1]（清）阮元：《定香亭笔谈》卷二，第497页下栏。
[2] 商衍鎏著，商志䫫校注：《清代科举考试述录及有关著作》，第9—10页。
[3] 另据李锐日记，嘉庆十一年八月十一日（1806年9月22日）学政考生员经古试题《平权衡赋》，他的答卷得到"闭户读书、功深勾股"评语嘉奖。可见李锐曾在经古试中显示出自己的算学知识，且得到考官的认可，也属于"握算就试"。氏著《观妙居日记》（影印清钞本），《国家图书馆藏抄稿本日记选编》第四册，北京：国家图书馆出版社，2015年，第206—207页。

阮元的诗则指出，他相信熟悉中西天文算法的周治平可以在复兴"古法"方面作出成绩，以显示他利用特权的擢拔并非毫无根据。

相比于阮元，孙星衍对后学诸生的天算专门之学的知识要求，则偏重于古代的天文占验典籍。他在山东为官时，曾有策问一道：

> 问：扬子云不读非圣之书，圣之训通，其能成一家言者，即圣也。诸子之学，亦宜涉猎。……天文之学，古重占验，《黄帝》《巫咸》，甘、石《星占》何不见于《艺文志》？《灵台秘苑》《开元占经》犹可循览欤？[1]

这道策题是"观风试"中的问题，策题的设置与考官个人的学术取向相关联。孙星衍并不相信新近传播到中国的西法能考证古代经史，而只有古代天文历算类著述才具备这一功能（详见第四章），而《开元占经》正收录了《黄帝占》《巫咸占》等传说是三代（极可能是东汉年代成书）的占书。乾嘉时期著名的版本校勘学家、江声的弟子顾广圻曾为孙氏所藏《天文大象赋》校勘，所用到的重要参校典籍之一即《开元占经》。因此，孙星衍这条策问，当是要求考生回答，应涉猎《开元占经》一

---

[1]（清）孙星衍：《观风试士策问五条》，《孙渊如先生全集·岱南阁集》卷一（影印民国八年［1919］商务印书馆四部丛刊影印清嘉庆刻本），《续修四库全书》（集部第 1477 册），第 451 页。

类书籍以达到"成一家言"的目的。[1]

## 本 章 小 结

艾尔曼早前的研究,揭示了看似一成不变的科举考试,实际上与时下的学术取向相互关联。尽管他误读了康熙皇帝关于不得以天文算法命题的禁令,误以为此后的科举考试均排除自然之学,但本小节所列举分析的例子均指向他的另一个结论:乾嘉时期盛行的汉学或考据学能够在科举考试中有所反映。

事实上,作为科举考试的过来人,商衍鎏也早已洞悉到,清代初、中期因"重朴学、戒空疏"之故,八股制艺有"以搜奇为制胜","于正经正史之外,推及逸书、诸子、小学、金石之类"以助文辞等不同于明代的特点。[2] 本章以天算专门之学为切入点,用具体的历史事例揭示科举考试与乾嘉学术相互联系的形式和特点。天算专门之学之所以能作为参考点,因为它虽含有自然科学的成分,但并不完全等同于自然科学,是一种吸收融化了西学而又被认为是"失传了"的"绝学",是乾嘉汉学或考据学之一种。在这些事例中,我们可以看到包括关于天算知识的源

---

[1] 关于此点,也有孙星衍杂文中的文字可供参证:"古之小学,教之数与方名。汉时学僮,学六角、五方,书计之事、六书制字命名之义,无所不该。自宋人忽名物、象数,而讲求性理、空虚之学,后世之言历算,始不能通知古书矣。"参见《日缠考》,《孙渊如先生全集·问字堂集》卷三,第410页下栏。
[2] 商衍鎏著,商志𩡺校注:《清代科举考试述录及有关著作》,第255页。

流演变、经史所记载的天文现象、历代岁差数据及其精确值的推算、西方天文学知识、中国古代关于天文星占的知识，都或多或少地出现在各级科举考试的题目当中。与标准考据学通过第三场策问渗透进科举的方式类似，这些题目多为策论题，这当然与策论这种文体比较自由的特性相关。在"西学中源"的语境下，汉学化了的西学就是古学，这也能解释为什么在1804年的江南乡试中，有包括第一名在内的两名汉学派考生运用西学知识写作被认为是最死板僵化的八股文，这实际上是复古以求新，以达到商衍鎏所指出的"搜奇制胜"。另外，考试过程中包括主考、阅卷人员在内的学者官员，是天算专门之学得以向科举渗透的重要因素，他们或命专题，或荐答卷，很大程度上是以自身的学术取向决定考生的录取与否。天算专门之学成为考官对考生学问进行评判的重要标准之一。

渗入了天算专门之学的科举考试，其影响似乎也是相当深远的。对于被选拔到的专门人才，他们能在更高的位阶上有更广阔的空间从事相关的学术，典型者如戴均元所提拔的李兆洛对天文、舆地图一类书籍的编辑工作作出了巨大贡献，阮元提拔的周治平为其编著《畴人传》等。当科举试题出现天算专门之学内容后，对于一般考生来说，肯定会更加留意学习相关的知识。当然，在乡试或更低级的地方性考试中，其主考显然比会试的主考官有更大的自由度，天算专门之学对科举的渗透也伴随着各地学政个人的学术取向，呈现地方化而非全国统一化的特点。

# 第四章

# 以天算注释经典：乾嘉学者对两种数学经注传统的重建

## 第一节 问题的提出

清乾嘉之际，江苏苏州府下辖吴县、长洲、元和、昆山、新阳、常熟、昭文、吴江、震泽八县，经济繁荣，各县学术人才涌现。因此，苏州为乾嘉学术的重镇之一，"吴派"也因此成为乾嘉汉学派中重要的一支，其传授谱系大致为：

惠周惕→惠士奇→惠栋→江声、余萧客、沈彤→江藩、顾广圻、徐颋

笼统而言，吴派在学术上高举汉帜，凡汉皆好，被认为过于保守。然而，或许也因为这一比较负面的评价，导致人们对这一学派的关注较少，有学者总结为清代学术史研究上"重皖轻吴"

倾向。[1] 近年来，关于乾嘉吴派的研究也开始涌现，并以"一首一尾"——惠栋、江藩两人为大宗，对乾嘉之交的江声等人研究也逐渐开展。[2] 如王应宪所指出，"就吴派发展大势而言，江声、余萧客显然是一个极为重要的阶段，自江、余之学起，吴派始入专门之学"，[3] 职是之故，他特别对江声的《尚书集注音疏》进行了考察，以揭示吴派学人治《尚书》专门学的特质。[4]

除了《尚书》学以外，江声对《说文》、训诂有较深的造诣，对天算等专门学也有涉猎，其研究的深度和广度尚有拓展的余地。此外，随着近年来清代学者手迹的不断公布，也使人们逐渐认识到当时学者并非孤立地闭门造车，而是彼此间互有交流。郭世荣详尽地披露了李锐的日记以及他与焦循交往的信札，揭示了以李锐为中心的算学研究和交流活动。[5] 冯锦荣则以李锐的

---

[1] 王应宪：《清代吴派学术研究》，上海：华东师范大学出版社，2009年，第6页。

[2] 早期对江声的研究较薄弱，《乾嘉学术研究论著目录（1900—1993）》所列出的相关论著仅2篇，其中一篇是清人江藩所著、周于同注释并收于《汉学师承记》卷二的《江艮庭先生》。另一篇铃木奎吾《江艮庭の尚书研究に就て》则是1933年3月东京帝国大学文学部本科毕业论文，年代较早，今天学者已经难以寓目；再就题目来看，此论文似乎也与相关的天算专门之学联系不大。近年来对江声的研究的进展亦有很大推进，以洪博昇《求古与考据：江声与王鸣盛〈尚书〉学研究》（台北：元华文创，2018年）为代表。

[3] 王应宪：《清代吴派学术研究》，第13页。

[4] 王应宪：《清代吴派学术研究》，第125—136页。

[5] 郭世荣：《李锐〈观妙居日记〉研究》，《文献》，1986年第2期，第248—263页；《清代中期数学家焦循与李锐之间的几封信》，收于李迪主编：《数学史研究文集》（第一辑），呼和浩特：内蒙古大学出版社，1990年，第123—130页。

生平及其《观妙居日记》为例，认为江南地域俨然存在"儒学—历算学"研究集团，其学术活动为一种"锲而不舍的知识追求"，其"文化事业"堪称"时代典范"。[1]

另一方面，朱一文通过分析、比较儒家经典和算学经典注疏中不同的开方计算算法，揭示了7世纪中国存在两种不同的数学文化。[2] 从学术谱系来看，前面提到的李锐是另一位乾嘉学术大师钱大昕的弟子，故一般认为江声和李锐具有同一学术取向。然而，从笔者下面所要展示的案例来看，我们可以进一步区分乾嘉学派内部的两种数学经注传统，即源于儒家经典注疏的儒家传统和源于算学经典注疏的算家传统。[3] 本章，笔者将以江声《恒星说》中的"恒星东行三题"为中心，考察18世纪末存在于乾嘉学派吴派内部的两种不同数学实作，深化分析朱一文所揭示的这些实作与不同数学文化之间的联系，同时进一步理解乾嘉天算专门之学的特质。

下文先略述江声其人，然后以其《恒星说》为中心渐次展开。

---

[1] 冯锦荣：《李锐的生平及其〈观妙居日记〉》，《文史》第47辑，北京：中华书局，1999年第2辑，第207、216页。

[2] Zhu Yiwen, "Different Cultures of Computation in Seventh Century China from the Viewpoint of Square Root Extraction." *Historia Mathematica*. 2016, vol.43 (1), pp. 3–25.

[3] 依据朱一文对7世纪中国两种数学文化的分野，笔者在此提出乾嘉学派中的两种数学经注传统。

## 第二节　江声及其学术与交游

### 一、江声家世及其行谊

关于江声的文献，主要有孙星衍《江声传》、[1] 江藩《国朝汉学师承记·江艮庭先生》、[2]《（同治）苏州府志》本传、[3]《文献征存录》本传、[4]《清史稿》本传,[5] 后三种多因袭孙、江两传。孙星衍《江声传》载：

> 江声字叔沄，号艮庭，江苏元和人，汉江革五十七世孙。六世祖禹奠自休宁迁吴门，有孝行，载在方志。曾祖大浙，祖文懋。父黔，生声，凡有两兄一弟。

> 父故为冶业，既折阅，居无锡，声与兄授徒为养。

---

[1]（清）孙星衍：《江声传》，《孙渊如先生全集·平津馆文稿》卷下，第553—554页。
[2]（清）江藩：《国朝汉学师承记》卷二，朱维铮主编：《汉学师承记（外二种）》，第42—46页。
[3]（清）李铭皖、谭钧培修，（清）冯桂芬等纂：《（同治）苏州府志》（影印清光绪九年［1883］刊本）卷九〇，《中国地方志集成》（江苏府县志辑第9册），南京：江苏古籍出版社，1991年，第362页。
[4]（清）钱林：《文献征存录》（影印清咸丰八年［1858］有嘉树轩刻本）卷五，《续修四库全书》（史部第540册），第194—196页。
[5] 赵尔巽等：《清史稿·儒林传二》卷四八一，第13231—13234页。

年二十九，遭父疾，晨夕侍床褥，不解衣带，手制药饵，至自涤械窬，视秽以验疾进退。及居忧，哀毁骨立；逾三年，容戚然如新丧者。侍母疾、居丧，亦如父殁时，族党哀其至行。

今上元年（1796），诏举郡县孝廉方正之士，有召用为京外官者。阮抚部[1]与予各从官所驰书江苏大府交荐声，声固不知。陈方伯奉兹[2]造门，请见声，辞勿见。及府县申牒敦请，又陈情不肯应命。费抚部淳[3]及方伯卒以征君应聘，赐六品顶戴，以年老终于家。

子镠，吴县学生，亦好古，后声一年卒。孙沅湘沅，县廪生。曾孙桢檀。[4]

江声弟子江藩谓：

先生讳声，本字鲸涛，后改叔澐。其先居休宁之梅田，后迁苏州，又迁无锡，复归吴下，遂为吴县人。少

---

[1] 阮抚部，即时任浙江巡抚的阮元。
[2] 陈方伯奉兹，即时任江宁布政使的陈奉兹（1726—1799）。
[3] 费抚部淳，即时任江苏巡抚的费淳（1739—1881）。
[4]（清）孙星衍：《江声传》，《孙渊如先生全集·平津馆文稿》卷下，第553页、554页上栏。

与兄震沧孝廉同学，不事帖括。

先生性耿介，不慕荣利。交游如王光禄鸣盛、王侍郎兰泉先生、毕制军沅，皆重其品藻，而先生未尝以私事干之，所当事益重其人。嘉庆元年，诏开孝廉方正科。江苏巡抚费公淳首举先生，赐六品顶带。

辛年七十有八。晚年因性不谐俗、动与时违，取《周易》艮背之义，自号"艮庭"，学者称为"艮庭先生"云。

子镠，字贡庭，名诸生。孙沅，字铁君，优贡生。世传其学。[1]

江氏一族家学本于皖南，江声之兄"震沧孝廉"即江筠，乾隆二十七年（1762）举人，亦与休宁戴震为朋友。[2] 至于江声为"汉江革五十七世孙"，虽事远难征，但为江声本人所认同：与弟子江藩排定辈分，以江藩为小一辈的江革五十八世孙；[3]

---

[1]（清）江藩：《国朝汉学师承记》卷二，第42—45页。
[2]"江筠字震沧，长洲籍，徽州人，乾隆二十七年（1762）举人。幼依外家于无锡，为吴鼐高足弟子，博雅好古，其学尤长于'三礼''三传'，著有《仪礼私记》，其友戴震为之序。晚年失明，以教授自给。"（清）裴大中、倪大中修，（清）秦湘业等纂：《（光绪）无锡金匮县志》（影印清光绪七年[1881]刊本）卷二九，《中国地方志集成》（江苏府县志辑第24册），南京：江苏古籍出版社，1991年，第483页。
[3]"江子雨来者，予同宗子也……询其上世，则自东汉巨孝公讳革者而下五十八世也，予则巨孝公五十七世孙。"见（清）江声：《〈雨香集〉叙》，引自陈鸿森辑：《江声遗文小集》，彭林主编：《中国经学（第四辑）》，第19页。

其常用印章则为"巨孝五十七世孙"。江革（36?—100?）为著名孝子，于两汉之际被称为"江巨孝"。[1]

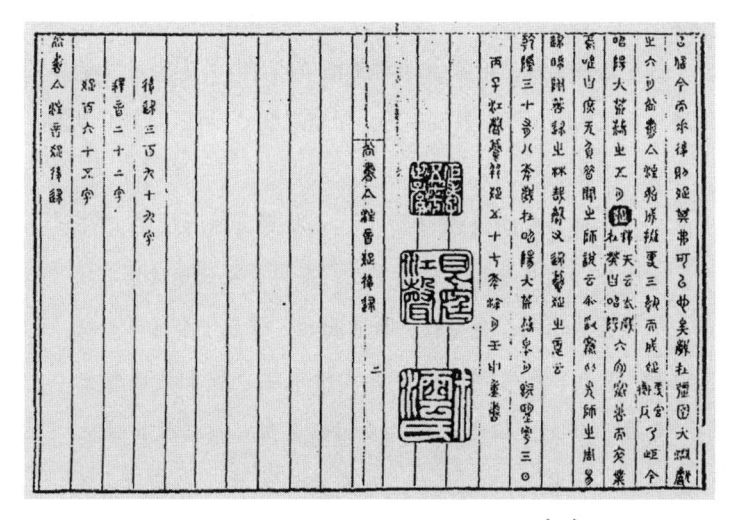

图 4-1 《尚书集注音疏》及江声用印[2]

江声以江革为榜样，以儒家孝行为指导，侍奉染病的父亲，获得同辈的认可。这种儒行仍以"古"为标准，因此孙星衍说：

> 声内行淳笃，言动合古人绳尺。伤父母先没，岁时祭奠，拭杯棬，亲涤濯。自晨至午，屹立如有所见然。

---

[1]（南朝宋）范晔撰，（唐）李贤等注：《后汉书》卷三九，北京：中华书局，1973年，第1302—1303页。
[2] 从上至下分别为"巨孝五十七世孙"白文印、"艮庭江声"朱文印、"未湮氏"白文印。（清）江声：《尚书集注音疏》（影印湖北省图书馆藏清乾隆五十八年［1793］近市居刻本），《续修四库全书》（经部第44册），"后述"第690页。

对家属如宾客，而色甚和悦，口不言钱，一介不以取。……又规声素食不合儒行，领之。[1]

江声这种实践，正源于他对所治"古学"（主要是汉学）的痴迷。与此相应，江声教授弟子，便重汉儒"师法"。顾广圻称：

广圻自乾隆庚戌（1790）春执挚于先生，在门下者十年，见与手札，时时有之，每随得即散置所读书帙中，嘉庆己未，先生殁，捡点出之，仅此十余通耳。嗟乎！先生以一代醇儒，不弃广圻不才，居平奖诲特勤勤焉。今先生徂谢，广圻又困顿荒落，窃自惧师法之失矣。惟揭此册于座右，庶几典型未远，以勖厉于万一云。[2]

江声与人手札，均用篆书，其中多为论学之文，因而弟子顾广圻珍而重之，以其师为"醇儒"和榜样。

## 二、江声之治学与著述

江声早年也与一般读书人一样从事科举，在三十岁后方师从同县著名学者惠栋，研习汉学。他自称：

---

[1]（清）孙星衍：《江声传》，《孙渊如先生全集·平津馆文稿》卷下，第553页下栏—554页上栏。
[2]（清）顾广圻：《书江艮庭先师遗札册后》，引自（清）顾广圻著，王欣夫辑：《顾千里集》卷二四，北京：中华书局，2007年，第387—388页。

第四章　以天算注释经典：乾嘉学者对两种数学经注传统的重建　　137

经学之盛，莫盛于两汉，于时承秦灭学之后，群经稍稍踵出，学者咸知珍重，竞相传习，寖传寖广，经各数家……降及元明，率皆拾其唾余，以滋诂误，由是经谊（义）晦蚀，六百年于兹矣。

天佑大清，重开景运。山岳之灵，钟于惠氏，基始于朴暗（庵）先生，一传而砚溪先生……再传而半农先生……三传而松崖先生……声幸得亲炙松崖先生，获睹三世之著述，皆渊博典核，融洽汉经师之说而通贯乎群经，洵为后学津梁也。[1]

江声所称的"朴暗先生"即惠有声，字朴庵；"砚溪先生"即有声子周惕（？—约1694），字元龙，号砚溪；"半农先生"即周惕子士奇（1671—1741），字天牧，晚号半农；"松崖先生"即士奇子栋，字定宇，号松崖。惠家四世传经，其中也旁及天算之学，如惠士奇曾著《交食举隅》二卷，[2] 今已佚；惠栋没有相关的著述，但体现在对经典中关于天算学部分的考证之中。[3] 孙星衍《江声传》载：

---

[1] [清] 江声：《重刻礼说序》（1798），陈鸿森辑：《江声遗文小集》，彭林主编：《中国经学（第四辑）》，第16—17页。
[2] [清] 江藩：《国朝汉学师承记》卷二，朱维铮主编：《汉学师承记（外二种）》，第28—29页。
[3] 惠栋曾对《尔雅·释天》中的"河鼓"当作"何鼓"进行考证，见（晋）郭璞注，（宋）邢昺疏：《尔雅注疏》卷六《释天》，《十三经注疏》，"校勘记"第2613页上栏。较详细的论述参见拙文《牛宿的故事》，《中国国家天文》，2012年第10期，第90—92页。

> 声弱不好弄，聪慧绝伦。七岁就傅读书，问读书何为，师以取科第为言，声求所以进于是者。

> 既孤，因不复事科举业，独好经义古学。得许氏《说文》，说而习之，曰："吾始知读书当先识字也。"[1]

应当注意到，"读书先识字"是乾嘉学人共同的主张。这种"识字"并不是简单的认字，而是熟悉东汉许慎的《说文解字》，从历史的角度清楚文字演变，进而洞悉后世所传经典在文本上的讹误及其讹误的原因。孙星衍记江声学术著述谓：

> 年三十，师事同郡惠征君栋，质疑难，居门下学，日以进。年四十一，始为《尚书》之学。病唐贞观时为诸经《正义》，自《诗》《礼》《公羊》外皆取晋人后出之注，而汉儒专家师说反不传。惠征君既作《周易述》，搜讨古学；声亦撰《尚书集注音疏》，存今文二十九篇，以别梅氏所上二十八篇之伪造。取《书传》所引《汤征》《太誓》诸篇逸文，按《书序》入录。又采《说文》、经、子所引《书》古文本字，更正秦人隶书及唐开元改易古字之谬。辑郑康成残注及汉儒逸说，附以己见而为之疏，以明其说之有本。以篆写经，

---

[1]（清）孙星衍：《江声传》，《孙渊如先生全集·平津馆文稿》卷下，第553页上栏。

复三代文字之旧。凡四易稿，积十余年，虽有小疵，而大醇不可掩矣。时王光禄鸣盛撰《尚书后案》，亦以疏通郑说、考究古学为书。延声至家，商订疑义，始以行世焉。

声又病后世深求"考老转注"之义，至以篆迹求之，因为《六书说》。谓"建类一首"即始一终亥、五百四十部之首也，"同意相受"即凡某之属皆从某也。嘉定钱判官坫题之。予亦推其说……声亦以为然。而戴编修震以为贯全部则义太广，声折之曰："若止考老为转注，不已隘乎？且谐声一义，不贯全部乎？"声与戴君以学问相推重，其不相附和如此。又为《说文解字考证》，及见段大令玉裁所著，多自符合，遂辍笔，并举稿本付之。时王侍郎昶、钱少詹大昕及毕督部沅雅重声，督部延致家塾校书，声为刊《释名》，为之疏证，以篆书付刊。

声不为行楷者数十年，凡尺牍率皆依《说文》书之，不肯用俗字。其写《尚书》，灙字、虁字不在《说文》，"灙"据《淮南》作"廛"，"虁"据《尔雅》义作"盂"，人始或怪之，后服其非臆说。顾其书终以时俗不便识读，不甚行于时。又欲举经子古书，俱绳以《说文》字例，去其俗字，命曰《经史子字准绳》，又为《论语质》三卷，俱未脱稿而遭老疾矣。

所著书，已刊有《尚书集注音疏》十二卷、《说》一卷，《恒星说》及《艮庭小慧》各一卷，余书未梓行。[1]

江声弟子江藩亦记其行止著述云：

读《尚书》，怪古文与今文不类；又怪孔《传》庸劣，且甚支离；安国所为，不应若此。年三十五，师事同郡通儒惠松崖征君，得读所著《古文尚书考》，及阎若璩《古文疏证》，乃知《古文》及孔《传》皆晋时人伪作。于是集汉儒之说，以注二十九篇。汉注不备，则旁考他书，精研故训，成《尚书集注音疏》十二卷，附《补谊》九条、《识（伪）〔讹〕字》一条、《尚书集注音疏》前、后《述》；外编一卷，《尚书经师系表》也。经文注疏，皆以古篆书之。

先生精于小学，以许叔重《说文解字》为宗，《说文》所无之字，必求假借之字以代之。生平不作楷书，即与人往来笔札皆作古篆，见者讶以为天书符箓，俗儒往往非笑之，而先生不顾也。尝著《六书说》一首，自书勒石，其说"转注"，以五百四十部为"建类一首"，以凡某之属皆从某为"同意相受"，实前人所未

---

[1]（清）孙星衍：《江声传》，《孙渊如先生全集·平津馆文稿》卷下，第553页。

发。又《恒星说》一卷，文不录。喜为北宋人小词，亦以篆书书之。[1]

可知江声最为人所称道"古学"的是《尚书》学和《说文》学。其重要著述有：

《尚书集注音疏》十二卷，全书按"《尚书》经文—集郑玄等汉人注—释音辩字—疏"体例撰著，故得书名。据江声本人统计，全书"经文"（包括篇名标题，后三项同）29 001字、"注"66 620字、"释音辩字"30 972字、"疏"322 511字，另包括七幅附图中"署图""图字""说"和"注说"等5 835字，全书合计454 939字，当时可称为巨制。《尚书集注音疏》完成于乾隆三十九年（1774），经向同仁募集资金后（详见下小节），初刻于乾隆五十八年（1793），为篆刻本，书题"集"字原篆字隶定作"亼"。[2] 此书篆刻本后经隶定，收于阮元所主编的《清经解》，但较之原本，亦有讹缺，如正文前较重要的《募刊尚书小引》（参见附录一）及江声本人的字数统计等均未收。[3] 此书后另附《尚书补谊》（1790）、《尚书集注音疏述》（1767）、《尚书集注音疏后述》（1773）、《尚书

---

[1]（清）江藩：《国朝汉学师承记》卷二，朱维铮主编：《汉学师承记（外二种）》，第43、45—46页。

[2]（清）江声：《尚书集注音疏》，第345—697页。除此影印本外，笔者曾寓目之原本为国家图书馆藏本，同为清乾隆五十八年（1793）近市居篆刻本，钤有"挈经明志"白文印，"柢园主人"朱文印。

[3]（清）江声：《尚书集注音疏》，（清）阮元主编：《清经解》（缩拼影印道光九年［1829］广州学海堂刻本）第二册，上海：上海书店，1988年，第833—953页。

经师系表》。

《释名疏证》八卷，附《续释名》《释名补遗》，以汉以前的经、传、史、子等，以及唐宋人典籍中相关引用材料，疏解、佐证汉末刘熙《释名》一书。[1] 是书有真书本[2]与篆书本，分卷、文本均有所不同，皆署毕沅（1730—1797）名，而实由江声撰稿并最后审正改定。[3]

《六书说》一卷，讨论《说文解字》"六书"问题，特别是聚讼纷纭的"转注"问题。[4] 据顾广圻称，是书最先也用篆书写成并刻石，但不久佚去。今日所见之本乃依据拓本重刻，改用楷字，[5] 江声的意见得到了钱坫（1744—1806）、[6] 孙星衍等学者的认同。

《字闲》二册，稿本，已佚。约为1770年代作品，记录《说

---

[1]（清）江声（代毕沅）：《释名疏证叙》,（清）毕沅（署名）：《篆字释名疏证》（影印清乾隆五十五年［1790］毕氏灵岩山馆刻经训堂丛书本），王云五主编：《丛书集成初编》，上海：商务印书馆，1936年，第3—4页。此《叙》与毕沅于乾隆五十四年（1789）的前序"说多歧互"，被认为是江声代毕氏而作，见陈鸿森辑：《江声遗文小集》，彭林主编：《中国经学（第四辑）》，"《释名疏证叙》按"第19页。

[2]（清）毕沅（署名）：《释名疏证》，王云五主编：《丛书集成初编》。

[3]（清）江声（代毕沅）：《释名疏证叙》，"叙"第4页。

[4]（清）江声：《六书说》（影印复旦图书馆藏清咸丰元年［1851］李氏半亩园刻本），《续修四库全书》（经部第203册），第635—638页；又收于（清）胡珽编：《琳琅秘室丛书》（清咸丰三年［1853］仁和胡氏木活字排印本）第五册。

[5] "先师是说，甚有功于小学，手篆勒石，未久失去。今依拓本重墨于板，唯后之讲求六书者传焉。"顾广圻：《跋》，引自（清）江声：《六书说》，《续修四库全书》本，第638页。

[6] 见（清）钱坫：《记》，引自（清）江声：《六书说》，《琳琅秘室丛书》第五册，第5b页。

文》所无之字。[1]

《说文解字考证》，未完成。江声见段玉裁《说文解字注》多与之符合，以稿本赠与。此举与郑玄将未完成的《春秋传注》赠与服虔相似，足见江声不仅在学术上宗尚汉儒，连行为也以他们为榜样。

《论语竢质》三卷，嘉庆三年（1798）十二月始撰，次年四月完成，为拟作《经史子字准绳》中的一部，辑佚经史古书中的《古论语》《齐论语》《鲁论语》，以《说文解字》为准绳，讨论《论语》文本及其用字，显示出反对宋学、八股，宗奉汉学、古学的倾向。[2]

《恒星说》一卷，有嘉庆元年（1796）篆刻本，后于道光年间（1844）经隶定并付刻，收于世楷堂《昭代丛书》，详见下节。

《艮庭小慧》一卷，隶定古字真书本，为《艮庭杂著》中的一种，通常附于《恒星说》之后，封面题"江叔澐时艺"，为江

---

[1] 王芑孙（1755—1817）云："江铁君亲家示余以乃祖艮庭先生《六书说》，因忆余少年时尝见先生有《字闲》一书，凡二册，皆手书。其大字作篆，小字作隶。前有隶书自叙一篇，犹记其起处二语曰：'字闲者何？挚乳益多而以闲之也。何闲尔？凡《说文》所无，皆不得书也。'此书藏于余者二三年，其后为故光禄少卿宋公宗元之嗣子保邦借去未归，其家旋败。保邦至是流落长安，此书亦莫纪存亡矣。既以语铁君，并识于此。"（清）王芑孙：《识》，引自（清）江声：《六书说》，《琳琅秘室丛书》第五册，第6b—7a页。
[2]"余僮蒙时，师授以朱注《论语》，方在幼冲，焉识是非，意谓师所授当是也。弱冠后，见何晏《集解》颇采汉儒之说，喜其简括，不似宋注之繁芜……两汉诸儒传《论语》者不下数十家，今其全注皆亡，其轶乃仅见于何晏《集解》及裴骃《太史公书集解》……於戏！《论语》之学，不其殆哉！"（清）江声：《论语竢质》，《琳琅秘室丛书》第五册，"叙"第1a—2b页。

声少见的八股文之作。[1] 但并非当时坊间的应试八股文，因当中既有讨论各本《论语》文字的内容，又有小字双行注等属学术著述的形式，[2] 均非一般应试八股程式所允许。

词存九首：《生查子》《霜天晓角·草衰》《菩萨蛮·集温庭筠词》《山花子·集唐》《苏幕遮（绿阴浓）》《风入松·为张云夫题游莺脰湖小照》《玉蝴蝶·蝶》《迈陂塘·为张古樵题五湖泛月图》《菩萨蛮·回文》。[3]

纵观现存江声著述的初刊版本，确实多以篆书付印，但也并非如当时一些人所称的每字必篆，[4] 如《尚书集注音疏》中的"音"和"疏"部也兼用隶书，但经文必定用篆书写，且江声确实不理会时俗，甚少写楷书、行书。孙星衍称江声以篆写经为"复三代之旧"，而江声的"八股时艺"之作虽不尽合乎科举程式，但仍用楷书，其隐含的意义则似是不以宋学及以之为

---

[1]（清）江声：《艮庭小慧》（影印清嘉庆元年[1796]近市居刻本），《清代诗文集汇编》第349册，第386页。又，孙殿起《贩书偶记》载："《恒星说》一卷，清吴县江声撰，无刻书年月，约乾隆间近市居刊篆字本，后附《艮庭小慧（时艺）》一卷，又名'艮庭杂著'"，孙殿起：《贩书偶记续编》卷九，《贩书偶记（附续编）》，上海：上海古籍出版社，1999年，第146页。

[2] 如《"入公门"章时艺》，（清）江声：《艮庭小慧》（二），中国科学院自然科学史图书馆藏清嘉庆元年（1796）近市居刻本。

[3] 张宏生主编：《全清词·雍乾卷》第七册，南京：南京大学出版社，2012年，第4039—4041页。

[4] 钱泳（1759—1844）《履园丛话》"艮庭征君"条载："余于乾隆甲辰、乙巳之间（1784—1785）教授吴门，始识江艮庭先生。先生……古心古貌，崇尚经学。余尝雪中过访，见先生著破羊裘、戴风巾，正录《尚书集注音疏》，笔笔皆用篆书，虽寻常笔札、登记亦无不以篆，读者辄口噤不能卒也。尝言许氏《说文》为千古第一部书。"见《履园丛话》（影印华东师大图书馆藏清道光十八年[1837]述德堂刻本）卷六，《续修四库全书》（子部第1139册），第97页。

标准的科举为真正的经学（汉学）学术,[1] 并表现于文字形式上。对于江声来说，连篆书与隶书之不同，就已经意味着两种截然不同的学术范式，更不用说篆书与楷书之不同了。[2] 这是乾嘉学者典型的"由小学入经学"的治学方法，当时的知名学者也颇认同江声的说法和做法。[3] 从另一个角度来说，诸如《恒星说》一类与天算专门之学相关的著作，以及他与其他学者讨论相关问题的篆迹，均是江声在研求经学（或汉学）时学有所得而写。

## 三、江声之交游

虽然孙星衍称江声的著述"以时俗不便识读，不甚行于时",[4] 但并不表示江声就是独学无友之人。江声于乾隆四十九年（1785）四月欲出版《尚书集注音疏》时，苦无资金，遂

---

[1] 对于孙星衍关于理学的著作《原性篇》，江声虽自称"不能知其是，亦不欲议其非"，但实际上讥评"性理之学，纯是蹈空，无从捉摸"。见（清）江声：《与孙渊如书》，收于（清）孙星衍："阅问字堂集赠言"，《孙渊如先生全集·问字堂集》，第385页。

[2] 钱泳《履园丛话》"隶书"条载："老友江艮庭征君常言：'隶书者，六书之蟊贼。'"见《履园丛话》卷一一，第166页上栏。

[3] 孙星衍评论江声谓："世人訾朱学士筠及江征君作字兼篆体，盖少见多怪耳。秦以隶书更易五帝三代之文，传之既久，忘其本真。汉人犹见科斗籀文，著录于《说文解字》，证之先秦钟鼎刻石，皆自符合。壁书漆简之逸迹犹有什一存焉。而或以不合于行楷訾之，何必舍三代古文而为秦功臣乎？"见《江声传》，《平津馆文稿》卷下，第554页。又，钱泳更进一步，认为"真行草书又隶书之蟊贼也……余以为自汉至今，人人胸中原有篆隶，第为真行汩没而人自不知耳。"见《履园丛话》卷一一，第116页上栏。

[4]（清）孙星衍：《江声传》，《孙渊如先生全集·平津馆文稿》卷下，第553页下栏。

撰《募刊尚书小引》，寻求同人学者捐助。[1] 九年（1793）以后，《尚书集注音疏》正式出版，江声记录了资助者名单：

> 拙制蒙少司寇王述暗（庵）先生见赏，谓宜刊布，爰始解囊。既而毕制府弇山先生闻之，亦捐资相助。和计所赐，得三分之一。于是勾（鸠）工兴事，而更求将伯，乃纂《募刊小引》，以广丐同人。遂有言高云朝标、杨士超信辉、杨二树恭基、彭尺木绍升、汪宇春为仁、段茂堂玉裁、徐后堂应阶、徐谢山承庆、蒋霁光寅、李槐江大夏、程念鞠世铨、汪竹香元谅、严豹人蔚、王扬孙煦、钮匪石树玉、李铁珊元德、黄茏圃丕烈。远者有闽粤徐质甫显璋，及门有杨生借时安行、谢生大千枏。后先相助，计六分有其五。自兴工以来，九年于兹矣。九年之中，资或不继，辄渴（竭）己力以补续者约有六之一焉。凡用银四百五十两，然后得成此刻。不敢忘诸君子乐成人美之德，故详识之。[2]

可能资助出版《尚书集注音疏》的人并非全都与江声有过学术交流，但从开列的名单中，与江声治学方向相近的知名学者也有不少，如：

---

[1]（清）江声：《募刊尚书小引》，《尚书集注音疏》，《续修四库全书》（经部第44册），第345—346页。

[2]（清）江声：《募刊尚书小引》，《尚书集注音疏》，第346页。

王昶，字德甫，号述庵，又号兰泉，江苏青浦人，官至刑部右侍郎，精金石之学；状元毕沅，精于经、史、小学、金石、地理，大约于乾隆五十四年（1789）前后，在其湖广总督任上，曾延聘江声至幕下，[1] 疏证《释名》；金坛段玉裁，精通文字训诂之学；元和徐承庆，字梦详，号谢山，亦精于《说文》学，著有与段玉裁商榷的《说文解字注匡谬》十五卷；[2] 吴县严蔚，字豹人，精《诗》学，有《诗考异补》，江声为之作叙；[3] 吴县钮树玉（1760—1827），字蓝田，号匪石山人，从江声游，精小学；吴县黄丕烈，精版本校勘之学。

可以看出，赞助江声《尚书集注音疏》出版的学者，以苏州一地为主。除了原籍苏州的学者，也有客居苏州的学者与江声交往过从，除上述王昶外，还有王鸣盛、钱大昕等。

王鸣盛，字凤喈，一字礼堂、西庄，晚号西沚居士，精史学、《尚书》之学，著有《尚书后案》。日人本田成之于1927年撰称"论者谓王鸣盛自知其所作《后案》不及江声的《音疏》，故劝声用篆文来写，以致一般人不能识读云"，[4] 未知何据。江声用篆写经，意图"恢复三代之旧"的心理已见前论，而《尚书后案》

---

[1] 尚小明：《学人游幕与清代学术》，北京：社会科学文献出版社，1999年，第102页。

[2]（清）李铭皖、谭钧培修，（清）冯桂芬等纂：《（同治）苏州府志》卷九〇，第361页。

[3]（清）江声：《〈诗考异补〉叙》，陈鸿森辑：《江声遗文小集》，彭林主编：《中国经学（第四辑）》，第16页。

[4][日]本田成之著，孙俍工译：《中国经学史》，桂林：漓江出版社，2013年，第225页。

实经王鸣盛与江声共同商订，江声的《尚书集注音疏》则有更进一步的阐发（其中关于天算专门之学的具体案例分析，参见第五章）。事实上，至少于乾隆五十六年（1791），江、王二人还十分友善。当时王鸣盛因日夜读书而致失明，[1] 又激赏费士玑（字玉衡）崇尚经汉学，便自称"拙看人"，为之作《窥园图记》，并请江声用篆书写录。江声于王鸣盛的《窥园图记》后又附书：

> 《汉书·董仲舒传》言仲舒三年不窥园，道其精摶（专）于学也。费君玉衡，肆力于经学，博考群书，网罗放佚之汉注，手录而编揖（辑）之。其勤不下于董子。乃命画工写照，作窥园之像，欲言己业荒于娭（嬉），不如董子之摶精也。王光禄西庄为作《窥园图记》，以失明故，倩予为书之。予以为窥园奚害于学？《杂记》曰："张而不弛，文武弗耐；一张一弛，文武之道。"《学记》曰："君子于学也，臧（藏）焉、修焉、息焉、游焉。"费君之窥园，所谓息焉、游焉也。斯一张一弛之道也，奚害于学哉？予既为西庄书，并附书此以后于费君云。是月既望，粤六日乙丑，艮庭江声书，时年七十有一。[2]

---

[1]（清）江藩：《国朝汉学师承记》卷三，朱维铮主编：《汉学师承记（外二种）》，第5页。
[2]（清）江声：《窥园图记附书》，北京翰海拍卖有限公司1997年秋季拍卖会拍卖品。按：此《窥园图记》原件，尚有章太炎、陈垣、黄晦闻、余嘉锡、杨树达、高阆仙等人的跋，迟至2003年，江声的这幅篆书作品藏于书画专家启功手中，来路既正，当非赝品。参见启功、张海明：《夫子循循然善诱人——启功先生访谈录》，《文艺研究》，2003年第3期，第81—82页。

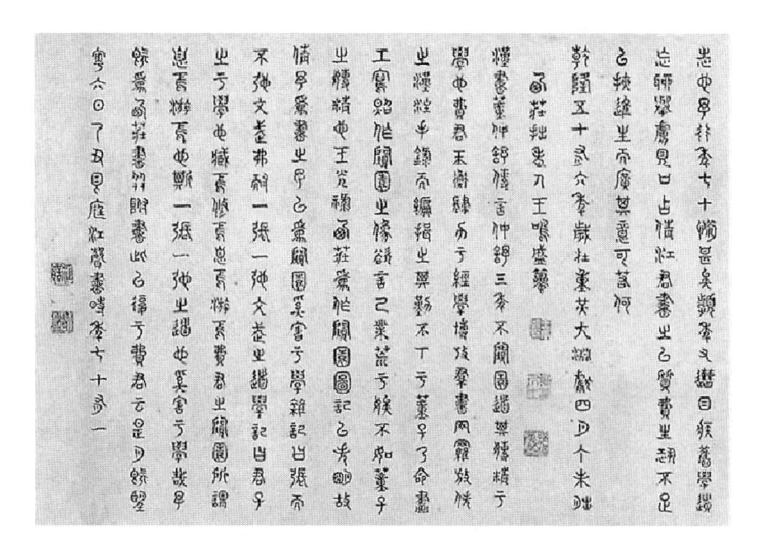

图4-2　江声为王鸣盛篆书《窥园图记》（局部）

费士玑辑佚的汉儒经学、守汉儒的"专门家法"，同样获得江声的称赏。巧合的是，费士玑正是苏州紫阳书院主讲钱大昕所赞赏的得意门生之一。[1] 江藩称江声"老友中往来亲密者"便有钱大昕、褚寅亮（1715—1790）二人，[2] 而实际上钱大昕也确实与江声颇有渊源，其序江声之师惠栋《古文尚书考》谓：

---

[1] 钱大昕"主讲紫阳书院……凡十有六年，一时贤士受业于门下者不下二千人，悉皆精研古学，实事求是：如李茂才锐之算术，夏广文文焘之舆地，钮布衣树玉之《说文》，费孝廉士玑之经术……几千年之绝学萃于诸公，而一折衷于讲席"。见《钱辛楣先生年谱续编》"乾隆五十八年癸丑"条，收于（清）钱大昕编，（清）钱庆曾校注，陈文和点校：《钱辛楣先生年谱》，陈文和主编：《嘉定钱大昕全集》第1册，第39页。

[2]（清）江藩：《国朝汉学师承记》卷二，朱维铮主编：《汉学师承记（外二种）》，第45页。

今士大夫多尊崇汉学，实出［惠］先生绪论。其所撰述，都次第刊行，独是编伏而未出。顷宋生子尚得之，江处士艮庭许亟梓而传之，而属序于予。予弱冠时，谒先生于泮环巷宅，与论《易》义，更仆不倦，盖谬以予为可与道古者。忽忽卅余载，楹书犹在而典型日远。缀名简末，感慨系之。乾隆壬子三月既望，嘉定钱大昕序。[1]

惠栋名著《古文尚书考》原先只有稿本行世，至乾隆五十七年（1792）方由宋廷弼、江声等人负责梓印事宜，江声因而请序于钱大昕。钱氏在序中回忆起四十多年前（约1749）时常向惠栋问学时的情形，[2] 因而江声与钱大昕也有同学之谊。

源于经学上的交往，江声晚年治天算专门之学时，又认识了钱大昕的弟子、著名算学家李锐。李锐在日记中曾几次提到江声，均与天算专门之学有关。如乾隆六十年（1795）三月，李锐记道：

二十五日丙子，闻江艮庭、王朴庄两先生皆云比来昴宿不明，其光仅如鬼宿积尸。以现行《时宪》法，推得二十三日子正日躔为四宫一十九度五十四分，在胃宿五度五十分，距昴宿六度四十分。两先生所见昴宿不

---

[1]（清）钱大昕：《古文尚书考序》（1792），引自（清）惠栋：《古文尚书考》（影印北图分馆藏清乾隆五十七年［1792］宋廷弼刻本），《续修四库全书》（经部第44册），第56—57页。

[2] 王应宪：《清代吴派学术研究》，第213—214页。

明，当近日之故。[1]

江声晚年注重于天算专门之学，同时留意天象，且常与同仁交流。此时，李锐从钱大昕受"推步算术之学"已有数年，[2]能对基本的天象作出推算，并与前辈进行交流。[3] 更多的证据则表明，江声与晚辈李锐在天算专门之学上有较多交流（参见本章第五节）。

除了与苏州一地学者交流外，江声与另外两个学术重镇——扬州和常州的学者也有交谊。约于1791年，在看到焦循所著的《群经宫室图》后，江声曾致书焦循，与之商榷探讨经典中的宫室问题；然而此时焦循之学术兴趣尚未集中在天算专门之学，而江、焦二人应不曾会面，因为焦循反把江声之子江镠误为江声之父。[4]

---

[1]（清）李锐撰，（清）吴嘉泰摄钞：《观妙居日记》"乾隆六十年三月二十五日"（1795年5月13日）条，上海图书馆藏钞本。
[2] 李锐自记："锐少时失学，年二十余，尚不知有学问之事。辛亥冬（1791年末—1792年初），间从竹汀师游，受推步算术之学。"见（清）李锐撰，（清）吴嘉泰摄钞：《观妙居日记》"乾隆六十年三月二十五日"条。
[3] 此处李锐的推算无误，但对"昴宿不明"原因归之为"近日之故"却大可商榷。按李锐的推算，昴宿距太阳不足七度之数，日入时昴宿之星光尚为太阳光所掩；而至日光全没时，昴宿也已经在地平线之下，不能被人眼看见。江声等人所看到昴宿亮度的变化，当是在与以往夜空中昴宿亮度相比较的前提之上。按照现代天文学的观点，亮度变化恒星被称为"变星"，按光变之原因可分为脉动变星、爆发变星和食变星三大类，现知昴宿七（金牛座27）为一三合星系统，星与星相互掩食即可造成视亮度之变化，"昴宿不明"，或是此因。
[4]（清）焦循：《江处士手札跋》，《雕菰集》卷一八，第298页。按：焦循与李锐也有学术上的交往，始于焦循给钱大昕寄赠《群经宫室图》。参见郭世荣：《清代中期数学家焦循与李锐之间的几封信》，李迪主编：《数学史研究文集》（第一辑），第123—130页。

常州阳湖的著名学者孙星衍与江声交往较深，从其所撰写之《江声传》已可见一斑，而两人经常往来笔札，进行包括天算专门之学在内的学术讨论。江声曾致信孙星衍云：

> 宋文学还南，接奉两次手函并《问字堂集》三卷、《尧典质疑》一册。《问字堂集》阅过一通，《释人》及《拟置辟雍议》二篇为最，《河雒》《先天》次之，其他论天文者尚容再阅细审。至如《原性篇》，弟不能知其是，亦不欲议其非。盖性理之学，纯是蹈空，无从捉摸，宋人所喜谈，弟所厌闻也。地理古迹，亦所不谙，无能置喙。诸书之叙，缕述原委，精详博衍，具见素学。但夸多斗靡，观者不能一目了然，此亦行文之一病也。
>
> 及阅《质疑》，喜甚。盖拙刻散布者多矣，其得之者，以字不通俗而不能阅者有之，其仅仅涉猎者亦有之，其能潜心阅竟、与夫爱之而反复数四者，亦皆有之，未有如足下精研讨论、寻求间隙以相驳难者。盖所贵乎朋友者，贵其能箴规训诲，匡所不逮也；所乐乎朋友者，乐其砭我之失，况我以善也。意见时有不合，固无取乎尽合。不合则辩论生，辩论生则谊理明，是此书之幸也。声何幸而得此于足下乎！但拙刻已成，不能追改，惟冀足下刻此《质疑》，以弟所辩者分条散附其间，亦足勒成一书，以垂后顾。今惟《尧典》一篇尔，以后悉求教正，陆续见寄，弟再辩焉。弟乐闻己过，决不护短，想足下必不吝教也。《质疑》原稿缴上，弟之所辩附焉，又拙文

五篇亦附焉。前呈过二篇，今又呈此，拙文尽于此矣。
余言不尽，祗候近安。江声顿首，渊如大兄足下。[1]

从格式上看，这篇赠言其实是江声致孙星衍的一通书信，孙星衍将之置于《问字堂集》的卷首，在王鸣盛及钱大昕的"赠言"（实际上也是书信）之后。《问字堂集》共六卷，但直到孙氏去世，也只有"《问字堂文稿》五卷"。[2] 约于乾隆六十年（1795）春，孙星衍将其中已结集的前三卷杂文寄与王鸣盛、钱大昕、江声等人。这三卷之中，收有孙氏《太阴考》《太岁岁星行二十八宿表》《月太岁旬中太岁考》《斗建辨》《古日躔异同表》《日躔考》《天官书考补序》等多篇天文学文章。因孙星衍细读了《尚书集注音疏》中的《尧典》一篇，并提出了商榷的意见，江声即回信表示感谢，并附上答辩。这种学者之间基于实证考据的相互驳难，通常被视为互相帮助，是乾嘉学者间治学的常态。[3] 另外，江声早年也因辩难"六书"中的"转注"问题，与戴震有所交往。[4]

与江声交游之主要人物已如上述，基本涉及乾嘉间各方面的著名学者。以下数节，笔者将以江声《恒星说》为例，揭示在

─────────

[1]（清）江声：《与孙渊如书》，引自（清）孙星衍：《问字堂集》"阅问字堂集赠言"，第385页。
[2]（清）阮元：《山东督粮道渊如孙君传》，《揅经室集·揅经室二集》卷三，第94页下栏。
[3] 前揭焦循《江处士手札跋》即后人解释江声与之商榷不为"好辩"，而是"亲我重我"。
[4] 见前揭《江声传》引文。

乾嘉之际汉学范式下，学者进行天算专门之学研讨活动的实践过程及其传统渊源。

## 第三节　江声《恒星说》及其"恒星东行三题"

记录在江声《恒星说》当中的两种数学实作，与儒家"五经"之一《礼记》中的《月令》篇的年代学问题相关。乾嘉学者所能利用到的《礼记》共49篇，由汉代的戴圣（活跃于约前40年）编辑而成。然而，当中各篇的成书年代及其来源聚讼已久，《月令》篇的定年和探源就是其中一个典型代表。在由吕不韦（约前290—235年）召集撰写于公元前239年的《吕氏春秋》中，有着与《月令》完全相同的文字。在乾嘉时代，学者对该篇的定年问题主要有两种不同的假说。一是《月令》和《吕氏春秋》中相同的部分均源于周代早期（早于吕不韦时代约800年）的同一文献。另一种假说认为《吕氏春秋》在先，《礼记》抄袭了当中的内容。[1] 后一种假说由注释《礼记》的郑玄最先提出。他这一结论根据的一个事实是：《礼记》中的礼制所反映的是吕不韦时代的礼制，而不是周代初年的礼制。[2]

---

[1] 对此问题另有四种不同的假说，参见杨宽：《月令考》，《杨宽古史论文选集》，上海：上海人民出版社，2003年，第463—473页。
[2] 郑玄更详细的论述，见车行健：《论郑玄对〈礼记·月令〉的考辨》，《东华人文学报》（花莲），1997年第1期，第183—196页。

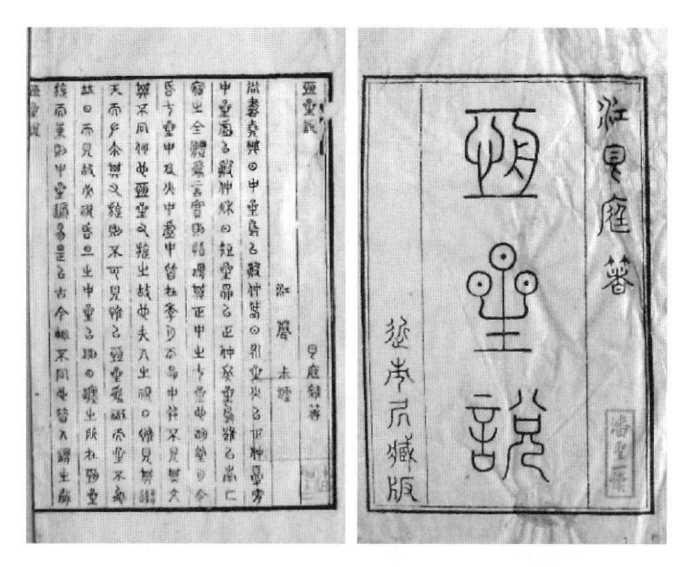

图4-3 近市居本《恒星说》

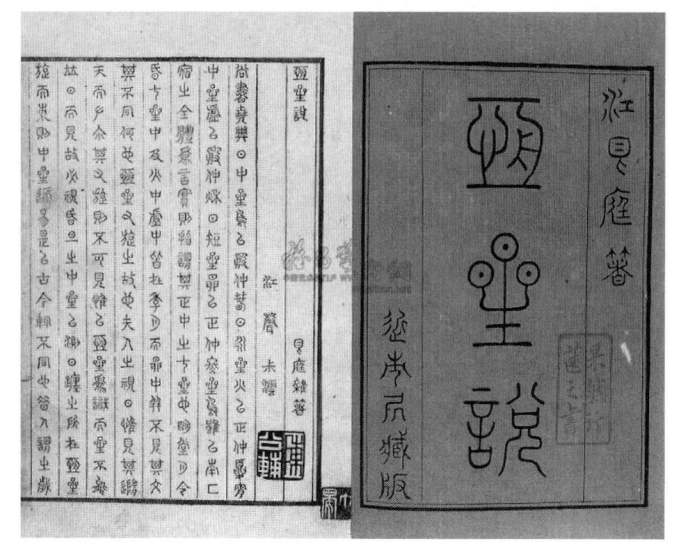

图4-4 近市居本《恒星说》(初印本)

江声创作《恒星说》的目的是要以另一种论证手段支持郑玄的结论，在推理计算《月令》篇年代时运用了天文和数学知识。江声的立论是，《月令》中的天文纪录可以推断出该篇撰写于《吕氏春秋》时代。虽然以下两小节的关注点在数学而非天文学方面，但从《恒星说》的整体结构中看其所处的位置仍有必要。根据篇章结构，《恒星说》可分为以下6个部分：[1]

1)《尚书·尧典》中有一个被称为"四仲中星"的天文记录。当中的三个同名昏中星出现于《礼记·月令》。指出此点后，江声解释出现这一记录差异的原因是"恒星东行"，即当时由耶稣会传教士所传入的岁差观念。[2]

2) 江声根据其所认为的当时最精确的岁差数值（恒星每年东行51″），[3] 以及西法一周天360°相当于中国"三百六十五度四分度之一"，换算出恒星东行一度（古度）、一宫（30°）及一周天所需要的年、日数。

3) 针对仲冬中星在《尧典》与《月令》中的矛盾，江声在《恒星说》第三部分展开论述。江声根据其他历史文献提出《尧典》至周朝初年约1 100年，从周朝初年至吕不韦时代约800年。基于这两个时间跨度，以及《恒星说》第二部分所得出的

---

[1] 关于《恒星说》的详细信息，参见拙文《江声〈恒星说〉考论：西方天文算学对乾嘉吴派学术之影响》，《科学与管理》，2012年第4期，第43—52页。
[2] 关于当时中国学者对岁差的认识，参见王广超：《明清之际中国天文学关于岁差理论之争议与解释》，《自然科学史研究》2009年28卷1期，第63—76。根据现代天体物理学，岁差是地轴在空间指向上的缓慢运动，约26 000年转一周。
[3] 江声未提及此值的来源，但因为涉及新传入的单位"秒"，因而这明显是江声所接受的西法的一部分。

结果，江声分别算得在此两个时间跨度内昏中星东行的古度数。再根据《尧典》中提及的当时昏中星的准确日期，他分别算出周朝初年和吕不韦时代的昏中星位置。[1] 由此，他得出结论：周朝初年的四仲中星的位置与《月令》所记不合，而后者所记的天象状况则可在吕不韦时期被观察到。

4）为了证明所计算的周初天象是正确的，江声又寻找了周初其他包含天象记录的史料。依赖于这些资料，他计算出周初冬至日躔（太阳视位置），与《恒星说》第三部分的结论相合。由此，他证明了第三部分的正确性。

5）至此，支持郑玄假说的推理已经完成。根据他的结论，江声讨论了另一个文本《夏小正》的状况。《夏小正》曾是另一个版本的《礼记》的一部分，但在江声的时代并未被纳入其中。江声认为《夏小正》迟于《尧典》140至150年，他计算了恒星东行的度数并确定了《夏小正》时代恒星相应的位置。对比《夏小正》原文，他认为在天象纪录的前后矛盾方面，《夏小正》有文本上的错讹，呼吁同仁关注这一问题。

6）江声将李锐对《恒星说》第二部分问题的解答和计算放到第六部分作为附录。

《恒星说》的第二部分是非常重要的一步。这一步骤意图换

---

[1] 江声并未解释为何将《尧典》时代而不是他所在的时代作为时间的参照。一个重要的原因是江声必须确定《月令》中的昏中星是哪几颗，而且要确定这些星是什么时间上中天的，即定义"昏"的时刻。这对他来说并不容易，因为《尧典》和《月令》中都有相同的昏中星名，所以以《尧典》作为参照可以免于确定星和定义昏。再者，作为精于《尚书》的学者，江声或许还认为来自这一经典的论据更加有力。

算新传入的岁差数值单位,从"秒/年"单位转换为中国传统的"年/度""年/宫"和"年/周天"单位。对于同一个问题,《恒星说》附录了李锐的另一种推理和计算。李锐在其 1795 年 7 月 1 日的日记中显示他当天给江声写了一封回信,内容是"恒星东行三纸"。[1] 这三纸的内容很有可能就是对应于前述步骤中的三个小问题,因而笔者以下称这三个问题为"恒星东行三题"或简称为"三题",进而分析江、李二人为这三个问题所给出的各自的解答。

乾嘉学者学术兴趣中的一个特殊领域就是运用数学方法解决经学问题。确定儒家经典的年代便是他们关心的一个议题——《恒星说》这个例子正显示,在确定文本年代的推理过程中涉及数学和天文知识;根据他们的考证学精神,运用这些知识作出的推理被认为是相当有说服力的证据。在定年的不同方法当中,基于数学方法的推理是他们论据当中的重要部分。以下两节所显示的,正是江声和李锐所建立的推理,当中的问题与用数学方法确定经典文献中某部分的年代有关。

当然,在此背景下什么样的数学能被使用是有争论的。17 世纪以降,西方数学知识及其实作,连同相关的天文星历科学已经被译介至中国。一些乾嘉学者认为这种西来的知识更为先进,并且能够在其考据研究上发挥良好的作用。这正是江声《恒星说》所显示的,他相信西方天文数值的精确性,并用之于一部儒家经典的批判研究上。但因为西方数学知识具有异域和新颖的

---

[1](清)李锐撰,(清)吴嘉泰撮钞:《观妙居日记》"乾隆六十年五月十五日"(1795 年 7 月 1 日)条。

特点，一些学者对于运用域外知识以作经学研究有着不同的观点。例如，孙星衍致书江声，认为他解经"字以《说文》既太古，释天文以西法又近今，恐致凿枘"，即同时用古老的小篆字体和西方天算之学注经会导致矛盾，不如用《淮南子·天文》《史记·天官书》《尚书考灵耀》《孝经援神契》等汉代史籍中与天文有关的部分注经。[1]

不过，笔者的关注点并非在于他们运用什么样的材料、数据去解决经学问题，而是要展示江声和李锐在解决问题的过程中运用的两种截然不同的数学实作。他们的实作分别根源于不同的传统，而又都与当时新传入的西方数学实作并不相同。

## 第四节　江声"恒星东行三题"计算

### 一、"三题"的引入

《恒星说》的第二部分首先论岁差，为方便后文讨论，下面的引文按意群标示编号。

　　（1）东晋虞喜乃立差瀍（法），五十年而得一度。[2]

―――――――――――
〔1〕（清）孙星衍：《江声传》，《孙渊如先生全集·平津馆文稿》卷下，第554页上栏。
〔2〕此处的度用斜体，意思是"传统古法的度"，以与通常字体"度"（degree），即下面提到的"西法的度"（对应于数学符号"°"）区别。

宋何承天倍之为百年，过犹不及，其失均也。随刘焯折其衷，定为七十五年，缕（差）近之矣，犹未合也。

（2）今用西濂分周天之度，消其五度四分度之一，统并为三百六十度。[1] 每度析为六十分，每分析为六十秒。[2] 恒星岁行五十一秒，积七十岁二百一十五日弱而行一度，至精密矣。计每度六十分，每分六十秒，则度有三千六百秒，三百六十度则百二十九万六千秒也。

（3）若从古濂，仍分为三百六十五度四分度之一，而据恒星岁行五十一秒，以求得恒星东行一度、一宫、一周之年数，则可直追数千岁以上，凡经典所纪之星候皆可推算而知矣。[3]

传统中国以"岁差"命名春（或秋）分点在一个回归年中相对于恒星背景的微小差别这一天文现象。然而，这一差别过于微小而不能准确测量，因此古人用该差别积累到1度的时间跨度表示。文本（1）中，虞喜（281—356）、何承天（约370—447）和刘焯（544—610）均是古代中国给出岁差数值的天文学家。以传统的"年/度"单位列举出他们的岁差数值，与"三题"密切相关。随后，岁差数值以来自西方的单位给出。

在文本（2）中，江声首先介绍"西法"，即度—分—秒体

---

[1] 江声仍用汉字度来指称西方的 degree，容易产生混淆。
[2] 此分系度—分—秒系统中之分，而非后文提到的"日分"。
[3]（清）江声:《恒星说》，近市居篆刻本，第1b—2a页。

第四章 以天算注释经典：乾嘉学者对两种数学经注传统的重建　　161

系；其次介绍源于西方数学/天文学的岁差数值：

$$51''/\text{年} \cdots (A);$$

再次计算恒星东行 1° 所需的年数和日数；最后将 1 周天换算为秒数：

$$1\text{ 周天} = 360° = 360° \times 60'/\text{度} \times 60''/\text{分} = 1\,296\,000''\cdots(B)$$

在上述第三步中，江声只给出一个结果，并无任何推理或计算。或许是因为换算较简单，只需把 1° 化为 3 600″，然后除以（A）值，得数整数部分为年数，小数部分乘以 $365\frac{1}{4}$ 日（一年日数）为日数。似乎江声所声称的"至精密矣"指的就是这个可以精确到 1 日的结果。然而，因为这个结果并不能在其随后的计算中直接使用，所以江声就要将之转换为古法体系，并首先在文本（3）中给出一个定义：

$$1\text{ 周天} = 365\frac{1}{4}\text{ 度}\cdots(C)$$

在这个意义上，"西法"和"古法"相当于分割圆周的两种单位体系。江声的目的是要将"西法"单位体系下的（A）数据转换为"古法"单位体系下的结果（B）和数据（C）；而他随后计算出的结果的数值也应精确到 1 日。因而"三题"就此被提出：求恒星东行 1 度(年/度)、1 宫（年/宫）[1] 和 1 周天（年/周天）所需的年数和日数。

--------

[1] 一宫是十二等分黄道中的一份，与黄道十二宫相似，1 宫等于 30°。

## 二、江声对"三题"解答的算法操作

**问题 I**

第一问即恒星东行 1 度所需的年数和日数,江声的总体策略是要计算下式:

$$1\,296\,000 \div 365\frac{1}{4} \div 51 \cdots (D)$$

此式暗含两步江声未明写出之推理。第一步是利用结果 (B) 和数据 (C) 计算 1 度所含的秒数:

$$\frac{1\,296\,000''/\text{周天}}{365\frac{1}{4}\text{度}/\text{周天}} \cdots (E)$$

具体计算 (E) 被省略后,第二步便是利用结果 (E) 和数据 (A) 计算恒星东行 1 度所需的年数:

$$\left[\left(\frac{1\,296\,000}{365\frac{1}{4}}\right)''/\text{度}\right] \div 51''/\text{年} \cdots (F)$$

江声的策略是先计算 (F) 式结果中的整数部分。原文云:

(4) 试以三百六十五度四分度之一充度内分,得千四百六十一度。【充度内分者,谓以四乘之,则充四分度之一成一度而得千四百六十一度矣。】[1]

---

[1] 此处江声用小字注,用黑鱼尾括号显示,后引文同。

（5）以千四百六十一乘五十一秒，得七万四千五百一十一秒。

（6）以四乘百二十九万六千秒，得五百一十八万四千秒。

（7）以七万四千五百一十一除五百一十八万四千秒，得五百一十四万一千二百五十九秒有七万四千五百一十一者六十九，是为六十九年，不尽四万二千七百四十一。[1]

上述操作对应下列4个步骤：① $365\frac{1}{4}$ 度×4 = 1 461 度；② 51″× 1 461 度 = 74 511″ [·度]；③ 1 296 000″×4 = 5 184 000″ [·年]；④ 5 184 000″ [·年] ÷ 74 511″ [·度] = 69 [年/度]（整数部分）+42 741（余数）。

在（4）中，江声首先将 $365\frac{1}{4}$ 度转换为一个整数。这是在中国古算书中对带分数进行除法运算的一个典型操作：通分内子，即将带分数的整数部分乘以分母（通分），得出结果后加上分子（内子，内通纳），亦称"通全内子"。[2] 与《九章算术》

---

[1]（清）江声：《恒星说》，第 2a—2b 页。
[2] Karine Chemla, Guo Shuchun, *Les neuf chapitres: le classique mathématique de la Chine ancienne et ses commentaires*. Paris：Dunod, 2004, pp. 998－999. 朱一文对此《九章算术》中的术语有详细讨论。他认为这一操作是将分数转化为整数的算法，而非现代意义上使分数值不变的通分操作（《再论〈九章算术〉通分术》，《自然科学史研究》2009 年第 3 期，第 290—301 页）。笔者在此同意其观点。

不同，江声将之稍作改变，加入单位，并使用"充度内分"这一术语。[1] 另外，(4) 的结果也带单位度，暗含"充度内分"操作并不是纯粹的算术操作，而有针对实际问题的实作意味。同样，(6) 中与"充度内分"相应的乘法操作也不是纯粹的算术操作。作为 (F) 式中的数值，$365\frac{1}{4}$ 度和 $5\,184\,000''$ 均等于 1 周天。因此，(4) 中的单位度和 (6) 中的单位秒无需改变。

另一方面，(7) 中的除法操作值得注意。被除数 (5 184 000) 被分为两个部分：一个能被除数 (74 511) 整除的数 (5 141 259)，以及另一个数即余数 (42 741)。首先，整数商 69 被理解为 5 141 259 中所包含 74 511 的个数，然后解释其含义为整数年 [/度]。接下来的文本则是处理余数而使结果精确到少于 1 日的过程。江声继续写道：

(8) 以二百四分[2]为日，除之，得四万二千六百三十六有二百四者二百九，即为二百九日，其余百五分。

(9) 噉则恒星六十九年二百九日二百四分日之百五而右行一度也。

江声并没有解释 1 日分为 204 分从何而来，但我们可以知

---

[1] 充字当非通的避讳字，因下引文 (38) 中同样的操作"充"作"通"。笔者至今未见其他在此术语用"充"字的其他文献，江声易字原因待考。

[2] 此处的分字用斜体，表示其为一个临时单位，详见下文解释。

道，他暗含的推理当是利用 $365\frac{1}{4}$ 日 = 1 年这一隐含的数量关系，（7）中的余数就可以转换为日：

$$
\begin{aligned}
&(42\,741 \div 74\,511)\,\text{年} \times 365\frac{1}{4}\,\text{日}/\text{年} \\
&= 42\,741 \div (4 \times 51) \\
&= 42\,741 \div 204
\end{aligned} \quad \cdots(G)
$$

江声并没有写出方框中的推理。这可能是因为根据（4）和（5）就可以知道除数 74 511 本身就包含了因子 $365\frac{1}{4}$、4 和 51；$365\frac{1}{4}$ 度和 $365\frac{1}{4}$ 日/年相消，4 和 51 相乘得 204。204 的意义在于 1 日被 204 所等分，因此有等量关系 1 日 = 204 分。江声特意引入 204 分和 1 日之间的等量关系，形成一个单位为分的整数，而不是一个单位为日的分数，以便于在后面的计算中处理小于 1 日的余数。（8）中的除法操作与前面相似，被除数被分为可整除部分（42 636）和余数（105）。这是江声计算的一个特点。由此，问题 I 得到解决，答案是（69 年 + 209 日 + $\frac{105}{204}$ 日）/度，或（69 年 + 209 日 + 105 分）/度（以下称为答案 I），此结果精确到 $\frac{1}{204}$ 日或 1 分。

**问题 II**

第二问是要计算恒星东行一宫所需的年数和日数，《恒星说》云：

(10) 凡三十度十六分度之七为一宫。[1]

在传统中国天文学中，一周天被分为 12 等份，每份为 1 宫。江声这里"$1\text{ 宫} = \left(30+\frac{7}{16}\right)度$"的数值换算简单，是直接给出的。江声利用这 1 宫的度数和答案 I 解答问题 II。其总体目标是对下式进行运算操作：

$$[(69\text{ 年} + 209\text{ 日} + 105\text{ 分})/度] \times \left(30+\frac{7}{16}\right)度$$

因为这一运算涉及非十进制单位数量和分数之间的乘法，所以操作复杂。从文本（11）至（19）总结出的过程可参见表 4-1。

这一部分的原文是：

(11) 以三十乘六十九年，计二千七十年。

(12) 以三十乘二百九日，计六千二百七十日。

(13) 以三十乘百五分，计三千一百五十分。

(14) 以十六分度之七率六十九年：先以六十九年析为二万五千二百二日二百四分日之五十一，加二百九日，凡二万五千四百一十一日二百四分日之五十一。

---

[1]（清）江声：《恒星说》，第 2b 页。

第四章 以天算注释经典：乾嘉学者对两种数学经注传统的重建 167

表 4-1 问题 II 解答过程 (I)

| 目 标 | 子 目 标 | 过 程 | 结 果 | 文 |
|---|---|---|---|---|
| 分别计算：<br>69 年/度×30 度<br>209 日/度×30 度<br>105 分/度×30 度 | | 69 年×30 | 2 070 年 | (11) |
| | | 209 日×30 | 6 270 日 | (12) |
| | | 105 分×30 | 3 150 分 | (13) |
| | 将 69 年 209 日转换成单位为日和分的量，为 (15) 到 (18) 作准备 | 69 年+209 日 = (25 202 日 51 分) + 209 日 | 25 411 日 51 分 | (14) |
| 计算：<br>(69 年/度+209 日/度×$\frac{7}{16}$+<br>105 分/度×$\frac{7}{16}$度)×30 度 | 结果 (14) 分割为 20 458 日 (可被 16 整除部分) 和 3 日 51 分<br>计算：20 458 日×$\frac{7}{16}$和 (3 日+51 分) ×$\frac{7}{16}$ | 20 458 日×$\frac{7}{16}$ | 11 116 日 | (15) |
| | | 小字注 (15)：<br>(25 408÷16) ×7 | | (16) |
| | | (3 日 51 分) ×$\frac{7}{16}$ | | (17) |
| | | 小字注 (17)：3 日 51 分 = (612+51) 分=663 分，故 (3 日 51 分) ×$\frac{7}{16}$ =<br>(663÷16) ×7，其中，(656÷16) ×7=287分，(7÷16) ×7≈3 分，总共 (287+3) 分=290 分=1 日 86 分 | 1 日 86 分，小于真值 | (18) |
| | 整合结果 (15) 和 (17) | 11 116 日+ (1 日 86 分) | 11 117 日 86 分 | (19) |

(15) 以其二万五千四百八日，分为十六分，取其七分，得万一千一百一十六日。

(16)【二万五千四百八日为千五百八十八日者十六，取其中万一千一百一十六日则为千五百八十八日者七。】

(17) 其余三日二百四分日之五十一，亦应以十六分之而取其七，应得一日二百四分日之八十六。

(18)【以三日皆析为二百四分，总六百一十二分。加五十一分则六百六十三分。以其六百五十（七）[六][1]分析为十六分而取七分，得二百八十七分。其余七分又取三分，凡二百九十分。以其二百四分为一日，其余八十六分也。】

(19) 嚱则万一千一百一十七日二百四分日之八十六也。[2]

由此，"[（69年+209日+105分）/度］×30度"和"[（69年+209日）/度］×$\frac{7}{16}$度"的运算操作完成。下一步是其结果的整合，以及"105分/度×$\frac{7}{16}$度"的运算操作，《恒星说》原文为：

(20) 置此八十六分而加六千二百七十日，凡万七

---

[1] 原文作"六百五十七"，据上下文计算应为"六百五十六"。后面的计算并未因为这一手民之误而致错误。

[2]（清）江声：《恒星说》，第2b—3a页。

第四章　以天算注释经典：乾嘉学者对两种数学经注传统的重建　　169

千三百八十七日。

（21）以其万七千一百六十六日二百四分日之百五十三为四十七年，加于二千七十年，凡二千一百一十七年。

（22）其余二百二十日二百四分日之五十一，以前三千一百五十分及八十六分合此五十一分，凡三千二百八十七分也。

（23）又以十六分度之七率百五分，以其九十六分为十六者六，取其六七四十二分，其余九分又取四分，凡四十六分。

（24）加于三千二百八十七分，凡三千三百三十三分。

（25）以其三千二百六十四分为十六日，加前二百二十日，凡二百三十六日，其余六十九分。

（26）噉则恒星二千一百一十七年二百三十六日二百四分日之六十九而行一宫也。[1]

这一过程操作可参见表4-2，同时整个问题Ⅱ的整体解答流程参见图4-5。

从江声在问题Ⅱ中的计算，我们可以观察到三个特点。第一是运算过程中在不同成分之间进行"析"的操作，而在最后将结果重新整合。问题Ⅱ的解答实际上是两个复杂分数之间的

---

[1]（清）江声：《恒星说》，第3a—3b页。

表 4-2 问题 II 解答过程（II）

| 目 标 | 子 目 标 | 过 程 | 结 果 | 文 |
|---|---|---|---|---|
| 整合以年为单位的整数数结果 | 利用结果（19）和（12），计算整数数日 | 11 117＋6 270 | 17 387 日 | (20) |
| | 分割结果（20）为整数年部分和余数部分；加整数年到结果（11）；得年数 | 17 387 日＝17 166 日 153 分＋220 日 51 分；17 166 日 153 分＝47 年；计算 47 年＋2 070 年 | 2 117 年 | (21) |
| | 分割结果（21）中的余数为日数和分数；加分数至结果（19） | 220 日 51 分＋3 150 分＋86 分； | 220 日＋3 287 分 | (22) |
| 计算：105 分/度×$\frac{7}{16}$度 | 计算（105 分÷16）×7 | （96 分÷16）×7＋（9 分÷16）×7≈42 分＋4 分 | 46 分，大于真值 | (23) |
| | 整合结果（22）和（23）中分散的分数 | 46 分＋3 287 分 | 3 333 分 | (24) |
| 整合日和分单位的结果 | 将（24）转换为整数数日和结果（22）中的日数；得此整数数日和分数 | 3 333 分＝3 264 分＋69 分＝16 日 69 分；计算 16 日 69 分＋220 日 | 236 日 69 分 | (25) |
| 最终结果 | 表示最终结果 | | 2 117 年 236 日 69 分 | (26) |

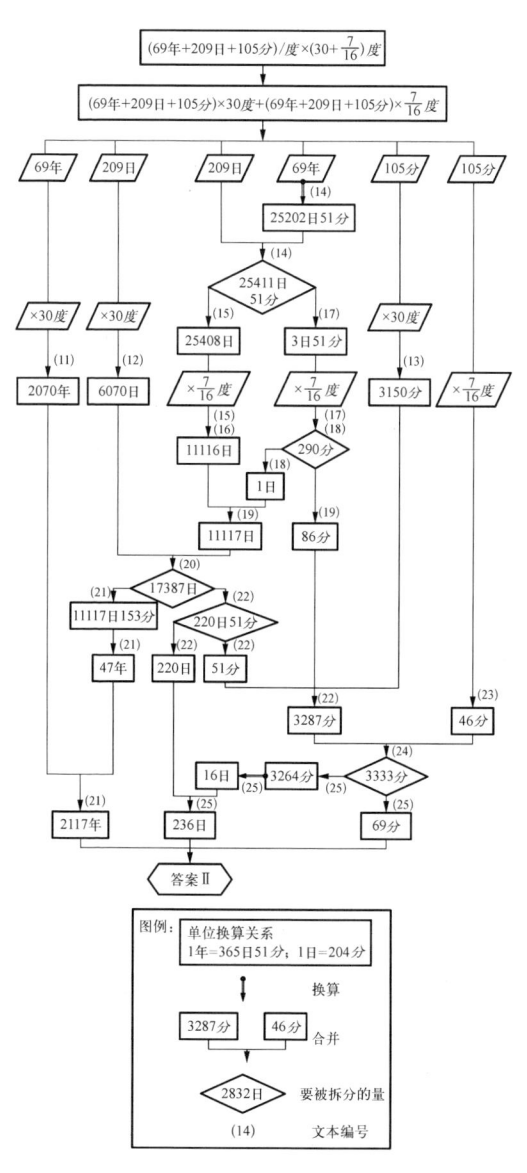

第四章　以天算注释经典：乾嘉学者对两种数学经注传统的重建　　171

图 4-5　问题 II 解答流程图

乘法运算操作。在此操作中，江声把答案I分作三个整数部分进行处理：年、日和分。在这个意义上说，答案I可被视为一个带有三个非十进制单位的量，具体到此处即1年=365日51分，1日=204分。将一个大单位的量转换成另一个小单位的量，这一操作称为"析"，其目的是要方便后面加法和分数乘法的运算。经过一系列分数乘法［（15）~（18）、（23）］和整合［（19）、（20）、（24）］完成后，包含小单位的结果被转换成大单位［（21）、（25）］。于是不同单位的量就能重新结合（参见图4-5中的"合并"）。这种数量分割—重组的方法及其相应的算法可见于唐贾公彦的《周礼注疏》。以下正是一例：

参分其兔围，去一以为颈围。
注：［略］围九寸十五分寸之九。
疏：［略］云"围九寸十五分寸之九"者，以前当兔围有一尺四寸五分寸之二，今以一尺二寸三分之，去四寸得八寸。又以一寸者分为十五分，二寸为三十分。又以五分寸二者为六分，并三十分为三十六分。三十分去十分，得二十分；六分者去二分，得四分：总得二十四分。以十五分为一寸，仍有九分在。添前八寸，总九寸十五分寸之九也。[1]

---

[1]（汉）郑玄注，（唐）贾公彦疏：《周礼注疏》，第913页。

第四章　以天算注释经典：乾嘉学者对两种数学经注传统的重建　　　173

此处的"兔"和"颈"分别是古代战车的一个部件。贾公彦在此文之前解释了郑玄是如何根据《周礼》原文的描述，得出"兔"的周长（兔围）是 1 尺 4 $\frac{2}{5}$ 寸或 14 $\frac{2}{5}$ 寸（1 尺 = 10 寸）。贾公彦的目的就是要计算比兔围小三分之一的颈围，即 14 $\frac{2}{5}$ 寸 $-\left(14 \frac{2}{5} 寸 \times \frac{1}{3}\right)$，下面是其算法：

（a）将 14 $\frac{2}{5}$ 寸分拆为 12 寸和 2 $\frac{2}{5}$ 寸；计算 12 寸 $-\left(12 寸 \times \frac{1}{3}\right) = 12$ 寸 $- 4$ 寸 $= 8$ 寸。

（b）引入新的单位"分"，并令 1 寸 = 15 分（15 明显是两个分母的最小公倍数），于是 2 $\frac{2}{5}$ 寸 = 2 寸 + $\frac{2}{5}$ 寸 = 30 分 + 6 分 = 36 分，当中涉及的分数乘法也因此变得容易操作执行：30 分 $-\left(30 分 \times \frac{1}{3}\right) = 30$ 分 $- 10$ 分 $= 20$ 分，6 分 $-\left(6 分 \times \frac{1}{3}\right) = 6$ 分 $- 2$ 分 $= 4$ 分，总共：20 分 + 4 分 = 24 分。

（c）因为 15 分 = 1 寸，所以 24 分 = 1 寸 + 9 分，1 寸加上（a）的结果 8 寸，总共：9 寸 9 分，或 9 $\frac{9}{15}$ 寸。

尽管这一算法并没有江声的计算那样复杂，但背后的思想是相似的：首先是分割，然后是一系列简单的分数乘法操作，最后将结果整合。而为了使分数乘法操作变得简单，贾公彦也是将被乘数视为一个带两个非十进单位的量而不是一个分数。

第二个特点体现在江声对一些术语的使用上。当中一个

"率"是乘的同义词,被用于(14)和(23)。这一使用方法不见于《九章算术》。在《九章算术》中,"率"的用法比江声在此处的用法更为复杂和有针对性。[1] 但我们也能在郑玄对《周礼》的注释中发现相同的用法:

> 八百六十四万夫之地……于三分所去,六而存一焉:以十八分之十三率之,则其余六百二十四万夫之地……[2]

上文的算法为:

(a) 某地有工作人口:8 640 000;

(b) 减去其中的 $\frac{1}{3}$,该地剩余:$8\,640\,000 \times \left(1 - \frac{1}{3}\right)$;

(c) 因某些原因,在减去的人口当中的 $\frac{1}{6}$ 被重新纳入:$8\,640\,000 \times \left(\frac{1}{3} \times \frac{1}{6}\right)$;

(d) 将前述两项相加,该地有工作人口:$8\,640\,000 \times \frac{13}{18} = 6\,240\,000$。

更进一步,江声对一个整数乘以一个分数的计算过程的表示

---

[1] 关于"率"这一术语在《九章算术》中的使用,见 Karine Chemla, Guo Shuchun, *Les neuf chapitres: le classique mathématique de la Chine ancienne et ses commentaires*, p. 958.

[2] (汉)郑玄注,(唐)贾公彦疏:《周礼注疏》,第817页。

也有其特色，常作"分为若干分，取其若干分"〔（15）~（18），（23）〕。这显示出他是先作除法操作，再作乘法操作。十分一致的是，相似的术语也出现在上述引用过的贾公彦疏中：

> 今于此三分所去之中，六内而存取其一，则"十八分之十三率之"是也。言"十八分之十三率之"者，若不"六而存一"，则十八分之，三六十八，去一分有十二存。今于所去六中存取其一，以益十二，则所去者五，所存者十三，故云"十八分之十三率之"也。[1]

相似地，计算 $\frac{13}{18}$ 这一结果的算法是：分母为：3×6 = 18；不考虑"六而存一"，"去"：1×6 = 6；"存"：2×6 = 12；"于所去六中存取其一"，总共"去"：6−1 = 5；总共"存"：1+12 = 13。

另外，当做两个一位数乘法操作时，《恒星说》和上引贾疏均写下九九乘法表口诀。[2] 像贾公彦那样在给经典提供数学注释时，写下九九表口诀是一种特殊的方式。江声本人精于经学，有理由相信，他故意使用了《周礼注疏》中的这种数学注经方式。

第三个特点与近似计算有关。结果（18）小于真值而结果（23）大于真值。其各自之差相等并相互抵消。因此最终结果

---

[1]（汉）郑玄注，（唐）贾公彦疏：《周礼注疏》，第818页。
[2] 林力娜提出这显示了从事者的数学实作。从事者运用纸和笔而非其他计算工具如算筹等进行数学实作。朱一文亦有类似观点，见氏著《儒学经典中的数学知识初探——以贾公彦对〈周礼·考工记〉桌氏为量的注疏为例》，《自然科学史研究》，2015年34卷2期，第131—141页。

（以下简称答案 II）等于真值。

**问题 III**

比起前两问，第三问的解答明显更为简洁。其主要目标是通过答案 II 计算以下算式：

$$[(2\,117\ 年 + 236\ 日 + 69\ 分)/宫] \times 12\ 宫$$

其详细操作可由表 4-3 解释，程序可由图 4-6 说明。以下为原文：

（27）以十二乘二千一百一十七年，计二万五千四百四年。

（28）以十二乘二百三十六日，计二千八百三十二日。

（29）以其二千五百五十六日二百四分日之百五十三为七年。

（30）通前为二万五千四百一十一年。

（31）其余二百七十五日二百四分日之五十一。

（32）以十二乘六十九分，则八百二十八分。

（33）以二百四分为日率之，得八百一十六分为四日，加于二百七十五日为二百七十九日。

（34）其余十二分加五十一分，凡六十三分。

（35）噗则恒星二万五千四百一十一年二百七十九日二百四分日之六十三而右旋一周天也。[1]

---

[1]（清）江声：《恒星说》，第 3b—4a 页。

表4-3 问题Ⅲ解答过程

| 目标 | 子目标 | 过程 | 结果 | 文 |
|---|---|---|---|---|
| 分别计算：<br>2 117年/宫×12宫<br>236日/宫×12宫 | | 2 117年×12 | 25 404年 | (27) |
| | | 236日×12 | 2 832日 | (28) |
| 整合年数 | 分割结果(28)为整数年部分和一个余数 | 283日=2 556日153分+275日51分 | 7年275日51分 | (29) |
| | 整合结果(27)和(29)中的年数 | 7年+2 404年 | 25 411年 | (30) |
| | 展示余数 | 275日+51分 | 275日51分 | (31) |
| 计算：<br>69分/宫×12宫 | | 69分×12 | 828分 | (32) |
| 整合日数和分数 | 分割结果(32)为整数日部分和一个余数 | 828分=816分+12分=4日+12分 | 4日12分 | (33) |
| | 合并结果(33)和(31) | 4日12分+275日51分 | 279日63分 | (33)<br>(34) |
| 最终结果 | 表示最终结果 | | 25 411年279日63分 | (35) |

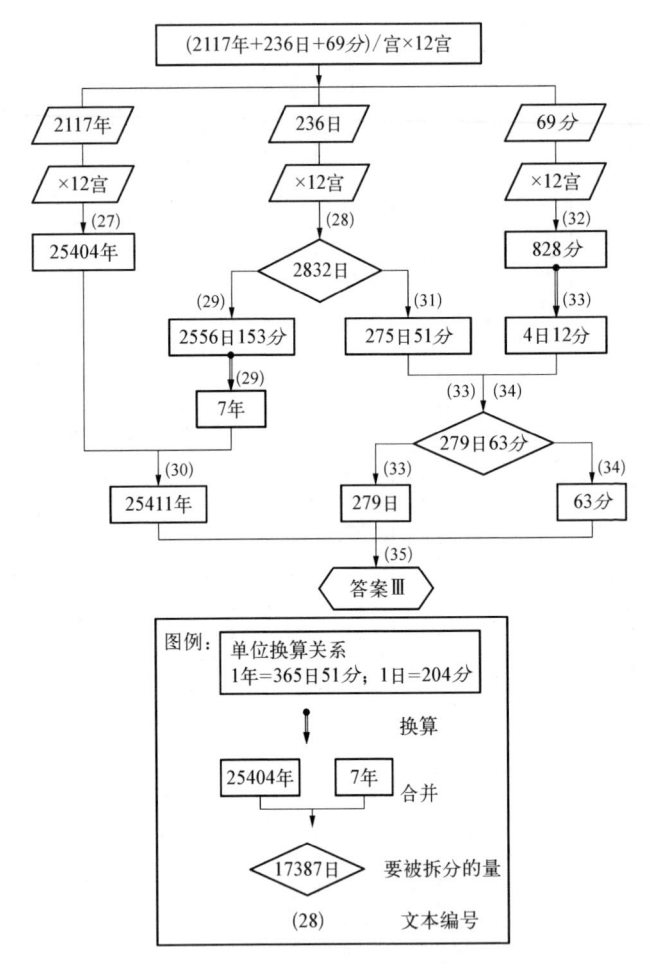

图 4-6 问题 III 解答流程图

与问题 II 不同，问题 III 操作中的乘数是一个整数 12，因此操作更简洁。但正如问题 II 的操作，问题 III 的操作包含两个分割 [（29），（33）] 和三个整合 [（30），（33）和（34）] 的过程。这意味着，对于江声来说，这类与非十进制混合单位相关的运算操作是纲领性的和标准的程序。

## 第五节 李锐对"恒星东行三题"的推理和计算

江声不但在《恒星说》中展示了自己对"恒星东行三题"的解答计算，他还附录了李锐解答同一问题的另一种计算。其原因是，江声一开始算得问题I的答案是69年209日半，但他不能确定"半日之间"是否精确，因而请教他认识的算学专家李锐，李锐便写了"恒星东行三纸"回复江声。但江声并不理解李锐的计算方法，因而不愿将李锐的解答放到《恒星说》的正文中。为了让读者能连贯地理解自己的推理，江声重新进行了计算，并获得了与李锐相同的结果。于是他将新的计算置于正文当中而将李锐的回信放到附录。[1]

李锐的推理和计算依赖于《九章算术》及其注释。乾嘉之际的古算复兴运动，让李锐有机会获得并学习《九章算术》（1774年重编完成）。[2] 通过对《九章算术》的充分理解，李锐能够做出与古代算书实作相似的数学实作。他对"恒星东行三题"的推理和计算正是一个典型例子。

---

[1] 江声称李锐的"布算之法实所不谙，设以示人，谁能一目瞭然者？"见《恒星说》，第9b页。

[2] 当时亦有数种版本的《九章算术》被编辑出版，见郭书春：《九章筭术译注》，上海：上海古籍出版社，2009年，前言第54—57页。

## 一、李锐对问题 I 的推理和计算

为了计算恒星东行 1 度的年数和日数，李锐首先利用（D）式的变体展示一段长推理：

$$5\,184\,000 \div (1\,461 \times 51) \cdots (H)$$

原文在《恒星说》"附录"中，文曰：

（36）李尚之曰：古瀍周天三百六十五度四分度之一，今瀍以周天为三百六十度【入算作百二十九万六千秒】，而谓恒星岁行五十一秒。

（37）案：《九章算术》"今有术"曰：以所有数乘所求率为实，以所有率为瀍，实如瀍而一。

（38）今依此立算，以三百六十五度四分度之一通度内分，得千四百六十一度，为所有率。以四乘二十九万六千秒，得五百一十八万四千秒，为所求率。若以一度为所有数，则所求数为一度之积秒也。

（39）有一度之积秒，求行一度之积年者，则以五十一秒为所有率，一年为所求率，一度之积秒为所有数，则所求数为行一度之积年也。

（40）求行一度之积日者，则以四乘五十一秒，得二百四秒为所有率。以三百六十五日四分日之一通日内分，得千四百六十一日，为所求率。一度之积秒为所有数，则所求数为行一度之积日也。

(41) 兹欲速求, 瀍从简易。

(42) 求积年者, 以千四百六十一度与五十一秒相乘, 得七万四千五百一十一为所有总率。以五百一十八万四千秒与一年相乘, 仍得五百一十八万四千秒, 为所求总率。一度为所有数, 则所求数即行一度之积年也。

(43) 求积日者, 以千四百六十一度与二百四秒相乘, 为所有总率。以五百一十八万四千秒与千四百六十一日相乘, 为所求总率。一度为所有数, 则所求数即行一度之积日也。

(44) 此求积日瀍, 所有、所求两总率各用千四百六十一乘, 即可省去不乘, 用其约数。就以二百四为所有率, 五百一十八万四千为所求率, 一度为所有数, 则所求数亦即行一度之积日也。

(45) 若噉, 则求积年与求积日, 惟所有率一用七万四千五百一十一、一用二百四为异。若所求率彼此同, 用五百一十八万四; 所有数彼此同, 用一度。

(46) 则以所有数乘所求率为积分, 如七万四千五百一十一而一, 即得年数。不尽如二百四而一, 即得日数矣。[1]

一如文本 (2) 和 (3), 李锐先列出三个已知条件 [ (36) ]。为了证明 (D) 式正确, 他引入了《九章算术》中的"今有

---

[1] (清) 江声:《恒星说》, 第 9b—10b 页。

术"［(37)］。

"今有术"即西方所称的三率法，出现于《九章算术》《粟米章》：假设某物的一个量（所有率，表示为 a）等价于另一物的另一个量（所求率，表示为 b）；如果某人拥有前物的一个量（所有数，表示为 A），则对应于后物的量（所求数，表示为 B）为 $\frac{A \cdot b}{a}$。该式分子即 $A \cdot b$ 的结果被称为"积分"。

通过引用《九章算术》及其术语，李锐在计算过程中展示了推理。根据"今有术"，他揭示了江声在（38）和（39）中暗含的（E）和（F）这两步推理。这两步如下：

$$365\frac{1}{4} \text{度} \xrightarrow{\text{通度内分}} 1461 \text{度}(a) \cdots 1\,296\,000 \text{秒} \xrightarrow{\times 4} 5\,184\,000 \text{秒}(b)$$

$$1 \text{度}(A) \qquad\qquad\qquad \cdots \qquad\qquad 积秒(B)$$

及

$$51 \text{秒}(a) \qquad\qquad \cdots \qquad\qquad 1 \text{年}(b)$$

$$积秒/度(A) \qquad\qquad \cdots \qquad\qquad 积年/度(B)$$

对于日数，李锐也在（40）中根据"今有术"程序作出了推理：

$$51 \text{秒} \xrightarrow{\times 4} 204 \text{秒}(a) \cdots 365\frac{1}{4} \text{日} \xrightarrow{\text{通日内分}} 1461 \text{日}(b)$$

$$积秒/度(A) \qquad\qquad \cdots \qquad\qquad 积日/度(B)$$

在（38）中，"通度内分"操作与江声在（4）中的"充度内分"操作虽然相差一字，但其实质是一样的。同样，（40）中的"通日内分"操作也是对率作整数化的处理。相同的处理方式可见于李淳风的《九章算术》注：

> 臣淳风等谨按：小飜之率十三有半。半者二为母，以二通之，得二十七，为所求率。又以母二通其粟率，得一百，为所有率。凡本率有分者，须即乘除也。[1]

值得注意的是，李淳风注释中"通"这一术语也为李锐所沿用。

另外，李锐的推理也与《九章算术》的两位注释者——刘徽（225—295）和李淳风（602—670）——的方式相同。[2] 同样地，为了证明（D）式正确，李锐两次运用"今有术"，在（42）中给出一个推理过程：

$$1\,461\,度 \xrightarrow{\times 51\,秒} 74\,511\,(a') \cdots 518\,400\,秒 \xrightarrow{\times 1\,年} 5\,184\,000\,秒\,(b')$$
$$1\,度\,(A) \qquad\qquad \cdots \qquad\qquad 积年\,(B)$$

尽管李锐没有指明这一方法从何而来，但我们可以看到这是源于《九章算术》及其古代注释"重今有"的理念。在刘徽的注释中，"重今有术"是一个新算法，是为简化两个连续的"今有术"程序而设。[3] 李锐利用的"今有术"并未导致任何具体计算，而只是使得"重今有术"的操作及其推理更加清晰。基于这样的推

---

[1] 郭书春：《九章算术译注》，第228—229页。
[2] [法]林力娜著，田淼译：《数学与注释：〈九章算术〉注研究》，载《法国汉学（科技史专辑）》，北京：中华书局，2002年，第81页。
[3] [法]林力娜著，田淼译：《数学与注释：〈九章算术〉注研究》，第98—99页。

理,"重今有术"操作得以被证明为正确。这一种算法基于基本算法并依赖基本算法而得以清晰,与刘徽的注释所做的相似。[1]

然而,这里有一点稍与古代注疏不同:李锐在(42)和(43)中创造了"所有总率"(表示为 a')和"所求总率"(表示为 b'),用以指两个所有率和所求率分别相乘的乘积,但明显地,这两个新术语明显来源于古注。

为了推理少于一年的日数的计算,李锐在(43)中给出了一个程序:

$$\cancel{1\,461}\,度\xrightarrow{\times 204\,秒} 204(a')\cdots 518\,400\,秒 \xrightarrow{\times \cancel{1\,461}\,日} 5\,184\,000\,秒(b')$$

$$1\,度(A) \qquad\qquad \cdots \qquad\qquad 积日(B)$$

(44)中,在经过观察和比较后,李锐得出结论,少于一年的日数可由(H)式的余数除以 204 而得到[(46)]。因而,他就证明了 204 分的来源以及(8)中的操作。

在以上推理全部完成以后,李锐才给出了问题 I 的计算:

(47)以一度乘五百一十八万四千,仍得五百一十八万四千,为积分。以七万四千五百一十一除之,得六十九年;不尽四万二千七百四十一,以二百四除之,得二百九日,有余百五。

(48)是恒星六十九年二百九日二百四分日之百五而行一度也。[2]

---

[1][法]林力娜著,田淼译:《数学与注释:〈九章算术〉注研究》,第89页。
[2](清)江声:《恒星说》,第10b页。

过程如下：

$$积分 = A \cdot b = 5\,184\,000 \times 1\,度 = 5\,184\,000；$$

$$积年 = \frac{A \cdot b}{a} = 5\,184\,000 \div 74\,511 = 69\,年，余\,42\,741；$$

$$积日 = 42\,741 \div 204 = 209\,日，余\,105\,分。$$

"积分"也是李锐在（46）和（47）中一个特别使用的术语。在《九章算术》当中，它有数个含义，其中之一就是一个数与另一个数的乘积。[1]

从李锐对问题 I 的解答，我们可以看到李锐对术语或是推理模式的使用，都在模仿《九章算术》。古代的注释，如刘徽的注释，常常依照一个规则的推理以证明算法的正确性。[2] 李锐的推理恰恰模拟了这种推理模式，而且包括推理过程中所使用的术语。这样一种模拟显示出李锐在数学实作上的价值取向：在新问题的计算中直接纳入新近复兴的古代算书中的数学实作。

## 二、问题 II 和问题 III

在解决恒星东行一宫所需年日这一问题上，李锐与江声不同，他并没有利用问题 I 的结果，而是利用当中已经完成的推理。原文云：

---

[1] Karine Chemla, Guo Shuchun, *Les neuf chapitres: le classique mathématique de la Chine ancienne et ses commentaires*, pp. 932–934.

[2] [法] 林力娜著，田淼译：《数学与注释：〈九章算术〉注研究》，第79—81页。

(49) 凡三十度十六分度之七为一次。[1]

(50) 求积年者，以七万四千五百一十一为所有率，五百一十八万四千为所求率，三十度十六分度之七为所有数，则所求数为行一次之积年也。

(51) 求积日者，以二百四为所有率，五百一十八万四千为所求率，三十度十六分度之七为所有数，则所求数为行一次之积日也。

(52) 此三十度十六分度之七数有奇賸（剩），不可乘除。

(53) 就以十六通度内分，得四百八十七度为所有数；即以十六除五百一十八万四千，得三十二万四千为所求率。

(54)【此简法也，若正法，当以十六各通其所有率，以除积分。】

(55) 以四百八十七度乘三十二万四千，得一意五千七百七十八万八千为积分。以七万四千五百一十一除之，得二千一百一十七年；不尽四万八千二百一十三，以二百四除之，得二百三十六日有余六十九。

(56) 是恒星二千一百一十七年二百三十六日二百四分日之六十九而行一次也。[2]

---

[1] 次为宫的同义词。
[2] （清）江声：《恒星说》，第11b—12b页。

李锐对问题 II 的解答过程顺序是与问题 I 一样的：首先是计算推理 [（50）~（51）]；然后处理带分数 [（52）~（54）]；最后才执行计算 [（55）]。

（50）和（51）中的带分数操作处理分别源于（42）和（43）。解释如下：

$$74\,511(a) \quad \cdots \quad 55\,184\,000(b)$$

$$30\,\frac{7}{16}\,度(A) \quad \cdots \quad 积年(B)$$

及

$$204(a) \quad \cdots \quad 55\,184\,000(b)$$

$$30\,\frac{7}{16}\,度(A) \quad \cdots \quad 积日(B)$$

根据李锐自注，他的处理方法是"简法"，不同于"正法"。这一判断似乎是源于他对李淳风的注释。《九章算术》中有 9 个问，李淳风注云，一对相关的"率"若可以被同一除数（原文称为"等数"）整除，那么它们可以被简化为两个较小的量。在此 9 问中，注释开头都有"术欲从省"这一句式。[1] 李锐把率之间的除法操作视为简化操作。

第（55）文中的计算说明如下：

$$积分 = A \cdot b = 324\,000 \times 487\,度 = 157\,788\,000$$

$$积年 = \frac{A \cdot b}{a} = 157\,788\,000 \div 74\,511 = 2\,117\,年，余\,48\,213$$

---

[1] Karine Chemla, Guo Shuchun. *Les neuf chapitres: le classique mathématique de la Chine ancienne et ses commentaires*, pp. 232 - 245.

积日 = 48 213 ÷ 204 = 213 日，余 69 分

对于第 3 问，即恒星东行一周天所需年数和日数，李锐并未使用"今有术"作出推理，而是直接给出计算。原文云：

> （57）凡十二次而一周天。以十二乘一次之积分，得十八意（亿）九千三百四十五万六千为积分。以七万四千五百一十一除之，得二万五千四百一十一年；不尽五万六千九百七十九，以二百四除之，得二百七十九日，有余六十三。
>
> （58）是恒星二万五千四百一十一年二百七十九日二百四分日之六十三而行一周也。[1]

可见李锐是以(55)中的积分计算另一个积分：12×157 788 000 = 1 893 456 000。余下的计算遵照前面计算的结构：

积年 = 1 893 456 000 ÷ 74 511 = 25 411 年，余 56 979

积日 = 56 979 ÷ 204 = 279 日，余 63 分

将问题 II 的结果乘以 12 即为问题 III 的结果，这一点显而易见。但因为结果要表达为混合单位，李锐将乘以 12 这一操作从结果转到问题 II 解答过程中的积分。如此操作后，他便可以依赖于先前计算的结构而做出快速计算。问题 III 中的计算归根结底源于利用《九章算术》"今有术"程序而作出的推理。

---

[1]（清）江声：《恒星说》，第 11b—12b 页。

## 第六节　江声、李锐两种数学经注实作的比较

经过上面的分析，我们可以清晰地看到，江声和李锐两人的文本显示出他们在经注当中的数学实作有着相当大的差异。总结说来，有解题模式、推理模式和计算模式三个方面的相异之处。

在总体层面上，要解决"三题"，江声只给出了计算操作的执行过程，但没有任何关于推理的论述。李锐既给出了计算过程，又给出了精心设计的推理过程。尽管李锐也没有在问题 III 的解答中给出他的推理，但该题相对简单，而且计算亦依赖于之前的推理。详于推理过程而略于计算过程，这是李锐解题模式的特点。

江声并没有写下他的推理，他似乎认为读者可以通过计算理解论据。正如我们所见，问题 I 中的（D）式和进行换算的（G）式各自包含两步推理，而问题 II 和问题 III 中的各式仅含一步推理。对于读者来说，尽管江声的推理是隐含的，但他的意图可以被很容易地理解。相反，李锐为问题 I 和问题 II 给出了详细的长篇推理。他确立了一套推理的样式，当中牵涉到：每一步的推理都是基于"今有术"，直到所求数是问题 I 和问题 II 所问为止；在进行推理的同时处理涉及带分数的中间操作单元；运用《九章算术》及其注释中所特有的术语。李锐的数学实作可被视为一个基于"今有术"及其相关注释的严整的推理结构。事实

上，在其《勾股算术草》中，李锐也塑造了类似的、基于勾股术的"严整结构"，以作为勾股问题的证据。一些推理上的相似特点也在该书出现，如精心设计推理的论据以及严格运用古算书的术语、程序和方法等。[1] 这就说明，李锐在解决恒星东行问题的"三纸"中，有意建构一套基于古代算书的严整推理方法。可以说，李锐的推理也是一种基于《九章算术》"今有术"的演绎推理。因而对于不熟悉《九章算术》术语及其推理方式的人来说，理解其演绎过程当然有一定困难。这正是江声说李锐的解答他"实所不谙""设以示人谁能一目了然"，并将其解答放到附录的深层原因。[2]

最明显的区别还在于二人对计算的强调上。"三题"中的一个隐含要求是其结果须表达为一个非十进制单位的量，即"年+日"或"年+日+分"的形式。这一要求以及相关的分数乘除法运算就成为计算中的难点。江声计算的特点，就是在涉及非十进单位数量和分数之间的乘除法时，对数量的分割—重组方法的运用。以江声对问题 II 和问题 III 的计算为例，我们可以看到，一个中间结果的分数会适时地转换成一个带其他单位的整数量，而整数总是充当乘法和除法操作的操作单元。这样一来，计算过程就能清楚明白地呈现出来。这一理念和相应的表达与《周礼》郑、贾注疏中所体现出来的是同一性质的。相

---

[1] Tian Miao, "A Formal System of the Gougu Method: A Study on Li Rui's Detailed Outline of Mathematical Procedures for the Right-Angled Triangle." In *The History of Mathematical Proof in Ancient Traditions*, edited by Karine Chemla, Cambridge: Cambridge University Press, 2012, pp. 565-569.

[2] （清）江声：《恒星说》，第9b页。

反，李锐对计算过程的叙述则简略得多。因为所有分数在基于"今有术"的推理过程中都做了"通"的操作，所以在最终计算中所有操作单元其实都是整数。另外，李锐特意使用源于《九章算术》的"积分"这一术语，使其计算模式和推理模式组成一个基于古代算书的连贯体系，从另一角度证明江声的计算是正确的。

李锐的推理和计算与江声所知的相差太远，后者不能理解蕴含于其中的传统，而那正是李锐所重建的《九章算术》及其注释的传统。1790年代，距《九章算术》及其注释的重新出版还不远，少有学者能获得全本并作深入的学习。但像《算法统宗》和《九章算法比类大全》等书，在明末清初相当流行。江声很可能读过这些与《九章算术》有着同样篇章结构，也介绍了"今有术"的书。然而，这些书抛弃了与"今有术"特别相关的术语，以及更为复杂的"重今有术"。[1] 因此，江声对李锐所援引的"今有术"一无所知。

从现有材料来看，江声接受过何种数学教育尚不清楚，但他肯定熟悉儒家经典中的数学注释。江声在"三题"上的数学实作与《周礼注疏》中的实作如出一辙，这一事实也显示出通过他的注释，儒经数学注疏传统在乾嘉时代仍有所延续。

---

[1] 在明代算书中，《九章算法比类大全》引用了"今有术"的文字，但称"今有术"为"换易乘除法"；这并非解题过程中所用到的术语。《算法统宗》既没用"今有术"这一准确的名词，也没有用到与"今有术"相关的术语。参见（明）吴敬：《九章算法比类大全》（影印明弘治元年[1488]刻本），（明）程大位：《算法统宗》（影印清康熙五十五年[1716]刻本），均收于郭书春编：《中国科学技术典籍通汇·数学卷》第二册，第88—125，1280—1292页。

## 本 章 小 结

朱一文已揭示出 7 世纪中国存在着两种数学文化，分别体现在儒家经典注释和算学经典注释当中。[1] 从上述对"恒星东行三题"解答的分析，我们同样能看到这两种文化传统在 18 世纪末乾嘉学者的数学实作中的重建。

众所周知，大多数乾嘉学者致力于 7 世纪前汉唐儒家经典注释的研究。江声正是乾嘉学派的一员。在其《恒星说》中，"三题"的解答是支持郑玄假说的其中一条证据。从江声的主要焦点在于计算的描述，数量分割—重组的一般计算思想以及相应术语的运用等方面来看，这一数学实作应源于郑玄和贾公彦对儒家经典的注释。

尽管李锐也能被视为乾嘉学派的一员，但他并未采用江声所遵从的儒家经注传统。他采用新近发现的《九章算术》及其注释，构建了一个严整的、包含详尽推理和简洁计算过程的体系，这个体系的形成依赖于"今有术"及其相关术语。李锐对"三题"的解答，是他构建严整体系以进行数学研究的早期代表作。

这两种传统影响了 19 世纪的中国学者，而其后又如何发展、演化，从而影响中国数学的近代化进程？这又是另一个值得深入研究的问题。

---

[1] Zhu Yiwen. "Different Cultures of Computation in Seventh Century China from the Viewpoint of Square Root Extraction.", pp. 20 – 21.

# 第五章

# 以历算申论郑学：乾嘉学者以古历推算经史年代的实践

## 第一节　问题的提出

清代学者在古代历法的整理和研究上成果众多，在学术史上占有重要地位。[1] 特别是乾嘉之际，随着西方天文数学的输入，多种古代算书的重新发现，学者们对古代天文算学的研究勃然复兴。[2] 因而这一时段是清代天文历算研究的重要时期。另一方面，乾嘉学者主要从事辑佚、考证、复原郑玄等汉朝经学家对《五经》的注解，以求实事求是地理解儒家经典。因而乾嘉学者在讨论经学问题时，常常会利用天文历算方法进行经学考

---

[1] 卢仙文、江晓原：《略论清代学者对古代历法的整理研究》，第81—90页。
[2] 参见韩琦：《西方数学的传入和乾嘉时期古算的复兴——以借根方的传入和天元术研究的关系为例》，收于祝平一编：《中国史新论·科技史分册：科技与社会》，第459—486页。

证。前贤对这一议题的不同方面也有所涉及，[1] 本章从乾嘉学者以古历[2]推算（或称为推步）为基础的年代学研究和实践方面入手，意图以典型案例进一步明晰乾嘉天算专门之学的面貌和特点。

年代学是历史研究的基础，年代不明，史事何时发生无从确定。关于清代学者对史事年代采用何种历法进行推算，前辈学者也曾有讨论。如对春秋日食的推算，朱文鑫（1883—1839）认为清代学者"恒用"当时的历法《时宪历》上推；卢仙文等学者经综合考察后反对此说，认为清人也用"古法如三统、四分、授时"等上推春秋日月。[3] 后者所论有理，然而对于清人利用古历推算史事年代的实际操作，及其细节、特点和影响，尚有进一步讨论的空间。以此，本章选取三位乾嘉学者对《尚书·召诰》日名问题的研究作为案例进行分析。

《尚书》等儒家经典中记载的周初史事年代，不同的经学家有不同的说法。其中《召诰》一篇涉及的年代学问题，三位以

---

[1] 如洪万生、刘钝：《汪莱、李锐与乾嘉学派》，《汉学研究》（台北）1992年第10卷第1期，第85—103页。韩琦：《清初历算与经学关系简论》，收于彭林编：《清代经学与文化》，第410—418页。刘墨：《乾嘉学术与西学》，《清史研究》，2005年第3期，第53—62页。Benjamin A. Elman, *On Their Own Terms: Science in China*, 1550–1900, Harvard: University Press, 2005. Especially Chapter III "Evidential Research and Natural Studies"（考据学与自然知识研究），pp.233–254.

[2] 本章中的"古历"，指清代行用《时宪历》以前所用的历法，如东汉《四分历》等。

[3] 朱文鑫：《春秋日食考》，《天文考古录》，上海：商务印书馆，1933年，第91页。卢仙文、江晓原：《清代学者对经书中有关天文学的研究》，《传统文化与现代化》1996年第6期，第75—76页。

汉学中心苏州为根据地的乾嘉学者——王鸣盛、江声和李锐均有所研究。他们的研究都涉及古历法推算，李锐更为此作专论《召诰日名考》。本章即以他们对《召诰》日名问题的研究为中心，探讨乾嘉学者运用古历推算进行年代学考证的背景、论证过程及其方法论特点。

## 第二节 《召诰》日名问题及其官方注疏

### 一、《召诰》日名问题

《尚书》中《召诰》一篇，自汉至清，通常被认为是周朝初年重臣召公在考察筹建洛邑时所颁发的布告。[1] 然而关于这篇诰词写作和发布的时间，一直有两种说法。《召诰》未说明年份，首句只有"惟二月既望，越六日乙未"；而传世《尚书》文本中，《召诰》的后一篇《洛诰》明确说明是周公的诰词，时间是周公辅助成王摄政的第七年（即居摄七年）。司马迁、刘歆以至后来的伪孔安国《传》（以下简称"伪孔传"）均把这两篇诰词看作是同一年发表的；汉代的伏生及其治今文经学的弟

---

[1] 近人于省吾据金文行文通例，证明《召诰》中的绝大部分诰词为周公所作，见氏著：《双剑誃尚书新证》卷三，引自《于省吾著作集：双剑誃尚书新证、双剑誃诗经新证、双剑誃易经新证》，北京：中华书局，2009年，第159—162页；顾颉刚、刘起釪：《尚书校释译论》第三册，北京：中华书局，2011年，第1431页。

子和郑玄等人则认为《召诰》作于《洛诰》的前两年,即居摄五年。[1] 对于这一分歧,经学家们从两篇诰词中的月相和日干支的角度加以讨论,属《书经》年代学的范畴,笔者在此称之为"《召诰》日名问题"。

因为乾嘉学者讨论的焦点在于《召诰》和《洛诰》中能揭示时间点的部分,以及其自唐以来的官方解释——即伪孔传和孔颖达等《正义》(以下简称"孔疏")的解释,兹先引相关的《尚书》原文及其注疏如次。

## 二、《召诰》原文及其注疏

《尚书·召诰》开篇云:

> 惟二月既望,越六日乙未,王朝步自周,则至于丰。惟太保先周公相宅。越若来三月,惟丙午朏。越三日戊申,太保朝至于洛,卜宅。厥既得卜,则经营。越三日庚戌,太保乃以庶殷攻位于洛汭。越五日甲寅,位成。[2]

这段叙述未说明年份,伪孔传《召诰》首句"惟二月既望"

---

[1] 1963 年陕西宝鸡贾村原出土西周早期铜器《何尊》,其铭文记载了当时另一位贵族何有关营造洛邑之事,"唯王五祀",此即以实物史料证实《召诰》作于居摄五年为可信。参见顾颉刚、刘起釪:《尚书校释译论》第三册,第 1453—1054 页。

[2] 伪题(汉)孔安国传,(唐)孔颖达正义:《尚书正义》卷一五,《十三经注疏》,第 211 页上栏。

即周公摄政七年二月十六日，[1]与司马迁和刘歆等人认为的《召诰》发布于周公摄政七年的说法一致。伪孔传同时把经文中月相确定为阴历月的序数日，但这只是一般的词义解释，而不是依据特定历法所作出的推算。

唐初，孔颖达等修《五经正义》，其中《尚书》解释以伪孔传为准。对于《召诰》这段文字，孔疏云：

> 正义曰：《洛诰》云："周公诞保文武受命，惟七年。"《洛诰》是摄政七年事也。《洛诰》周公云："予惟乙卯，朝至于洛师。"此篇云"乙卯，周公朝至于洛"，正是一事，知此"二月"是周公摄政七年之二月也……此年入戊午蔀五十六岁，二月小，乙亥朔。孔云十五日即为望，是己丑为望，言"己望"者，谓庚寅十六日也。且孔云"望"与"生魄""死魄"皆举大略而言之，不必恰依历数。又算术：前月大者，后月二日月见，可十五日望也。[2]

这段疏文说明了《召诰》原文的一些天文术语及其使用原则，指出了伪孔传对这些术语的解释只是"大略而言"，并不严格遵从"历数"。同时，孔疏也用到了古六历专有名词"戊午蔀"，可知其作者熟悉历算，能够运用古代历法和"算术"计算

---

[1]《尚书正义》卷一五，第211页上栏。
[2]《尚书正义》卷一五，第211页上栏。

《召诰》日名，以确认伪孔传的说法。据孔颖达的说法，《尚书》的注解以刘焯（544—608）和刘炫（约546—约613）"最为详雅"，《尚书正义》即通过削刘焯之繁杂、增刘炫之简略而编成。[1] 故此上引孔疏的最原初的作者很有可能就是精通历算、曾经编撰《皇极历》的隋代经学家刘焯。

## 三、《洛诰》原文及其注疏

《洛诰》也与《召诰》日名问题密切相关，兹引原文如下：

> 戊辰，王在新邑，烝祭岁……在十有二月，惟周公诞保文武受命，惟七年。[2]

伪孔传释云：

> 成王既受周公诰，遂就居洛邑，以十二月戊辰晦到。[3]

唐孔颖达疏云：

> 指言"戊辰，王在新邑"，知其晦日始到者，此岁入戊午蔀五十六年，三月云丙午朏，以算术计之，三月

---

[1]（唐）孔颖达：《尚书正义序》，《十三经注疏》，第110页。
[2]《尚书正义》卷一五，第217页上、中栏。
[3]《尚书正义》卷一五，第217页上栏。

甲辰朔大，四月甲戌朔小……九月辛丑朔大，又有闰九月辛未朔小……十二月己亥朔大，计十二月三十日戊辰晦到洛也。[1]

《洛诰》原文只说周公摄政七年十二月戊辰日，成王在洛邑新都举行"烝祭岁"仪式。伪孔传增加的信息是该日为当月最后一日，即晦日，清儒认为这是袭自刘歆《三统历·世经》"是岁十二月戊辰晦，周公以反政"一说。[2] 疏文的重点，是提出二诰均作于"戊午蔀五十六年"，以及由"算术"计算所得的此年"有闰九月辛未朔小"，否则不能解释伪孔传所认为的当年十二月戊辰日为晦日这一描述。然而"入戊午蔀五十六年"以及当年有闰九月的依据为何，则未有说明。

可以说，上引两段孔疏利用历法推算二诰日名，很好地解释了伪孔传的说法——尽管其推算的方法和详细过程并未明言。郑玄对《召诰》日名的解释则与伪孔传截然不同，经典注疏素有"疏不驳注"的传统，因而郑氏的解释未被孔颖达等人接纳。自阎若璩《尚书古文疏证》以来，传世的所谓西汉孔安国传实为后人伪托之作，在乾嘉汉学派学者中已成定论。后者致力于辑佚、研究郑玄对《尚书》的注解，以便更好地探求《尚书》本意。王鸣盛和江声就是其中的两位尚书学名家。

---

[1]《尚书正义》卷一五，第217页中栏。
[2]（汉）班固：《汉书·律历志》卷二一下，第1016页。亦可参见下节引文。

## 第三节　王鸣盛和江声对《召诰》日名问题之研究

王鸣盛在《召诰》首句"惟二月既望，越六日乙未"后，先引郑玄相关注疏、伪孔传和孔疏：

> 【郑曰】是时周公居摄五年，"二月""三月"当为"一月""二月"。不云"正月"者，盖待治定制礼，乃正言正月故也。（原注：《诗》十六之一卷，《大雅文王序疏》，《周礼》十卷《地官大司徒疏》）【传曰】……【疏曰】……[1]

王氏首先说明郑玄注的出处——《毛诗正义·文王序正义》孔颖达等注引及《周礼注疏·地官大司徒疏》贾公彦注引。[2] 这里的"传曰"和"疏曰"是王鸣盛部分引用第二节第二目中的伪孔传和孔疏引文，故此处从略。在下一篇《洛诰》"戊

---

[1]（清）王鸣盛：《尚书后案》（影印华东师大图书馆藏清乾隆四十五年[1780]礼堂刻本）卷一八，《续修四库全书》（经部第45册），第192页下栏。按：据《尚书正义》阮元刻十三经注疏本校改，下同。
[2] 孔疏原文"故《召诰》云'惟二月、三月'，注云'当为一月、二月。不云正月者，盖待治定制礼乃正言正月故也'"，见（汉）郑玄笺，（唐）孔颖达正义：《毛诗正义》卷一六之一，《十三经注疏》，第303页下栏。贾疏原文"又案《召诰》'惟三月丙午朏'，注云'是时周公居摄五年'"，见（汉）郑玄注，（唐）贾公彦疏：《周礼注疏》卷一〇，第704页下栏。

辰，王在新邑"后，王鸣盛也引用第二节第三目中孔疏引文的推算。然而，对于孔疏的推算，王鸣盛并不同意，因此于其后加案语云：

【又案曰】《传》以戊辰为十二月晦者，据刘歆以《召诰》《洛诰》为一年事，就《召诰》"三月丙午朏"推之，于中间置一闰月，则戊辰适当十二月晦。但古历归余于终，闰月皆在十二月后，据歆则为闰九月，非也。况据伏生《大传》，《召诰》实在居摄五年，《洛诰》在七年，合为一年，亦非也。若以五年三月丙午朏推之，至七年十二月几匝三年，必有一闰矣。有闰月，则七年十二月不得有戊辰。今"戊辰烝祭"，自是十二月日，故郑据此而于《召诰》"二月""三月"谓当为"一月""二月"。盖惟《召诰》"三月"改为"二月"，从二月丙午朏推至七年十二月方有戊辰。观郑注《洛诰》之精，益见注《召诰》之密，伪《传》及《疏》皆非也。[1]

王鸣盛利用"古历"（在此特指古六历）于岁末置闰月，[2]

---

[1]（清）王鸣盛：《尚书后案》卷一九，第207页上栏。
[2] 古六历，即《黄帝历》《颛顼历》《夏历》《殷历》《周历》《鲁历》，实际上是战国时期所行用的历法的名称，均以日法四分（即一个回归年长度为 365¼日，奇零部分为¼日）、十九年七闰为基础。参见陈美东：《中国科学技术史·天文学卷》第二章第七节"战国时期的古六历"，第879页。但古六历是否均置闰于岁末，清代学者有不同意见，参见本章第四节第二目引文。

以证明孔疏推算结果——居摄七年存在一个闰九月是不能成立的。他进而用反证之法，指出前一篇《召诰》中的居摄五年"三月丙午朏"与《洛诰》中为居摄七年十二月有戊辰日名在历法上是矛盾的，二者必有一讹，以申述郑注"三月当为二月"为精密之确论。江声与王鸣盛共同商订《尚书后案》，[1] 其《尚书集注音疏》对这一问题的论证思路也与《尚书后案》相似：

> 维二月无（既）望，粤六日乙未。【注】郑康成曰：是时周公凥（居）摄五年。"二月""三月"当为"一月""二月"。不言"正月"者，盖待治定制礼，乃正言正月也。声谓：望者，月满，与日相望，以朝君也，故其字从月从臣从壬。壬，朝廷也。既望，十六日也；乙未，二十一日。噤则是月乙亥朔、己丑望也。【疏】郑注见《周礼·大司徒疏》及《诗·文王正义》。云"是时周公凥摄五年"者，据伏生《大传》言："周公摄政五年，营成周。"此下文所言即[2]是"营成周"之事，故知是时凥摄五年也。云"'二月''三月'当为'一月''二月'"者，谓此《经》当为"一月既望"，下文当为"二月丙午朏"也。郑知噤者，以《洛诰》"戊辰[3]烝"是凥摄七年十二月日，此是

---

[1]（清）孙星衍：《江声传》，《孙渊如先生全集·平津馆文稿》卷下，第553页。

[2]"即"，《清经解》本误作"既"，见《清经解》第二册，第900页中栏。

[3]"戊辰"，《清经解》本脱，见《清经解》第二册，第900页中栏。

居摄五年事。计五年三月至七年十二月，凡三十四月，其间余分积至二万八千九百七十六有奇。以九百四十分之日法除之，则三十日有余矣，则五年若六年之终必置一闰，置一闰[1]则五年三月朔至七年十一月晦以匝三十四月。若三月丙午朏则甲辰朔也，推之五月，当癸卯朔，七月当壬寅朔。率两月而退一日，则七年十二月应丁亥朔，不得有戊辰。若此"二月"为一月，下文"丙午朏"[2]是二月，则七年十二月丁巳朔，戊辰乃其十二日。郑说诚是也。[3]

江声的论证思路虽与王鸣盛相似，但其推算更细致一些，运用了古六历的基本数据并以此推算出月朔日名：19个回归年为1章，有235个月（指朔望月，下同）；1回归年 = $12\frac{7}{19}$月，1月 = $29\frac{499}{940}$日。一个回归年中不足1月的部分$\left(\frac{7}{19}月\right)$为1年的"余分"，平分到12个月中，再乘以1月的日数，即为1个月的余分，由居摄五年三月至七年十二月共34个月，得"积分"和在此期间须置闰的日数：

$$\frac{7}{19}月 \div 12月 \times 29\frac{499}{940}日/月 \times 34月 = \frac{28\,976.5}{940}日 \approx 30.8日$$

---

[1] "置一闰"，《清经解》本脱，见《清经解》第二册，第900页中栏。
[2] "朏"，《清经解》本误作"晦"，见《清经解》第二册，第900页中栏。
[3] （清）江声：《尚书集注音疏》，第542页。

此式分数结果中的分子即江声所言"余分积至二万八千九百七十六有奇",分母940为"九百四十分之日法",最终结果为"三十日有余",按历法当于此34个月中加置一个闰月,共35个月。由此得出结论:若《召诰》中的"三月丙午朏"(相当于甲辰朔)是在居摄五年中,则与《洛诰》中居摄七年十二月有戊辰日名有矛盾。必定要依郑玄所注,将"三月丙午朏"改正为"二月丙午朏",才能推出居摄七年十二月有戊辰日。江声和王鸣盛相信,郑玄也是运用相同的历法推算而得出的结论。然而,他们作出这一推算,进而信服于郑玄对《召诰》原文的改动,其基础均依赖于伏生《尚书大传》"营成周"之年(即《召诰》颁布之年)为居摄五年这一论断,而未能从历法的计算上反驳二诰均颁布于居摄七年这一论断以及孔疏的推算证明。在这一背景之下,李锐试图从正面攻克这一问题。

## 第四节　李锐的《召诰日名考》

### 一、周初史事年谱的推算和排定

或许是受到了王鸣盛和江声的影响,与他们均有所交往的李锐也加入研究《召诰》日名问题的行列,乃著《召诰日名考》。

郑注:"是时周公居摄五年,'二月''三月'当为'一月''二月'。不云'正月'者,盖待治定制礼,乃正言正月故也。"江征君声、王光禄鸣盛以为据《洛诰》"十二月戊辰"逆推之，其说未核。[1]

当时的汉学家对郑玄所认为的《召诰》作于居摄五年说并非没有异议，如孙星衍就援引《史记·鲁世家》，认为《召诰》作于居摄七年，而以前者为"今文异说"。[2] 乍看之下，似乎李锐是要与王、江商榷，[3] 但其实他是想指出，郑玄并非按王、江二人的方法推算：

> 今案：郑君精于步算，此破二月、三月为一月、二月，以纬候入蔀数推知，上考下验，一一符合，不仅检勘一二年间月日也。[4]

江声和王鸣盛用《洛诰》中的居摄七年历日逆推至居摄五年，得两年之间的朔闰。李锐则认为郑玄的推算方法是计算周朝初期各年的"入蔀数"，排出重大史事的年谱，进而推算出居摄五年至七年的朔闰。这是与前引孔疏揭出居摄七年"入戊午蔀

---

[1]（清）李锐：《召诰日名考》（影印道光三年［1823］《李氏遗书》刊本），薄树人主编：《中国科学技术典籍通汇·天文卷》第二册，第705页上栏。
[2]（清）孙星衍著，陈抗、盛冬铃点校：《尚书今古文注疏》卷一八，北京：中华书局，2004年第2版，第390页。
[3] 事实上，或因李锐有"其说未核"一词，薄树人误会江、王的方法是要证明郑玄注解有误，当是未详勘江、王二人书而致误。参见氏著：《李氏遗书（天文部分）提要》，薄树人主编：《中国科学技术典籍通汇·天文卷》第二册，第701页。
[4]（清）李锐：《召诰日名考》，第705页上栏。

五十六年"这一关键是同一思路，也可以不依赖伏生《召诰》作于居摄五年。推算"入蔀数"的方法，在于利用"纬候"即纬书中的数据，先计算文王受命元年的前一年的入蔀数，具体如下：

> 入戊午蔀二十九年（原注：岁在戊午），是年文王得赤雀受命，明年改元。《中候我应》云："季秋之月甲子（原注：案殷九月辛丑朔，甲子，二十四也），赤雀衔丹书入丰，止于昌户。再拜稽首受。"
>
> 案《乾凿度》，是年入天元二百七十五万九（子）〔千〕二百八十五岁。以元法四千五百六十除之，余四百八十五，不满纪法一千五百二十，为入纪年。以六十去之，余五，命起甲寅，筭上，得是年岁在戊午。置入纪年四百八十五，以蔀法七十六除之，得积蔀六，不尽二十九，为入蔀年。置积蔀六，命甲子一、癸卯二、壬午三、辛酉四、庚子五、己卯六，筭外，得戊午蔀。（原注：《诗·大明疏》："郑注《尚书》'文王受命'、'武王伐纣'时日皆用《殷稌》。"案《殷》术甲寅元，此亦甲寅元，故云"用《殷》术"。然刘歆所说《殷》术，周公六年始入戊午蔀，实与此不同。）
>
> 入戊午蔀二十九年（原注：己未），是年文王得赤雀受命，明年改元。[1]

---

[1]（清）李锐：《召诰日名考》，第705页。

## 第五章 以历算申论郑学：乾嘉学者以古历推算经史年代的实践

据《毛诗正义》引《易纬乾凿度》，李锐知文王受命元年的前一年入天元 2 759 285 年。首先计算的是当年的年干支。第一步，入天元 2 759 285 年除以元法 4 560，[1] 有：

$$2\,759\,285 \text{ 年} \div 4\,560 \text{ 年}/\text{元} = 65 \text{ 元} \cdots 485 \text{ 年} \quad (1)$$

换言之已满 65 元，该年是历元以来的第 66 元。因为余数 485 小于纪法 1 520[2]，是为入纪年。第二步，余数 485 除以一甲子数 60，有：

$$485 \text{ 年} \div 60 \text{ 年}/\text{甲子} = 8 \text{ 甲子} \cdots 5 \text{ 年}$$

即自第 66 元天纪首年以来，至该年已经过 8 次六十甲子。又因为《殷历》以甲寅年为上元（即起算年），故以干支"甲寅"为 1，顺数至余数 5，得该年干支为"戊午"。

为了下文排定年谱和计算闰月，其次计算"入蔀年"。包括《殷历》在内的古六历规定，平年为每年 12 个月、闰年为每年 13 个月，每 19 年置 7 个闰月，19 年总共是 235 个月，故以 19 年为 1 章，称 19 为"章岁"，235 为"章月"。又因为定一个回归年长度为 365¼ 日，19 年 6 939 ¼ 日，并非整日数，故又定 1 蔀 = 章岁 × 4 = 76 年 = 27 759 日，其中 76 称为"蔀法"。1 纪之中有 20

---

[1] 元，古六历历法单位之一，1 元 = 4 560 年，故称 4 560 为"元法"。设置元法，实际上是使年数能同时被 60 和 76 整除，让年干支（岁名）和蔀首干支（蔀首名）能回归。参见陈美东：《中国科学技术史·天文学卷》第二章第七节第一目"古六历的基本数据"，第 87—89 页。

[2] 纪，古六历历法单位之一，1 纪 = 1 520 年 = 555 180 日，故 1 520 为"纪法"，而 1 元 = 3 纪，分别称为天纪、地纪和人纪。纪的设立，使日数能被 60 整除，让日干支（日名）得以回归。参见陈美东：《中国科学技术史·天文学卷》，第 88 页。

蔀，每一蔀有蔀首名。[1]将（1）式余数485除以蔀法76，有：

$$485\ 年 \div 76\ 年/蔀 = 6\ 蔀 \cdots 29\ 年$$

即自第65元天纪以来，至此年以前已积满6蔀，以每纪的第一蔀蔀首名"甲子"为1，按照蔀名的规律，此年所在蔀的蔀首名为1+6=7，得"戊午"；余数29年为入戊午蔀之年数。在此基础上，李锐排定了周初史事年谱（见表5-1），同时也正面反驳了孔疏认为的居摄七年为入戊午蔀五十六年的说法。

表5-1　李锐排定的周初史事年谱

| 入蔀年数 | 年干支 | 纪　年 | 李锐所系史事 |
|---|---|---|---|
| 29 | 戊午 | — | 是年文王得赤雀受命，明年改元 |
| 30 | 己未 | 文王受命元年 | 文王受命元年 |
| 36 | 乙丑 | 文王受命七年 | 七年文王崩，文王年十五生武王，九十七而终，时武王八十三矣 |
| 40 | 己巳 | 文王受命十一年 | 《书序》云"十有一年，武王伐殷"，《注》云"十有一年，本文王受命而数之，是年入戊午蔀四十岁矣" |
| 42 | 辛未 | 文王受命十三年 | 武王克殷 |

---

[1]实际上，蔀首名以该蔀第一年第一日的日干支命名。《殷历》以甲子日为历元之日名，因而第1蔀被命名为甲子蔀。又根据1纪=20蔀，1蔀=27 759日，易算出每1纪中20蔀每蔀的蔀首名。古六历中除《颛顼历》以己巳日为历元之日、以己巳为第1蔀蔀首名外，其他五历均以甲子日为历元之日，故每1元中的各蔀首名均相同。因而，纪这一单位的设立，同时能使1纪包含的年数1 520能被1蔀所包含的年数76整除，使蔀首名能按上述规律回归。参见陈美东：《中国科学技术史·天文学卷》，第88页。

续　表

| 入蔀年数 | 年干支 | 纪　年 | 李锐所系史事 |
|---|---|---|---|
| 44 | 癸酉 | — | 《金縢》："既克商二年，王有疾。" |
| 46 | 乙亥 | — | 武王崩时年九十三，成王年十岁 |
| 48 | 丁丑 | — | 服丧三年毕，成王年十二 |
| 49 | 戊寅 | 周公居东都元年 | 周公辟居东都，成王年十三 |
| 51 | 庚辰 | 居摄元年 | 成王年十五迎周公反，居摄元年 |
| 54 | 癸未 | 居摄四年 | 封康叔，作《康诰》，成王年十八，称孟侯 |
| 55 | 甲申 | 居摄五年 | 作《召诰》 |

注：李锐按顺序排列了从"入蔀二十九年"至"入蔀五十五年"，为简便计，本表只列出有李氏注释事件的年份。

## 二、居摄五年一、二月历日的推算和排定

推得居摄五年为入戊午蔀55年后，仍需根据《殷历》算得当年一月和二月每天的日干支。利用入戊午蔀年数，即可按历术求出居摄五年一月和二月朔、望日的干支，具体的算法为：

置入蔀年五十五，减一，余五十四，以章月二百三十五乘之，得一万二千六百九十，如章岁十九而一，得六百六十七，为积月；不尽一十七，为闰余。（原注：是年闰四月）置积月六百六十七，以月法二万七千七百五十九乘之，得一千八百五十一万五千二百五十三，如日

法九百四十而一，得一万九千六百九十七，为积日；不尽七十三，为小余。以六十去积日，不尽一十七，为大余。命起戊午，算外，得一月乙亥朔，置一月朔大余一十七、小余七十三，加大余一十四、小余七百一十九半，得一月望大余三十一、小余七百九十二半，命如前，得一月己丑望。又置一月朔大余一十七、小余七十三，加大余二十九、小余四百九十九，得二月朔大余四十六、小余五百七十二，命如前，得二月甲辰朔。（原注：置二月朔大大余，加大余一十四、小余七百一十九半，得二月望大余一、小余三百五十一半，命得二月己未望。）[1]

首先计算戊午蔀起始至居摄五年一月朔以前的朔望月数（积月）：

$$\frac{章月 \times (入蔀年 - 1)}{章岁} = \frac{235\,月 \times (55 - 1)\,年}{19\,年}$$

$$= \frac{12\,690}{19}\,月 = 667\frac{17}{19}\,月$$

其中分数部分中的分子17为"闰余"，整数部分667为积月；以积月求积日，有：

$$积月 \times 朔望月周期 = \frac{积月 \times 月法}{日法} = 667\,月 \times 29\frac{499}{940}\,日/月$$

$$= \frac{667 \times 27\,759}{940}\,日 = 19\,697\frac{73}{940}\,日$$

---

[1]（清）李锐：《召诰日名考》，第706页。

其中分数部分中的分子 73 实际上是余数，为居摄五年一月朔日的"小余"，代表不足一日的零头，而整数部分 19 697 为积日。根据此积日，即可求居摄五年一月朔前一日的干支：

$$19\,697\ 日 \div 60\ 日／甲子 = 1\,231\ 甲子 \cdots 17\ 日$$

17 即为居摄五年一月朔日的"朔日大余"，代表居摄五年一月朔前一日干支。由于该年属戊午蔀，即以"戊午"为 1，数至 17+1=18"乙亥"，即居摄五年一月朔日名。将一月朔日小余加上半个月长度 $14\frac{719.5}{940}$ 日：$\frac{73}{940}$ 日 + $14\frac{719.5}{940}$ 日 = $14\frac{792.5}{940}$ 日。分数部分的分子 792.5 为一月望小余，小于分母日法 940，即不足 1 日；整数部分 14 加上一月朔大余 17 得 31 为一月望大余，表示以"戊午"为 1，数至 31+1=32 己丑，即一月望日名。用相同的方法，将一月朔日小余加上 1 个月长度 $29\frac{499}{940}$ 日，即得：$\frac{73}{940}$ 日 + $29\frac{499}{940}$ 日 = $29\frac{572}{940}$ 日。整数部分 29 加上一月朔大余 17 得 46，为二月朔大余，表示以"戊午"为 1，数至 46+1=47 甲辰，即二月朔日名。

将二月朔日小余加上半个朔望月长度得 $15\frac{351.5}{940}$ 日。整数部分 15 加上二月朔大余 46 得 61，除以 60 余 1，为二月望大余，表示以"戊午"为 1，数至 1+1=2 己未，即二月望日名。

由此，李锐得到《召诰》中居摄五年一月和二月的日谱（见表 5-2），完成了周公摄政五年一月和二月的历日步算，证明了郑玄的结论。而从李锐自注"是年闰四月",表明他也不认同王鸣盛古历置闰于岁末及江声"五年若六年之终必置一闰"的说法。

表5-2　李锐所推居摄五年一月和二月日谱

| 月/日 | | 干支 | 月相 | 《召诰》中的记载 |
|---|---|---|---|---|
| 一月小 | 一日 | 乙亥 | 朔 | |
| | 十五日 | 己丑 | 望 | |
| | 十六日 | 庚寅 | | 惟二月既望 |
| | 二十一日 | 乙未 | | 越六日乙未 |
| | 二十九日 | 癸卯 | 晦 | |
| 二月大 | 一日 | 甲辰 | 朔 | |
| | 三日 | 丙午 | | 三月惟丙午朏 |
| | 五日 | 戊申 | | 越三日戊申 |
| | 七日 | 庚戌 | | 越三日庚戌 |
| | 十一日 | 甲寅 | | 越五日甲寅 |
| | 十二日 | 乙卯 | | 若翼日乙卯 |
| | 十四日 | 丁巳 | | 越三日丁巳 |
| | 十五日 | 戊午 | | 越翼日戊午 |
| | 十六日 | 己未 | 望 | |
| | 二十一日 | 戊子 | | 越七日戊子 |
| | 三十日 | 癸酉 | 晦 | |

注:李锐按顺序排列了每一日的日干支,为简便计,若非重要月相或《召诰》有载日名之日,本表从略。

## 第五节　李锐以古历推算排定年谱和
## 　　　　月日谱的依据

事实上，在表 5-1 年谱中，"武王克殷"以前的周初史事及其对应的入戊午蔀年数，以及关键的《易纬乾凿度》数据，均见于王、江二人所辑佚的郑注的来源——《毛诗正义·文王序正义》。该篇有论周初史事入蔀年数，略云：

> 注云："入戊午蔀二十九年时，赤雀衔丹书而命之。"……受命之月，已是季秋，至明年乃改元。故《书序》云："惟十有一年，武王伐殷。"注云："十有一年，本文王受命，而数之是年入戊午蔀四十岁矣。"[1]

《诗·文王》是赞颂周文王的诗篇，孔颖达等在《正义》中引用纬书及郑玄对《尚书》的注解，以描述周文王的重要事迹。因而这段引文中的"注云"，均为孔颖达等引用郑玄注。这一段孔疏的主旨，在于厘清了"文王受命"一事：《易纬乾凿度》所谓"今入天元二百七十五万九千二百八十岁，昌以西伯受命"，是"受《洛书》之命"，入戊午蔀二十四年；五年后季秋，文王受赤雀丹书之命，入戊午蔀二十九年，即入天元二百七十五万九千

---

[1]《毛诗正义》卷一六之一，第 303 页中一下栏。

二百八十五岁。李锐所引入天元年数，实源于此。

入天元年数既已找到，下一步的关键就是依古历记载的方法（即术文）进行推算。但实际上，包括《殷历》在内的古六历的术文早已佚失，只有各历的历元、上元积年以及一些共同的参数，记载于《开元占经》。[1]《殷历》历术已久佚，李锐推算入蔀年以及该年月朔所依据的，是经过他校正的、汉《四分历》中的推步术。其《汉四分术注》云：

> 推入蔀术曰：以元法除去上元（注曰：谓置上元庚辰以来，尽所求年，以元法除去之也……），其余以纪法除之（注曰：除之亦是除其重叠……），所得数从天纪，算外，则所入纪也（注曰：纪首岁名未复，故求所入纪……）。不满纪法者，入纪年数也。以蔀法除之（注曰：前蔀与后蔀日分、月分同，故须除之），所得数从甲子蔀起，算外。所入纪岁名命之，算上，即所求年太岁所在（注曰："算外"下有脱文。当云：算外，所入蔀也。不满蔀法者，入蔀年数也。各以所入纪岁名命之，算上，即所求年太岁所在……甲子，元首蔀名也。算外，为所入蔀者，如得一为入癸卯蔀，二为入壬午蔀也。）。
> 
> ……

---

[1]（唐）瞿昙悉达：《开元占经》（影印明大德堂钞本）卷一〇五，薄树人主编：《中国科学技术典籍通汇·天文卷》第五册，第885—886页。

推天正术：置入蔀年，减一，以章月乘之，满章法得一，名为积月，不满为闰余，十二以上，其岁有闰。

推天正朔日：置入蔀积月，以蔀日乘之，满蔀月得一，名为积日，不满为小余，积日以六十除去之，其余为大余，以所入蔀名命之，算尽之外，则前年天正十一月朔日也。小余四百四十一以上，其月大。求后月朔，加大余二十九，小余四百九十九，大余满蔀月得一，上加大余，命之如前。[1]

《四分历》术文见于《后汉书·律历志》，本为西晋司马彪《续汉书》八志之一，由南朝梁刘昭补于范晔《后汉书》，是东汉曾经行用的历法。除了上元岁名为庚辰外，《四分历》的其他基本历法数据与古六历相同（实际上古六历中的上元岁名也各不相同），因而祖冲之称"古之六术，并同《四分》"。[2] 这是江声运用《四分历》中的数据，以及李锐用《四分历》术文配补《殷历》术文，进而推算商周之际历谱的理论基础。但实际上祖冲之这句话是为了说明所谓的古六历并不"古"，而只是汉初人托古之作。因而江声和李锐的做法恰恰与祖冲之的论点是相反的。但江李之间又有所不同：江声纯用古六历基本数据进行推理和计算，李锐则在细草中严格依照《四分历》的术文和术

---

[1]（清）李锐注：《汉四分术注》（影印道光三年［1823］《李氏遗书》刊本）卷中，薄树人主编：《中国科学技术典籍通汇·天文卷》第二册，第757—759页。此处"推天正术"及"推天正朔日"条中李锐的注解从略。
[2]（南朝宋）沈约：《宋书·律历志下》，北京：中华书局，1983年，第308页。参见陈美东：《中国科学技术史·天文学卷》，第88页。

语，这也体现了他利用汉代天算学文本为基础以构建其论证体系的特点。[1]

值得注意的是，李锐的周初史事年谱之所以得以排定，关键在于依靠以下文献，确定了文王、武王和成王的年岁以及他们即位改元的年份：(1)《尚书·武成》孔疏"文王受命七年而崩，故郑玄等皆依用之"；[2] (2)《尚书·泰誓》孔疏注引《大戴礼》"文王十五而生武王"，及引《礼记·文王世子》"文王九十七而终，武王九十三而终"。[3] 更重要的文献是《礼记·文王世子》孔疏引郑玄论周公摄政事：

> 正义曰：案郑注《金縢》云："文王崩后，明年生成王。"则武王崩时，成王年十岁。服丧三年毕，成王年十二。明年……周公辟之，居东都，时成王年十三也。居东二年……时成王年十四也……时周公居东三年，成王年十五，迎周公反，而居摄之元年也。居摄四年，封康叔作《康诰》，是成王年十八也。故《书传》云："天子大子十八称孟侯。"居摄七年，成王年二十

---

[1] 李锐的在其他方面的研究也体现出类似的特点：如严格依照传统方法和术语，构建一个形式体系，为传统的勾股术作细草；他在为江声计算"恒星东行三题"时，亦严格依照《九章算术》及其古注的证明结构和术语，构建其推理体系。参见本书第四章第五节以及 Tian Miao, "A formal system of the Gougu method: a study on Li Rui's Detailed Outline of Mathematical Procedures for the Right-Angled Triangle", in Karine Chemla, ed., *The history of mathematical proof in ancient traditions*. Cambridge University Press 2012, pp. 552–573.

[2]《尚书正义》卷一一，第184页下栏。

[3]《尚书正义》卷一一，第179页下栏。

一也。明年，成王即政，年二十二也。此是郑义，推成王幼不能践阼之事也。[1]

这些文献大部分是郑玄的说法，但他的这些说法并不是所有经学家都同意的。如《洛诰》孔疏引王肃："武王年九十三而已，冬十一月崩。其明年称元年，周公摄政……七年营洛邑，作《康诰》《召诰》《洛诰》，致政成王。然则武王崩时，成王年已十三矣。周公摄政七年，成王适满二十。"[2] 孔疏认可这一说法，因而上段引文特别注明"此是郑义"。换言之，李锐通过其周初史事年谱，说明了郑玄对《召诰》原文的改动与他对其他周初史事的系年是前后相符的，这也是李锐称"郑君精于步算""上考下验，一一符合"的原因所在。在这个意义上，李锐由古历推算所得出的年月日谱，与其说是他对周初史事年代的论证，不如说是他重构了郑玄在周初史事年代问题上的历法推算和论证。

李锐等人当时还没意识到的另一个重大问题是，古六历中的《殷历》并不就是商代所行用的历法，而是由战国时人所编撰，因此后人对于《殷历》是否符合商周之际的实际情况分歧很大，言人人殊。[3] 虽然江声和李锐等人经上述推算证明了郑玄的观

---

[1]（汉）郑玄注，（唐）孔颖达等正义：《礼记正义》卷二〇，《十三经注疏》，第1488页中栏。
[2]《尚书正义》卷一五，第214页中栏。
[3] 刘起釪据日本三省堂《世界年表》推定周成王五年为公元前1111年，又据张培瑜《中国先秦史历表》排定此年"冬至后四月（即二月）为戊子朔，则其月正有乙未"，进而否定郑玄的改动。然而此月戊子朔后三日即庚寅，与据《召诰》文本推断的庚寅日当为既望一事不合。参见顾颉刚、刘起釪：《尚书校释译论》，第三册，第1450页。

点，但《召诰》中的"二月""三月"是否真的像郑玄所说，当为"一月""二月"，仍不是确定之结论。

## 本章小结及余论

综合上面的分析，可知王鸣盛、江声和李锐三位乾嘉学者以古六历及《四分历》推步为基本依据，探讨《召诰》日名问题，以支持郑玄的观点。在古历法推算上，三人的细致程度有所不同：王鸣盛的推算最粗略，并无确定的计算结果；江声次之，求出了月朔；李锐最为详细，推算出史事年月日谱。李锐在进行古历推步时，细草所用术语及形式严格依照汉《四分历》术文，所得年谱与散见于各书的郑注严丝合缝，是其论证的一大特点。《召诰日名考》也成为乾嘉时期以古历推算为基础的年代学研究的一篇典范之作。

从中国历法史的角度，乾嘉学者的这种以古历推算为基础的研究方法并非首创。李锐在《召诰日名考》中提及西汉刘歆的《三统历·世经》，后者早已使用《殷历》《春秋历》等古代历法推算儒家经典中的史事年代。唐一行《大衍历·日度议》也利用古历推算上古三代至隋之间若干时间点的日度，与其"新历"《大衍历》的推算作对比，以示新历的精密。[1] 与刘歆、

---

〔1〕（宋）欧阳修、宋祁等：《新唐书》卷二七，北京：中华书局，1975年，第600—618页。感谢匿名审稿专家提示这两个早期的例子，以作为与乾嘉学人对比的另一个角度。

一行等不同,乾嘉学者重新确立这一方法的目的并不是为了验证新历法的精确性,而是在于为他们的经学研究服务。稍后的历算学家罗士琳也对《召诰日名考》有相似的评价:"此融会古历,以发明经术者也。"[1]

以现在的观点来看,李锐的《召诰日名考》存在一定的方法论问题。近年的夏商周断代工程中的若干子课题,是以现代天文学(特别是天体力学)为重要手段,结合传世和出土文献中所记载的特殊天象,进而推算史事年代的天文历史年代学研究。[2] 相较之下,李锐的研究始终限定在乾嘉汉学——甚至可以说是"郑学"的框架之内:以古历推步为手段,而且只承认郑玄注疏的合理性。

李锐重新确立以古历推算史事年代的方法以后,在清中后期的学者中产生了很大的影响。罗士琳也著有历史年代学著作《周无专鼎铭考》,利用《周历》及《四分历》推算周代历日,考证出周无专鼎铭上"九月既望甲戌"一句当系于周宣王十六年。[3] 数学家李善兰(1810—1882)考证景教流行中国碑文"大曜森文日"即星期日,用唐代"《五纪》本术推之"。[4] 汪

---

[1](清)阮元撰,罗士琳续补:《畴人传》卷五〇,冯立昇主编:《畴人传合编校注》,郑州:中州古籍出版社,2012年,第451页。

[2]江晓原、钮卫星:《回天:武王伐纣与天文历史年代学》,上海:上海人民出版社,2000年,第1—10页。

[3](清)罗士琳:《周无专鼎铭考》,《石刻史料新编》第四辑第一册,台北:新文丰出版公司,2006年,第799—810页。

[4](清)李善兰:《景教流行中国碑大曜森文日即礼拜日考》,《遐迩贯珍》1855年10月,第12b—13a页。

曰桢（1812—1881）更把用古代历法推步方法扩大到每个朝代的历日推算上，作《历代长术辑要》。晚清考据学大家俞樾（1821—1906）将之与先前的长历进行比较，给予高度的评价：

> 本朝经学昌明，诸老先生讲求实学，而顾震沧氏著《春秋朔闰表》。其法用方幅之纸横书十二月，每系朔晦于首尾，细求经传之干支日数，不合即置闰。则犹夫杜氏之术也。[1] 今先生此书虽袭杜氏"长术"之名，而各就当时所用之术以布算，则非苟求合者，视杜氏异矣。[2]

由此观之，以李锐为代表的乾嘉学者，实为上述一众学者的先驱，也是以古历推步为基础的年代学研究范式得以在清代重新确立并发展的关键。

---

[1] 杜氏，指杜预（222—285），著有《春秋长历》。
[2]（清）俞樾：《历代长术辑要序》（1877），引自汪曰桢：《历代长术辑要》（清光绪刻本）。

# 第六章

# 许桂林对汉儒天算"绝学"体系的建构

## 第一节 问题的提出

在张之洞《书目答问》中，许桂林与钱大昕、李锐等人类似，既被归于"国朝著述诸家"中的"汉学专门经学家"，又被置于"兼用中西法"的"算学家"中。[1]这种定性的描述当然只是张之洞的一家之言，洪万生已指出其体例上的"不对称"，并揭示出《书目答问》的这种定位及在此基础上所开列的书目，与张之洞"总结乾嘉学派曾经主导的学术研究之知识系谱"[2]有关。然而，书目及其分类所揭示的学术脉络不免是粗线条式的，要对其进行细致描绘，非靠阅读著述文本不可。或许

---

[1]（清）张之洞编撰，范希曾补正，孙文泱增订：《增订书目答问补正》，北京：中华书局，2011年，第585、617页。
[2] 洪万生：《〈书目答问〉的一个数学社会史考察》，《汉学研究》，2000年第18卷第1期，第157、161页。

也是这个原因，在洪万生的指导下，相关的具体研究，如罗士琳及其数学著作、许桂林及其《算牖》等陆续展开。[1]

先前如李素幸的研究，集中于对许桂林生平及其算学著作《算牖》内容的考证，以及许桂林与李汝珍（1763—1830）《镜花缘》之关系的详细分析。她首先运用一手材料——许桂林记其生母吴孺人事略之《北堂永慕记》，建立起许氏家族年表，然而取材稍显局促，内容也稍有不确之处。[2] 稍后，又因为李汝珍与许桂林友善且为姻亲，李明友根据相关诗文传记在内的众多原始材料，撰成李汝珍及其师凌廷堪（1757—1809），友吴振勃（1770—1847）、兄许乔林（1775—1852）的年谱，[3] 为更进一步的研究提供了事实基础和文献提示。

除了《算牖》以外，《宣西通》是许桂林另一部重要的天算专门之学著作。因其中有反驳"日心地动"说的内容，天文学史专家从天文学及其思想发展的角度，给予此书较低的评价，认为许桂林对"日心说"的内容"没有真正理解，所作的批判自然荒唐不堪"。[4]

---

[1] 郭庆章：《罗士琳及其数学研究》，台北："国立"台湾师范大学数学系硕士学位论文，2005年；李素幸：《清代许桂林〈算牖〉之研究》，台北："国立"台湾师范大学数学系硕士学位论文，2009年。

[2] 如将许桂林"考取秀才"系于乾隆五十六年辛亥（1791）13岁，后又于嘉庆三年戊午（1798）20岁引《北堂永慕记》"桂林入学第一"，参见李素幸：《清代许桂林〈算牖〉之研究》，第55页。按所谓"入学"，即童生通过学政童试，被录取为府（或州、县）学之诸生，即俗称之秀才，此处显然矛盾。

[3] 李明友：《李汝珍师友年谱》，南京：凤凰出版社，2011年。

[4] 石云里：《西方天文学的传入》，收于薄树人主编：《中国天文学史》，台北：文津出版社，1996年，第306页，转引自李素幸：《清代许桂林〈算牖〉之研究》，第67页；石云里、吕凌峰：《从"苟求其故"到但求"无弊"：17—18世纪中国天文学思想的一条演变轨迹》，《科学技术与辩证法》，2005年第22卷第1期，第104页。

然而，乾嘉学者多没有以发展天文科学为己务的自觉意识，仅以天文学发展的角度，似不能完全解释很多历史现象和问题。关于许桂林的《宣西通》，李天纲已初步提出他是要借"西学"以通"六经"的论点。[1] 因此在本章中，笔者将通过对原始文献的解读，并联系乾嘉之际的学术背景，尝试回答以下问题：《宣西通》如何"会通"古老且久被废弃的宣夜说和新近传入的西方天文学？《宣西通》有没有理论渊源？若有，为何？作为一位经学家，许桂林这种"会通"式的中西建构与其经学研究有何关联？又有何实际意义？同时代及稍后的学者又对此有何评价？

在行文顺序上，本章先简要介绍作者许桂林的生平、著作及其师友圈，然后重点分析《宣西通》文本内容，最后联系相关史料，讨论许桂林及其天算专门之学在学术史上的定位。

## 第二节 许桂林之求学、游历与著述

许桂林，字同叔，一字百药，号月南，又号月岚，祖先为安徽歙县许家村人，改籍江苏海州，为板浦（今属连云港）人。许父兆升（1726—1800），于乾隆三十九年（1774）四川嘉定府乐山县典史任上，娶吴氏为侧室；1779 年，许父署扬州府泰州

---

[1] 李天纲：《跨文化诠释：经学与神学的相遇》，李国章、赵昌平主编：《中华文史论丛》（总第72辑），上海：上海古籍出版社，2003年，第271页。

州同，举家前往，桂林生于途中。1785年，许父调徐州府邳宿运河通判，次年疏浚运河。后因运河有浅处并阻碍漕运，许父被追责，官降三级，罚赔巨款，许家由此贫困。1791年，许家又因未还清运河赔款而被籍没家产，许父携桂林兄乔林至苏州听候审问。然而，许乔林亦因此得以在苏州读书四年，这对许桂林很有很重要的影响：

> 方籍产之日，乔林年十七，言于运河道沈公曰："……吾父居官多年，公私簿籍数簏，今概入查封，是无用故纸也。乔林兄弟异日傥能自立，则有清厘之事，有钩稽之用，宜以见还，并乞赐所读过书一簏，可乎？"沈公动容起立，亟许焉。桂林所读书，即簏中书也。

> 其年（1793）冬，乔林自苏州携书八巨簏归。次年，乔林州试第一，科试入学……初，先君入吴，与长洲令鳌沧来先生图友善，见乔林而器之，招入署，从沙秋崖先生照读。继则吴竹堂先生霶重先君古谊，爱乔林才，授以诗古文义法，令纵读所藏书，以是乔林文益进。桂林自十三岁，自以次补读《周易》、"三礼"、"三传"、《尔雅》。又借读《史记》《汉书》《资治通鉴》《说文》《文选》《唐文粹》诸书于友人卓笔峰家。至是，闻乔林述沙、吴两先生绪论，心辄开朗。冬，乔林复入吴，桂林尽发吴中携来书披览之。晨读时艺，午

读经，晚读诗古文辞，其阅群书于辰后午前。[1]

由此可知，许乔林在当时的学术中心苏州，接受鳌图、沙照、吴霁等人的古学和经学教育，并购买书籍带给在宿迁与生母同住的弟弟。许桂林的汉学素养也由此时开始得到培养和提高。桂林十八岁（1796）时，随兄前往苏州探视父亲，因而又有机会从吴霁问学，[2]并且遍阅其藏书。两年后，许桂林以州第一名通过童试取得生员资格，与兄乔林被学政刘权之（1739—1818）称为"东海二宝"，名声骤起。[3]

取得初级的功名后，许桂林开始游幕及授徒教学的生涯。最先是于1800年，许桂林在李汝珍兄汝璜处"授徒谋薄养"，其后曾先后至两淮盐运使曾燠题襟馆雅集，在海州知州唐仲冕（1753—1827）家教其二子并参与编修《（嘉庆）海州直隶州志》，又在邓谐、吴平圃、妹夫张氏、族兄许诏等人家中坐馆教书。

1813年，许桂林被江苏学政文干取为拔贡生，次年赴廷试，与赴会试的许乔林一同上京，得以与翁方纲（1733—1818）等名流交游。1816年，许桂林通过乡试成为举人，但次年会试落第，于清河（今属淮安）外兄刘茂林家中坐馆授徒。因辛苦供给许氏兄弟生活、读书，其生母吴氏于1819年夏天去世，许

---

[1]（清）许桂林：《北堂永慕记》，附于《易确》（道光十四年[1834]江宁刻本）卷二〇，第4a—b、5b—6a页。
[2]吴霁于1763年中进士，也是江声弟子徐颋的另一位老师。参见第三章第三节。
[3]（清）许桂林：《北堂永慕记》，第6b—7a页。

桂林哀伤过度，于两年后（1821）继而去世，享年43岁（参见表6-1）。

表6-1 许桂林生平及著述简表[1]

| 公元纪年 | 年号纪年 | 年龄 | 许桂林相关纪事 |
| --- | --- | --- | --- |
| 1774 | 乾隆三十九年 | — | 许父兆升任四川嘉定府乐山县典史任上，娶吴氏为侧室。 |
| 1779 | 乾隆四十四年 | 1 | 许父署扬州府泰州州同；二月初十，吴氏生桂林于许赴任途中。 |
| 1786 | 乾隆五十一年 | 8 | 许父在徐州府邳宿运河通判任上，因疏浚运河失误，被降职三级，罚赔巨款。 |
| 1791 | 乾隆五十六年 | 13 | 许父因未还清运河赔款而被籍没家产，携桂林兄乔林至苏州听候审问，乔林留苏州读书四年；桂林在宿迁读书。 |
| 1793 | 乾隆五十八年 | 15 | 乔林自苏州携书八巨箱归宿迁，桂林尽读箱中书。 |
| 1796 | 嘉庆元年 | 18 | 随兄前往苏州探父，因从吴霁问学，并遍阅其藏书。 |
| 1798 | 嘉庆三年 | 20 | 以州第一名通过童试取得生员资格，与兄乔林被学政称为"东海二宝"，文名骤起。 |
| 1800 | 嘉庆五年 | 22 | 在李汝珍兄汝璜处坐馆授徒。 |
| 1803 | 嘉庆八年 | 25 | 曾至扬州邗江，赴两淮盐运使曾燠题襟馆雅集，赋诗。 |

[1] 本表内容参考李明友：《李汝珍师友年谱》，第43—402页。

续　表

| 公元纪年 | 年号纪年 | 年龄 | 许桂林相关纪事 |
| --- | --- | --- | --- |
| 1804 | 嘉庆九年 | 26 | 于海州知州唐仲冕家中教其二幼子，并参与编修《(嘉庆)海州直隶州志》。 |
| 1806 | 嘉庆十一年 | 28 | 入两淮海州盐运分司运判邓谐署，坐馆教书。 |
| 1807 | 嘉庆十二年 | 29 | 二月，于吴平圃家坐馆教书，前后4年；四月，完成《许氏说音》，并作自序。 |
| 1811 | 嘉庆十六年 | 33 | 于妹夫张氏家中读书、授徒；十月，写成《算牖》四卷并作识。 |
| 1812 | 嘉庆十七年 | 34 | 二月，写成《宣西通》三卷；十二月，漕运总督阮元前往海州阅兵，许桂林前去行馆拜见，并以所著《宣西通》就正；许桂林本年在族兄许诏家中教书。 |
| 1813 | 嘉庆十八年 | 35 | 被江苏学政文干取为拔贡生。 |
| 1814 | 嘉庆十九年 | 36 | 赴京廷试，得以与翁方纲等名流交游。 |
| 1816 | 嘉庆二十一年 | 38 | 八月，孙星衍为许桂林《春秋穀梁传时月日书法释例》作序；九月，许桂林中举。 |
| 1817 | 嘉庆二十二年 | 39 | 会试落第，于外兄刘茂林家中坐馆授徒。 |
| 1819 | 嘉庆二十四年 | 41 | 生母吴氏去世，遂专注于《易》学。 |
| 1820 | 嘉庆二十五年 | 42 | 九月，完成《易确》二十卷、《庚辰读易记》二十卷、《参同契金堤大义》三卷。 |
| 1821 | 道光元年 | 43 | 九月十九日辰时，许桂林卒。 |

许桂林虽享寿不高,但著述颇丰,据其弟子陶应荣等称,主要有:

> 右《易确》二十卷……吾师月南先生所手定也,别有《庚辰读易记》二十卷……善化唐陶山先生为刊行《宣西通》三卷。玉田孙云槎、保山范廉泉两先生为刊行《算牖》四卷。其未经刊布者,《毛诗后笺》八卷、《春秋三传地名考证》六卷、《穀梁传时月日释例》六卷、《汉世别本礼记长义》四卷、《大学中庸讲义》二卷、《四书因论》二卷、《许氏说音》十二卷、《说文后解》十卷、《太元(玄)后知》六卷、《参同契金堤大义》(二)〔三〕卷、《步纬简明法》一卷、《立天元一导窾》四卷、《攉对》八卷、《半古丛钞》八卷、《味无味斋文集》八卷(《外集》四卷)、《诗集》二十六卷(《外集》八卷)、《骈体文》四卷、《壹籁词》二卷。[1]

此识语写于道光十二年(1832),其中当时未刊书目,也被罗士琳收入《畴人传续编·许桂林传》。[2] 由此可知,许桂林的著述集中于经学、小学、天算学和辞章之学,经学中以《春

---

[1](清)陶应荣、方熏等:《易确识》,引自(清)许桂林:《易确》,"总目"第2a—b页。
[2](清)罗士琳:《畴人传续编》,(清)阮元等撰:《畴人传汇编》,第624—625页。

秋穀梁传》和《易》为主。其重视《穀梁传》特别是其中的时月日书法，与其精通天文历算后与经学有所会通相关。三种易学著作，包括《易确》《参同契金堤大义》和罗士琳未提及的《庚辰读易记》二十卷，是因许母吴氏去世后，许桂林感到"读《礼》增悲，遂专学《易》"［1］的结果。［2］

至于研治天算专门之学的起因，相传是许桂林"应试时不识珠算，为同人所嗤，遂购算书，一览辄通，后遂通天文算法"。［3］此虽是无名氏之说，但在乾嘉江南学风下，这种情况的确存在。如受焦循器重的扬州汉学家徐复在参加1794年乡试时与黄承吉（1771—1842）同寓，黄氏"诘以九章算法"，徐"不能答，以为耻。典衣购算书归"，并每到傍晚就向江藩"相质问"，"未及一年，弧三角之正弧、垂弧、次形、矢较诸法皆能言其所以然矣"。［4］至于许桂林如何将天算专门之学与经学研究相结合，下节将就《宣西通》这一文本进行分析。

---

［1］（清）许桂林：《北堂永慕记》，第16b页。
［2］《易确》《庚辰读易记》和《参同契金堤大义》均写成于许母亡故后一年的九月，参见（清）许桂林：《北堂永慕记》，第16b页；《参同契金堤大义》，清钞本，收于故宫博物院编：《故宫珍本丛刊》"子部·道家"，第525册，海口：海南出版社，2001年，第66页。
［3］（清）佚名：《宣西通识》，（清）许桂林：《宣西通》（影印华东师大图书馆藏清嘉庆金陵陶开扬局刻本），《续修四库全书》（子部第1035册），第33页。
［4］（清）江藩：《国朝汉学师承记》卷七，朱维铮主编：《汉学师承记（外二种）》，第39页；徐世昌：《清儒学案》（影印民国年间木刻本）卷一一八，《海王邨古籍丛刊》，北京：中国书店，1990年，第三册，第247页。

## 第三节　许桂林《宣西通》及其"宣夜—西法"宇宙图景

### 一、写作《宣西通》的缘由

许桂林于嘉庆十七年壬申（1812）年完成《宣西通》后，由老东家唐仲冕为其刊刻于金陵（今江苏南京）。[1] 华东师范大学图书馆所收藏有此嘉庆金陵刻本，《续修四库全书》据之影印，流通较广，其前有手书识语云：[2]

> 海州板浦镇许石华、月南两先生，皆嗜学、工诗，著作甚富，月南尤精畴人家学。相传应试时不识珠算，为同人所嗤，遂购算书，一览辄通，后遂通天文算法。著有《算牖》四卷，嘉惠后学。壬戌四月，文孙牧生拔萃以《算牖》及是编相赠，拜而受之，因识其于卷末。月南尚有《易汇》《易统》诸书，多未付梓，未之见也。
>
> 罗茗香士琳为月翁入室弟子，能传其学。[3]

---

[1]（清）唐仲冕：《许月南哀辞》，《陶山文录》（影印浙江图书馆藏清道光二年［1822］刻本）卷九，《续修四库全书》（集部第1478册），第506页。
[2] 国家图书馆所藏同版本《宣西通》扉页也有手书识语数十字，与华东师范大学藏本不同。
[3]（清）佚名：《宣西通识》，第33页。

有论者认为这段识语是罗士琳所写，并因1802年（壬戌）《宣西通》尚未完成，且罗氏仅14岁，疑壬戌为壬申（1812）之误。[1] 此说恐有误会，按罗士琳为许桂林弟子，其《畴人传续编》多称传主官职或表字，唯对凌廷堪、许桂林和戴敦元三人称"先生"，[2] 故于识语中不会直呼其"月南"表字。识语中的"能传其学"，也似为辈分较长之第三者评价罗士琳的语气。另外，识语当中提到许桂林有《易汇》《易统》二书，但均不见于罗氏《畴人传续编》著录，或为许氏早期未定稿的易学著作。

除识语外，首先是唐仲冕的序（参见本书附录二），其次在目录后是许桂林的引言，可视为自序。唐序留待本章第五节讨论，现先录许序如次，以清楚他写作《宣西通》的缘由：

> 古言天者三家，浑天、盖天互相诘驳，自崔灵恩、信都芳为浑盖合一之说，至李之藻《浑盖通宪》而二家通而为一矣。宣夜无师说，遂少有论及者。泰西之法本于盖天，而推以与浑天相合。所云天有重数，则浑、盖所无。阮云台先生作《畴人传》，《郗萌传论》云："宣夜谓七曜不缀附天体，夫不附天体则七政各自有其高下，可知今西人言日月五星各居一天，俱在恒星天之下，即不缀附天体之谓，意其说或出于宣夜。"桂林因而思之，宣夜本说但云"七政有高下"，西人之说乃云

---

[1] 李素幸：《清代许桂林〈算牖〉之研究》，第60页脚注24。
[2] （清）罗士琳：《畴人传续编》，（清）阮元等：《畴人传汇编》，第588、623、641页。

"天有重数"。"有高下"为不缀附天体,"有重数"则各缀附于本天之体。而"有高下"于理甚协,"有重数"于理多碍。若西人果能用宣夜之说,则七曜有高下而不立重数、不设诸轮,宗宣夜以为理,用西人新制仪器,测算以为法,斯宣夜之不绝如线者,赖西法以大显。而西士之为法精密者,得宣夜之理以济之,乃真如利西泰所言"强人不得不是之,而不复有理以疵之"者矣。因极论宣夜长于浑盖、天有重数、七政有小轮实为假设而于理有不可者。触发于云台先生之说,谨遵圣祖仁皇帝《考成》上编设立小轮御论,引申演畅。将以通西人之法于宣夜而宣夜明,通宣夜之理于西法而西法正,故命曰"宣西通",而"谈天丛说"附缀为"外篇"。海州桂林学。壬申岁二月十二日,写稿初成,时日在营室,月正升在柳,填星辰见在南斗,岁星在参,荧惑、太白同在娄。辰星不见,二十一日当见于奎。[1]

宣夜说是中国古代与盖天说、浑天说齐名的一种宇宙模型学说。盖天说把天看成是一个与地平行的平面,日月星辰在此平面上绕"北极璇玑"运行,[2] 相关的经典文献为《周髀算经》。浑天说则把天看成是一层像鸡蛋壳一样的球壳,日月星

---

[1](清)许桂林:《宣西通》,第35页。
[2]江晓原:《〈周髀算经〉盖天宇宙结构》,《自然科学史研究》,1996年第15卷第3期,第250—253页。

辰附在球壳上运行，相关经典文献为张衡的《灵宪》和《浑天仪注》》。[1] 与盖天说和浑天说不同，宣夜说认为日月众星不在同一平面或球面上运行，而是"浮"在"虚空"当中，众天体各有特性，因而迟疾进退也各不相同。然而，因为天文学的任务主要是预测日月五星等天体在天空中的位置，而宣夜说虽然能较好地解释五星逆行等现象的形成机制，但不能胜任预测的任务，所以古代天学家并不采用宣夜说进行观测推算。这也导致此说渐渐失传，相关的经典文献也没有流传，只有《晋书·天文志》记载了东汉秘书郎郗萌转述其师的几句遗文。盖天说和浑天说则经历数次论争，最终由浑天说占据上风，成为主流。

明清之际，西方天文学通过耶稣会士引入中国，其中的宇宙模型包括：亚里士多德水晶球体系、托勒密（Prolemy，约100—170）本轮—均轮体系、哥白尼（Nicolas Copernicus，1473—1543）日心地动体系、第谷折衷体系、开普勒（Johannes Kepler，1571—1630）行星椭圆轨道模型体系等，还有与之相关的球面三角学等知识。明末天主教三柱石之一的李之藻在学习西法后，将其中球面坐标网在平面上的投影问题编撰成书，取名"浑盖通宪图说"。本来李之藻是把浑天之"浑"指代球面坐标，把盖天之"盖"指代平面坐标，"通宪"即两者之间的投影关系法则，这原与中国古代的浑天说和盖天说没有太大的关系。然而，读者顾名思义，很容易误会西法即为中国古代两种宇宙模型的"折

---

[1] 陈美东：《中国科学技术史·天文学卷》，第 195—198 页。

中会通"。显然，许桂林也是误会者之一，因为《浑盖通宪图说》促使他思考宣夜说与西法"会通"的可能。

类似的想法，阮元在《畴人传》中稍有提及，[1]这也成为启发许桂林撰写《宣西通》的直接原因。事实上，这颇有为"西学中源"说论证的意味，阮元在《畴人传》的另一处中提到：

> 然元尝博观史志，综览天文算术家言，而知新法亦集古今之长而为之，非彼中人所能独创也。如地为圆体则《曾子十篇》中已言之，太阳高卑与《考灵曜》地有四游之说合，蒙气有差即姜岌地有游气之论，诸曜异天即郗萌不附天体之说。凡此之等，安知非出于中国如借根方之本为东来法乎？[2]

从科学发展的角度，类似的"西学中源"说当然并无多少学术价值可言。[3]但若从西学知识的接受度，及其在乾嘉之际与传统学术思想资源碰撞的角度来看，许桂林如何构建宣夜说与西法之间的联系，也是一个值得探讨的问题。事实上，许桂林在自序的最后列出嘉庆壬申年二月十二日（1812年3月24日）的

---

[1]许桂林所引《畴人传·郗萌传论》原文为："论曰：刘昭注补《续汉书·天文志》引（郄）〔郗〕萌占甚多，萌盖天文家也。宣夜之说，谓七曜不缀附天体，夫既不附天体，则七曜各自有其高下，可知今西人言日月五星各居一天，俱在恒星天之下即不缀附天体之谓，意其说或出于宣夜与？"〔清〕阮元等：《畴人传》卷四，第48页。

[2]（清）阮元等：《畴人传》卷四五《汤若望传论》，第530页。

[3]江晓原：《天学外史》，上海：上海人民出版社，1998年，第235页。

天象,并推算数日后水星的位置,[1] 就已显示出他具备相关知识和处理相关问题的能力。[2]

## 二、"宣夜—西法"宇宙图景及其论述

《宣西通》正文共三卷,约18 000字。卷一分为两部分:一是"述宣夜遗文",二是"述西法大要";卷二"内篇"为全书主体;卷三"外篇",按前引许桂林自序的说法,原名"谈天丛说",附缀为"外篇"。

### (一) 分述"宣夜"和"西法"

相比后面的两卷,卷一显得相当短小。因为宣夜说没有经典文献流传,所以许桂林一开始先引述记载在《晋书·天文志》的一段"遗文":

> 言天家谓宣夜绝无师传,惟《晋书·天文志》载后汉秘书郎郗萌记先师相传宣夜之说云:"天了无形质,仰而瞻之,高远无极,眼瞀精绝,故苍苍然。譬之

---

[1] 笔者据"天图"(Skymap)和"天象馆"(Stellarium)等计算机软件模拟回推,当天日躔壁宿而非室宿(营室),但因古时室宿与壁宿合称营室,故许桂林称"日在营室"是用古义。又许桂林推测水星于二月二十一日(4月2日)"见于奎",根据模拟,该日水星确实昏见于奎宿。其他天象记录也是正确的。

[2] 当然,这种"能力"在今人看来在当时的世界范围内并非绝无仅有,但就许桂林所处的历史环境来看,这种对推测天象能力的宣示似乎相当重要,因为在其另一部天算学著作《算牖》的自序中,也记录了自序写成时日、月、木星和土星的位置。参见(清)许桂林:《算牖》(道光十年[1830]刻本),"自序"第1b页。

傍望远道之黄山而皆青，俯察千仞之深谷而窈黑。青非真色，而黑非有体也。日月众星自然浮生虚空之中，其行其止，皆须气焉。是以七曜或游或住，或顺或逆，伏见无常，进退不同，由乎无所根系，故各异也。故辰极常居其所，而北斗不与众星西没也。摄提、填星皆东行，日行一度，月行十三度，迟疾任情，其无所系着可知。若缀附天体，不得尔也。"[1]

因要与宣夜说进行对比，其后便是"述西法大要"，主要是两点，其一为介绍明末以来传入的宇宙模型：

西法谓天有重数，有以为九重者：宗动、恒星、七曜也。加永静天，则为十重。有以为十二重者：宗动外有南北岁差、东西岁差二天，并永静天也。永静天一名常静天。利玛窦初说谓"天层层相裹，如葱头之密密相切"。其后徐文定公修历书，谓天虽各重，能相割、能相入。盖西士汤若望、罗雅谷之见，以火星有时在日下，金星有时在日上故也。又有谓，金、水二星绕日旋转为太阳之轮者，是金、水、太阳合为一重，只七重天也。又有谓五星皆以太阳为本天之心者，如是则免火星之下割日天，是五星、太阳为一天，只四重也。又有谓火星天实大于日天，包其外而火星次轮大割入日天者。

---

[1]（清）许桂林：《宣西通》卷一，第36页。

西人初说七政在天，如木节在板，不能自动。其后谓各有小轮，皆能自动，但其动只在本所，如人目睛左顾右盼而不离眉睫之间。盖各有本天以为之带动，又能自动于本所也。近动天者为动天所掣，左旋速而右旋之度迟。渐近地心，去动天远，左旋渐迟右移之度反速。[1]

许桂林用"初说谓……又有谓……又有谓"的句式，意在说明由明末以来传入的西方宇宙模型屡次更改，为后文指出西法的"矛盾"而张本。其二为介绍日月行星运动模型：

西法以小轮言七政之盈缩，本天为大轮，七政所居为小轮，一曰本轮。小轮心在本天，七政在小轮体，皆相连，轮心不动而小轮动，小轮动故七政动。太阳本天之周有本轮，本轮之周有均轮……以盈缩知其有高卑，以有高卑知其在本天仍自平行，七曜皆然，而太阳尤易见。

月有四轮：本轮心循本天自西而东，每日平行十三度奇，日白道经度……是为转周。西士第谷言：用一本轮以齐太阴之行，与实测未合，乃设均轮……又于均轮设次轮……

五星各有三轮，曰本轮、均轮、次轮。在轮之上

---

[1]（清）许桂林：《宣西通》卷一，第36页。

弧则见其顺行，在轮之下弧则见其退行，在轮之左右则见其留而不行。其上下弧非平分，上弧常多，下弧常少。而五星又各不同，以距地各有远近、次轮各有大小也。[1]

**（二）论证西法"小变"宣夜后之"不通"**

许桂林所述的"西法大要"基本上是正确的，随后他却展开了宣夜说和西法之间"联系相通"的论证。卷二"内篇"开宗明义：

> 宣夜言七政不缀附天体，是谓七政有高下也。七政之有高下，王晓庵、梅定九皆证其必然。西人则因高下以分重数，桂林窃谓小变宣夜之说，而遂不可通矣。[2]

许桂林抓住宣夜遗文中七政"缀附天体，不得尔也"一句，认为此句表示日月五星离地有远近（高下）之分，而且经王锡阐、梅文鼎等天算学名家论证，这是符合实际情况的。他进一步的猜想跳跃很大，认为西人据此宣夜说的七政有高下之分，小作变化，发展出七政分别居于七重天球的学说。然而，他并没有先论证西人是如何"小变"宣夜说而建立天球式宇宙模型，而是着眼于论证西法在"小变宣夜"之后如何"不可通"：

---

[1]（清）许桂林：《宣西通》卷一，第36—37页。
[2]（清）许桂林：《宣西通》卷二，第38页。

测天固多立虚象，如平分两极之中为赤道……又如北极无星……是两极亦虚象也。今西人言有重数之天，质如琉璃，密密相切，层层相裹，如葱头、如木节在板，如眸子在目中，是确有实象矣。其为本轮、次轮、次均轮之说者，亦以各天实有形质，故安本轮于本天。一轮不得有两种行，一轮不合，不得不加两轮、三轮以至四轮。及火星有时在日下，则又不得不云火星天下割日天，其后乃云火星次轮割入日天。虽本天、次轮之说小异，要其为割日天同。西法以三角八线言天，故初云相切，继云相割，而不悟切与割不可并言也。[1]

所谓"有重数之天""层层相裹"等语，指的是明末早期耶稣会士传入的水晶球体系宇宙模型，可见于利玛窦《乾坤体义》、[2] 阳玛诺《天问略》[3]等书，是托马斯·阿奎那（Thomas Aquinas，1224—1274）调和亚里士多德（Aristotle，前384—前322）天文学和基督神学的组成部分之一。[4] 然而，因为这种将天球实体化的水晶球模型并不能解决具体的天文学问题（如日月行星位置的推算），明清之际耶稣会士参与官方改历活

---

[1]（清）许桂林：《宣西通》卷二，第38—39页。
[2]（明）利玛窦、李之藻：《乾坤体义》（法国国家图书馆藏明刻本胶卷）卷上，第5a页。
[3]（明）阳玛诺：《天问略》（明崇祯二年［1629］《天学初函》本），第1b页。
[4]江晓原：《天文学史上的水晶球体系》，《天文学报》，1987年第28卷第4期，第405页。

动时,将其介绍到中国的主要有托勒密天文学、哥白尼天文学以及折中上述两家的第谷天文学。[1] 数家之中,以第谷体系最为"成功",为"清王朝'钦定'学说达百数十年"。[2] 许桂林引述的"本轮""次轮"等语,属托勒密体系;"火星天下割日天"等语,即属第谷体系。事实上,水晶球体系与托勒密体系的确难以相洽,但这并不妨碍中世纪的西方天文学家在理解宇宙整体图景时接受前者,在具体计算时采用后者;而第谷体系则给予水晶球体系致命的打击。[3] 然而这些宇宙体系的演变历史,当时的中国学者是看不到的,在他们看来,这些都是西法,而且是互相矛盾的西法。由宣夜说的七政有高下与西法天有重数的相似性,以及几种体系之间的矛盾,许桂林便认为,这些矛盾是因为西法"因袭"宣夜而"小改",小改后发现有矛盾便一改再改:

> 西法所立各天实为徒多之赘说,盖不欲明袭宣夜,立此重数,缘饰以度数之学,料虽上智,犹将惑焉。[4]

可以看出,这一因果联系其实牵强附会之至,多半是因为阮元在《畴人传》中已有提及西法"或出于宣夜",许桂林有先入

---

[1] 参见江晓原:《明末来华耶稣会士所介绍之托勒密天文学》,《自然科学史研究》,1989年第8卷第4期,第306—314页;《第谷天文工作在中国的传播及影响》,收于中国天文学史整理研究小组编:《科技史文集(第16辑)·天文学史专辑(4)》,上海:上海科学技术出版社,1992年,第127—143页。
[2] 江晓原:《第谷天文工作在中国的传播及影响》,第127页。
[3] 江晓原:《天文学史上的水晶球体系》,第405、406页。
[4] (清)许桂林:《宣西通》卷二,第40页。

为主之见。实际上，在许桂林之前的许多学者，就西法中的天球及本轮、均轮等是否为实体的问题讨论得很激烈。[1] 虽然李约瑟也因此误以为传教士们把基本上错误的水晶球宇宙模型"强加给"基本上正确的宣夜说，[2] 不过，传教士的学术传播以及第谷体系的译介引入，的确造成中国学者们理解上的困惑和思想上的冲击。[3] 为解学者之困惑，康熙"御定"的《历象考成》特别作了说明：

> 诸小轮之设，虽无象可见而实有数可稽。盖藉以推步度数，期与实测相符而已。至于大象寥廓，其或然或不然，则非智计之所能及也。[4]

《宣西通》中也引用此段以诉诸权威，但《历象考成》的意思，是小轮等几何模型还是可以用来作推步之用的，至于是否真实，不作讨论。许桂林则随后连此洋洋"圣谟"中的"小轮之设"也一并否定，认为"小轮似可不必假设也"。因为本轮、均轮引入的目的是要使行星符合匀速圆周这一"完美"的运动，

---

[1] 江晓原：《天文学史上的水晶球体系》，第407页。
[2] Joseph Needham, with the research assistance of Wang Ling. *Science and Civilisation in China*, VOL. III. Mathematics and the Sciences of the Heavens and Earth, Cambridge: Cambridge University Press, 1959, p. 439.
[3] 石云里、吕凌峰：《从"苟求其故"到但求"无弊"》，第104—105页。
[4] （清）何国宗、梅毂成等：《历象考成》上编卷五，影印清雍正二年武英殿《律历渊源》本，薄树人主编：《中国科学技术典籍通汇·天文卷》第七册，第578页下栏。

许桂林认为这过于人为"凿空":

> 诸轮之说,欲七政有平行耳。夫七政不必有平行也,乃设诸轮以强其合。使诸轮为假设,是七曜本不平行,何劳凿空,使诸轮为实有?则或三轮、或四轮,一轮向东、一轮向西,此次轮小、彼次轮大,是欲七曜有平行而纷纭更甚于不平行也。若依宣夜迟疾任情,可进可退,七曜固一理耳。[1]

追求天体运动的简单性和完整性,去除托勒密体系中引入的众多特定假设,正是哥白尼提出"日心地动"说的重要原因。[2] 然而,由于中西学术知识背景的不同,我们可以看出两者分别运用不同的思想资源来处理同一问题:哥白尼使用的是源于古希腊的"新柏拉图主义",[3] 许桂林使用的则是源于汉代以前、但久已失传的宣夜说:

> 诚用宣夜之说,则但存所谓常静天,以为确然在上、穷于无穷者,七曜自行本天可省。于是七曜在空时高时卑,得自为政,本轮可省。省本天、本轮,而最高

---

[1](清)许桂林:《宣西通》卷二,第44页。
[2]钮卫星:《天文学史——一部人类认识宇宙和自身的历史》,上海:上海交通大学出版社,2011年,第155—157页。
[3][美]托马斯·库恩(Thomas Kuhn)著,吴国盛等译:《哥白尼革命——西方思想发展中的行星天文学》,北京:北京大学出版社,2003年,第126—130页。

卑之说愈便愈明也。高卑得自为政，则迟疾因之，不必一轮自西而东、一轮自东而西，多立虚轮，分各种行度以求合。是省均轮、次轮、次均轮，并省负均轮之圈，而迟疾之推愈便愈明也。[1]

许桂林之意，即省去所有天球、本轮、均轮、椭圆等西方几何模型，按照七政离地之远近和各自"行度"进行推算。各自的"行度"以实测为依据，许大约是仿照中国传统的代数模型来进行推算：

夫七政之行，算者宜有加减，此实然之数，已然之迹也……七政之行，宜用加减，即其所以然，不必更求其所以然也。古但有初均加减，今有次均、三均，其更有差，以所测验更增加减可也。故现所用法，但可谓之实然、已然，且不得谓之当然。或谓之现在之当然，万不得谓之千古之当然，何也？当然者，一定者也。今须随时酌改，非一定者也。至更须修改，即不得谓之当然矣。夫有必然之事，而后有所以然之理。其所谓诸轮者，尚出假设，而为不必然之事，则所以然之理复何所托乎？故西人测验甚精，而所以然之说适足以累之也。善乎云台先生之言曰："言天者但言其当然，而不言其所以然，斯为千古无弊。"窃谓用宣夜说，省去本轮、

---

[1] （清）许桂林：《宣西通》卷二，第46页。

次轮、椭圆面积，但以实测著其行度，随时酌其加减以为算法，是即推其当然，不言其所以然矣。[1]

论者认为，不是"先据天象构造模型，据模型演绎出预期之新天象并以实测验之，不合则修改模型，再测再改，务求吻合"，而是"以'终古无弊'为尚，至为保守落后"。[2] 从徐光启对"求其故"的强调和实践，到阮元、许桂林等人的"不求其所以然"但求"无弊"——这是对寻求天体运动物理机制之故的否定，则是一种"天文学思想的倒退"，几乎回到了明末"西学传入前的起点上"。[3]

事实上，阮、许二人的"无弊"说均受到梅文鼎的影响：

> 故治历者当顺天以求合，不当为合以验天。若预为一定之法而不随时修改，以求无弊，是为合以验天矣。[4]

如果把梅文鼎所说的要随时修改的"法"理解为天体运动的几何模型，那么其说与西方天文学发展路径"据天象构造模型—预测—实测—修改模型"的基本思路相当吻合。问题在于，

---

[1]（清）许桂林：《宣西通》卷二，第45页。
[2] 江晓原：《第谷天文工作在中国的传播及影响》，第141页。
[3] 石云里、吕凌峰：《从"苟求其故"到但求"无弊"》，第104页。
[4]（清）梅文鼎：《历算全书·历学疑问》卷一，《景印文渊阁四库全书》（子部第794册），第6页。

阮、许等人似乎不把这个"法"理解为天体运动的几何模型，而是理解为代数算法，同时又继承了梅文鼎随时实测修改的思路。因此，阮、许等人所说的"言其当然""推其当然""随时酌改"指的就是要随时实测、修改代数算法，并用这些算法推演天象上的"当然"，而放弃七政真实按照第谷体系或开普勒体系等几何模型运行的解释（即"不言其所以然"）。

由此，"求其故"与"不言其所以然"、求"无弊"在乾嘉学者的逻辑上并无矛盾。按照他们的历史语境，"求其故"语出《孟子·离娄下》"苟求其故，则千岁之日至可以坐而致也"，焦循疏解释：

> 求其故，求日所行于星辰之度也。日所行之度即其故……凡治历，必求其密，密必由于深审。所以必深审而密者，则以天行不测，以变为常，至于千岁则不能不通其变。盖不能离其故而不能拘守其故，所以必求其故。求其故，即实测而深审之，斯其术乃可坐而知其密也。[1]

因此，只要是"实测而深审之"，推求出日躔度数（当然可以引申为推求月五星行度），就是"求其故"。至于是用代数算法还是用几何模型"深审推求"，似未在考虑之列。显然，提倡

---

[1]（清）焦循撰，沈文倬点校：《孟子正义》卷一七，北京：中华书局，1987年，第589、591页。

用代数算法推求的许桂林，也属"求其故"者。

然而许桂林的这种做法，是否几乎回到西学传入前的起点上？恐怕也未必尽是。尽管他认为计算七政"宜用加减"代数算法，但除古有之"初均"外，尚要因应实测，加减"次均""三均"。以月亮为例，"次均"即"第二均数"，"三均"即"第三均数"，为"均、次轮之自行也"，[1] 实来源于第谷的发现，是具有几何意义的参数。许桂林不得不考虑二均、三均，足见西法的影响。他在自序中能准确推算星象，若说是纯用古法推算，也难以置信。而另一方面，许氏实际上也有对天体运行物理机制的探讨。

### （三）"气"和"气母"：七政运行的动力

许桂林执着于天球是否为实体，有一个重要原因，那就是若天球为实体，便可以形成宗动天带动恒星天球和七政各天球周日运动的动力机制。这个动力机制被他所否认：

> 天有重数也，宗动带动诸天也，相切也，相割也，皆西说也。然相割则必不能相切，不相切则必不能带动。相切则必不能相割，不相割则火星无由在日下。自相矛盾如此，天下未有其言自不相应而能取信于人也。如云虚设之象，重数以七政分犹可虚设，为某天某天之名、切割、带动皆实事，必不可云虚设。且即云虚设，

---

[1]（明）徐光启等纂修，（清）汤若望等重订：《月离历指》卷二《解第二均数第十》，《西洋新法历书》，薄树人主编：《中国科学技术典籍通汇·天文卷》第八册，第1164—1165页；宁晓玉：《〈新法算书〉中的月亮模型》，《自然科学史研究》，2007年第26卷第3期，第352—362页。

则天仍是气，固宣夜所谓七曜行止皆须气也。气不可分重数而云犹可虚设重数者，七政有高下，所云重数可即七政之体以指之也。[1]

宣夜遗文里提到七政"其行其止，皆须气焉"，许桂林认为这解释了七政顺逆迟留等行星运动的动力机制。然而，日月星辰作周日运动的动力机制问题却仍未解决，因此，许桂林依然从宣夜遗文中的"气"出发，提出"气母"概念：

天实一气，而其根在北，北极是也。北极不当为天枢，而当为气母。万物之祖皆在北，故十一月为群生之始。天时既然矣，天象独不当以北极为一气之元乎？元气发于北极，浩浩荡荡，久而不息，经星七政皆运于元气之中……以北极为气母，其气应向左而运。古称天道尚左，天根在北，自南望之，以西为左。近气母者左行疾，故恒星东行之差迟。远气母者左行渐缓，故月东行之差最疾。[2]

"气母"带动恒星、七政左旋做周日运动，恒星"近气母"因而左（西）行速，月亮"远离气母"，因而左行最迟。对比下列引文，不得不说"气母"概念当是许桂林结合西法中的宗动

---

[1]（清）许桂林：《宣西通》卷二，第41—42页。
[2]（清）许桂林：《宣西通》卷二，第46页。

天概念和宣夜说中气概念而来,其性质与西法中的"宗动天"十分相似:

> 宗动天以浑灏之气挈诸天左旋,其行甚速。故近宗动天者,左旋速而右移之度迟;渐远宗动天,则左旋较迟而右移之度转速。今右移之度,惟恒星最迟,土、木次之,火又次之,日、金水较速,而月最速。[1]

类似的说法,还能在明末清初耶稣会士的著作,以及对西学有兴趣的士人的著作中找到。

**(四)推演"气承大地""地上半居人"**

由气这股支持众星运动的"动力",许桂林将之推演至"气承大地"。

> 气有有形,有无形。有形者云,无形者风。承地而运七曜者,无形之刚风也……七曜所行,及地之下则皆劲气,故岐伯言"地,大气举之"。举者,在下而承上之谓,非如"豆在脬中,四面皆气包之"之说……游子六乃云:"天裹地运旋之气升降不息,四面紧塞,不容展侧,故其四面皆得居人。"独不思地为天气所紧塞,尚不得展侧,地上之人乃能运动,力反大于地乎?窃谓地球正圆,上半面居人而地平下半皆气承之,既合岐伯大

---

[1](清)何国宗、梅瑴成等:《历象考成》上编卷一,第471页下栏。

气举之之义，又合地下有风、水底有风之理，又可思地动地震之故。若四面居人，是地悬居空中，并无气以举之，理必不然。惟地之下皆气举之，其气距人甚远，而与天相环，则七政转入地下亦行气中，出在天上亦行气中，而古所谓地四游，今所谓最高卑，亦可通焉。盖西人既言地四面皆气，因疑地四面居人，以地上之人不为气所逼，则地下之地即有人焉居之，亦不妨于气之举地，而不觉地遂自飞于空中也。[1]

许桂林并不否认明末以来西方传入的地圆学说，但不同意传教士地球"四面居人"的说法。其分歧点在于，许氏所称的"气"与传教士传入的气并不相同。后者是"四元行"（四元素）之一，密度较小（小于土、水而大于火元素），仅存在于"月下区域"。[2] 许桂林所认为的"气"虽不如水晶天球那样坚硬，但也有一定的致密性，所以能托起地球，他称之为"刚风"，而人则不能在此致密的"气"中生存。地球下半部与"气"相接，因而不能"居人"。许桂林接受了地圆，却没有接受西方近地心者为下的方位观，所以出现了"地球下半"一类奇怪的说法，显示出他也受到传统浑天说的影响。

至于证据，许桂林引用的是《黄帝内经》中岐伯语及《阿含经》中的"水止于风，风止于空"。事实上，为说明"地球如

---

[1]（清）许桂林：《宣西通》卷二，第48—49页。
[2] 关于乾嘉学者对四元素说的态度，参见第七章第四节。

何在虚空中安放"一类问题而援引《内经》"大气举之"的，许桂林并非第一人。经祝平一考证，其源头在梅文鼎和江永，[1]但他们都没有否认地球四面能居人。许桂林之所以认为只有地球上半部才能"居人"，则是因为"自地以上至月所行其间为空。非惟形空，亦且气空。空气轻细，乃生人物"。[2] 只有地球上半部才能居人，才能构造其中国在地球上半部之中的"理论"[3]，从而解决在其融合中西的世界观中为中国文化传统定位的问题，[4] 他认为这样比梅文鼎的定位更合理。[5]

至此，许桂林构造了一个宇宙图景：大地为球形，但为"气"所承托，"下半部"不能居人，中国在"上半部"之中；日月五星离地有远近，由北极之"气母"推动作周日运动，自身则由"气"推动绕地运动。对于这种由"气"推动的绕地运动，不采用西方传入的本轮—均轮模型、第谷模型或开普勒椭圆

---

[1] 祝平一：《跨文化知识传播的个案研究——明末清初关于地圆说的争议，1600—1800》，《"中央"研究院历史语言研究所集刊》，1998年第69本第三分，第638页。

[2]（清）许桂林：《宣西通》卷二，第49页下栏。

[3]（清）许桂林：《宣西通》卷二，第50页。

[4] 中国在新的世界观（如地圆说）中如何定位的问题，显示出明清之际中西知识争议中常常伴有的文化和社会意涵。如梅文鼎接受了地圆说，而将中国定位在地球"面部"，文化高于其他地区，而以中国重五伦之教、语言为顺、各国之中文物最盛为例证。参见祝平一：《跨文化知识传播的个案研究》，第631—632页。

[5] 许桂林在其《谈天丛说》诗第十七首中注："西人谓地四面居人，梅先生亦然之，而云当有面背。中国面也，故其语顺；海外背也，故其语倒。……必若所云在地背者语倒，则在地四旁者且当语横，有是理乎？或云地平上半居人，而中国当其中则可也。"参见氏著：《谈天小言》，引自（清）许乔林编：《朐海诗存》（上海图书馆藏清道光十一年［1831］刻本）卷一一，第19b—20a页。

轨道模型，而"七政之行度则以实测著之"，使"西人实测精密，能与七政之迟疾任情者顺时以相合"，从而令宣夜说与西人之长"兼济相通"。[1]

**（五）"谈天丛说"**

许桂林所建构的"宣夜—西法"体系在《宣西通》卷二已论述完整，卷三"谈天丛说"则作为"外篇"，从几个方面辅助论证其观点。

首先是有关"西学中源"的论证：

> 宏治中，西士吴默哥行至极南，见有无名多星。万历十八年，西士胡本笃始测定南极各星经纬度数。其星有火鸟、飞鱼、十字架、三角形等名，诧为古所未有。窃思张衡言……《灵宪》所序三垣列宿略具，所谓"海人之占"，非南极以下诸星而何？
>
> 洪武中，吴伯宗等译回回历成，伯宗为序有云："其纬度之法，又中国之书所未备。"盖古无五星纬度，西法出于回回，有五星交点纬行。梅先生谓中法之缺，得西法以补之。桂林观《汉书·艺文志》有传"《周五星行度》三十九卷""《自古五星宿纪》三十卷"。夫专言五星，其书至三四十卷，岂止如明以前所传行率表及段目而已？盖必旧有其法而失之。[2]

---

[1]（清）许桂林：《宣西通》卷二，第53页上栏。
[2]（清）许桂林：《宣西通》卷三，第53—54页。

这种"西学中源"的论证当然是穿凿附会，但许氏既然开宗明义援引西法以"通"宣夜，此举有助于确认西法的"合法性"地位。

其次论星名和星占，其中星名奉《史记·天官书》为圭臬：

> 桂林窃谓《天官书》最简古可据，后虽多所增加，究以《天官书》为长……《天官书》后增添诸星，特因《天官书》而附会之，实则无关纲要……（梅）先生又言："曾见赵友钦石刻星图，阁道六星在河中，作磬折层阶之象。自《天官书》于营室言离宫、阁道，《晋》《隋》《宋》三史及《步天歌》并言六星，而西图割其半为王良星，别取河中杂小星连缀附益之……盖以意为更置者多矣。"桂林因思《天官书》以后，天市四星之增为二十三星，旗星十二分为左右，增至十八，皆此类耳……元郭守敬有《新测无名诸星》一卷，盖悉测无名诸星以备考，此却于天学有裨，而世罕传其书。向使守敬一一制名，如西人所云火鸟、飞鱼、十字架、三角形者，后人必附和表章，以为得未曾有。而守敬不出此者，此正守敬之学识高于丹元子辈，并高于胡本笃辈也。[1]

这应该与许桂林为汉学家，致力于恢复汉儒旧说，而不尚

---

[1]（清）许桂林：《宣西通》卷三，第53—55页。

"新奇"有关。然许氏所举旗星分为左右为后人"以意更置"之一例实为误解。旗星在司马迁之前已分别见于战国石申夫和甘德及其门人的星占学著作中,但石氏和甘氏所记并非同一星官。后西晋太史令陈卓总甘、石、巫咸三家星图,"旗星"才被整合在一起,并冠以左右作为区分。[1] 论星占则拒斥神秘主义:

> 占验一家,道华愚首,且其说或亿(臆)中,而实非理要……彗孛乃星变之大,而李淳风有推孛星法,第谷有推彗星法,是亦不足为变异矣。诸史所列应验,多以适值之事傅之。或星变甚异而近无大事,则又曰"应愈远,事愈大"。夫古无数百年无水旱兵戈者,宁虞其无应乎?此遁词也。[2]

可见许桂林也和其他乾嘉学者一样强调天算学中的"实理",[3] 因而他论证彗星见与灾异无关。但当中提及的李淳风"推孛星法"和第谷"推彗星法"显然分属不同性质,许桂林将之混为一谈。

再次论西人重学(即后来所称的"力学"):

> 《奇器图说》云:每重各有其心。又曰:每体重之更重,必在重之心。又曰:最重无过于地,地在天之

---

[1] 参见拙文《左右旗星的故事》,《中国国家天文》,2013年第7期。
[2] (清)许桂林:《宣西通》卷三,第55页。
[3] 关于乾嘉学者所强调的"实理",参见第七章第四节第四部分。

下，必在中心。又曰：次重无过于海，海附于地合为一球。又曰：重性就下，地心乃其本所。此西人所谓重学而数言者，乃其至精至大之说也……即云地以最重在天中心，日之为体，西人云大于地百六十五倍，此得不重于地乎？地在天中心，则日必不在天中心，重必有重心之说，不可通矣。[1]

根据许桂林建构的"宣夜—西法"模型，地球中心并不是宇宙的中心，因此要反驳传教士的"重心"说。许氏以太阳远大于地球，认为太阳大而重，按重学当为宇宙中心，与西人以地为宇宙中心矛盾。其前半部分推论的思路，与阿里斯塔克（Aristarchus，约前310—230）推算出日地相对大小后提出大日绕小地不合理的思路相一致。[2] 不同的是，许桂林是要在"重心—日心"问题上通过否定"日心"来否定重心和重学，以论证地球中心不是宇宙中心（当然太阳也不是）。[3]

外篇中更大的篇幅，是反驳新近引入中国的哥白尼"日心地动"学说：

---

[1]（清）许桂林：《宣西通》卷三，第56页。
[2] 关于阿里斯塔克的论证，参见钮卫星：《天文学史——一部人类认识宇宙和自身的历史》，第34—35页。
[3] 许桂林所提出的矛盾，明末传教士其实已按经院哲学的作出解释：太阳由与"四元素"迥异的第五元素"以太"组成没有质量，大于却轻于地球。但这些理论多见于传教士的神学著作中，多为中国学者所忽略。如《寰有诠》中称以太为"四纯体外别有一纯体者，是之谓天"，参见（明）傅汎际译义，（明）李之藻达辞：《纯体篇》，《寰有诠》（影印崇祯元年［1628］刻本）卷二，薄树人主编：《中国科学技术典籍通汇·天文卷》第八册，第496页下栏。

乾隆间，西人蒋友仁入中国，论地球动而太阳静，以为本于歌白尼。此盖亦出古人地有四游之说。但地有四游，以大气举之之说，证之原有可通。且岁中止有四游，又不过上下东西游，皆以渐，故人处其中而不觉……又以舟平浮海，人不见舟动而见山岛动，喻人不见地动而见太阳动。桂林案：《天经或问》载黄石斋之说正如此。游子六既以一日舟行数百里，人亦为不宁，地周九万里，人何得不觉？明其不然矣。桂林更详辨之，地若平动而东行，次日不能见日，必无之理。若平动而环行，则日当常在地上，而地四面居人及暗虚月食旧说皆不可用。若环动而上下行，痴人知其不可矣。[1]

许桂林在《宣西通》中提及蒋友仁22次，虽驳斥其说，但颇有与之"对话"的意味。其原因在于由蒋友仁所撰，钱大昕、李锐润色补图，阮元作序的《地球图说》于嘉庆四年（1799）公开出版。阮序中以"豆置猪膀胱中"的实验证明地心说，又认为《地球图说》是周公、商高、孔子、曾子的"旧说"，"学者不必喜其新而宗之，亦不必疑其奇而辟之"。[2] 许桂林的"宣夜—西法"模型与地心说、日心说都不尽相同，因此他在推

---

[1]（清）许桂林：《宣西通》卷三，第60页。
[2]（清）蒋友仁原著，（清）钱大昕润色，（清）李锐补图：《地球图说》（清《文选楼丛书》刻本），薄树人主编：《中国科学技术典籍通汇·天文卷》第六册，阮元"地球图说序"第998页上栏。

演"气承大地"时已经表示不认可阮元"豆在脬中"的实验，在此处更详细反驳蒋友仁。至于他提到游艺《天经或问》载黄道周的"地动说"，[1] 现实情况可能是黄道周接触过《崇祯历书》中传教士介绍的哥白尼学说，是一位"少有的准哥白尼学说的倡导者"。[2] 实际上，许桂林所举"地有四游"的"地动"理论源于纬书《尚书考灵曜》，中国历朝历代不乏学者研究，支持者有之，而更多的是反对者。[3] 正因为有这些先入之见，许氏其实并没有完全理解哥白尼学说中地球自转而导致星辰作周日运动这一点，并在此基础上反驳。

## 第四节　许桂林"绝学"知识的中西建构

通过上节对《宣西通》的考察，我们可以发现其主要内容是纯粹的天文科学，毕竟许桂林的讨论不能脱离实际的经验。然而，古人思考问题的方式自有其一套"逻辑"，在用天文学（思想）发展的角度烛照其科学内容的同时，我们也不妨用他们自身的经学视角观照其体系。

---

[1]（清）游艺：《天经或问前集》卷四《地震》，《景印文渊阁四库全书》，（子部793册），第634页下栏。
[2] 石云里：《17世纪中国的准哥白尼学说——黄道周的地动理论》，《大自然探索》，1995年第14卷第2期，第122—125页。
[3] 石云里：《中国传统地动说及其引起的分歧与争论》，《自然辩证法通讯》，1992年第14卷第1期，第43—49页。

## 一、"宣夜—西法"模型传授谱系之建构

与同时代许多学者一样,许桂林之所以被称为是"汉学专门经学家",是因为他们要绕过宋明人对"经"的义理式蹈空的诠释,而直接"继承"汉朝学者对"六经"的解释。一开始他们主要"继承"东汉郑玄之学,随后溯源而上,"继承"西汉十四家博士的今文经学,最终目的是要贴近"最真实"的三代圣人之言。为达成这个"三代—西汉—东汉"的学术传承谱系,清儒需要做一系列的历史考证(既有精辟的推理论证,也有建构和想象)工作来加以确认,因此他们又给人以"考据学者"的印象。许桂林在《宣西通》中正体现了这种谱系式的建构。首先,记述先师宣夜遗文的郗萌,是与东汉早期与班固(32—92)、贾逵等著名学者同时代的活跃人物,[1] 具备了"汉儒传经"的天然优势。其次,在论述"气母"时,许桂林称:

经星以上,远之又远,无论气之至与不至,固可不必有壳以函气矣。孔子尝言"北辰居所而众星共之",圣人述而不作,此三代以上天官家至精至要之言,最可据者也。[2]

在论证"气承大地"时则称:

---

[1] 陈美东:《中国科学技术史·天文学卷》,第192页。
[2] (清)许桂林:《宣西通》卷二,第46页。

> 盖大气举地之说、东天气至之说、地有四游之说皆汉以前诸贤所传述，而三代以上诸圣之绪言也。桂林比诸说而合之，互以相成，而其精益显焉。且盖天之学出周公……地上半五方居人，故统大地言，中国为其中，古圣所以定中国之号。就中国言，洛又中国之中，周公所以立土中之名。西士言地面面居人、无适非中者，不欲中国独擅得中之美耳。窃谓利玛窦、阳玛诺辈，诚西人之杰，然如岐伯、如周公，开天则神，知天则圣，其言之可据必有过于西士者矣。[1]

正是其中涉及传统中国在其奇特的世界观中如何定位的论述，才使得许桂林的"宣夜—西法"模型得以纳入岐伯、周公、孔子等圣人传承的知识谱系。需要指出的是，这些人物是经过选择而被串连起来的，传说与岐伯对话的黄帝就不被纳入：

> 浑天则以浑圆之球欲浮之水上而圆转不已最为难通，浑天家顾以语出《黄帝书》据为宝要。桂林昔作《谈天呓诗》以论天学，于此则云："浑天之人不从天外来，黄帝之书亦何足据哉？"使葛洪辈闻之，不知何词以解。[2]

--------

[1]（清）许桂林：《宣西通》卷二，第50页。
[2]（清）许桂林：《宣西通》卷二，第51页。

这是因为天算专门之学不能不顾及实际的客观情况，当"浮在水上"的单层天球（传统浑天体系）已被当时的知识界所否定的时候，"支持"此说的最古的圣人也要被排斥在知识谱系之外。毫无疑问，与家谱、宗谱可以加强家族、宗族的认同相似，知识谱系的建构也有助于加强具有同质性的学者（如汉学学者圈）的学术认同。

## 二、绍承汉儒"绝学"

知识谱系构建的目的，当然是为了更好地传承。乾嘉学术正是循着发掘、传承汉儒旧说和建构经学传授谱系两个方面，交迭式地展开。以乾嘉学者对《古文尚书》的研究作为参照，惠栋在《古文尚书考》中一开始就说：

> 孔安国《古文》五十八篇，汉世未尝亡也。三十四篇与伏生同，二十四篇增多之数，篇名具在……特以当日未立于学官，故贾逵、马融等虽传孔学，不传《逸篇》。融作书序亦云"《逸》十六篇，绝无师说"。（原注：十六篇内《九共》九篇，故二十四）[1]

真正的孔安国《古文尚书》中，有24篇因未被官方接受而亡佚。值得注意的是，马融述此"二十四篇"与《晋书·天文

---

[1]（清）惠栋：《古文尚书考》（影印国家图书馆分馆藏清乾隆五十七年[1792]宋廷弼刻本），《续修四库全书》（经部第44册），第57页。

志》引蔡邕称宣夜，都使用了意思相同的字眼：前者为"绝无师说"，后者为"绝无师法"。[1] 许桂林引《晋书·天文志》时则称"言天家谓宣夜绝无师传"，[2] 其实都表达了这些汉儒学术之"绝"。因而乾嘉学者的工作，就是要在古人其他的著作当中辑佚出相关文字，同时考证这些相关文字的传授谱系。故江声称：

> 今文列于国学，欧阳、大小夏侯，分列三家；古文轶（佚）在民间，庸、胡、徐、王、涂、桑，仅延一线。刘歆欲立古文之学……卒不果立。是以遗编残阙，师说绝无。犹幸孔书之篇目尚存，郑君之注解具在。在斯则硕果之不食，饩羊之犹粪（供）也。[3]

江声提及到传授《古文尚书》的庸生、胡常、徐敖、涂恽、王璜、桑钦、郑玄等人，都被列入《尚书》"古文家"的《经师系表》之中。[4] 显然，江声当是把自身作为他们的继承者，延续他们"仅延一线"的《古文尚书》学。再比较许桂林的职志："宗宣夜以为理，用西人新制仪器、测算以为法，斯宣夜之不绝如线者，赖西法以大显。"[5] 他也志愿要将汉儒宣夜这种天算

---

[1]（唐）李淳风：《晋书》卷一一《天文志上》，北京：中华书局，1974年，第278页。
[2]（清）许桂林：《宣西通》卷一，第36页。
[3]（清）江声：《募刊尚书小引》，《尚书集注音疏》，第345页。
[4]（清）江声：《尚书集注音疏》，第695页。
[5]（清）许桂林：《宣西通》，第35页。

专门"绝学"知识,援引西法以发扬光大。

至于许桂林本人,在完成了宣夜"绝学"知识及其谱系建构之后,还对另一"近二千年以来绝学"[1]——《穀梁》学进行了诠释。作为"《春秋》三传"之一、又立于西汉学官的《穀梁传》,自东晋范宁作注、初唐杨士勋作疏后,几成"绝学"。《史记》称孔子作《春秋》,"纪元年,正时月日",而《穀梁传》对《春秋》时月日书法体例的记载最为详备,许桂林通过考察、归纳这些体例,撰成《春秋穀梁传时月日书法释例》(以下简称《穀梁释例》),以揭示《穀梁传》的经学意义并突出其在三传中的核心地位。[2] 张素卿指出,受惠栋所确立的"汉学典范"影响,清中期《穀梁》学专著迭出,而以许氏《穀梁释例》为最早。[3]

与宣夜遗文相似,《穀梁传》的古训旧注十分稀少,欲据此申说以撰"新疏",难度相对较高。[4] 因此援引其他学问,对于治《穀梁》学者来说也是必要的手段。以许桂林为例,《春秋》的"时月日"必然要涉及到天文历法,而这正是许氏比较擅长的天算专门之学。比如《春秋》对于日食的"书法",《穀梁传》指出《春秋》"言日(按:指日名干支,下同)不言朔"

---

[1](清)桂文灿撰,王晓骊、柳向春点校:《经学博采录》卷四,上海:华东师范大学,2010年,第203页。

[2] 文廷海:《清代春秋穀梁学研究》,成都:巴蜀书社,2006年,第250页。

[3] 张素卿:《"汉学"典范下的清代〈穀梁〉学》,彭林主编:《中国经学(第四辑)》,桂林:广西师范大学出版社,2008年,第220—226页。

[4] 张素卿:《"汉学"典范下的清代〈穀梁〉学》,彭林主编:《中国经学(第四辑)》,第232页。

"言朔不言日""言日言朔"和"不言日不言朔"四种书写日期的方法，分别代表"食晦日""食既朔""食正朔"和"朔夜食"四种不同的情况。许桂林认为，出现这四种情况是日官推算朔日时并非时时正确所致，而如果不懂得"推步法"和《穀梁传》所揭示的《春秋》日食"书法"，就会闹出如颜安乐、范宁等人推论《春秋》日食会出现在朔望月月中的笑话。[1]

在临去世前，许桂林尚以希望弟子传承经典"绝学"为遗愿，故自撰挽帖：

> 只恨著书未了，要为孔圣明一经，望后起有人，傥与吾徒传绝学；若论短命堪悲，已比颜子多十岁，况天上不苦，还从老母侍清游。[2]

值得注意的是，许桂林的遗愿，其著名弟子罗士琳时刻铭记在心，以至在其《勾股容三事拾遗》的序言中还提到许氏的这道挽帖：

> 回忆曩从吾师许月南先生游，粗涉算事，过蒙吾师期许。继而蹶𨅊入都，吾师频寓手书，谆谆以追踪梅氏为勖。闻吾师易箦时，犹自挽云"后起有人，尚冀吾

---

[1] （清）许桂林：《春秋穀梁传时月日书法释例》"日食"条，第42a—43a页。
[2] （清）许乔林等编：《海州文献录》卷一一《人物录·许桂林》，上海图书馆藏清道光钞本，第12a页。

徒传鬘（绝）学"，未始非属意鄙人也。吾师著有
《〔立〕天元一道窾》，走未获见。今演是编，实欲绍承
师钵，初不敢掠前人之美。设其中有暗合原法，则原书
失传，未繇考证。[1]

由此，许桂林援引中西学术所建构的"绝学"知识及其谱
系，通过弟子得到传承。而罗士琳与其师一样，以天算专门
"绝学"的继承者和发扬者自居。

## 第五节 《宣西通》的反响

与《宣西通》互为表里的，还有许桂林的《谈天小言》诗
二十首（参见本书附录二）。许桂林曾将此二十首诗寄给时任陕
西布政使的唐仲冕；[2]《宣西通》完成后，许氏又将书稿寄上，
倩为作序（唐仲冕序，参见附录二）。本来唐仲冕对于地球"四
面居人"，相信的是游艺、阮元等"气"将人包围的解释。在阅
读了《宣西通》数次以后，唐仲冕采信了许桂林的结论——地
下半部为气所承，上半部居人。但对于"气母"，唐氏持保留态
度，并诘问"气母之上，诚如宣夜所云'谷黑山青''眼眢精绝'

---

[1]（清）罗士琳：《勾股容三事拾遗》，《观我生室汇稿》（上海图书馆藏清道光二十三年[1843]汇刻本），第1册，"序目"第1b—2a页。
[2]（清）许桂林：《谈天小言序》，引自（清）许乔林编：《朐海诗存》（上海图书馆藏清道光十一年[1831]刻本）卷一一，第16b—17a页。

矣，而究竟伊于胡底？恐亦不得不穷"。[1] 暗指许桂林提出的"气母"概念既不能被推算，也得不到实质证据的证实。

在《宣西通》完成当年（1812）的十二月，时任漕运总督的阮元来到海州阅兵。许乔林、桂林兄弟来到阮元行馆拜见，许乔林有诗记其事：

> 东来重捧袂，久诩识龙门。照海文星大，还乡帅节尊。令严风亦静，阵合雪无痕。却喜谈天衍，涓流笑指源。（原注：舍弟桂林以宣夜之学就正)[2]

最后一句当是指西方众多的天文算法之"涓流"指向中学之"源"。许桂林《宣西通》是受阮元《畴人传》的触发而撰写的，当中也有与阮元商榷之处。阮元则因凌廷堪早年寓居海州的关系，[3] 接见了许氏兄弟，并对《宣西通》表示赞赏，又手书"谈天秘欲传宣夜，学海深须到郁州"联句相赠。[4] 但除了授意将《宣西通》采入《畴人传续编》外，[5] 阮元并没有太多实质性的回应。

---

[1]（清）唐仲冕：《宣西通序》，引自（清）许桂林：《宣西通》，第34页下栏。
[2]（清）许乔林：《阮芸台漕督元阅兵海州行馆夜话有作》，《弇榆山房诗略》（上海图书馆藏清道光己酉［1849］刻本）卷三，第15a页。
[3]（清）阮元：《穀梁释例序》（1845），引自（清）许桂林：《春秋穀梁传时月日书法释例》（清咸丰四年［1854］南海伍氏《粤雅堂丛书》刻本），"序"第2a页。
[4]（清）许乔林等编：《人物录·许桂林》，《海州文献录》（上海图书馆藏清道光钞本），第12a页。
[5]（清）阮元：《穀梁释例序》，"序"第2a页。

比许桂林稍后，著名学者郑复光（1780—1853?）则认为"宣夜言天最疏而确"：

> 至万历间，利马窦来中国，始有浑盖通宪之说，乃知盖天，非不知天为浑圆，第举所可见者立言耳。而寓浑于平，立法益为精妙，是盖天之学得西法始显也。惟宣夜一家，传之者（郄）〔郗〕萌，数语仅存，无从表章。已记许孝廉桂林有《宣西通》之作，未知其旨。味其名书之义，当是欲为宣夜证明其说也。细思在天诸曜，行度若无定，则岂历所能推？苟有定，则何自古迄今屡变而终不能得其确实之数乎？盖运行本无定则，而去人极远，非历数十年不能见其差故也。然则宣夜之说最疏而实最确矣。曰然。有明历法用《授时》术，三百年而无大差。本朝用西法，取数最密，初用不同心天，未几而改小轮，又未几而改椭圆。是数愈密则差愈易见也。其密焉者，立法之巧也；其差焉者，运行本无定则也。余尝谓学侣，历法当随时实测更改。故圣人取象于《革》，宣夜"迟疾任情"之说，理固宜然。然笔之于书，则未免为人非笑，僭妄之名不可居也。[1]

郑复光实未见许桂林原书，只是凭书名判断。但他的部分思路与许桂林相近，认为宣夜说在解释行星运动时有优势，但不能

---

[1]（清）郑复光：《费隐与知录》（清道光活字印本），第5a—b页。

作任何推算，主张时时实测，随时修改历法。

张文虎（1808—1885）则在看到了《宣西通》全书后，提出了反对意见：

> 向读罗茗香《续畴人传》，亟称许氏《宣西通》，以为必有精微之论。今承见示，则殊不如其欲见之意何也。天体浑沦旁薄，至高至大，何从而知？惟日月星辰有行度可见，见日月星辰，即以为是天云尔。然古来术家随时测验，顺天以求合，小不合则增损之，大不合则更张之，无一定也……西人之言天亦屡变矣，彼岂真以天为如是哉……许氏知七政有高下盈缩，而欲去诸重天诸轮之说，是舍筌而求鱼，弃蹄而逐兔也，其何从立法乎？诸重者，高下之根；诸轮者，盈缩之根。谓之假象可也……吾见西人之得鱼兔也自若，而许氏则徒束手而议其筌蹄耳……如许氏者，得不谓之好学深思？独惜其好为新奇，勇于自信，足为吾党之诫。敢质之足下，亦欲闻其得失焉。[1]

这段文字载于张文虎给好友席元章（约1820—约1862）的信。席元章潜心于经学、小学，旁及天文算法，[2]而从信中的

---

[1]（清）张文虎：《与席晦翁书》，《舒艺室全集·舒艺室杂著》（清同治十三年[1874]金陵冶城宾馆刊本）甲编卷下，第22b—24b页。

[2]（清）张锡恭：《席晦甫先生述略》，《茹荼轩续集》（影印民国三十八年[1949]铅印云间两征君集本）卷五，《清代诗文集汇编》第786册，第254—257页。

用语也可知，他也应该读过《宣西通》并参与讨论。张文虎的西学素养较好，虽然也赞同"随时测验"，但一语点出了《宣西通》问题的症结所在：放弃西方的几何模型，无助于解决具体的行星运动计算。许桂林虽在《宣西通》中也提到"一时实测所必然，不可定为七政之所以然"，对于行星的运动，应该"随时实测，因差而改，乃为得之"。[1] 但到底怎样改，许桂林的"宣夜—西法"模型其实并没有给出具体的说明。对于这种"只破不立"的做法，张文虎形象地描述为"束手而议筌蹄"（非议西法中的几何模型却不作任何改进和研究），对"捕鱼""捕兔"（有效地计算行星位置）毫无帮助。

应该说，张文虎这种要求根据实测而改进天文学模型的方法，是符合西方天文学发展的历史及根本思路的。[2] 在此天文学思想的角度下，许桂林的论说似乎是"复古""倒退"或"保守"的。[3] 不过在张文虎看来，许桂林却是一位"好为新奇"者。这种理解上的差异背离，究其原因，当是许桂林既运用了古代的思想资源，给人以保守的印象，同时又对时人陌生的古代经典作了新的构建和诠释，给人以新奇之感。

---

[1]（清）许桂林：《宣西通》卷三，第59页下栏。
[2] 江晓原：《试论科学与正确之关系——以托勒密与哥白尼学说为例》，《上海交通大学学报》（哲学社会科学版），2005年第13卷第4期，第28页。
[3] 石云里、吕凌峰：《从"苟求其故"到但求"无弊"》，第104—105页。

## 本 章 小 结

通过本章对《宣西通》的分析，我们看到许桂林援引中国传统学术和新近传入的西方天文学，建构了一个"宣夜—西法"宇宙模型。这个模型不能解决实际的天文学问题（特别是行星运动），因而他又意图使用传统的代数算法推算七政运行，但实际上，这种代数算法又引入了西方天文模型中的几何参数。

明末清初，方以智、揭暄（1613—1695）等人对天体运动物理机制的"创新"探讨，一般认为，因他们的理学背景而被有宗汉复古倾向的四库馆臣否定，此后"求其故"式的、对天体运动物理机制的思考，因考据学兴起而受到遏制。[1] 然而，公认的"汉学家"许桂林同样有对天体运动物理机制的探讨，而且许氏本人追步康熙朝天算名家梅文鼎，颇识天文算法，推算天象也比较准确，又提倡随时实测天象、修改天文算法以合天，并非不"求其故"者。因此，"复古"、汉学或考据学的兴起未必就是"求其故"或是对天体运动的思考遭到遏制的原因之一。相反，有较深西学素养的张文虎反而认为许桂林"好为新奇"。

解释的关键在于，许桂林不仅建构了一个宇宙模型，还与同时代的"汉学"研究相似，建构了传承这个宇宙模型的"绝学"

---

[1] 石云里、吕凌峰：《从"苟求其故"到但求"无弊"》，第105页。

知识谱系。与"西学中源"论相似,这种兼用中西学术思想资源以形成知识谱系的做法,有助于获得同时代学者的学术认同,进而更好地传承发扬(如罗士琳),又或者到了某一阶段,能够在其基础上商榷、扬弃(如张文虎)。

# 第七章

# 李明彻《圜天图说》与乾嘉天算专门之学的经世致用

## 第一节 问题的提出

李明彻，清乾嘉道年间的广东道士，因分别于1819年和1821年编撰出版《圜天图说》及《圜天图说续编》（本章以下分别简称为《图说》及《图说续编》，而以《圜天图说》指代正、续两编）而知名。

最先，清末探花、广东东莞人陈伯陶（1854—1930）作《李明彻传》。其时西学特别是自然科学于知识界已相当流行，近似（实质上不相同）于"科学家传记"的《畴人传》已续至三编，但对于李明彻未入传，陈伯陶颇有微词，便亲为之作传。[1] 事

---

[1] "余窃怪甘泉罗氏（原注：士琳）所为《续畴人传》，文达序之而明彻不及。近日钱塘诸氏（原注：可宝）为《畴人传三编》，搜及闺媛而明彻亦不之及，岂未见其书耶？余得明彻之徒所为事实，求其书不获，因考《通志》及他书，撫而为传，以传其人。"陈伯陶：《李明彻传》，《瓜庐文賸（剩）》（上海图书馆藏1931年铅印本）卷四，第37a页。

实上，陈伯陶并没有看到《圜天图说》全书，所据只有《广东通志·舆地略》和李明彻徒弟所述记其著述和事略。[1]

因此，陈《传》中的记述基本上可以认为是关于李明彻的重要补充史料，而真正意义上的研究则是冼玉清（1894—1965）。她在任教于岭南大学（今广州中山大学）时，考察附近"漱珠冈沿革，并其开山道士天文家李明彻"，[2]撰成论文。冼玉清论文的前半部分考证了李明彻的生年事迹，包括其年岁，对阮元主持编修之《广东通志》的贡献，李、阮之间的关系，以及《圜天图说》的主要内容与相关评论；后半部分则考察了漱珠冈和冈上纯阳观（李明彻为第一任观主）的各种自然和人文风物，包括其历史沿革、金石刻记、诗词题咏等内容。冼玉清亲见李明彻著述，但对其具体内容着墨不多，大概学非专门，故多引用《圜天图说》序跋及陈伯陶《传》之意见。冼玉清的重要贡献在于对相关的史料有重要揭示，可供后来之研究者按图索骥，作进一步发掘之用。

甄鹏则比较深入地研读了《圜天图说》，[3]并按照现代

---

[1]《图说》三卷、《图说续编》二卷，陈伯陶误以为"《圜天图说》四卷"。又经比较，陈伯陶在提及李明彻的著述时基本上抄录《（道光）广东通志》卷八三和卷八九《舆地略》中的四段按语，这是因为李明彻是《（道光）广东通志·舆地略》的编撰者。陈伯陶：《李明彻传》，第34a—36a页。

[2]冼玉清：《天文家李明彻与漱珠冈》，《岭南学报》，1950年10卷2期，第1731页。此论文又收于《冼玉清文集》，广州：中山大学出版社，1995年，第193—214页。按：以下引用此文，用《岭南学报》版本。

[3]甄鹏：《清朝道士李明彻及其科学成就研究——兼论道教与科学的新型关系》，济南：山东大学博士论文，2006年；《道士学者李明彻》，《地图》，2006年第2期，第81—83页；《清朝道士李明彻的地图学成就研究》，《中国道教》，2006年第2期，第24—25页；《李明彻考评》，《宗教学研究》，2007年第3期，第54—56页。

学科（主要是天文学、气象学、地图学等）方式，将书中的知识内容分类，以此探讨了李明彻的"宇宙学思想""地图学成就"以至"科学精神"，并在此基础上揭示"道教与科学的新型关系"。甄鹏对《圜天图说》中部分与科学相关的内容作了较细致的分析，但他也承认该书引用前人论说者颇多，并对书中部分知识内容的来源作了一些考证。然而，创新为科学研究的主要特点，因此，仅把李明彻的著述纳入科学研究著作，名实似不相符，而且会忽略历史人物和历史背景的复杂性。[1]

鉴于以上考察，笔者认为尚有以下问题可作进一步挖掘：（1）据甄鹏统计，《圜天图说》有"'说'96、'歌'7、'图'75、'表'10"，并考证了其中一部分内容的来源，但经笔者对比原文后，发现颇有可商榷者。那么更进一步，《圜天图说》全书的知识有多少是来源于前人著述？（2）若《圜天图说》为集纂之书，并无太多的创新性，那李明彻为时人所推重的原因是什么？（3）《圜天图说》作者李明彻身份为道士，其资助出版者阮元则为著名汉学家，为之作序的人身份位阶和学术好尚也各有不同，其相互联系、影响如何？（4）除了陈伯陶所揭示的，姚莹将《圜天图说》中"地球正背面图"采入《康輶纪行》外，[2]《圜天图说》一书还有什么后续影响？

---

[1] 甄鹏虽然提到"实学思潮和乾嘉学派，是研究明清科学必须注意的两个社会背景"，但涉及揭示此背景与李明彻之间关系的文字其实并不多见。参见氏著《清朝道士李明彻及其科学成就研究》，第10页。
[2] 陈伯陶：《李明彻传》，第36a页。

对于第一个问题，笔者所做的工作将是逐说比对，以确定《圜天图说》中大部分知识内容的出处，进而统计出该书"创新"之数量。第二三两个问题，笔者则将李明彻纳入阮元学圈，视其所治学术为天算专门之学，以考辨相关史料中的人物和史事为基础，揭示李明彻及其著作在学以致用和地方教化两个方面所扮演的角色。至于第四个问题，笔者将之纳入乾嘉天算专门之学在光绪朝的影响，置于下一章继续进行讨论。

## 第二节　李明彻及其《圜天图说》诸序跋问题

据陈伯陶记载，[1]李明彻字大纲，一字飞云，号青来，往后包括冼玉清、甄鹏等研究者均沿袭此说。然而李氏《圜天图说自序》后钤有"青来一字化龙"朱文印，[2]可知李明彻尚有表字"青来"。事实上，包括李明彻《自序》在内的《圜天图说》六序一跋均为手书上板，真、草、行、隶杂现其间，虽被认为是研究李明彻的重要材料，[3]但笔者至今仅见摘引，而尚未见有全文录出者。[4]

---

[1] 陈伯陶：《李明彻传》，第 34a 页。
[2] （清）李明彻：《圜天图说》（中国科学院自然科学史研究所藏嘉庆己卯[1819]松梅轩刻本），"自序"第 3b 页。
[3] 甄鹏：《李明彻考评》，第 54—56 页。
[4] 笔者已将诸序跋全文录出，参见附录三。

除李明彻外,《圜天图说》诸序跋的作者计有阮元、卢元伟、黄一桂、刘彬华（1770—1828）、黄培芳（1778—1859）和陈鸿章,他们均与李明彻有联系。李明彻年少时曾从游于同郡陈鸿章,十二岁入罗浮山冲虚观学道,工山水、人物和西洋画。1791 年,李明彻寄情山水,机缘之下偶入京城,除了得到高道传授石和阳（1602—1709）的《黄庭经注》和《阴符经注》外,[1] 他可能还跟从钦天监官员学习天文学,[2] 其时钦天监耶稣会士监正为安国宁[3]（André Rodrigues, 1729—1796, 1789—1795 年任监正）。李明彻于稍后回粤,除合刻先前所得的《黄庭经注》和《阴符经注》外,[4] 应该还到澳门与传教士"阐以天度计地里之法"。[5] 乾嘉之交,李明彻居广州白云山,后改任粤秀山龙王庙司祝。嘉庆末年,江西赣县人黄一桂寓居广州龙王庙,见李"案无他物,惟《几何篇》一

---

[1]（清）李明彻:《重刻黄庭阴符经注序》,引自(明) 石和阳注,（清）李明彻编:《重刻黄庭阴符经注》（影印清乾隆五十八年［1793］白云山房刊本）,陈廖安主编:《珍藏古籍道书十种》上册,台北:新文丰出版公司,2001 年,第 281 页。吴国富揭示,见氏著《清初高道石和阳》,《中国道教》,2010 年第 1 期,第 41—42 页。

[2] 陈伯陶称李明彻"尝走京师谒钦天监监正,得其传授",氏著:《李明彻传》,第 34a 页;冼玉清称李明彻年三十余"至京师",但未知何据,其实李明彻至北京时已年过四十,参见氏著:《天文家李明彻与漱珠冈》,第 173—174 页。

[3] 薄树人:《清钦天监人事年表》,《薄树人文集》,合肥:中国科学技术大学出版社,2003 年,第 495 页;屈海春:《清代钦天监暨时宪科职官年表》,《中国科技史料》,1997 年第 18 卷第 3 期,第 59 页。

[4]（清）李明彻:《重刻黄庭阴符经注序》,第 282 页。

[5] 陈伯陶:《李明彻传》,第 34a 页。

册",[1]李明彻便利用已有之《图说》手稿,向黄一桂讲解天文推步。随后黄一桂又介绍李明彻及其《图说》与广东督粮道、江西同乡长官、南康县(今属南康市)人卢元伟。[2]卢元伟也粗通天文,称赞李书"精析确征,明白晓畅",略加删订后转呈两广总督阮元鉴定,"卒怂恿附梓"。[3]阮元极为激赏此书,资助出版,并聘李明彻入通志局任《(道光)广东通志》绘图职;又将《图说》著录入《艺文略》之"子部·天文算法类"。[4]因此,除了黄一桂为《图说》作跋、阮卢二人作序外,《(道光)

---

[1] (清)李明彻:《圜天图说续编》,"黄一桂跋"第2b页;又收于(清)魏瀛修,(清)钟音鸿等纂:《(同治)赣州府志》(影印清同治十二年[1873]刻本)卷七三"国朝文",《中国地方志集成》(江西府县志辑第74册),南京:江苏古籍出版社,1996年,第596—597页。按:《几何篇》当即明末利玛窦、徐光启所译之《几何原本》,如徐光启弟子孙元化有"徐宫詹之《几何编》"一语,参见(明)孙元化:《西法神机》(影印自然科学史研究所藏清康熙元年[1662]古香草堂刻本)卷下,华觉明主编:《中国科学技术典籍通汇·技术卷》第五册,郑州:河南教育出版社,1994年,第1261页上栏。

[2] 据《(同治)赣县志·文苑传》载,黄一桂为岁贡生,"少孤,习形家术葬其亲,注《郭景纯葬书》",曾"游历"京师、浙江、福建等地,继而至广东,"馆卢观察署,惟日与谈象纬,言不及他,观察益重之。会修粤省全志,制府阮公元属之勘之",故卢、黄之间为上下级关系。见(清)黄德溥、崔国榜修,褚景昕等纂:《(同治)赣县志》(影印清同治十一年[1872]刻本)卷三六,《中国地方志集成》(江西府县志辑第75册),南京:江苏古籍出版社,1996年,第368页。

[3] (清)李明彻:《圜天图说》,"卢元伟序"第4a—5a页;又以"李青来圜天图说序"为题,收于(清)沈恩华修,(清)卢鼎峋等纂:《(同治)南康县志》(影印清同治十一年[1872]刻本)卷一一"艺文",《中国地方志集成》(江西府县志辑第86册),南京:江苏古籍出版社,1996年,第853—854页。

[4] (清)阮元修,(清)陈昌齐等纂:《(道光)广东通志》(影印1934年商务印书馆影印清道光二年[1822]刻本)卷一九四"艺文略",《续修四库全书》(史部第673册),第269页。

广东通志·艺文略》的主编、广东本地名流翰林编修刘彬华也为之作序。[1]《图说》出版后两年,《图说续编》也继而出版,李明彻少所从游之陈鸿章,及其山水之友、刘彬华弟子黄培芳均为《图说续编》作序。[2]

笔者有机会寓目各地所藏之《圜天图说》,包括中国科学院自然科学史研究所藏本(简称自科所藏本)、内蒙古师范大学藏本(简称内师大藏本)、佛山图书馆藏本(简称佛图藏本)、浙江图书馆藏本(简称浙图藏本)、法国国家图书馆藏本胶卷[3](简称法图藏本)、《藏外道书》影印本(简称藏外本)和《四库未收书辑刊》影印本(简称四库未收本)七种。诸本虽均为嘉道之际的松梅轩刻本,各本序跋顺序却无完全相同者(参见表7-1)。

表7-1 七种版本的《圜天图说》诸序跋排列顺序表

| 书名 | 顺序 | 自科所藏本 | 内师大藏本 | 佛图藏本 | 浙图藏本 | 法图藏本 | 藏外本 | 四库未收本 |
|---|---|---|---|---|---|---|---|---|
| 《图说》 | 1 | 阮序 | 阮序 | 阮序 | 阮序 | 阮序 | 阮序 | 阮序 |
| | 2 | 刘序 | 刘序 | 卢序 | 刘序 | 卢序 | 卢序 | 自序 |
| | 3 | 卢序 | 卢序 | 自序 | 卢序 | 刘序 | 刘序 | 刘序 |
| | 4 | 自序 | 自序 | 刘序 | 自序 | 自序 | 自序 | 卢序 |

---

[1](清)李明彻:《圜天图说》,"刘彬华序"第4a页。

[2](清)李明彻:《圜天图说续编》,"陈鸿章序"第1a—5b页;"黄培芳序"第1a—5b页。

[3]编号Chinois 4942—4944,仅有《图说》而无《图说续编》。网上发布:http://gallica.bnf.fr,注意检索时书名关键字作"园天图说"。

续 表

| 书名 | 顺序 | 自科所藏本 | 内师大藏本 | 佛图藏本 | 浙图藏本 | 法图藏本 | 藏外本 | 四库未收本 |
|---|---|---|---|---|---|---|---|---|
| 《续编》 | 1 | 黄序 | 黄序 | 陈序 | 陈序 | 无此书收藏 | 黄跋 | 陈序 |
|  | 2 | 陈序 | 陈序 | 黄序 | 黄序 |  | 陈序 | 缺 |
|  | 3 | 黄跋（前） | 黄跋（后） | 黄跋（前） | 黄跋（后） |  | 黄序 | 缺 |

注：所有序均在全书正文之前；"黄跋"后括号所注之"前"或"后"指黄一桂跋在《图说续编》全书之前或之后。

可见只有阮序均冠于首，以阮元为两广总督，于作序诸人中身份位阶最高之故。《圜天图说》诸序跋叶码不连续，每序或跋均成活叶。一个比较可能的解释是：每邀请到一位作者作序或跋，则为此序或跋刻板印刷，然后加印正文并与之合订成册。

诸序中，阮序成于"己卯处暑"（1819年8月），自序成于"己卯岁嘉平月"（约在1820年1、2月间），刘序成于"庚辰三月三日"（1820年4月15日），黄序成于"辛巳初冬"（约在1821年11月间）。黄一桂跋首题"圜天图说跋"，而且不像黄序、陈序那样提及《图说续编》内容，却被置于《图说续编》之中。显然黄跋后作，因而出现了称跋而置于《图说续编》书前的情况，这使得此跋仍在《图说》之后，使"跋"字名实相符。

《图说》题为"嘉庆己卯刻本"，却出现了成于次年庚辰的刘序，加上各本诸序跋顺序不同，也证明了《图说》曾多次印刷，在当时当地影响较大。除了各人与李明彻的交往情谊以外，诸人序跋还阐发了《圜天图说》中未有涉及的"西学中源"说。

余英时指出，清代的学人社群是结合在"同气相求，同声相应"的共同心理基础之上，对于序文的写作，他们的态度都十分严肃，"一方面尽量发挥'作者之意'，另一方面却本所知所信，在专门学问上进行商榷"，而"决不会仅仅由于敷衍人情的关系，为没有真实贡献的作品写互相标榜的序文"。[1] 笔者将于下节更进一步揭示《圜天图说》的知识来源，探讨其贡献是否仅在"科学研究进展"上。

## 第三节 《圜天图说》的知识来源

据甄鹏统计，《圜天图说》有"说"96、"歌"7、"图"75、"表"10，并总结其五个知识渊源：(1) 传教士的著作，如"《乾坤体义》《天问略》《灵台仪象志》"等；(2) 李明彻在北京钦天监和澳门时与传教士们之间的接触交流；(3) 中国传统的天文学知识，特别是"梅文鼎、王锡阐的影响"；(4)《崇祯历书》《仪象考成》等官方文献；(5) 李明彻自己的"天文观测"。[2] 事实上，梅文鼎、王锡阐已颇受西法影响；《崇祯历书》等所谓"官方文献"，传教士也付出了巨大的努力；《圜天图说》中各表所列数据来自李明彻亲身的观测，也只是甄鹏根据李于《图说》

---

[1] 余英时：《原"序"：中国书写文化的一个特色》，《清华大学学报（哲学社会科学版）》，2009年第24卷第1期，第10页；又收于《中国文化史通释》，第139—140页。

[2] 甄鹏：《清朝道士李明彻及其科学成就研究》，第21页。

出版后在纯阳观建观象之用的朝斗台而作出的逆向推测；然而他也承认朝斗台对《圜天图说》的撰写基本没有起作用。[1] 因此，对《圜天图说》知识来源的考证，尚可更进一步，以下就书中各"说""表""图"等，按原书排列次序分论之。

## 一、《圜天图说》移用他书文字考证

### （一）《图说》卷上

（1）《浑天说》："天地之间或动或静"至"运动时刻又各不齐"（第2b—3a页），[2] 移用阳玛诺《天问略》"万物或静或动"至"亦各时刻不同"[3]（第1b—2a页）；"如船行水上"至"并非一象自发二动也"（第3b页），移用《天问略》"如一人在船中"至"非相反动"（第2b页）；"（太阳）得中正之气光及余政"至"物得其宜也"（第4b页），移用《天问略》"日得其中为其本所光及余政"至"万物之宜也"（第3a—4a页）。

（2）《黄赤二道说》、（3）《南北二极说》，未考证到有雷同文字。

（4）《黄赤二道距交说》："宗动天自东而西一日一周"至"与赤极不同位耳"（第9b—10a页），移用《天问略》"宗动天自东而西一日一周"至"与宗动天不同极耳"（第5a—b页）。附"黄赤距交图"（第9a页），据《天问略》插图（第4b页）

---

[1] 甄鹏：《清朝道士李明彻及其科学成就研究》，第15—16页。
[2] 按：本节以下引书，只于第一次出现时于脚注说明版本，卷数或页码则随文注。《图说》《图说续编》均用自然科学史研究所藏松梅轩刻本。
[3]（明）阳玛诺：《天问略》，明崇祯二年（1629）《天学初函》本。

重绘。

（5）《黄道说》："（黄道）周天三百六十度分四象限"至"难成寒气"（11b—12b页），移用《天问略》"黄道周天三百六十度分为四象限"至"难成寒气"（第6a—7a页）。附"日行黄道图"（第11a页）据《天问略》插图（第6b页）重绘。

（6）《黄赤交距应中说》："日轮由春分而至夏至"至"余仿此"（14a—15b页），移用《天问略》"日由春分至夏至"至"余仿此"（第7a—8b页）。附"黄道应中图"（第13b页），据《天问略》插图（第8a页）重绘。

（7）《太阳出入赤道说》，附"日距赤道分节气度数表"（第15a—16b页），与游艺《天经或问前集》（本节以下简称《前集》）[1]卷三《太阳出入赤道分》数据雷同。

（8）《日天不同心说》："自春分至秋分分为半岁"至"乃日轮天与宗动、黄道诸天不同心故也"（第17b—19a页），移用《天问略》"自春分至秋分分为半岁"至"以与宗动天、黄道非同心故也"（第8b—10a页）。附"日天不同心图"（第17a页），据《天问略》插图（第9b页）重绘。

（9）《日蚀说》，未考证到有雷同文字。附"日蚀全图""日

―――――――

[1]（清）游艺：《天经或问前集》，《景印文渊阁四库全书》（子部第793册），第565—645页。按：据冯锦荣的研究，游艺《天经或问前集》最早和最可靠的版本为清康熙年间大集堂原刊本，现日本东京内阁文库有收藏，但由于条件所限，笔者未能寓目此本；另外，文渊阁《四库全书》本有而大集堂本无的内容并未出现在李明彻《圜天图说》中，且文渊阁《四库全书》本在乾隆后也较通行，因此笔者选择这个版本与《圜天图说》作比较。参见冯锦荣：《游艺及其〈天经或问〉前后集》，王渝生主编：《第七届国际中国科学史会议文集》，郑州：大象出版社，1999年，第289—291页。

蚀三差图"（第 20b—21a 页），据《天问略》插图（第 12a、b 页）重绘。

（10）《月道交黄道说》："月行则半出黄道南、半出黄道北"至"不为日蚀也"（第 23b—24a 页），移用《天问略》"故月道则半出黄道北、半出黄道南"至"故不食也"（第 13b—14a 页）。附"月道交黄道图"（第 23a 页），据《天问略》插图（第 14a 页）重绘。

（11）《径分大小说》："人目视物时"至"不能掩日之明证也"（第 25b 页），移用《天问略》"盖人目视物之时"至"故不能揜日光也"（第 15a—b 页）。附"径分大小图"（第 25a 页），据《天问略》插图（第 15a 页）重绘。

（12）《月蚀说》："而地球悬于黄道天之当中"至"月球居地影之内"（第 26b—27a 页），移用《天问略》"地球悬于十二重天之中央"至"月轮全居地影之内"（第 38 a—b 页）。附"月蚀全图""月蚀高卑图"（第 26a、29a 页），据《天问略》插图（第 38a、40a 页）重绘。

（13）《日较地大小说》："凡圆光与圆体同大"至"犹之二十里高山视人如鸟矣"（第 30a—31a 页），移用《天问略》"圆光若照圆体同大"至"犹之二十里高山视人如鸟矣"（第 15b—19 页）。附"日较地大小图"（第 29b 页），据《天问略》插图（第 16a 页）重绘。

（14）《太阳晨午体影说》："太阳早晚出入近地平见大"至"自比旦暮为小"（第 31a—31a 页），移用《天问略》"太阳早晚出入时近于地平见大"至"较之旦暮为小"（第 15b—17b 页）。

(15)《太阳升降说》，未考证到有雷同文字。

(16)《四方子午说》，未考证到有雷同文字。附"四方子午图"（第36a页），据《前集》卷一"随地天顶子午之图"重绘。

(17)《星借日光地影不及说》："月天在日天之下"至"故诸星恒不朦也"（第39a页），移用《天问略》"月天在日天之下"至"故诸星之光不朦也"（第37a—b页）。附"地影不及图"（第38b页），据《天问略》插图（第37b页）重绘。

(18)《朔望消长说》："天体如玻璃"至"仍无光焉"（第40a—41a页），移用《天问略》"天体透光如玻璃"至"以至无光焉"（第36a—37a页）。附"朔望消长图"（第39b页），据《天问略》插图（第36b页）重绘。

(19)《月轮行度消长说》："盖月轮每日自西而东约行十三度"至"第三圈是三分"（第42a—43a页），移用《天问略》"盖月轮每日自西而东约行十三度"至"与三圈三分"（第41a—b页）。附"月轮行度图"（第41b页），据《天问略》插图（第41b页）重绘。

(20)《地平见月迟早说》："人居地面"至"顺行，离太阳必速"（第43a—44a页），移用《天问略》"人居地面"至"顺行时必速离太阳"（第42a—43a页）。附"黄道正交地平图""黄道斜交地平图"（第44b—45a页），据《天问略》插图（第42b页）重绘。

(21)《月行次轮说》、(22)《七政经纬统说》，未考证到有雷同文字。

（23）《七政形象大小说》："（火星）大于地球半倍"至"日大于月六千五百三十八倍又五分之一"（第49b—50a页），移用利玛窦《乾坤体义·地球比九重天之星远且大几何》[1]"人居地面"至"则日大于月〔六千五百三十八倍又五分之一〕"（第6b页）。按：其中论及土、木二星卫星数目及其周期数据等与《地球图说·五星》[2]（第20a—21a页）相似，疑有渊源。

（24）《本轮次轮平行说》、（25）《轮别高卑说》、（26）《星行次轮周说》、（27）《轮分左右说》、（28）《顺逆迟留视行说》，未考证到有雷同文字，但内容与梅文鼎《历学疑问》[3]卷三中"论盈缩高卑""论小轮非一""论七政两种视行"（第39—40、48—49页），以及《五星纪要》[4]中"论五星岁轮"[5]"论上三星围日左旋"（第431—433页）等目近似。

**（二）《图说》卷中**

（29）《前后两留考说》，未考证到有雷同文字。

（30）《五星以地为心说》，未考证到有雷同文字，但内容与《五星纪要》中"论五星本天以地为心"（第472页）近似。

---

[1]（明）利玛窦、李之藻：《乾坤体义》，法国国家图书馆藏明刻本胶卷。
[2]（清）蒋友仁原著，（清）钱大昕润色，（清）李锐补图：《地球图说》，薄树人主编：《中国科学技术典籍通汇·天文卷》第六册。
[3]（清）梅文鼎：《历学疑问》，《历算全书》卷一至卷三，第6—54页。
[4]（清）梅文鼎：《五星纪要》，《历算全书》卷一六，第431—453页。
[5]梅文鼎所称"岁轮"，李明彻称为"次轮"，因"五星次轮，则直称之岁轮也"。参见（清）梅文鼎：《历学疑问》卷三，第49页上栏。

(31)《土木二星说》所附"土木火三星总图"(第4a—b页),据梅文鼎《火纬本法图说》[1]"上三星岁轮上轨迹绕日成圆象之图"(第455页)重绘。

(32)《土木迟留伏逆说》,未考证到有雷同文字。

(33)《火星说》所附"火星行次轮图"(第8b页),据梅文鼎《火纬本法图说》"火星岁轮上轨迹围日之图"(第460页)稍作修改后重绘。

(34)《金水二星说》,未考证到有雷同文字。

(35)《恒星图说》中星官的星占含义部分明显来源于正史中的《天文志》。

(36)《恒星东移说》,未考证到有雷同文字。

(37)《观恒星定位说》,所列恒星总数及各星等恒星数目(第19a—b页)源于徐光启《赤道南北两总星图》。[2]后附"赤道经度与北极纬度定位表""恒星过宫离赤道度数表""恒星过宫离黄道度数表"(第20a—28a页),录自李之藻《浑盖通宪图说》[3]卷下《经星位置图说》数据(第2b—5a、6b—12b页)。[4]

(38)《南极诸星说》,未考证到有雷同文字。

---

[1](清)梅文鼎:《五星纪要》,《历算全书》卷一七,第453—477页。
[2](明)徐光启:《赤道南北两总星图》,法国国家图书馆藏明崇祯六年(1633)刻、清初印本胶卷。
[3](明)李之藻:《浑盖通宪图说》(影印金陵大学寄存罗马藏明崇祯二年[1629]《天学初函》本),《天学初函》第三册,台北:学生书局,1986年。
[4]本条考证甄鹏亦有揭示,参见氏著:《清朝道士李明彻及其科学成就研究》,第46、48页。

(39)《北极出地各方天顶图说》："则昼夜随地而各有长短"至"即昼夜长短相差亦多"（第46b—53a页），移用《天问略》"昼夜时刻随地各有长短"至"即昼夜长短相差亦多"（第19b—21b页）；"合观三图"至"以半年为昼、半年为夜确可信矣"（54a—57b），移用《天问略》"因上三图"至"以至半年为昼、半年为夜确足征矣"（第19b—26a页）。附"赤道天顶图""京师天顶图""广东天顶图""北极天顶图"（第50a、51b、53b、56a页），据《天问略》插图（第20a、21a、22b、24b页）重绘。

(40)《各省节气出入日出表说》所附"太阳行交各省节气时刻表"（第59a—77b页）大多数据录自《天问略》（第27a—34a页）。[1]李明彻在此基础上又增加了安徽、甘肃、江苏、湖南等四省的数据，来源待考。

**(三)《图说》卷下**

(41)《地球本略说》，未考证到有雷同文字。

(42)《地应天中图说》："卯午、酉子，此周天象限"至"此影与太阳均为平行相等"（第3b页），移用熊三拔《表度说》[2]"表度说五题"之第一题"午酉子卯，周天也"至"故景与日轮恒平行相等也"（第1b—2a页）。附"地应天中图"（第3a页），据《表度说》插图（第1a页）重绘。

---

〔1〕本条考证甄鹏亦有揭示，参见氏著：《清朝道士李明彻及其科学成就研究》，第50页。
〔2〕（明）熊三拔口授，（明）周子愚、卓尔康笔记：《表度说》，《天学初函》（影印金陵大学寄存罗马藏明崇祯二年［1629］本），第五册，台北：学生书局，1986年。

(43)《地假偏隅图说》:"假令地球不应天中"至"知地球必正居中也"(第4b页),移用《表度说·表度说五题》之第二题"令地球不在天中"至"(地)非在正中而何"(第2a—b页)。附"地假偏隅图"(第4a页),据《表度说》插图(第2a页)重绘。

(44)《地圆周径四限图说》:"如图午卯子酉为日天"至"为乙之半夜也"(第5a页),移用《表度说·表度说五题》之第四题"如上图午卯子酉为日天"至"乙之半夜也"(第3b—4a页)。附"地圆周径四限图"(第6a页),据《表度说》插图(第4a页)重绘。

(45)《地若方平图说》:"如地为方体者"至"不能不信地圆也"(第7b页),移用《表度说·表度说五题》之第四题"如地为方体者"至"不能不信地圜也"(第4a—b页)。附"地若方平图"(第7a页),据《表度说》插图(第4b页)重绘。

(46)《地面经纬合圆说》:"凡历象之学,推验(天)〔大〕地经纬度数"至"恒见天星高于地平若干度矣"(第8a—9b页),移用《表度说·表度说五题》之第四题"敝国诸儒多习历象之学,推验大地经纬度数"至"恒见天星高于地平若干度矣"(第4a—b页)。

(47)《地圆考证图说》:"如图西北东南为恒星之周天"至"而日后至其天顶也"(第10b—12a页),移用《表度说·表度说五题》之第四题"如上图西南东北为周天"至"而日后至其天顶也"(第6a—7b页)。附"地圆考证图"(第10a页),据

《表度说》插图（第 6a 页）重绘。

（48）《地面东西周行图说》："大西洋估舶至小西洋"至"所差仅得一日耳"（第 13a—14b 页），移用《表度说·表度说五题》之第四题"今太西洋估舶至小西洋"至"皆差一日"（第 7b—9a 页）。附"地面东西周行图"（第 12b 页），据《表度说》插图（第 8a 页）重绘。

（49）《地球应重心说》："地果圆体"至"职由于此"（第 14b—17b 页），移用《表度说·表度说五题》之第四题"地果圆体"至"职由于此矣"（第 9a—11a 页）。附"地应重心一图""地应重心二图"（第 15b、16b 页），据《表度说》插图（第 10a、b 页）重绘。[1]

（50）《地球图总说》："天有南北二极"至"则大浪山与中国相为对待矣"（第 18a—19a 页），或源自南怀仁《坤舆图说》[2]卷上"故天有南北二极"至"则大浪山与中国相为对待矣"（第 731 页）。又，《坤舆图说》的这部分文字是南怀仁撮抄利玛窦《坤舆万国图说·总论》而成的，[3] 因此也有学者认为李明彻的《地球图总说》"显然来自利玛窦"。[4] 附"地

---

[1] 第（42）到（49）条考证中关于图的来源，甄鹏亦有揭示，参见氏著：《清朝道士李明彻及其科学成就研究》，第 50 页。

[2]（清）南怀仁：《坤舆图说》，《景印文渊阁四库全书》（史部第 594 册），第 731—792 页。

[3]（明）利玛窦：《坤舆万国全图》，引自朱维铮主编：《利玛窦中文著译集》，上海：复旦大学出版社，2001 年，第 173—174 页。

[4] 黄时鉴、龚缨晏：《利玛窦世界地图研究》，上海：上海古籍出版社，2004 年，第 111 页。

球正背两面全图",似以南怀仁《坤舆全图》为底本,[1] 将原来的横轴等距方位投影稍稍变换为横轴等积方位投影,并删削部分内容,[2] 然后据《新西志》等书[3]增订重绘。因是之故,《地球图总说》文字的直接来源为南怀仁《坤舆图说》的可能性比较大。

（50）《直省地舆图说》,此"说"及"图"渊源待考。

（51）《表度说》:"（地）自太阳视之仅为一点"至"是为日高七十七度五十分也"（第46b—63a页）,移用《表度说·表度说五题》之第五题"地球之大比日天只止一点"至"是为日高七十七度五十分也"（第11a—23a页）。[4]

（52）《分表立表用法〔说〕》:"凡立表取景"至"得北极出地四十度也"（第61a—63a页）,移用《表度说·表度说五题》之第五题"凡立表取景"至《表度说·用法》"得北极出地四十度"（第23a—27a页）。

（53）《随地测节气定日〔说〕》,全说（第63b—65b页）几乎与《表度说·用法》"第四随地测节气定日"（第27a—29a页）相同。附"如日晷者定时之器也"至"类此推焉"（第

---

[1]（清）南怀仁:《坤舆全图》,早稻田大学藏咸丰庚申（1859）重刊本,不分页。
[2] 姚莹（1785—1853）最先认为李明彻的地图与南怀仁《坤舆全图》"体势无异",见（清）姚莹:《康𬨎纪行》（影印清同治刻本）卷一六,《四库未收书辑刊》第5辑,北京:北京出版社,2000年,第14册,第378—380页。
[3] 见《地球正面全图》,（清）李明彻:《圜天图说》卷下,第20b页。
[4] 本条考证甄鹏亦有揭示,参见氏著:《清朝道士李明彻及其科学成就研究》,第50页。

71b—74a 页），也几乎与《表度说·用法》"第六日晷"（第33b—35a 页）全同。附"每节气本所及离赤道度分表式"（第66a—67b 页），几乎与《表度说·用法》"每节气本所及离赤道度分图"（第29a—30b 页）相同。所附"北极出地度数及春秋分冬夏至表景度分表"（第67b—68a 页），大部分数据依《表度说·用法》"北极出地度数及春秋分冬夏至表景度分"（第30b—31a 页），但李明彻自行增加了安徽、甘肃、江苏、湖南四省的数据。

**（四）《图说续编》卷上**

（54）《五星纬行顺逆伏见说》："五星之体圆如滚珠"至"得北极出地四十度也"（第1a—6b 页），移用《前集·五星迟疾伏退》卷二"五纬之体圆如活珠"至"七曜历元之第一日也"。

（55）《月五星纬行说》、（56）《黄赤斜升纬差说》，未考证到有雷同文字。

（57）《金水二星伏见说》："金星小地球三十六倍"至"非上圣、高真、容成、隶首则不能穷究也"（第13b—15b 页），移用《前集》卷三《金水伏见》"金星小球三十六倍"至"隶首难穷"。

（58）《日盈缩平行实行说》："日行黄道积岁平分之数"至"此最高本行亦犹太阴之按月字"（第15b—17a 页），移用《前集》卷二《太阳》"（太阳）行黄道积岁平分之数"至"此最高本行亦犹太阴之按月字"。

（59）《月平行交终朔策说》，全说（第17a—19a 页）几乎与《前集·太阴》卷二相同；（60）《日月交蚀说》，全说（第

19a—21b 页）几乎与《前集》卷二《交食》相同。

（61）《七政合聚迟疾凌犯说》、（62）《七曜会策说》，未考证到有雷同文字。

（63）《五星平行率说》，数据源于《西洋新法历书》[1] 中《五纬历指》卷一"定五星之平行率"（第 1508 页）。

（64）《永静天说》，未考证到有雷同文字。

（65）《恒星分度、无名星数说》，全说（第 29b—44a 页）移用《钦定仪象考成》[2] 卷一《恒星总纪》（第 1434 页）。[3]

（66）《斗建考证说》、（67）《斗杓天枢说》、（68）《恒星伏见说》，未考证到有雷同文字。

**（五）《图说续编》卷下**

（69）《浑天经纬说》、（70）《南北周天经纬度说》、（71）《同升经差说》、（72）《度分宫舍广狭说》，未考证到有雷同文字。

（73）《天汉说》："《传》云河彰"至"曷能穷尽微妙之理耶"（第 8a—b 页），移用《前集·天汉》卷二"《传》云河彰"至"曷能穷尽天上微妙之理耶"。

（74）《日月晕（记）〔说〕》、（75）《日月重见说》、（76）《风雨征说》（第 8a—11a 页），大多数文字分别移用《前集》卷四

---

[1]（明）徐光启等纂修，（清）汤若望等重订：《西洋新法历书》，薄树人主编：《中国科学技术典籍通汇·天文卷》第八册，郑州：河南教育出版社，1993 年。

[2]（清）允禄、戴进贤等：《钦定仪象考成》（影印清乾隆二十一年 [1756] 内府刻本），薄树人主编：《中国科学技术典籍通汇·天文卷》第七册，第 1343—1397 页。

[3] 本条考证甄鹏亦有揭示，参见氏著：《清朝道士李明彻及其科学成就研究》，第 49 页。

《日月晕》《日月重见》《风雨征》。[1]

（77）《天地形气变现风雨说》，未考证到有雷同文字。

（78）《虹说》、（79）《风云雨露雾霜说》、（80）《雷电说》、（81）《雪霰冰雹说》，大多数文字分别移用《前集》卷四《虹》《风云雨露雾霜》《雷电》《雪霰》。

（82）《辨罗计气孛说》，大多数文字移用《前集》卷二《四余罗计气孛》。[2]

（83）《彗孛说》，大多数文字移用《前集》卷四《彗孛》（参见下节）。

（84）《气盈朔虚闰余说》，大多数文字移用《前集》卷二《气盈朔虚闰余》。

（85）《历朝岁差说》、（86）《岁差不同说》，大多数文字分别移用《前集》卷三《岁差》。

（87）《年月之说》、（88）《辩分野说》，大多数文字分别移用《前集》卷四《年月》《分野》。

（89）《历元非甲子说》："古人定历之法"至"遵行不敢改也"（第39a—40a页），移用《前集》卷四《历法》"古今定历"至"不敢改也"。

---

[1] 甄鹏认为此三说和以下《天地形气变现风雨说》《虹说》《风云雨露雾霜说》《雷电说》《雪霰冰雹说》《彗孛说》《辨天开说》《地震说》《洋海说》《咸水说》《火井温泉说》《潮汐说》共15说，"基本引用自南怀仁的《坤舆图说》"，但未说明《图说续编》相关文字引自《坤舆图说》何卷何篇。而笔者翻检《坤舆图说》全书，并未发现有被《图说续编》移用的文字。参见氏著：《清朝道士李明彻及其科学成就研究》，第50页。

[2] 甄鹏揭示其中"关于紫气的内容，系引用游艺《天经或问》中的观念"，参见氏著：《清朝道士李明彻及其科学成就研究》，第54页。

(90)《辩天开说》、(91)《地震说》、(92)《洋海说》、(93)《咸水说》、(94)《水井温泉说》、(95)《潮汐说》,大多数文字分别移用《前集》卷四《天开》《地震》《海》《咸水》《温泉》《潮汐》。

(96)《地平子午规说》,大多数文字分别移用《前集》卷二《子午规》《地平规》。[1]

(97)《简平仪图说附后》,全录熊三拔《简平仪说》。[2]

## 二、天算专门之学著作:《圜天图说》的性质

从上一小节的考证,可作出以下统计:

表7-2 《圜天图说》移用前人著述统计表

| 书名 | 卷次 | "说"总数 | 移用前书 | 有移用内容的"说"数目 |
|---|---|---|---|---|
| 《图说》 | 卷上 | 28 | 《天问略》 | 15 |
| | | | 《天经或问前集》 | 2 |
| | | | 《乾坤体义》 | 1 |
| | 卷中 | 12 | 《天问略》 | 2 |
| | | | 《火纬本法图说》 | 2 |
| | | | 《浑盖通宪图说》 | 1 |
| | 卷下 | 13 | 《表度说》 | 12 |

---

[1] 甄鹏认为此说引自《浑盖通宪图说》,但亦未说明卷数篇名。
[2] 本条考证甄鹏亦有揭示,参见氏著:《清朝道士李明彻及其科学成就研究》,第50页。

续　表

| 书名 | 卷次 | "说"总数 | 移用前书 | 有移用内容的"说"数目 |
|---|---|---|---|---|
| 《续编》 | 卷上 | 15 | 《天经或问前集》 | 5 |
| | | | 《西洋新法历书》 | 1 |
| | | | 《仪象考成》 | 1 |
| | 卷下 | 29 | 《天经或问前集》 | 23 |
| | | | 《简平仪说》 | 1 |
| 总计 | | 97 | | 66 |

亦即，《圜天图说》97"说"[1]当中，其中至少有66"说"袭用前书文字，而以《天问略》《表度说》和《前集》三书文字移用得最多。李明彻在移用他书时，并非全文照抄，而是会根据情况稍作增删补订。如上论第（57）条，移用《前集》文字时提及观天仪器望远镜。《前集》于"望远之镜"下小字注曰：

游燕曰：其镜以皮为筒，约长一尺余，其大小四五筒叠套。内小筒镜向物视之，见大为小；外大筒镜向物视之，见小为大。约百里之遥，无云烟所隔，则见人须眉嘻笑。万历始有此器入中华，其次则有简天仪、测量

---

[1] 笔者统计与甄鹏《圜天图说》全书96"说"的统计有所出入，因甄鹏漏计《图说》卷上"太阳晨午体影说"和卷中"直省地舆图说"，并于《图说续编》卷上增入"观星定位说"。按此"观星定位说"在《图说续编》中仅有内容，无题无目，故笔者不纳入统计。参见甄鹏：《清朝道士李明彻及其科学成就研究》，第72—75页。

晷，称为巧。测天之高下多寡，定星辰之度分深浅，皆由此器。[1]

《图说续编》则于"管窥望远之镜"下小字注曰：

> 管窥之器，以一独木杵作架乘之，约高五尺，下有三足着地，上有偃月口以座。管窥筒能旋转，左右随景高低，此观星之活用也。其镜以铜为筒，长约数尺，其大小各四五筒叠套。内小筒镜向物视之，见大为小；外大筒镜向物视之，见小为大。约百里之遥，无云霞所隔，视人须眉嘻笑，如在目前。乃万历年间始有此器，能测天之高低。观星宿多少、深浅之度数，皆由此器也。[2]

游燕是《前集》作者游艺之子，李明彻在引用时虽有增减，但因袭的痕迹明显，又删去游燕之名。虽然李氏自称"夙有传述"，只是"传述旧闻"并"疏其大概"，[3] 但亦颇有窃据之嫌。

然而，李明彻在其作品中的确显示出高于同时代人的天算专门之学的才能，[4] 对于所移用的前人著作，也确实有比较

--------

[1]（清）游艺：《天经或问前集》卷三，第616页。
[2]（清）李明彻：《圜天图说续编》卷上，第13a—14b页。
[3]（清）李明彻：《圜天图说》，"自序"第2b—3a页；"卢元伟序"第4b页。
[4] 详见第八章第二节第一目。

深刻的理解，而在资料的剪裁编辑上，《图说》比《图说续编》要圆熟。[1] 这是因为《图说》采用的多是明末传教士关于天算学某一方面的作品，出于《图说》体例结构的要求，李明彻编撰时应较为费时用心，特别是通编绘有精致又剪裁得当的插图，因此从文献的角度，《图说》亦为后世学者所称赞。[2] 而《图说续编》体例与《前集》相似，导致了大量的袭用，显得《图说续编》颇似一部草成的续貂之作。或又由于其道教徒的身份，李明彻删除了引书中大量的天主教神学话语，[3] 仅保留形而下的天文、历算、气象等部分，这种做法是乾嘉汉学考据家们所认可的。

基于上述，把《圜天图说》归入科学研究著作范畴是十分勉强的，[4] 似应将之纳入天算专门之学著作。阮元称李明彻"取元明本朝诸家之说而发明之"，[5] 此处"发明"乃阐发明了之意，而非今天的发明创造。刘彬华称李明彻"学有本原"，

---

[1] 但《图说》因同时采用了《天问略》中的托勒密宇宙模型与经梅文鼎阐发的第谷模型，在逻辑上仍有矛盾。此点伟烈亚力（Alexander Wylie, 1815—1887）于《中国文献笔记》中已有揭示，参见氏著：*Notes on Chinese Literature: With Intorductory on the Progerssive Advancement of the Art*, Shanghae: American Presbyterian Mission Press; London, Trubner & co. Paternoster Row, 1896. p. 100.

[2] Ibid.

[3] 如《图说》卷下《地圆周径四限图说》就删除了所引《表度说》中带有基督教特征的"造物主"一词。

[4] 《图说续编》也记录了岭南一带的一些自然现象，如《雷电说》记雷州地中生"雷鸡"，《火井温泉说》记高州电白、连州、南雄等地的温泉，《潮汐说》记广东钦州、廉州的海潮，皆用"说"中提及的知识解释，但未至科学研究层面，且为数不多。见（清）李明彻：《圜天图说续编》，第19b、46a—47b、49b页。

[5] （清）李明彻：《圜天图说》，"阮元序"第2a—b页。

对于《乾坤体义》《表度说》《天问略》及王锡阐和梅文鼎等学人的著作"皆研究而有所得",并以"此专门名家撰为一书"。[1]言下之意,也是阐明前人著述中难明之处,而无需作今天所谓的科学研究,并产生的新知识。换言之,李明彻之所以得到主流学者的赞助,是由于他对已有的天算专门之学知识和技巧的熟练掌握与运用,这一点也得到了当时外国传教士的承认。只能说,李明彻具备了进行那个时代的科学研究的能力,但现有的史料尚不足以支撑他取得任何科学成就和结论。

虽然如此,作为一部在"汉学"学术范式笼罩下的天算专门之学著作,《圜天图说》及其作者李明彻,又与当时阮元等提倡之通经致用与儒学教化有很大的关联,以下两节将分别论述之。

## 第四节　移用与致用:从道光六年彗星见事件看乾嘉学者对西方四行说之态度

明末清初,耶稣会士陆续来华传教,带来了与中国传统学问迥异的知识体系,即通称的西学。其中,利玛窦、高一志、熊三拔等耶稣会传教士,曾将亚里士多德自然哲学之一的四元素说改名为四行说,即把四元素(火、气、水、土)译成与五行(金、

---

[1](清)李明彻:《圜天图说》,"刘彬华序"第3a—b页。

木、水、火、土）在表面上相类似的"四元行"或"四大元行"，以彰显天主（造物主）之大功，进而在中国进行学术传教。针对当时四行说与五行说并存且相互竞争的状况，徐光台从耶稣会士一方的传播策略和中国士人一方的反应两方面，分别爬梳史料，进行了深入的分析和探讨。[1] 张晓林考察了杨廷筠关于四行说、五行说以及佛教"四大说"（四大：地、水、火、风）的辨析，揭示杨氏在元素说问题上结合、调和耶儒两种文化传统，排斥佛教的基本倾向。[2]

虽然大部分乾嘉学者都不曾与传教士有所接触，但得益于当时大规模编书、刻书，他们可以通过图书对先期传入的西学进行研究与批评，进而形成自身的意见。禁教以前，耶稣会士输入的西学以天文、历法、算学为大宗，学者们的论述多从这些方面着墨。乾嘉学术与早前输入的西学之间的关系，也有学者作专

---

[1] 徐光台：《明末西方四元素说的传入》，《清华学报》，1997年新27卷第3期，第347—380页；《明末清初中国士人对四行说的反应——以熊明遇〈格致草〉为例》，《汉学研究》，1999年17卷第2期，第1—30页；《熊明遇对天体色相的看法》，《台湾哲学研究》，2000年第3期，第23—46页；《明末清初西学对中国传统占星气的冲击与反应：以熊明遇〈则草〉与〈格致草〉为例》，纪宗安、汤开建编：《暨南史学（第四辑）》，广州：暨南大学出版社，2005年，第284—303页；《西学传入与明末自然知识考据学：以熊明遇论冰雹为例》，《清华学报》，2007年新37卷第3期，第117—157页；《徐光启演说〈泰西水法·水法或问〉（1612）的历史意义与影响》，《清华学报》，2008年新38卷第3期，第421—449页；《熊明遇论"占理"与"原理"》，《九州学林》，2008年第6卷第2期，第56—103页；《异象与常象：明万历年间西方彗星见解对士人的冲激》，《清华学报》，2009年新39卷第4期，第529—566页。

[2] 张晓林：《四大耶？五行耶？四行耶？——杨廷筠辨儒释耶元素论》，《兰州大学学报（社会科学版）》，2009年第6期，第26—31页。

门的论述。[1]段异兵的研究指出，清人对流星的观念有两种，一为中国传统的占验观念，一为西方古典的流星观念，[2]即认为流星是一种建基于四行说理论的大气现象。事实上，四库馆臣称赞游艺《天经或问前集》将"风云、雷电、雨露、霜雾、虹霓之属皆设为问答，一一阐其所以然，颇为明晰"，而"占验之术则悉屏不言，尤为深识"，因而该书被收入《四库全书》子部"天文算法类"。游艺对上述大气现象进行解释时所运用的理论，正是四行说。因此，如何理解乾嘉学者对待四行说的这种矛盾态度，是本节要探讨的主要问题。本节首先从道光六年（1826）彗星出现一事切入，探讨乾嘉学派主将之一的阮元对此现象态度前后转变的原因，借以揭示四行说理论在这一事件中所起的作用；其后，考察与阮元同时代的乾嘉学者的意见，探究四行说理论以何种方式进入他们的学术知识体系；最后，分析乾嘉学者对四行说扬弃吸收的原因。

## 一、道光六年彗星见事件

陈伯陶《瓜庐文剩·李明彻传》（本节以下简称《李传》）中记载了一则与1826年彗星有关的史料：

---

[1]张瑞山：《乾嘉学派与清代天算、地学、医学》，《自然辩证法通讯》，1992年14卷第5期，第57—63页；[美]艾尔曼著，于文、曹南屏译：《18世纪的西学与考证学》，《经学·科举·文化史：艾尔曼自选集》，第73—104页；刘墨：《乾嘉学术与西学》，《清史研究》，2005年第3期，第53—62页。
[2]段异兵：《清代的流星观念和观测》，《自然辩证法通讯》，1998年第5期，第39—43页。

（道光）丙戌春，彗星见南方。（阮）元疑粤有兵起，问之，以旱对。问："可禳否?"曰："禳无益，当备旱。"先是甲申岁，元因明彻言，奏免洋米入口之税，以关使虑税短，故米舶出口货仍照征。明彻因复言："夷人嗜利，如并免其出口货税，米当大至，虽旱无害。"元如其言。是秋旱，米价反平。自后粤虽旱潦，不洊（荐）饥，明彻发之也。[1]

陈伯陶记录此事的依据，是李明彻弟子的转述，或有夸大或误记之辞，其可靠性需要考证。首先，根据这段记录，因 1826 年春天有彗星出现在南方，时任两广总督的阮元怀疑广东将有战事，但不能确定，便向对天象有所研究的李明彻询问。李明彻则认为将会有旱灾，并提出备旱方法，得到阮元的采纳。整件事源起于彗星的出现，但文中对其的描述只有彗星出现的大致时间和方位，并无具体时刻、准确方位、指向等方面的记述。根据中外文献关于 1826 年春天出现彗星的记录，[2] 笔者推测阮、李所

---

[1] 陈伯陶：《李明彻传》，《瓜庐文賸》卷四，第 36b 页。
[2] "（道光）六年正月，彗星见"，（清）刘锦藻：《象纬十》，《清朝续文献通考》卷三〇三，上海：商务印书馆，1936 年，第 10488 页；"道光六年比乙拉在墺地利所测得者，意即乾隆三十七年（1772）及嘉庆十年（1805）之彗也"，[英] 威廉·赫歇尔（John Frederick William Herschel）原著，[英] 伟烈亚力（Alexander Wylie）、（清）李善兰译述：《谈天》第三册，上海：商务印书馆，1934 年，第 11 页；"这里要指出的是，它（彗星）分别由比拉（Biela）和甘姆巴特（Gambart）在 1826 年分别独立发现：比拉在 2 月 27 日，而甘姆巴特在 3 月 9 日……彗星于 3 月 18 日经过近日点，一直到 4 月底还能被人追踪到"，W. T. Lynn, "Correspondence To the Editors of 'The Observatory': Biela and his Comet", *The Observatory*, Vol. 28, no.363, Nov. 1905, p. 424. "宣宗道光六年丙戌正月，比乙拉彗星见"，叶青：《古今彗星考》，清宣统二年（1910）上海时中书局寻常本，第 37a 页。

讨论的这颗彗星，可能是著名的比拉彗星（Biela's comet）。

其次，据《李传》文本的记载，在彗星见之前两年（1824），李明彻曾向阮元建议，免除专运洋米进口的外国船只的"入口关税"；洋船商把米卖出后，准以内地货物装原船返回，依旧征收这些货物的出口关税。事实上，按《清实录》，免除的是"输船钞"，是针对船而不仅是洋米征收的费用，而运米洋船的输船钞照例是免除的，只是米船回程时不准装载其他货物出口，只许空船返航。阮元所奏请的，是让米船回程时可以装载货物出口，而且征收货物的出口税。一方面让洋船有货压舱，外商又有利可图；另一方面平抑本省米价，关税也不会减少。此事得到皇帝下诏允许。[1] 当时广东的米粮一直供不应求，因此该年洋船来粤贩米之时，阮元本人也作《西洋米船初到》诗记述其事，但诗中并未提及李明彻。[2]

再次，根据《李传》，李明彻预测1826年彗星出现后广东会发生旱灾，建议阮元取消米船出口货税备旱。按常理，米船装货出口必须上奏皇帝，那么取消米船的出口货税更应上奏，然而此事却不见于《实录》。事实上，自康熙中叶开始，清政府就建立了比较行之有效的粮价奏报制度，以防范灾荒和进行财政管理，[3]

---

[1] "道光四年三月戊辰"条，《清宣宗实录》卷六六，《清实录》第34册，第39—40页。

[2] 诗中"免税乞帝恩"一句下阮元自注："余奏免米船入口船及米之税，仍征其出口船货之税，蒙允行。以后如米船倍来，则关税仍不短。"参见（清）阮元：《西洋米船初到》，邓经元点校：《揅经室集·揅经室续集》卷六"甲申年诗集"，北京：中华书局，1995年，第1100—1101页。

[3] 陈春声：《清代的粮价奏报制度》，《市场机制与社会变迁：18世纪广东米价分析》附录一，北京：中国人民大学出版社，2010年，第207—216页。

因此像取消米船出口货税这一类与粮价调控相关的措施，不应是总督可以自行决定的。另外，时人又有记载：

> 道光四年，总督阮公奏请，各国夷船专运洋米来粤，免其丈输船钞，所运米谷起贮洋行粜卖，原船载货出口，一体征收税课。得旨允行。一时黄埔、澳门岁增米十余万石。然各国来粤米船，均系零星小贩，并非资本充裕之夷。……（阮公）但能导夷船之岁至，而不能使洋米之积余。可以收效于会城，而未得推行于全省。本年（旱）〔旱〕稻，收获仅及六成；秋冬亢旱，晚稻不足三成。来岁青黄不接之际，即查照乾隆、嘉庆年间成案，饬商采买洋米回粤粜卖，将来平其市价，非不可转歉为丰，而暂时举行，究非永久之善策。[1]

阮元任两广总督时（1817—1826 年 6 月），江苏清河县（今属淮阴市）人萧令裕曾在其幕下工作。[2] 引文中的"本年"是指萧令裕写作此文时的年份，当在道光四年（1824）之后，该年大旱且阮元仍在两广总督任上。而此文另处又称阮元为"前总督"，则唯一可能是此文写于 1826 年下半年（当

---

[1]（清）萧令裕：《粤东市舶论》，引自（清）魏源：《海国图志》卷七八，济南：山东画报出版社，2004 年，第 1180 页。
[2]（清）胡裕燕等修，（清）吴昆山等纂：《（光绪）清河县志》（影印光绪二年［1876］刊本）卷二一，《中国方志丛书》，台北：成文出版社，1983 年，第 206 页。

年6月，阮元迁任云贵总督），恰能与《李传》所称的"道光六年"相互印证。但从萧令裕的记述来看，阮元的确做了应对旱情的措施，然而并非如李明彻所言取消米船出口课税，而是让商人采买洋米回广东贩卖，《李传》为了突出李明彻的作用而有所夸大。

虽然《李传》有部分记述是夸大了，但基于上述数点，陈伯陶关于1826年彗星出现及以后的一系列记载大致可信。而在此事件中，阮元对彗星出现，由"疑有兵"到"备旱"（尽管未采取李明彻的提议），显然有一个改变的过程，而影响阮元判断和决策的关键人物是李明彻。从现代天文学知识来看，彗星只是太阳系当中的一类天体，由冰块、尘埃等物质所组成，其绕日轨道和周期可以根据天体力学方法推算而得，与人间的兵灾或旱灾并无直接关联。事实上，1826年年初的一颗彗星，正是因为奥地利人比拉（Wilhelm von Biela）首先观测到并算出周期，而被命名为"比拉彗星"的。甄鹏指出，李明彻之所以认为彗星导致旱灾，是来源于《圜天图说》中的相关内容，李氏的"解释沿用了西方的观点"，虽然是错误的，但"解释动机和方法是科学的"。[1] 其实，正如前节所揭示的，李氏《圜天图说》因袭前书而又作小量改动的地方甚多，其解释是否完全承袭了西方的观点，非比较无以得其真相。另外，阮元最初"疑有兵"的判断的知识来源，也涉及其对彗星态度转变的问题，也值得讨论。

---

[1] 甄鹏：《清朝道士李明彻及其科学成就研究》，第55页。

## 二、阮元、李明彻各自彗星知识之溯源

### (一) 对中国传统占书中彗星占占词的考察

按有清一代制度，对天文现象进行"占验"是钦天监天文科的主要职责；占验的根据，在康熙、雍正两朝是依《观象玩占》，乾隆、嘉庆以后，还有《乙巳占》《天文会通》《天文正义》以及《晋书》《隋书》《宋史》等正史中的天文志。[1] 因此，通过考察占书中关于彗星的占验，可以判别阮、李二人对彗星判断的知识来源。另一方面，《观象玩占》和保存了唐以前大量星占术资料的《开元占经》，[2] 都分别设有"彗星占"节目，胪列出彗星出现在天空中不同位置时的占词。对此，笔者对当中有关预示战争和旱灾的占词条目进行了统计（见表7-3）。[3]

---

[1] 史玉民：《清钦天监的科学职能和文化职能》，收于江晓原主编：《多元文化中的科学史——第十届东亚科学史会议论文集》，上海：上海交通大学出版社，2005年，第125—133页，特别第131页。

[2] 《开元占经》被乾隆年间的《四库全书》所著录，列于子部术数类占候之属；当中所载的前代星占资料，可以与李淳风的《乙巳占》互为补充，参见关增建：《乙巳占提要》，薄树人主编：《中国科学技术典籍通汇·天文卷》第四册，郑州：河南教育出版社，1993年，第451—454页。

[3] 旧题（唐）李淳风撰：《观象玩占》卷五○，哈佛大学汉和图书馆藏明许明元写本；（唐）瞿昙悉达：《开元占经》（影印明大德堂钞本）卷八九、九○，薄树人主编：《中国科学技术典籍通汇·天文卷》第五册，第756—781页。按：《开元占经》卷八八为"候彗字法"，属"彗星占"的一部分，虽然也涉及彗星出现时的占词，但属总论性质，且占词在其后两卷中也有重复体现，故此部分不列入统计范围。

表7-3 《观象玩占》和《开元占经》
彗星占占词统计表

|  | 彗星占词条目总数 | 预示战争的占词 ||  预示旱灾的占词 ||
|---|---|---|---|---|---|
|  |  | 条目数 | 占总数百分比 | 条目数 | 占总数百分比 |
| 《观象玩占》 | 38 | 35 | 92.1% | 5 | 13.1% |
| 《开元占经》 | 135 | 83 | 61.5% | 7 | 5.2% |

占书中有些占词会同时预示战争和旱灾，似乎可以提高星占预测的"准确性"，如：

> 彗犯柳，国诛大臣，兵丧并起；外臣主宗社，危。彗出柳为大兵丧、大旱饥。[1]
> 甘氏曰：彗孛干犯房，（有）亡国，〔有〕兵起，民饥，骨肉相残。又曰：彗星出房，大兵起；水旱不调，人多饥死（者）去其田宅〔者〕。一曰：人相食，期不出二年。石氏曰：孛从房〔出〕，天子急，行（无为逆）〔为无道〕，诸侯举兵守国。[2]

前一段引文是"彗犯柳"（彗星在柳宿出现）名下的全部内容，是一条占词。后一段引文涉及甘氏和石氏两人的不同说法，却同属"彗孛犯二十八宿"中的"房宿"名下，因此也是一条

---

[1] 旧题（唐）李淳风撰：《观象玩占》卷五○。
[2] （唐）瞿昙悉达：《开元占经》卷八九，第785页。按：此据清文渊阁《四库全书》本校。

占词,在预示战争和预示旱灾的占词条目数上分别增加一。后一条占词中,虽只有"水旱不调"这一模棱两可的词语提到旱灾,但也一律从宽计入。从表7-3中我们可以看到,传统占书倾向于认为,彗星的出现大多数情况下预示着战争;只在某些少数的、特定的情况下,[1] 彗星的出现才会预示着旱灾。关于彗星的成因和性质,《开元占经》引用古代纬书、星经等,认为彗星是五大行星之"精"变化而来的。

《黄帝占》曰:……其彗星之出,以甲寅日见日傍有青方气,此岁星之精将欲为彗;以丙寅日见赤方气在日傍,此荧惑之精将为彗。以五色气候知之,则五星将欲为彗之变,先见其气,后见其彗。彗星见而长,天子死,五都亡,贱人昌,无道之君受其殃。期不出三年。[2]

江晓原认为,古人或因彗星形似扫帚,进而联想到它能"除旧布新",意味着要改朝换代,而这多半靠武力实现,因此常有"兵起四方""兵起天下"之类的占词。[3] 因此,在没有其他关于彗星的具体信息的情况下,依照传统占书判断将来会

---

[1] 如"陈卓曰:彗星出张,大旱;谷贵,石三千,粟尤甚","《海中占》曰:……彗守南河,为大旱。出南河,北夷为乱,来侵中国。若守之,胡军败。""齐伯曰:彗孛出九坎,有水旱之灾:出南则大旱,出北则大水。"(唐)瞿昙悉达:《开元占经》卷八九,第768、773、779页。
[2] (唐)瞿昙悉达:《开元占经》卷八八,第748页。
[3] 江晓原:《星占学与传统文化》,上海:上海古籍出版社,1992年,第129页。

出现战争是很正常的。由此足以证明,阮元正是循传统星占理论,首先作出"疑粤有兵起"这个判断的,只是他不能确定,还要找懂得相关知识的人来会商。事实上,当时的著名学者姚文田(1758—1827)就认为道光初年出现的彗星,预示着会有与"外夷"的战争。[1] 从另一方面看,根据中国传统的占书,判断彗星见为旱灾反而是不常见的,而如果李明彻是从传统星占学理论这个角度来判断的,那么他的看法也会与阮元相一致。显然,李明彻的判断另有依据。

(二)"火气"理论:李明彻判断彗星见将旱之根据

李明彻在《图说续编》中有"彗孛说"一节,讲解彗星的成因与性质:

> 流陨彗孛皆火气,实非星也。火气从地挟土上升,不遇阴气,不成雷电,凌空直突,冲入火际。火自归火,挟上之土轻微,结燥如炱煤,乘势直冲,遇火便燃,壮如药引:今夏天奔星是也。其土势火盛者,有声有迹,不能及于天,在火际旋转,得真火烧煅,结阴堕地而成落星之石。(原注:俗云星陨变石是也。)初落之际,热不可摩,如埏器初出也。若更精厚者,结聚不散,附于晶宇,即能成彗孛也。(原注:火际极热,土

---

[1] "(姚文田)尤留意天文占验法。嘉庆十八年,林清之变未起,彗横入紫微垣;道光初,彗见南斗,下主外夷兵事:公皆先事言之,人服其精识。"(清)李元度:《姚文僖公事略》,《国朝先正事略》卷二四,沈云龙主编:《近代中国史料丛刊》第12辑,第1202页。此事亦载于《清史稿》姚文田本传,赵尔巽等:《清史稿》卷三七四,第11551页。

气冲入此际，如窖中虽无火，投物则发光耳。结聚其气而论大小、厚薄之分，则有彗、孛各不同也。）

彗长而孛大，故能久不散，亦能随天转。……凡彗将见，必有大风或大旱。缘燥热横满空中，容易变风；未带湿气，故不能变云，故主多荒而旱，以彗燥热，能噏地上饶泽之气。又主多震，以彗在上噏气之紧，地中之气欲出，吸之，所以的震动。主灾疾，以彗吸动燥气，流动人间水泽之处。[1]

李明彻认为，"火气"把地上的土带到天空中极热的"火际"，火际虽热，却不发光。冲向火际的"土"则像煤一样，极为易燃，当中的厚而大者因为火际极热而被点燃、发光，这就是彗孛，亦即彗星。因此，彗星的性质是燥热的，能吸地上的水气，造成大旱。由此也可以证明，这是李氏判断彗星出现而将有旱灾的根据，且与中国传统的星占理论毫无关系。事实上，李明彻对于彗星的认识，来自清初游艺的《天经或问前集·彗孛》（1675），现照录如下，以兹比较。

曰：流陨彗孛皆火也。火气从下挟土上升，不遇阴云，不成雷电，凌空直突，至于火际。火自归火，挟上之土轻微，热燥亦如炱煤，乘势直冲，遇火便燃，状如药引：今夏月奔星是也。其土势大盛者，有声有迹，下

---

[1]（清）李明彻：《圜天图说续编》卷下，第23a—23b页。

反于地，或成落星之石。初落之际，热不可摩，如埏气初出。若更精厚，结聚不散，附于晶宇，即成彗孛。（原注：游熙曰：火际极热，土气冲此际，如窑中无光，投物则发光耳。结聚其气论其厚薄大小之分，则有彗、孛之不同。）

彗长而孛大，故能久不散，亦随天转。……凡彗将见，必多大风大旱。缘燥热横满空中，容易变风；未带湿气，不能变云，主多荒而旱，以彗燥热，能噏地上饶泽之气。又主多震，以彗在上噏气之紧，地中之气欲出，所以摇动。又主灾病，以彗噏动燥气，流动人间水泽之处。[1]

若把两段文献相互比较，我们即可发现文字雷同，亦即李明彻基本上全部抄录了游艺关于彗星知识的文字。然而，《图说续编》中最重要的一处改动，便是将"凡彗将见，必多大风或大旱"中的"必多"改为"必有"。基于这样的理解，李明彻也就明白，传统的祈禳救护对于彗星出现后的旱灾并无帮助，因此他向阮元建议：还不如采取适当的措施，全力备旱。

## 三、李明彻对四行说的移用

### （一）明末传入之四行说源流

李明彻于"彗孛说"中所本之游艺《前集·彗孛》，亦来源有自。冯锦荣认为《前集·霄霞》以下多条气象，多引熊明遇

---

[1]（清）游艺：《天经或问前集》卷四，第630—631页。

的《格致草·气行变化演说》和方孔炤、方以智父子共撰之《周易图象几表》。[1] 事实上，《前集·彗孛》中的文字，的确综合了游艺的两位老师——熊明遇[2]和方以智[3]的著述，而以熊明遇为主。但把大风、大旱跟彗星出现相联系，只在《前集》中有论述，而且详于熊、方二人。

熊明遇、方以智及游艺均是明末清初留心西学的士人，他们对于彗星的知识乃来自耶稣会传教士。首先是利玛窦在《乾坤体义·四元行论》中简略地提到彗星之一种——孛的成因：

> 如彼气（按：指"干热气"）无逢者，则逾气域、臻火疆便点着。若微者，速走而消落似星；若厚者，久悬于是而为孛星焉。[4]

利玛窦所说的"火疆"，即方以智、熊明遇、游艺和李明彻

---

[1] 冯锦荣：《游艺及其〈天经或问〉前后集》，王渝生主编：《第七届国际中国科学史会议文集》，第286—300页，特别第295页。

[2] "彗属火，火气从下挟土上升，不遇阴云，不成雷电，凌空直突。此二等物至于火际，火自归火，挟上之土轻微热干，略似炱煤，乘势直冲，遇火便烧，状如药引：今夏月奔星是也。其土势大盛者，有声有迹，下复于地，或成落星之石，与霹雳楔同理。今各处陨石初落之际，热不可摩，如埏器初出于陶焉。若更精更厚，结聚不散，附于火际，即成彗孛。"（明）熊明遇：《格致草》（影印清顺治五年［1648］《函宇通》刻本），薄树人主编：《中国科学技术典籍通汇·天文卷》第六册，第106页。

[3] "彗：满空皆火，近天极热，如窑中无光，投物则发光耳。此皆地气进上，带物入此热际，而火光迸射。其久者，气结厚大，随轮天转，去地尚近，非列宿之天也。"（明）方以智：《物理小识》卷二，上海：商务印书馆，1937年，第38页。

[4] （明）利玛窦、李之藻：《乾坤体义》卷上，第17a页。

等人所说的"火际"。利氏的《四元行论》，根据的是亚里士多德四元素说的经典阐释：土、水、气、火四元素依其轻重，各有其"本位"：土最重，所以由土组成的地球居于宇宙中心；水次重，在地之上（外）；气又次重，故水以上为"气域"；火最轻，像久烧的窑，极热而不发光，在最外层。火域以外，就是重重包裹的、不朽的水晶天球，离地球最近的是月轮天，月轮天以下（月下天）的所有物质都由四元行混合构成，包括彗星、流星等在内的自然现象均发生在月下天，并可以用四元素理论解释。[1] 火际或火疆，就是火与气交界之处。虽然解释了彗星的成因，然而利玛窦并没有把彗星和旱灾联系起来。

相比起《乾坤体义》，高一志的《空际格致》对四行说的论述更为系统，条理更加分明。以"火属物象"下"彗孛"一节为例，高氏先论彗孛并非圆形，出现又无规律，与天空中一般的星不同；次依《性理正论》[2]述彗星的性质、成因；次论彗孛结生于"气之上域"；次论彗星多出现于秋天的原因；次论彗星的运动；次论彗星的颜色；最后论彗星的形状。[3] 在此，高一

---

[1]（明）利玛窦、李之藻：《乾坤体义》卷上，第8a—18a页。
[2]《性理正论》，其书不详，原本可能是耶稣会士在学习亚里士多德哲学（包括自然哲学）时的教材，被翻译成中文时附会程朱理学而得此名。学者认为《空际格致》或据16世纪末17世纪初葡萄牙科英布拉大学哲学讲义之一的《亚里士多德〈气象学〉评注》（*Commentarii Collegi Combricens, Societatis Iesu, in Libros Meteororum, Aristotelis Stagiritae*）翻译，此书的三个版本为北堂书目所著录。参见金文兵：《高一志译著考略》，《江南大学学报（人文社会科学版）》，2011年第10卷第2期，第62页。
[3]（明）高一志：《空际格致》（明刻本）卷下，（日本）早稻田大学图书馆藏并于互联网发布，第11b—14a页。

志提到了彗星与旱灾的关系：

> 彗星见时，多有暴风、迅飔、旱涸之患，足验彗孛是燥热之气充塞空际而生。[1]

推本求源，高氏的这一说法出自亚里士多德《气象学》卷一第七章。[2] 在风、旱发生的程度上两者也一致，一用"多"，一用"常常"，《前集·彗孛》也沿用了这一说法。李明彻则自行作了修改：把彗星的出现与大风、大旱作必然的联系。陈伯陶的传记中并没记载李明彻提及大风，估计是认为无关宏旨而省略。实际上，李明彻的解释与明末耶稣会士们的意见是一致的：根据四元行理论，风的性质也是燥热的，[3] 而只有这样才能"证明"彗星是月下的火属现象。

### （二）"四行"之移用为"五行"

如此说来，李明彻是否真正接受西方的"四行"说呢？需要指出的是，李明彻《图说续编》并没有对众多空际自然现象

---

[1]（明）高一志：《空际格致》卷下，第 11b—12a 页。

[2]"彗星之出现，常常（frequently）是风与旱（drought）的前兆，这一事实当可表明，彗星由火组成。因为很明显，彗星源于大量凝结物的燃烧。由于热气大量散发，空气不可避免地变得更加干燥，潮湿的水汽蒸发殆尽，不易凝聚成水。" Aristotle, *Meteorology*, trans. by Webster E. W., in *The Complete Works of Aristotle*, edited by J. Barnes, electronic edition. (Princeton: Princeton University Press, 1991), vol. 1, p.12.

[3]"燥郁之气飘扬旋转，横骛披叫，震撞怒号，如人之噫。而骛于空者，则为风也。风性本自燥热……"（清）李明彻：《圜天图说续编》卷下，第 16a—16b 页。

知识的一般原理——四行说并未多加介绍。事实上，李氏更属意于中国传统的五行说。《前集·彗字》在解释"地中有火"时有小字注：

> 游熊曰：世人惟知地中有水滂沛，不知有火如此神异也。[1]

李明彻在相应的位置改此注为：

> 世人知地中有水滂沛，不知地中亦有火，如五行中皆有火也。[2]

显然，李明彻故意把"五行"中的火与四元素论中的火元素相混，有意削弱西方"四行"与中国传统"五行"之间的矛盾。除了添加"五行"两字表明其立场外，李氏还把疑似与天主教上帝相关的"神异"两字删除，显示他并非完全接受四行说，特别是与造物主关联的四行说，而仅接受四行说理论对彗字等自然现象的具体解释，并且在关键之处移用了四行说的理论，而为传统的五行说服务。由此也可以看到，原理上与中国传统学说相互矛盾的西方学说，通过移花接木、改换名衔的方式为人接受，以减少中国学者心理上所受到的冲击。

---

[1]（清）游艺：《天经或问前集》卷四，第631页。按：游熊是游艺之子，参见冯锦荣：《游艺及其〈天经或问〉前后集》，第295页。
[2]（清）李明彻：《圜天图说续编》卷下，第23b页。

事实上，经李明彻转手改造的理论在晚清仍有影响。1874年7月22日，上海《申报》就曾刊登不署名的来稿，题为《彗星说》：

> 阮仪征鉴定李青来《圜天图说》云："彗孛皆火气非星也。……又主灾疾，以彗吸动燥气，流动人间。"如此说来，尚属有据。[1]

## 四、通经致用的考虑：乾嘉学者对四行说"实理"的接纳*

尽管从现代天文学理论来看，源于亚里士多德的关于彗星的知识是错误的，但这并不影响明末以至清中期士人对这一知识的接纳。[2] 由于切实治经的需要，与之相关的训诂、天文、历算、舆地等专门之学也被广泛研究。治经之最终目的，是为了"通经致用"。桂馥（1736—1805）即谓："士不通经，不足致用；而训诂不明，不足以通经。"[3] 实际上，被纳入天算专门之学的四行说，其致用性尤为明显。明末耶稣会士们翻译的相关著作，实际上已经考虑到了四行说的致用或实用性，以吸引中国

---

＊本小节关于"致用"论点的归纳，笔者承学友潘澍原博士提示，谨致谢忱。
[1] 佚名：《彗星说》，《申报》，清同治十三年六月初九日（1874年7月22日）第2版。
[2] 徐光台的研究表明，徐光启（1562—1633）和熊明遇是从传统星变转而接受亚里士多德对彗星的解说的中国士人。见氏著：《异象与常象：明万历年间西方彗星见解对士人的冲激》，第545—554页。
[3]（清）桂文灿撰，王晓骊、柳向春点校：《经学博采录》卷二，上海：华东师范大学，2010年，第63页。

士人的关注。利玛窦《四元行论》在谈及认识火元素性质的实用之处时，就提到火"点彗星属而设百象，于智者占卜将来凶岁灾祸而免之也"。[1] 一般说来，耶稣会士是极力反对星占学的，认为这是迷信，[2] 但这里的"占卜"只是借用了中国传统的星占学话语，其蕴含的是根据四行说理论进行的有逻辑的推论。这在熊三拔述旨、徐光启演说的《泰西水法·水法或问》中，有进一步的说明：

问：……农民所急当在雨矣，然雨旸时若不可岁得，水旱虫蝗或居强半，不知何术可得豫知，以为其备乎？

曰：天灾流行，事非偶值，造物之主自有深意。若诸天七政各有本德所主、本情所属，因而推测灾变：历家之说，亦颇有之。然而有验有不验焉。盖数术之赘余，君子弗道也。倘居人上者果有意养民，欲为其备，则经理山川、兴修水利、劝课农桑、广储粟谷、阜通财货，即水旱灾伤，自可消弭太半，脱值不虞，有备无患矣。[3]

紧接下来的一条问答，则以田家是否"有术知一时晴雨"

---

[1]（明）利玛窦、李之藻：《乾坤体义》卷上，第17b页。
[2] 黄一农：《耶稣会士对中国传统星占术数的态度》，《九州学刊》，1991 第4卷第3期，第5—23页，特别是第三节。
[3]（明）熊三拔：《泰西水法》卷五，《天学初函》第三册，第1667—1668页。

为问，而答之以"无关数术，殆四行之实理也"。[1] 由四行说的"实理"，而使"智者"或"居人上者"预知凶灾，进而"广储粟谷、阜通财货"备灾。因此，这里的"实理"是一种揭示事物之间相互关系而且是信而有征的道理。李明彻推测彗星出现后将会有旱灾，并劝阮元增加粮食供应备旱，其思路正与之相一致。只是"四行"之名被换成了"五行"，而仍使用"四行之实理"。

另一方面，阮元主编《畴人传》时，表明步算和占候是两家，在为"畴人"作传时专取"步算一家"，而"以妖星、晕珥、云气、虹霓占验吉凶，及太一、壬遁、卦气、风角之流涉于内学者，一概不收"。[2] 然而，纯粹学术是一事，通经而致实用又是另一事。道光六年彗星见，依照传统星占理论多为战争前兆，广东又为当时边防外交重地，身为封疆大吏的阮元不能置之不理。[3] 既然李明彻有"实理"作为支撑，而且旱灾也凑巧被应验，阮元乐于致用，顺理成章。至于并未采纳李氏的备旱措施而改用其他，则是另一问题，牵涉到官员迁任、上报等制度。

---

[1]（明）熊三拔：《泰西水法》卷五，第1668—1669页。徐光台认为，这两条问答似乎有间接挑战与"术数关连的五行说的蕴意"。参见氏著：《明末西方四元素说的传入》，第371—372页。
[2]（清）阮元等撰：《畴人传汇编》，"畴人传凡例"第1—2页。
[3] 阮元于嘉庆二十二年（1817）刚接任两广总督时，即"乘水师提督之兵船"，"遍观内外形势及澳门夷市"，亲自测量水深，并向皇帝建议在两处险要地方加建炮台。参见《广州大虎山新建炮台碑铭》，《揅经室二集》卷七，《揅经室集》，第555—556页；又（清）张鉴等撰，黄爱平点校：《阮元年谱》，北京：中华书局，1995年，第225—226页。

同一时期的主流汉学家，对李明彻所本的《前集》给出了相当正面的评价：

> 此其前集也，凡天地之象、日月星之行、薄蚀朒朓之故，与风云、雷电、雨露、霜雾、虹霓之属，皆设为问答，一一推阐其所以然，颇为明晰。至于占验之术，则悉屏不言，尤为深识。……虽步算尚多未谙，然反复究阐，具有实征。存是一编，可以知即数即理本无二致，非空言天道者所可及也。[1]

很明显，四库馆臣所提到的推究各种自然现象的"所以然""实征"等，与熊三拔、徐光启所称的四行说的"实理"实际上是一致的。然而，高一志的《空际格致》在四行说原理和解释上，都要比李明彻所习所本的《天经或问》要系统、自洽，但并没有被收入《四库全书》，只列入"杂家类·杂学之属"存目，而且得到了四库馆臣的负面评价：

> 西法以火、气、水、土为四大元行，而以中国五行兼用金、木为非。一志因作此书，以畅其说。然其窥测天文，不能废五星也。天地自然之气，而欲以强词夺之，乌可得乎？适成其妄而已矣。[2]

---

[1]（清）永瑢、纪昀等：《四库全书总目》卷一〇六，第899页。
[2]（清）永瑢、纪昀等：《四库全书总目》卷一二五，第1081页。

四库馆臣认为，西学所长在天文，精于进行金、木、水、火、土五大行星的观测，既然西人不能否认五大行星，那岂非与《空际格致》里所主张的四行说矛盾？四库馆臣误以为西方也用金、木、水、火、土五行来命名五大行星；他们不清楚这只是耶稣会士们按照中国传统的对译，在他们所使用的拉丁文中，五大行星的字面意义不仅与五行无关，也与四行无关。事实上，游艺早就试着解决这个矛盾。在《前集》"四行五行"一节，游氏设一问答：

> 问：天有五纬，地有五行，不易之理也。而西国不用金、木，以水、火、土、气为四行。……且释氏云地、水、火、风，邵子云水、火、土、石，亦未及金、木，则四行之义已先言之矣，然则何从乎？
>
> 曰：……气蕴于火，而转动则为风，吹急则为声，聚发则为光，合凝则为形：是风、声、光、形总为气。用无非气也，故西国舍金、木而专言气。与水、火、土并举者，指其未凝形之气，以为天地万物生生之机也。则五材之形，五行之气，顾不可以生克为至理。揭子曰："金能克木，然又不如火之克木，并其形而毁之也。火之克金，又不如火之克木而木不存、克金而金愈精。"曰："土生金又不如土生木，木则连山遍岭，金则生数处。"曰："土克水，然土实生水，水非土载而生，水能空立乎？他物之生，生后（生）可判为二；水土之相生，胶漆不能离焉。"曰："水克火，然水火

一也,论其质则相克,论其气则相生,论其形气之交则又相入。火见水而死,而温泉沸汤,则火之气能入水之形;水见火而散,而灯脂燋蜡,则水之气能入火之形。"夫水化气而为火,火化气而为水,则水火互相生变化,以为道也,是二而居之一也。[1]

游艺虽然援引揭暄(1613—1695)的观点来证明五行相生相克原理并非正确,[2] 但仅凭他赞同揭氏"水因土载而生"一点,就足以说明他并不能理解四行各有相应位置这一基本原理,其相互之间也并非如中国传统五行说中的相生相克的关系。游艺尚且不能充分理解四行说,更不用说处于禁教时期的乾嘉学者了。加上《四库提要》的影响,乾嘉学者普遍不接受四行说。阮元弟子梁章钜(1775—1849)谓:

> 高一志撰《空际格致》一书,以火、气、水、土为四大元行,而以中土五行兼用金、木为非。然彼国所最擅长者在天文,而推算量测仍不能废五星,则于彼说亦自相矛盾矣。此其所以为异端欤?[3]

---

[1] (清)游艺:《天经或问前集》卷四,第640—641页。
[2] 游艺所引揭暄语,部分见于《璇玑遗述·火水各异》(影印光绪二十五年[1899]《刻鹄斋丛书》本)卷六,薄树人主编:《中国科学技术典籍通汇·天文卷》第六册,第375页。
[3] (清)梁章钜:《退庵随笔》卷八,清光绪元年(1875)《二思堂丛书》刊本,第25a页。

梁氏最后一句话颇值得玩味，表面上似乎是因为有四行说这种谬论，所以高一志所信奉的天主教是异端；但他对《空际格致》的评价是摘引《四库提要》的，故他认为天主教是异端当是先入为主的观念。高一志在《空际格致》中也确实时时不忘提及造物主之大功，而中国士人多对此表示反感。直至同治年间，李鸿章幕僚、常熟士人邵增（1832—1877）在读完《空际格致》后虽认为"西方有人，勿谓其书之可废"，[1]但又对书中多次提到的造物主不以为然，更有批评谓"泥于造物，尤为拙笨"。[2]而到了1886年，四库馆臣对耶稣会士四行说的责难才被艾约瑟（Joseph Edkins, 1823—1905）利用新的化学科学知识，以同时否定四元素说和五行说的方式予以破解，但有趣的是他认为科学知识的进展使得新教传教士们比传播错误科学的耶稣会士们更具优势，能令大多数中国人放弃传统观念而改宗。[3]

---

[1]（明）高一志撰，（清）邵增批并跋：《空际格致》卷下，上海图书馆藏清钞本，第60b页。

[2]（明）高一志撰，（清）邵增批并跋：《空际格致》卷上，第24b页。另详见第九章。

[3]"两百年前的耶稣会士在传播、教授科学上处在一个相当不利的状态。他们只能教授当时现有的知识。因此他们教授四元素说：火、气、土和水，因为他们是从源于爱奥尼亚学派的亚里士多德那里得到的知识，而爱奥尼亚学派的学术则源于迦勒底人和埃及人。中国的批评家表示反对，认为世上有五种基本元素，木和金能与其他三者并称为元素。而且在他们看来，五大行星的存在令人信服且又确凿无疑地证明了中国的五行说是正确的。他因此而指责四元素论。然而，面对今天的63种元素，他还会说什么呢？当恒星的数目变得比现在已知的要多得多，而火也不再被承认为元素之一的时候呢——因为只要游离的原子在一个极小空间里面做出一种相当快速的运动，那么所有物质都可以发出光热？我们现在的境况要好多了。我们关于自然的知识进展很大，而科学极大增长。比起以前的模糊论证，包括医术、占星术、堪舆术、天文星象在内的中国学问中错误的科学（false science），现在更能显现出它们的不正（转下页）

在对待道光六年彗星见事件上，阮元把属四行说的理论解释作为实施备旱措施的依据，但他也与同时期的大多数学者一样，并不对四行说完全接纳。上引梁章钜《退庵随笔》，阮元在道光十六年（1836）为之增补删订数条，并题字于卷首。[1] 也就是说，虽然早在十年前就已接受了由四行说理论推演而来的彗星非星观点，但阮元一直赞成四库馆臣的意见，以四行说为非。他接受的，是能致于实用的四行说"实理"。

作为西学的二传甚至是三传者，李明彻的彗星理论虽绝大部分袭自游艺的《天经或问》，却是经过他细微改造的成品。他没有把亚里士多德对彗星现象的解释纳入四行说的总原理之中，只将此现象单独处理，而且在小字中阑入"五行"字样，以示和四行说相区隔。与彗星相似，亚里士多德的水晶球体系还将流星解释成大气现象，而段异兵关于清人流星观念的研究表明，明末以降关心西学的中国人仍接受流星的大气现象观。[2] 从阮元接受李明彻对彗星现象的解释以及四库馆臣对《天经或问》的赞誉来看，乾嘉学者对于经过"转手"的四行说理论中，关于自然现象的"实理"的解释部分，是可以欣然接纳的。他们最为

---

（接上页）确。而我们可以以更少的困难来说服中国人放弃其传统观念。基督教的支持者此时占有了一个最有利的位置，而如果儒家的批评要维持其对基督教的攻击，那么它就必须以一种全新而更为有效的方式作为武器来武装自己。"Joseph Edkins. "The future attitude of China towards Christianity", *The Chinese Recorder*, v.17, no.11（1886），p. 413.

[1]"去岁（1836），过关中，（书稿）遽从友人付梓。携至日下，同人皆以为有用之书，非说部杂家比。爰质之仪征师，相承有增删数事，题字卷端。"梁章钜：《退庵随笔》，"自序"第 3a—3b 页。

[2] 段异兵：《清代的流星观念和观测》，第 39—43 页。

不满的，是传教士在传播四行说时处处彰显造物主的功绩。这种情绪使得中国的士人不能充分了解四行说，更引致学者对四行说理论整体的排斥。

## 本 章 小 结

本章通过对李明彻《圜天图说》诸序跋的分析，及其内容来源的考察和对比，指出《圜天图说》的历史价值并不在于其中有多少创新性的科学研究和贡献，当时人的评判要点也不在于此，而在于其所具有的天算专门之学特质。其具体特点是，与同时同地的士人相比，李明彻能够移用明末以来传入的关于西方天文、气象等知识的理论解释和文字，配以内容相近的、中国传统学术中的名号，并在充分理解和掌握后致于实用。透过这种天算专门之学的掌握、移用与致用，李明彻获得了主流学界领军人物阮元的认可，参与了阮元在广东的行政事务，及其以汉学学术推广为主要内容的地方儒学教化。在阮元等外省官员和本省学人的联合之下，包括天算专门之学在内的本地学者的经汉学学术认同得以确立，产生了深远的反响。在下一章，笔者将以实例探讨该反响的深度与广度。

# 第八章

# 李明彻天文舆地著作的儒学知识化及其在晚清海内外的流传

前章已讨论了李明彻《圜天图说》的知识来源及其汇集性质，而前人研究集中在李明彻的科学著作及其科学内容上。不过，创新为科学研究的主要特点，因此，仅把李明彻的著述纳入科学研究著作，名实并不相符，而且会忽略历史人物和历史背景的复杂性。[1] 一方面，李明彻的科学著述而非宗教著述得到表彰，与它们可以被纳入当时的儒学知识体系密切相关。另一方面，新发现的证据也显示，因为这些科学著述结合了中西学术传统，它们在清代后期也受到海内外的关注。本章从数个新角度讨论李明彻最重要的著述《圜天图说》如何在广东被转化为儒学知识，并由此出发，考察其在清后期在海内外流传的情况。

---

[1] 甄鹏虽然提到"实学思潮和乾嘉学派，是研究明清科学必须注意的两个社会背景"，但涉及揭示此背景与李明彻之间关系的文字其实并不多见。参见氏著《清朝道士李明彻及其科学成就研究》，第10页。

## 第一节　李明彻天文舆地著作的儒学知识化

《圜天图说》以其汇集众书、图文并茂的特点，得到阮元的赞助出版，也得到当时在粤名人作序跋称许。在阮元担任两广总督前的19世纪初期，广东的杰出人才与进士数目较江浙一带远远落后。[1] 而在儒家学术上，粤人又多宗尚明代理学名家、邑人陈献章（1428—1500）、湛若水（1466—1560）之学。[2] 阮元督粤后，仿杭州诂经精舍之例，创建学海堂（1821）。大体上，阮元欲借学海堂以倡广东一地的汉学之风，可归结为"尊经学、重实学"六字，即：（1）扭转时人专事科举帖括的风气，引导学者真真正正地研经阅史；（2）倡导经史研究所应旁及的小学、舆地、天算等切实学问。[3] 学海堂对于近代岭南学术文化的巨大意义，晚清已有"粤人知博雅，皆自此堂

---

[1] Benjamin A. Elman, "The Hsüeh-hai T'ang and the Rise of New Text Scholarship in Canton", *Ch'ing-shih wen-t'i* (*Late Imperial China*), vol. 4, no. 2 (1979). 今据车行健中译：《学海堂与今文经学在广州的兴起》，《湖南大学学报（社会科学版）》，2006年第2期，第14页。
[2] 阮元在其诗句"学海深知判释儒"下注："岭南学人惟知尊奉白沙、甘泉，余于《学海堂初集》大推东莞陈氏学蔀之说，粤人乃知儒道。"参见《揅经室集·揅经室再续集》卷六，第630页。
[3] 容肇祖：《学海堂考》，《岭南学报》，1934年第3卷第4期，第15页；刘伯骥：《广东书院制度沿革》，上海：商务印书馆，1939年，第7页。

启之"的评语,〔1〕近人学者各有论著专论此题。〔2〕在此背景下,《圜天图说》不仅作为专门之学被时人称许,以阮元为代表的乾嘉学者通过若干事件操作,把李明彻科学著作抬升至儒家学术知识著作的地位,并对嘉道以后的学者产生重要的影响。

## 一、《圜天图说》破格著录于《广东通志》

李明彻科学著作得以提升至儒学知识地位的第一个事件,是《圜天图说》被破格著录于《广东通志》。李明彻《图说》被"破格"著录入阮元领衔主修的《(道光)广东通志·艺文略》"天文算法类",此说最先似由李明彻弟子林至亮立碑指出,〔3〕后由陈伯陶重申:

---

〔1〕(清)戴肇辰、苏佩训修,(清)史澄等纂:《建置略三》,《(光绪)广州府志》(影印清光绪五年 [1889] 刊本)卷六六,《中国地方志集成》(广东府县志辑第2册),上海:上海书店出版社,2003年,第125页下栏。
〔2〕关汉华探讨了阮元对广东文化发展所作出的贡献,参见氏著:《试论阮元对广东文化发展的贡献》,《广东社会科学》,1996年第6期,第99—106页;李绪柏揭示了阮元和学海堂在清代广东朴学运动史中的重要地位,氏著:《清代广东朴学研究》,广州:广东省地图出版社,2001年,第26—37页;王建梁通过研究学海堂对阮元开创之汉学传统之保持、对广东全省以至省外书院的辐射影响以及学生对广东汉学的贡献,认为学海堂创建后,广东学术进入了"汉学时代",参见氏著:《清代书院与汉学的互动研究》,武汉:武汉出版社,2009年,第135页。更详细的相关文献介绍,参阅宋巧燕、张承刚:《诂经精舍、学海堂两书院研究综述》,《漳州师范学院学报(哲学社会科学版)》,2012年第26卷第3期,第111—116、160页。
〔3〕(清)林至亮:《鼎建祖堂碑记》,道光十七年立(1837),引自冼玉清:《天文家李明彻与漱珠冈》,第175页。

会粤督阮元修《通志》，以"古人不曰志而曰图经"，故图为重，思得精测绘者为之……令（明彻）主绘图事……其图、说皆前志所未有。元大嘉赏，并序其《圜天图说》，破例载《通志·艺文略》中。[1]

按照惯常做法，存世之人及其作品，不应列入史志。《（道光）广东通志》于1822年修成，其时李明彻尚在人间，且任通志馆绘图，因此其《图说》照例不应列入《艺文略》书目名单之中，而《图说》确实被方志著录了，所以称为破格或破例。此举经主编阮元的许可，阮元在其序中称李明彻是继隋唐道士张宾、傅仁均之后，"能为人所不为之学"的道士学者，而《圜天图说》"亟宜付梓，载入省志"。[2] 时任《艺文略》主编的刘彬华则从广东一地的学术源流出发，和应阮元：

吾广讲天经者，五代周杰有《极衍》二十四篇，胡万顷有《太乙时纪》《阴阳二遁立成历》二卷，此外寥寥焉。羽士李青来，隐于粤秀山，余耳其名，未之识也。一日，出所著《圜天图说》三卷，大为芸台制府、西津观察所称许。因问序于余，余卒读之，知其学具有本原……其用心可谓勤矣。

青来少倜傥……不为《抱朴子》内外篇之学，而

---

[1] 陈伯陶：《李明彻传》，第34a—36a页。
[2] （清）李明彻：《圜天图说》，"阮元序"第3b—4a页。

以此专门名家撰成一书，是非谈元（玄）者流而嗜学之士也。余方编《粤志·艺文略》，承制府命，著是书于录云。[1]

广东历代论天算专门之学的专书甚少，作为土生土长的广东人李明彻能通此学且能利用前人之说编辑书，当时足以为地方表率，与阮元在广东倡导汉学实学教化的举措相契合。[2] 事实上，阮元这一破格之举，也确实影响至其弟子吴荣光（1773—1843）的曾孙、晚清著名谴责小说家吴趼人。

与此破格著录之例足资比较的，是张之洞在其《书目答问》中著录了当时还在世的著名学者李善兰（1810—1882）的著作，并在附录《国朝著述诸家姓名略》中对李作了简介。张之洞谓："此编生存人不录，李善兰乃生存者，以天算为绝学，故录一人。"[3] 洪万生认为，张之洞《书目答问》凸显"天文算法"和"算学家"，是"对于乾嘉学派视天文算学为一种专门之学的具体回应"。[4]

另外，应当注意到的历史背景是，《书目答问》成书于1876

---

[1]（清）李明彻：《圜天图说》，"刘彬华序"第3a—4a页。
[2] 为《圜天图说》作序跋的其他士人，或说明李明彻天算专门实学与"仅据空文"的"言理者"大异其趣，或赞扬其书"不谭灾祥休咎"，均与乾嘉汉学的理念相一致。参见（清）李明彻：《圜天图说》，"卢元伟序"第1a—3a页；"黄培芳序"第4a页。
[3]（清）张之洞编撰，范希曾补正，孙文泱增订：《增订书目答问补正》，第619页。
[4] 洪万生：《〈书目答问〉的一个数学社会史考察》，《汉学研究》，2000年第18卷第1期，第158页。

年，是张之洞担任四川学政时为诸生开列的书单。然而这份书单颇具深意：一方面，当时四川一地的学术文化相对比较落后，《书目答问》及所附《国朝著述诸家姓名略》能指示四川学子（主要是尊经书院诸生）如何择书和择"国朝"先贤中的谁人为师；[1] 另一方面，配合张之洞在四川开办尊经书院等举措，一改巴蜀相对落后的学风，使之向汉学学风靠拢，蜀派学术得以兴起。[2] 此即如川人蒙文通所说，"蜀经明季丧乱，学术衰颓，晚清南皮张文襄公之洞来督学政，始以纪（昀）、阮（元）之学为号召。"[3]

以引进西方近代科学的贡献来说，李明彻固然远远比不上李善兰。但因二人均治被视为"绝学"的天算专门之学，他们成为后进地区汉学学术教化的代表人物则何其相似乃尔。职是之故，才出现了阮、张二人均破格将其著作著录于文献书目的相似状况。

## 二、地方儒学教化与纯阳观杨孚、崔清献两祠之建立

李明彻科学著作地位提升的第二个事件，是纯阳观杨孚、崔

---

[1] 关于张之洞在《书目答问》中显示出的汉学学术取向，以及指出破例以李善兰入《国朝著述诸家姓名略》为精心之选择，参见朱维铮：《张之洞与〈书目答问〉二种》，《读书》，1994年第10期，第84—86页。此文后收于《音调未定的传统》，沈阳：辽宁教育出版社，1995年，第224—234页。
[2] 除此两点以外，安东强揭示《书目答问》"更有深意"在于引导鼓励士绅刻书，以文治粉饰所谓"同光中兴"，以应对晚清变局，参见氏著：《张之洞〈书目答问〉本意解析》，《史学月刊》，2010年第12期，第52—56页。
[3] 蒙文通：《廖季平先生传》，收于《经学抉原》，上海：上海人民出版社，2006年，第196页。

清献两祠的建立。前人在述及李明彻时，必定会与其开创的纯阳观联系在一起，并旁及与此道观相关联之建筑——杨孚祠和崔清献两祠。[1] 笔者重新检视相关文献，结合当时的背景，发现此三所建筑在表面关联之下，也蕴藏有广东学术史意义。

关于于广州漱珠冈兴建纯阳观一事，李明彻自称：

> 漱珠冈者，因彻修省志，寻访万松山到此，见山环水曲，松石清奇，故取称漱珠之名也。……应建道场，开玄宗正（腺）〔线〕；创成法界，启列圣真传。
> 
> ……遂卜吉日，平地筑基。蒙阮大人暨列宪大人捐签，绅士善信人等，一时共庆，随缘乐助。先建大殿，升座开光，各处随后建造。于道光六年四月十三日开光升座，宫保大人会同列宪大人亲临祭祀。[2]

其次是《（同治）番禺县志》分别将纯阳观、杨孚祠和崔菊坡先生祠（即崔清献祠）并列为三所"坛庙"，其于"杨孚祠"大字下，用双行小字注云：

> 在河南漱珠冈，与纯阳观同时建，额曰"汉议郎

---

[1]（清）陈伯陶：《李明彻传》，第36a页；冼玉清：《天文家李明彻与漱珠冈》，第181—182页。

[2]（清）李明彻：《鼎建纯阳观碑记》，道光九年（1829）立，引自广州市文史研究馆编：《羊城风华录：历代中外名人笔下的广州》，广州：花城出版社，2006年，第87页。按：标点和文字稍作校正。

杨子南雪祠"，扬州阮元题。[1]

于"崔菊坡先生祠"下又注云：

在河南漱珠冈，以菊坡先生尝游憩于此，故以祀之，与纯阳观同时建。[2]

由此可知，阮元等学者捐款所建造的广义的纯阳观，包括了杨孚和崔清献两祠。事实上杨、崔二祠就在纯阳观之内。冼玉清于1950年代游纯阳观，从观中主体建筑纯阳殿"正殿向右行越巡廊为杨孚祠"，殿右则为崔清献祠，"二祠于纯阳殿如左右翼"。[3] 可知纯阳观大殿一座三间首先建设，并于道光六年（1826）落成开光，其他附属建筑至三年后才陆续建成，并由李明彻撰文碑记。[4] 因此，所谓纯阳观、杨孚祠与崔清献祠同时于道光六年建成，更确切的说法应该是纯阳观大殿一座三间于道光六年落成，当中的正殿祭祀道教神仙纯阳真人吕洞宾，其余两间分别祭祀杨孚和崔清献而成为各自专祠。

杨孚为东汉时南海（今属广州）人，章帝时（76—88）授

---

[1]（清）李福泰修，（清）史澄等纂：《建置略四》，《（同治）番禺县志》（影印清同治十年［1871］刊本）卷一七，《中国地方志集成》（广东府县志辑第6册），上海：上海书店出版社，2003年，第198页上栏。
[2]（清）李福泰修，（清）史澄等纂：《建置略四》，《（同治）番禺县志》卷一七，第198页上栏。
[3] 冼玉清：《天文家李明彻与漱珠冈》，第181—182页。
[4]（清）李明彻：《鼎建纯阳观碑记》，第87页。

议郎职,是岭南地区晋升朝官第一人,学识博雅,著有《异物志》。[1] 崔与之(1158—1239)字正子,号菊坡,谥清献,广州人,南宋绍熙四年(1193)进士,为宋理宗倚重的理学名臣。[2] 然而,将道教神仙人物与本地先贤学者一同祭祀,在当时是颇不寻常的。阮元主编《(道光)广东通志》论记载本地神祠的体例时称:

> 谨按:南粤神祠不列祀典者颇多,如悦城龙媪见于《太平寰宇记》《舆地纪胜》诸书,由来已久……皆未可略。其余淫祀,一概弗登,俾知秩祀谨严,于以儆人心、正风俗而不黩于邪焉。又各府州县名宦祠、乡贤祠俱建于学宫内合祠致祭,其有专祠者,则分载入"坛庙略"。[3]

供祭祀的专祠并非可以随意设置,诸如吕洞宾这样的道教人物,按理也应与杨孚、崔与之这些乡贤名宦有所区分,因而方志

---

[1] 关于杨孚及其著述的详细信息,参见罗晃湖:《杨孚及其〈异物志〉考述》,《广东图书馆学刊》,1983年第1期,第29—32页;(汉)杨孚撰,吴永章辑佚校注:《异物志辑佚校注》,广州:广东人民出版社,2010年,"前言"第1—26页。

[2] 崔与之的生平著述,详见(元)脱脱等:《宋史》卷四〇六,北京:中华书局,1977年,第12257—12264页;(宋)崔与之:《崔清献公集》,道光三十年(1850)南海伍氏《岭南遗书》刻本;(宋)李肖龙:《崔清献公言行录》,道光三十年(1850)南海伍氏《岭南遗书》刻本。

[3] (清)阮元修,(清)陈昌齐等纂:《建置略二十一》,《(道光)广东通志》卷一四五,第250—251页。

在记录时都把纯阳观、杨孚祠和崔清献祠分列。《（光绪）广州府志》更把杨孚祠和纯阳观分置于《建置略》之"坛庙"和《古迹略》之"寺观",[1]将两者切割的意图更为明显。不过,正式的方志书写是一回事,实际情况又是另一回事,倡议于纯阳观内置杨孚祠的,正是阮元,其《漱珠冈万松山上建汉杨子祠》诗云:

> 旧闻丁卯许家诗,南海雪飞东汉时。五鬣长松今万树,我来应建孝元祠。（原注:杨孚,汉议郎,岭南学人之最古者）[2]

按诗意,因史载杨氏当年在该处种植"五鬣松",至阮元倡议建祠时已生长至万松,是为万松山,因而祠址正是杨孚故宅,在此建祠正古今相应。此新祠所在即故宅之说,冼玉清已考证其非。[3]阮诗句意似出于诗人的想象多于实际,因此阮元在该地建祠,应与杨孚故宅关系不大。

另一方面,诗注又多解释诗中令人难明之处,多夫子自道之语。因此,从阮诗注中推其本意,更多地是因为杨孚是岭南研治学术的第一人,阮氏本人又好尚汉儒学术,为他建立专祠,正可以起到"儆人心、正风俗"的教化作用。至于崔清献祠的建立,

---

[1]（清）戴肇辰、苏佩训修,（清）史澄等纂:《建置略四》《古迹略六》,《（光绪）广州府志》卷六七、卷八八,第146页上栏、510页上栏。

[2]（清）阮元:《漱珠冈万松山上建汉杨子祠》,《揅经室集·揅经室续集》卷七,第527页。冼玉清亦揭示此诗,然"许家诗"误引作"许家祠",见氏著:《天文家李明彻与漱珠冈》,第181页。

[3]冼玉清:《天文家李明彻与漱珠冈》,第181页。

第八章　李明彻天文舆地著作的儒学知识化及其在晚清海内外的流传　　333

虽无文献证明，但有理由相信与杨孚祠的建立类似，是得到阮元的认可的，而不是《（同治）番禺县志》中所述的牵强原因。且此时阮元已倾向于汉学与宋学调和兼采，[1] 纯阳观祀一汉儒、一宋儒，又正好与阮氏的学术取态相吻合。

　　既然阮元为杨、崔设专祠是为了广东一地的儒家学术教化，却又将之设于道教观宇之内，岂非自相矛盾？然而，当我们将之与开山观主李明彻联系起来时，一切都变得合乎逻辑。李明彻通治经学所需的天算专门之学，又是一位被视为学有本源的本地学者，在他主持之下的纯阳观，定能实现阮元所希望的地方学术教化。在观中设置杨、崔两位广东前辈学人的专祠，是与阮元进行教化目的相配合的"加强措施"。

　　另外有一事件与纯阳观设杨、崔二祠相似，可供对比。在此之前的嘉庆十六年（1811），时任广东布政使的曾燠重建虞翻祠于广州光孝寺。虞翻（164—233）是三国时期吴国著名经学家，因直谏孙权（182—252）被谪戍至广州，但仍讲学不断。传说其讲学处就是后来的光孝寺，而光孝寺则因佛教禅宗六祖惠能（638—713）在此讨论风动幡动问题而知名。曾燠不仅重建虞翻祠，还在新祠落成时举行雅集，参加者包括张维屏（1780—1859）、黄培芳、刘彬华（黄、刘二人后均为《圜天图说》作序）等广东本地文士。雅集上，作为清代骈文八大家之一的曾燠，以骈体文为体裁撰写了《光孝寺新建虞仲翔先生祠碑》，由

---

[1] 关于阮元汉宋兼采的学术思想，详参钟玉发：《阮元调和汉宋学思想析论》，《清史研究》，2004 年第 4 期，第 19—25 页。

书法家伊秉绶（1754—1815）书写后勒石。[1] 围绕虞翻祠和这次雅集，麦哲维（Steven B. Miles）作了详细的考辨与分析，他认为曾燠通过重建虞翻祠并举行雅集，与广东地方文人建立起一种"文学上的跨地域的社会关系网"，进而刺激"地方（文学）认同"（local identity）和地方文学的产生。[2] 而因为有了虞翻这个儒家的符号，光孝寺也比起其他本地佛寺更具儒家化的功能（Confucianized function）。[3]

笔者以为，阮元所做的工作与曾燠所做的有同样性质，于广东道士李明彻所主持的纯阳观内建立杨、崔两祠，明显有助于建立粤人对于儒家学术的地方认同。比起曾燠刺激下所建立的文学上的认同，阮元的工作建立了更多方面的地方认同，这包括经学、天算专门之学、辑佚学、汉宋兼采思想等各个方面，或可笼统地称为"经汉学学术认同"。此后，以学海堂诸生为主体的广东学者，基于本地的经汉学认同开展学术研究，形成地方学派。与之相关的如学海堂学长之一南海曾钊（？—1854）解释虞翻注《周易》的《周易虞氏义笺》，[4] 辑杨孚的《杨议郎著书》《异

---

[1]（清）曾燠：《光孝寺新建虞仲翔祠碑》，引自（清）张鸣珂：《国朝骈体正宗续编》（影印湖北省图书馆藏清光绪十四年［1888］寒松阁刻本）卷一，《续修四库全书》（集部第1668册），第213页；（清）曾燠撰，（清）伊秉绶书：《伊秉绶书光孝寺虞仲翔祠碑》（原碑拓本），北京：中国美术学院出版社，2004年。

[2] Steven B. Miles, "Celebrating the Yu Fan Shrine: Literati Networks and Local Identity", *Late Imperial China*, vol. 25, no. 2（2004），pp. 33-56.

[3] Ibid. p.57.

[4] 麦哲维认为，曾钊《周易虞氏义笺》之撰写，某程度上或可归因于曾燠重建虞翻祠的影响。Ibid. p.54.

物志》，天算专门之学著作《虞书命羲和章解》等。[1]

由类似曾燠、阮元等外省官员联合本省学人建立起的地方认同，进而激发地方文学流派、学术流派的崛起，均可视作他们对地方进行儒学教化的积极结果。但事实上，李明彻并非因解经而学习天算知识，而很可能是由于石和阳对《阴符经》"首言观天之道、执天之行，尽矣"[2]的揭示而旁及。[3] 然而，正是由于阮元等人为《圜天图说》作序推荐，才塑造出李明彻崇尚并精通天算专门之学的形象。通过建构地方的汉学范式下的天算专门之学学术认同，如《圜天图说》诸序跋中常提及的"西学中源"说，激发了广东本地学者作相关的进一步研究。[4]

阮元离粤后百年间，纯阳观香火日盛，成为名胜，漱珠冈、李明彻等屡屡成为粤中骚人墨客赞咏的主题。[5] 这也说明了，李明彻及其《圜天图说》的历史意义不仅在于其中的科学知识内容，而更是由地方儒学知识教化所引发的地方汉学学术认同。科学知识内容在此后百多年中不断更新，但乾嘉学派学术传统的认同则不能于短时间内消失磨灭。

---

[1] 容肇祖：《学海堂考》，第18页。
[2] （明）石和阳注，（清）李明彻编：《重刻黄庭阴符经注》，"跋"第328页。
[3] 李明彻在石和阳《阴符经注跋》后写有一颂云："参悟十余年，未见真端的。今睹石公传，摩着真消息。"参见（明）石和阳注，（清）李明彻：《重刻黄庭阴符经注》，"跋"第328页。
[4] 按常理推测，《圜天图说》的大部分受众极可能就是学海堂诸生，除此以外的当地一般士人无研治天算专门学的必要。
[5] 冼玉清曾辑录包括她本人在内的相关诗歌题咏，见氏著：《天文家李明彻与漱珠冈》，第183—189页。

## 三、纳入礼学：林昌彝《三礼通释》中的《圜天图说》内容

经过阮元提倡，广东学术日渐兴盛，由李明彻在本地开启的天算之学也开始影响学术界，林昌彝《三礼通释》就是其中之一。林昌彝（1803—1876），字惠常，福建侯官人，是林则徐同族兄弟，以爱国文学家而知名。[1] 他积三十年时间撰成礼学巨著《三礼通释》280卷，并于咸丰三年（1853）进呈清帝，被赐封"教授"。该书于同治二年（1863）在广州雕版印行，并由广东学者参与校对，因而林昌彝与广东学术界也颇有渊源。

清代学者在解释儒家经典时，往往涉及包括天文、历法、地理等名物制度的考证，所以林昌彝在《三礼通释》中纳入了大量天文学内容。这些天文学内容分54篇，位列全书的第一到第十二卷。经笔者比对，在这54篇中，有26篇的题目和内容都录自《圜天图说》，特别是第九卷的后半卷、第十卷全卷和第十一卷的绝大部分，几乎一字不差地抄录《图说》卷上和卷中相应的内容。另外，《三礼通释》后五十卷为三礼图，用以配合文字解说。郭嵩焘（1818—1891）称赞这些图"兼取宋以来图说"及"诸家分图"，"足与经相考订"。[2] 经比对，与天文内容相对应，很大一部分与天文相关的图袭用了《图说》中相应的图。

然而，林昌彝虽然在《三礼通释》中收录了很多《图说》的

---

[1]（清）林昌彝《三礼通释》，北京：北京图书馆出版社，2006，"前言"第1页。

[2] 郭嵩焘：《三礼通释序》，引自（清）林昌彝《三礼通释》，第6页下栏。

第八章　李明彻天文舆地著作的儒学知识化及其在晚清海内外的流传　　337

文字和绘图，却没有提及李明彻的名字，更没有说明这些图文内容是李氏根据西学著作重绘重编的。这当然是一种抄袭行为。但书中对于梅文鼎、戴震等正统儒家学者有关天文的内容，林昌彝的引用非常规范，因此他这样做恐怕还有其他的考虑。李明彻是一位道教徒，因此他在《图说》中加入了一些道教元素。最典型的是在《浑天十重图》中，李氏采用了耶稣会士传入的托勒密地心说宇宙模型，但他把该模型最外层第十重天"永静天"描述为"天皇大帝诸神仙所居永静不动"。[1] 林昌彝在收录该图时，第十重的环圈仍在，却把当中的文字尽数删除（参见图 8-1）。[2] 他对《图说》的袭用和删改，一方面显示出其《三礼通释》要

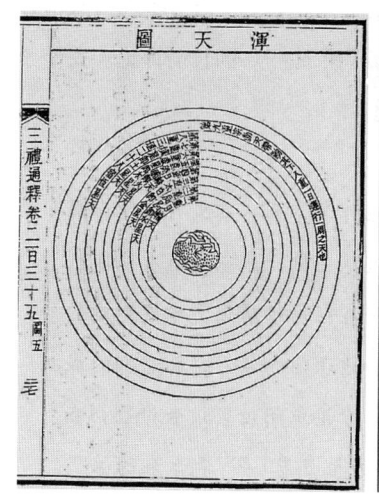

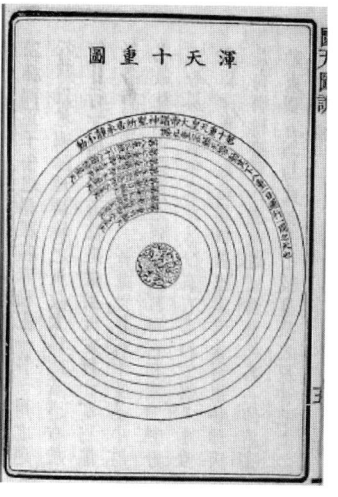

图 8-1　《三礼通释》中的"浑天图"（左）与
　　　　《圜天图说》中的"浑天十重图"（右）

[1]（清）李明彻：《圜天图说》卷上，第 5b 页。
[2]（清）林昌彝：《三礼通释》，第 416 页下栏。

与道教徒所编撰的道书进行切割，另一方面《图说》的相关内容也因此被纳入礼学的范畴，转化成为儒学知识的一部分。

## 第二节　西人笔下的李明彻科学著作

### 一、《中国丛报》对李明彻所绘地图的评论

李明彻的科学著作不但受到中国儒家学者的认可，还受到了当时欧洲人的关注。最早的当是一位不知名作者，他在1832年6月的《中国丛报》里分3期撰文，发表了一篇对李氏《大清万年一统经纬舆图》（以下简称为《舆图》）的长篇评论。关于李明彻和《圜天图说》，作者说道：

> 李明彻，更多人称呼他作李青来，本文开头所示题目地图的作者。他是一位道观主持，广东本地人。我们知道，之前好几年来，他一直在一位居住于中国内地的欧洲人手下，从事天文学和地理学的学习；而它们的成果则在一部关于这些科学的专论中问世。该专论最初在1820年出版了三卷，后增加至五卷……李青来的著作显示出他颇有才能，以及他高于其国人的头脑。[1]

---

[1] Anonymous, "Review, *Ta Tsing Wan-neën Yih-tung King-wei Yu-too*— 'A general geographical map, with degree of latitude and longtitude, of the Empire of the Ta Tsing Dynasty—may it last for ever.' By Le Mingchě TsingLae, Canton, （转下页）

第八章　李明彻天文舆地著作的儒学知识化及其在晚清海内外的流传　　339

评论者的主要目的在于评论李明彻的《舆图》，对此前者评论道：

> 我们认为，在我们面前的这幅地图于 1825 或 1826 年问世。从绘制的粗糙技法，显示出中国人在制图技艺上只有部分改进。他们对这个学科的所有知识来源于天主教传教士，但他们只听从其"蛮夷"老师的教导，只达到他们自己以为的合适的程度。他们从那里学到大地球形学说，使用纬度和经度以确定地点的准确位置，以及通过观测和计算找出经纬度的方法。这些知识都被中国人所采纳，并具有极大好处。但因为操作得不仔细，他们的地图却呈现出粗糙而尚未完成的外观；海岸线描绘得很糟糕，不堪为航海人员向导……然而，我们面前的这幅地图尽管有着所有这些不足，但从它以一个宏观的尺度、相当完整地给出了整个中华帝国的轮廓这个角度，它还是有其价值；而作为中国本土人士的作品，它只稍逊于存于光荣公司中文图书馆中的一份珍贵手稿地图集。填充地图中角落留白的文字解释说明也很有用，能使感兴趣者更容易地去探究帝

---

（接上页）ca. 1825", *The Chinese Repository*, 1832, no. 2, in Elijah Coleman Bridgman（裨治文）, Samuel Wells Williams（卫三畏）ed. *The Chinese Repository*, vol.1, Tokyo: Maruzen Co., LTD, second edition, 1833, pp. 33–34. 韩琦教授提示此条史料，谨致谢忱。按：李烽等学者将篇名中的 Le Mingchě TsingLae 音译为"李明哲，金来"，实应作"李明彻青来"。参见李烽、黄比新、阎静萍等译：《〈中国丛报〉中文提要（之一）》，《岭南文史》，1985 年第 1 期，第 35 页。

国的各个部分。[1]

《中国丛报》的评论者对李明彻的天文、地理和地图等科学著作总体上也是十分赞赏的。特别是地图，他认为李氏的《舆图》能为对中国感兴趣的读者提供一个宏观尺度的地理中国，"无论本土还是外国人士，对其作者如何赞赏亦不为过"。[2] 值得一提的是，该地图以前被认为已佚，但近年有学者在德国哥廷根州立暨大学图书馆（Göttingen State and University Library）发现其手稿孤本，证实它融合了中西两种地图绘制传统。[3] 该本《舆图》原来是皇家学术博物馆（Royal Academic Museum）的收藏品，而博物馆则是英王乔治二世所兴建的哥廷根大学于1773年成立的一个附属机构。我们可以合理地推测，《中国丛报》中的评论当是《舆图》被购买后，由与皇家学术博物馆有联系的西人撰写。

## 二、来华汉学家对《圜天图说》的评价

鸦片战争以后，新教传教士逐渐来华，他们当中也有注意到

---

[1] Anonymous, "Review, *Ta Tsing Wan-neën Yih-tung King-wei Yu-too*—'*A general geographical map, with degree of latitude and longtitude, of the Empire of the Ta Tsing Dynasty—may it last for ever.*' By Le Mingchě TsingLae, Canton, ca. 1825", p. 34.

[2] Ibid. no. 5. p. 178.

[3] Vera Dorofeeva-Lichtmann, "A re-discovered manuscript map of the Chinese Empire by Li Mingche from the Göttingen State and University Library", in Catherine Jami and Christopher Cullen (eds), *Book of abstracts for the 14th International Conference on the History of Science in East Asia*, Paris: EHESS, 2015, pp. 55–56.

李明彻科学著作的汉学家。艾约瑟在1852年发表的《论北京耶稣会士对欧洲天文学的引介》中提到:

> 阳玛诺于1615年来华,并且发表了一部名为"天问略"的天文学著作。它成为了道光年间另一部本土作品的基础,该书是广东人(李)青来所编撰的。尽管第谷宇宙体系已于一个世纪前由北京的耶稣会士传入,随后哥白尼体系也很快传入了,但在这后面一部著作中,作者完全采用来自早期传教士的托勒密宇宙体系。青来的著作即《圜天图说》由阮元作序,对科学有兴趣的近代中国人中,阮元是名列前茅的一位人物。[1]

艾约瑟的论文分4期连载于《北华捷报》(*The North China Herald*),旨在梳理明末以来耶稣会士在华传播西方天文学的历史,以及中国人的接受情况。他认为,这种知识的传播及其接受历史可以指导之后参与天文学传播的人在哪些领域作出努力,从而为"基督新教在中国的影响开辟道路"。[2]李明彻的《圜天图说》及其相关信息在《天问略》后叙述,就是意图说明明末传入的西方天文学对中国学人的深刻影响。

稍后,著名汉学家伟烈亚力(Alexander Wylie,1815—1887)在其《中国文献纪略》中也有相关介绍:

---

[1] Joseph Edkins, "On the introdution of European Astronomy by the Jesuits, at Beijing", *The North China Herald*, no. 115, Oct.9, 1852, p. 39.

[2] Ibid. no. 118, Oct. 30, p. 51.

《圜天图说》，道教主持李明彻著，出版于1821年。作者采用的是阳玛诺《天问略》中所示的托勒密宇宙体系，而又对当中的各组成部分给出晚近的修正。然而与《正编》篇幅几乎一样的《续编》中，他似乎改变了他的观点，采用了第谷的理论。这部著作通篇都有精致的图绘以说明。[1]

伟烈亚力与艾约瑟同属伦敦会，他们都着眼于点出《圜天图说》一书的知识来源。这样一种对中国人著作中的西学来源考察，有助于他们深入理解中国人对西方科学的态度及其接受情况，从而为他们以科学手段传播基督教义的策略提供理论基础。

## 第三节　戊戌维新时期被盗版的《圜天图说》

### 一、西学伪书《天文地球图说》

甲午战争以后，晚清知识界学习西学的风气日盛，各种翻译、编译的西学书籍也随之流行。当时有《西学书目表》《新学

---

[1] Alexander Wylie, *Notes on Chinese Literature: With Intorductory on the Progerssive Advancement of the Art*, Shanghai：American Presbyterian Mission Press；London, Trubner & Co. Paternoster Row, 1896, p. 100.

书目提要》等西学或新学书目,[1] 分门别类地介绍重要的译著和译者。但也有一些唯利是图的书商,把旧作改头换面,伪托为著名译者的作品,盗版出售牟利。李迪就曾揭露了清末两例盗名伪托的西学算书。[2] 而笔者亦发现,李明彻的《圜天图说》也曾被书商伪托为《天文地球图说》,作为西学科学书籍石印出版。

《天文地球图说》全名《天文地球图说正续》,一函四册,含《天文地球图说》三卷、《续编》二卷,清光绪二十四年(1898)文渊山房石印本,署名"华蘅芳笔述、仁和叶澜校",扉页题"仪征阮芸台先生鉴定"(参见图8-2),每卷首署名之上也有"仪征阮元鉴定"字样。华蘅芳(1833—1902)是近代著名数学家,其译述包括《代数术》《微积溯源》等十余部,却不见有《天文地球图说》一书。

将两书进行比对后,笔者发现《天文地球图说》与《圜天图说》的内容完全相同,前者显然是书商将原作者李明彻篡改为华蘅芳后,再把后者书叶重新拼接、排版而成。和现今的盗版书籍类似,书商在重新拼接和排版的过程中会出现一些差错。最显著的是《天文地球图说》中第7b页至第10a页的所谓"地球正面全图",乃排版人员将《圜天图说》原书中"地球正面全图"上半叶的一个半圆和"地球背面全图"下半叶的另一个半圆机械地拼在一起形成一个圆,变成一幅左右两页根

---

[1] 梁启超:《西学书目表》,光绪丙申(1896)武昌质学会丛书本;熊月之编:《晚清新学书目提要》,上海书店出版社,2007年,"序"第1页。
[2] 李迪:《清代盗名盗版算书几例》,《自然辩证法研究》2003年第7期,第91—92页。

本毫不相连的可笑地图（参见图8-3）。

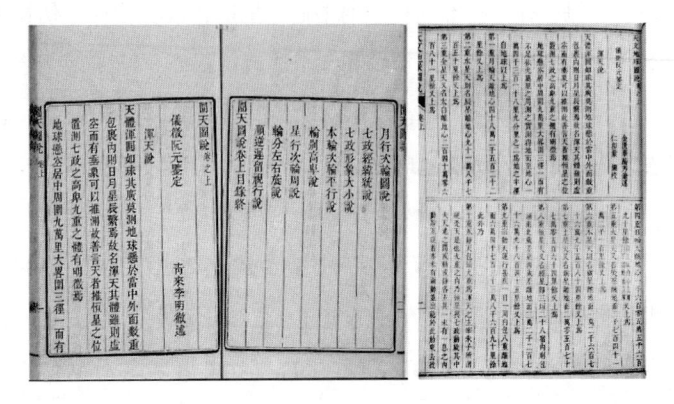

图8-2 《圜天图说》[1] 与《天文地球图说》版式文字对比

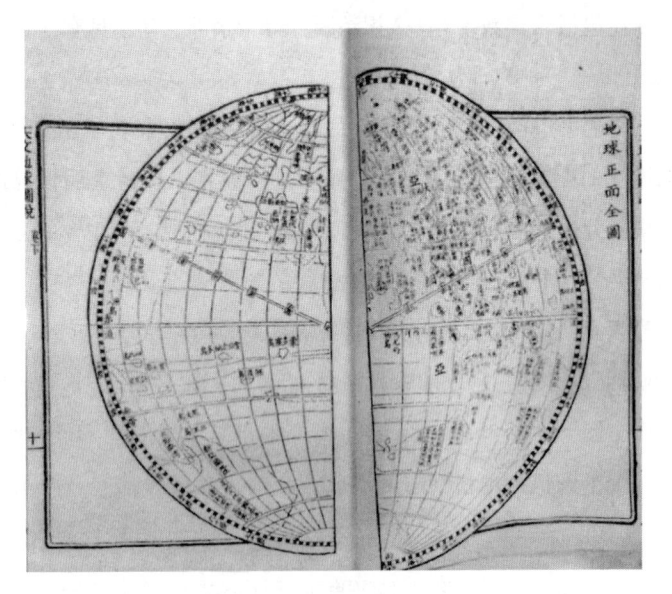

图8-3 《天文地球图说》中被错误拼合的"地球正面全图"

---

[1] 法国国家图书馆藏本。

《天文地球图说》是戊戌变法时期的西学伪书，但正因为《圜天图说》兼具儒学知识和西学知识的双重性质，使得前者得以出版并作为书商宣传的"卖点"。

## 二、吴趼人寻访《圜天图说》的经历及其被盗版伪托

《圜天图说》之所以能被文渊山房盗印为伪书《天文地球图说》，实与晚清小说家吴趼人（1866—1910）的一段访书经历有关。为此他特作序一篇，被置于《天文地球图说》书前：

> 事有去古愈远、法愈密术愈精者，推步之学是矣。粤考黄帝之世，羲和占日，常仪占月，臾区占星气，伶伦造律吕，大挠作甲子，隶首作算数，综斯六术者曰容成，而占天算事之学粗备。汉唐以还，考求益密，术艺益精。至我朝圣祖仁皇帝天亶聪明，御制《数理精蕴》《考成》上下诸编，开历代圣人不传之秘。士大夫仰承圣训，而数理之学迈越前代。仪征阮文达及甘泉罗氏，先后著《畴人传》正续，搜罗国朝数理家至九十余人之多，而嘉、道以后诸贤未与焉，猗欤盛矣！
> 尧于中西各学，素喜涉猎而庞杂不专，特抱歧多羊亡之慨。曩读吾粤省志，见艺文类内载有李青来《圜天图说》一书，久欲搜致而未得。今秋，偶于坊中得睹是本，完好无缺。急借读之，而后知曾见知于阮文达，为之梓行。然则前此之购求不得者，岂红羊之劫，

板片散失欤？抑镌而未行欤？十数年未偿之心愿一旦得快睹之，未始非平生之幸也。爰嘱坊友，以西洋映石法印行，公诸同好。书成，来请序。窃谓序也者，或叙著书之缘起，或叙作者之命意，或抉其菁华而出之。而数事者，阮文达及（罗）〔卢〕西津、刘朴石诸先生言之详矣，后学小子何从更赞一辞？书此以志吾幸，或庶几耳。虽然，读《南华》"吾生也有涯，而知无涯"二言，又适以增吾心之惆怅矣。

光绪戊戌七月，南海趼人吴沃尧撰，旹（时）客黄歇江头。[1]

这篇序文之前未见。又原序以作者手书原迹影印（参见图8-4），与现存吴趼人手迹对比后，[2] 笔者发现其书法相类似，且签名笔迹一致。按序中所述《圜天图说》一书的书名、作者和出版过程都是正确的，与书商托名造假不同，可以确定是吴氏亲笔所写，而不是伪造。

吴趼人本名沃尧，生于北京，祖籍广东南海（今属佛山市），曾祖父是嘉道间名闻海内的金石学家、阮元弟子吴荣光。作为乾嘉后学的吴荣光，是吴氏一族的精神偶像。[3] 因此吴趼

---

[1]《天文地球图说正续》，"序"第1a—1b页。
[2] 魏绍昌：《吴趼人研究资料》，上海：上海古籍出版社，1980年，图版6—9页。
[3] 任百强：《我佛山人评传》，香港：中国评论学术出版社，2010年，第195—198页。

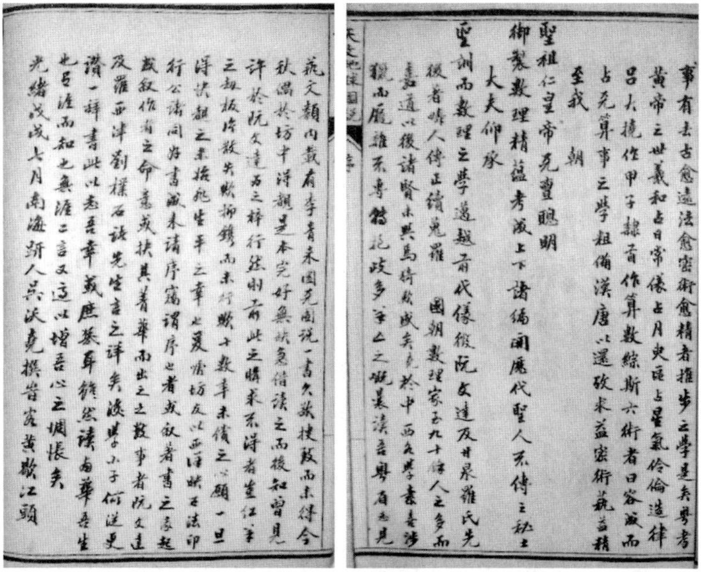

图 8-4 《天文地球图说》吴趼人序

人的思想中亦带有乾嘉学术的烙印。上引书序第一段简要叙述天文历法的历史，虽然是老生常谈，但最后的重点落在阮元和罗士琳所编写的历代天文算学家传记《畴人传》上，可见他对于天文历算之学的学术兴趣根源于乾嘉学者。另外，也因为李明彻《圜天图说》存目于阮元主持编撰的《广东通志·艺文略》，吴趼人才为此书四处寻访达十数年之久。

由序文推测，吴趼人似乎没有参与盗版伪托活动。首先，这篇序文明确表示书的作者是李青来（明彻）而不是华蘅芳或阮元，标题为"圜天图说"而不是"天文地球图说"，说明吴趼人并不知道书已经改名。鉴于《天文地球图说》正文中也有"圜天图说"字样，我们可以推知出版商在作伪时比较粗疏，大概也不会仔细阅读吴序，并看出序中文字与书题之间的矛盾。其次，因为《圜天图说》有阮元等人的序跋，吴氏想当然地认为重版时会一仍其旧，因此不就著书的缘起、作者的立意和内容"更赞一辞"，认为读者都可以在新版中看到原来的序跋。也就是说，吴趼人在写序之时，并不知道石印本实际上已把阮元诸人的序跋删去。再次，吴氏时任上海一家小报——《采风报》的主笔，[1] 虽然当时报人与图书出版机构关系密切，但他本身不是出版人，而只相当于出版选题的建议者，因而最终并不能通过多售书册获利，缺乏参与作伪的动机。

吴趼人的唯一考虑，便在于如何借助出版商友人的力量，把这部他寻访了十多年的乾嘉天算学著作重印推广。吴氏2岁后回家乡广东南海县佛山镇生活，直到17岁才离家前往上海。当32岁的他在上海书坊中偶然得见包括序跋在内的《圜天图说》全本后，才知道此书曾获阮元等人的高度评价。然而吴趼人并没有认识到该书的"汇集"性质，且当中的内容已经远远落后于当时最新的西方科学，他推测《圜天图说》得到这样的评价却流传不广的原因，是太平天国（1851—1864）运动或书板刊刻后未及印刷等战乱或客观原因的影响。为了能使该书重版行印并广为流传，吴氏在序中三次提及阮元，强调该书的乾嘉学术性质。

另外，吴趼人推荐重印《圜天图说》，跟他的出版理念也有很大的关系。在《二十年目睹之怪现状》中，他借正面人物王

---

[1] 任百强：《我佛山人评传》，第104页。

伯述之口表达其对石印书籍出版的观念，认为"现在的世界，不能死守着中国的古籍做榜样"，而西学书籍如"经世文编""富国策"和"一切舆图册籍之类"才是有用之书。[1]李明彻的《圜天图说》正是"有用"的"舆图册籍"的代表，这也是吴趼人让书坊友人重版石印、"公诸同好"的重要原因。

## 第四节 凸显西学元素以作招徕：伪托《天文地球图说》的宣传手段

虽然吴趼人提议重印《圜天图说》有其传播乾嘉学术的兴趣考虑，但作为出版商的文渊山房考虑到其商业利益，在伪托和宣传《天文地球图说》时，突出的是与该书相关联的西学元素。除了不顾前后矛盾，把吴趼人为《圜天图说》的序文置于书前，文渊山房还在译校者和广告上做手脚。

首先，文渊山房把译者和校者均伪托当时比较有名的翻译家。对于出版商来说，李明彻是一位八十年前、远在广东的道士，虽因具有专门学问而参与编修《广东通志》，且"一时荣之",[2]但他的"名气"显然有时效性和地域性的限制。而华蘅芳熟习西方自然科学，是近二十年来江南制造局翻译馆著名的译西书名家，稍后的梁启超称赞他"学有根柢"，其译书

---

[1] 吴趼人:《二十年目睹之怪现状》，天津：天津古籍出版社，2004年，第109—110页。
[2] 冼玉清:《天文家李明彻与漱珠冈》，第175页。

是服膺西学者的"枕中鸿秘",[1] 具有权威性。另一方面,制造局翻译西书有一套独特的方法——"西译中述",即由西人口授,"华士以笔述之",遇难处则互相讨论,最后也由中国人润色。[2] 尽管知识体系在当时已显陈旧,但《圜天图说》无疑有大量西学内容,因此,把作者伪托为"华蘅芳笔述",在形式上也颇具迷惑性。

文渊山房伪托的校者叶澜,字清漪,浙江杭州府仁和县人。他是杭州府学附生,后于上海格致书院学习西学,曾获书院辛卯年(1891)春季特课超等第三名。格致书院山长、近代著名思想家王韬(1827—1897)评价他"不独长于历数,而于古今通变之源流不难切实以言之"。[3] 叶澜也因为"我国所译西书凌杂不合",曾于《天文地球图说》出版的前一年(1897)写文章"论其弊"(案:该条题名为"叶清漪论译西书",但正文中作"仁和叶瀚,字清漪","叶瀚"为"叶澜"之误)。[4] 此文影响颇大,被同时代的学者徐珂记载到笔记里。可以推想,如果有哪本中译西书能得到叶澜做校对工作,那表明这本书的确是经过有见识的名家挑选的,具有价值。文渊山房又伪署以"仁和叶澜校",目的就是要显示这种西学权威性。

---

[1] 梁启超:《清代学术概论》,第97页。
[2] 熊月之:《西学东渐与晚清社会》,北京:人民大学出版社,2011年,第349页。
[3] 王韬:《格致书院课艺》,上海:上海图书集成印书局,1898年,第9a—13b页。
[4] 徐珂:《清稗类钞》,北京:中华书局,1984年,第4033页。

其次，文渊山房在《天文地球图说》的广告（参见图8-5）中将该书夸为阮元遗著，并突出当中的西学内容：

> 是书为阮文达公著稿，详载弧矢、割圆、八线、推步诸法，钩深烛隐，几费经营，而又无微不著，洵初学问津之宝筏也。惜未刊行于世，心慕者欲购无从。兹本庄觅得遗存原稿，付诸石印，更于各种紧要处仿西法图绘，使阅者一览了然。其书每部四本一套，计洋八角。先睹为快者，请至上海三洋泾桥文渊山房并各书庄购取。此布。[1]

图8-5 《天文地球图说》在《申报》上的广告

按该广告的行文，发布者把全由李明彻编辑、绘图的《圜天图说》，说成是阮元撰写文字、发行者添加"仿西法图绘"的《天文地球图说》。弧矢、割圆八线等名目即明末传入的西方几何学、三角学，是西学中的重要学科；阮元也是被吴跂人等同时代学人认为的、对西方天文学有研究的乾嘉学者，也具有名人效

─────────
[1]《申报》，光绪二十五年四月十三日（1899年5月22日）第13版；光绪二十五年五月初五（1899年6月12日）第7版。

应。尽管信息是歪曲的，但该书与西学密切相关的学科、学人和插图都凸显在这则广告当中，出版商的作伪可谓挖空心思。

值得注意的是，《天文地球图说》的出版时间正值戊戌变法，文渊山房突出其西学元素有其独特的历史背景。戊戌变法的一项重要改革，就是自当年的科举考试不再以八股文取士，而改以策论，并定期设经济特科。此经济与今义不同，其中包括格致等西学内容。作伪者凸显《天文地球图说》的西学属性，明显是要吸引众多的应试者，从而达到畅销的目的。

## 本章小结及余论

广东本地道教徒李明彻受阮元等人资助，在清中叶出版以《圜天图说》为代表的科学著作，这是一件在当时广东学术界影响较大的事件。不过，前人仅知道姚莹在其《康輶纪行》（1846年成书）中引用评介过《图说》中的"地球正面背面二图"；[1]黄钟骏《畴人传四编》中虽有李明彻的传，但仅有数十字简介，且误记其姓名为"李宾"。[2] 因而给人的印象是李明彻的科学著作似乎反响不大。然而通过上文的考察可知，李明彻科学著作所受到关注的程度比之前所知的其实更加广泛和深入。

《圜天图说》汇集了中西学者的著作，成为儒家学者治经时

---

[1] 冼玉清：《天文家李明彻与漱珠冈》，第180页。
[2] 冯立昇主编：《畴人传合编校注》，第675页。

学习相关知识的基础入门书，后被林昌彝抄入其赖以成名的经学著作《三礼通释》。李明彻也因其书著录于省志、在纯阳观内同时祭祀前代著名的广东儒家学者，而被塑造成为广东学界的标志人物。由此，李明彻从道教徒转化为儒家学者，其科学著作也转化为儒学知识著作。另外，李明彻的科学著作融合中西两种传统，亦受到之后在华外国人的注意。他们一方面能从李氏的地图著作中了解到关于中国的地理信息，另一方面能从《圜天图说》等书窥见中国人对西学的接受情况，为他们制定在地理上打开中国市场、在思想上传播基督教教义的策略，提供重要依据。

《圜天图说》一书与今天的大众普及作品类似，在学术上的创见甚少，在晚清时就已落后于时代。但因其融合中西的特点，又有知名学者的认可，在戊戌维新变法的特殊时期，得到吴趼人和射利书商的再次关注。这反映出，李明彻科学著作之所以在晚清仍得以流传，并不完全在于其所包含的创新科学知识本身，更在于它们既显示出儒学知识著作的形象，又融入了西学知识的特点，契合了晚清学术思潮的时代变化。至20世纪中叶，西潮仍然持续，因此仍不乏有人想从乾嘉天算专门之学中撷取思想资源。《圜天图说》佛山图书馆藏本扉页有小楷题记云：

> 壬辰岁，余游河南漱珠岗之纯阳观……岗顶有石台一……道士云：此天文台也，昔日羽士李青来先生曾于此著《圜天图说》，以释星辰。道长以天文受知于制府阮芸台。芸台曾携之游京师，遍观观象台而返，并助其制各种窥测仪器，遂成是书。版藏观中，日敌临粤，有

军官见而宝之,驾车载去,道士不能止。光复后又不再刻,遂令游者不复获睹斯文,殊为可慨。

今余于旧书摊中得有此本,展览之下,于天道虽茫然。然观其写图之精微,解释之详尽,以壹百卅余年前科学未及而能有此创作,青来亦人杰也哉!无怪日敌宝之矣。甲午仲夏,图治谨识。[1]

此题记写于1954年,书写者"图治"显然既不懂天文学,也对相关的掌故不甚了了。他对李明彻为阮元带领游览京师观象台,然后著成《圜天图说》这一子虚乌有之事也未能考证清楚,但暗含之义,就是此书乃一百三十多年前的"科学"著作。

---

[1]（清）李明彻:《圜天图说》,"题记"。

## 第九章

## 天算专门之学的晚清回响：
## 以《空际格致》邵增批跋本为中心

前两章已用一些篇幅来讲述乾嘉学者对四行说的批判、吸收和应用。四行说亦即四元素论，系西方古典自然知识和自然哲学的基础理论。晚明以来耶稣会传教士采取学术传教的策略，吸引中国士人信奉基督教。基于这个策略的一项重要内容，就是把托马斯·阿奎那以来调和基督教神学和亚里士多德哲学（包括自然哲学）的成果翻译成中文，介绍给中国士人。其中，高一志所撰写的《空际格致》，就是耶稣会士的众多译介之一。此书系统地向中国人介绍了四元素论。

先前的研究，集中于耶稣会士如何以四元素说挑战中国传统的五行理论，[1] 明末清初中国士人对四元素说的反

---

[1] 徐光台：《明末西方四元素说的传入》，《清华学报》（新竹），新27卷第3期（1997），第347—380页；[美]艾尔曼著，王红霞等译：《中国近代科学的文化史》，上海：上海古籍出版社，2009年，第26—29页。

应,[1]以及某类具体知识（例如地震）在中国的传播与流变。[2] 1840年以后，中国的大门被西欧的坚船利炮打开，西方学术也得以再次逐渐东传。关于鸦片战争以降中国对西方科学革命成果的引进，前贤关注甚多，[3]而对于当时人如何对待西方古典科学学说则似关注较少。以今人的观点来看，如四元素说一类的理论在19世纪以后已经是落后、陈旧的代名词，但对当时大部分中国人来说，不管是新近的或是明末翻译的西书，均是与传统学术异质的、前所未闻的西学。事实上迟至1896年，梁启超仍把"通商以前译著各书"订为一目，立于《西学书目表》的附卷，高一志《空际格致》也在此书目清单之列。[4]显然，当时学者认为，明末所译西书仍然值得注意。因此，晚清士人如何接受前人遗留下来的西学知识，是本章探讨的主要问题。

考虑到当时科学研究、科学教育等体制均未完全建立，中国人对包括科学在内的西学的吸收，在一定程度上是比较无序的个人行为。因此，在整个帝制晚期，西学对于不同时空地域的中国人来说，影响程度也是不尽相同的。上海图书馆所藏的《空际格致》上有常熟士绅邵瑁的校点、批评和跋语，正是了解晚清

---

[1] 徐光台：《明末清初中国士人对四行说的反应——以熊明遇〈格致草〉为例》，《汉学研究》，1999年第17卷第2期，第1—30页；张晓林：《四大耶？五行耶？四行耶？——杨廷筠辨儒释耶元素论》，《兰州大学学报（社会科学版）》，2009年第6期，第26—31页。

[2] 黄兴涛：《西方地震知识在华早期传播与中国现代地震学的兴起》，《中国人民大学学报》，2008年第5期，第139—148页；徐光宜：《明清西方地震知识入华新探》，《中国科技史杂志》，2012年第33卷第4期，第473—484页。

[3] 重要的如熊月之的《西学东渐与晚清社会》。

[4] 梁启超：《西学书目表》，"附卷"第4b页。

早期士人如何看待"过时科学"的第一手材料。本章拟先概述高一志《空际格致》及其版本情况，其次考证邵增及其家世背景，然后综合邵增对《空际格致》的批跋和各种史料，以揭示历史脉络下晚清士人对明末以来所传入的西学的态度。

## 第一节　高一志《空际格致》及其邵增批跋本

### 一、高一志《空际格致》及其在清代的流传

高一志，1568年1月或1569年出生于今日之意大利，1584年加入耶稣会；1604年抵达澳门，次年往南京传教，初取王丰肃，字一元，又字泰稳（或泰文）；1616年沈㴶"南京教案"事起，次年被逐往澳门；1624年重返内地，改名高一志（字则圣）前往山西绛州开教；1640年于绛州辞世。[1] 高一志得到了绛州籍奉教士绅韩云、韩霖兄弟的帮助，在绛州传教很有成绩：一方面发展当地教徒，一方面编写印行中文著作。费赖之开列高氏著作共23种，[2] 金文兵根据传世文献，确定其中

---

[1]［法］费赖之（Louis Pfister, S. J.）著，冯承钧译：《在华耶稣会士列传及书目》，北京：中华书局，1995年，第88—94页；［法］荣振华（Joseph Dehergne, S. J.）著，耿昇译：《在华耶稣会士列传及书目补编》，北京：中华书局，1995年，第690—691页。
[2]费赖之著，冯承钧译：《在华耶稣会士列传及书目》，第94—97页。

18种,[1]包括《圣母行实》《童幼教育》《空际格致》《寰宇始末》等。

关于《空际格致》的版本,徐光宜已有初步的论述,包括明刻本一种、清抄本两种和民国活字印本一种。[2]笔者又另见清抄本两种(见下文第二、四条),现把明清以来至民国初年各版本的特点及其可能的渊源关系分述如下:

(一)明刻本。徐宗泽将其出版时间定在1633年,[3]但没有给出论证;黄兴涛等则认为刻印年月不详,大致刊行于1624至1638年之间。[4]国家图书馆、[5]耶稣会罗马档案馆[6]和梵蒂冈教廷图书馆(Biblioteca Apostolica Vaticana,BAV)藏有此种明刻本,[7]台北学生书局据之影印,收于吴相湘主编之《天主教东传文献三编》,[8]近年又为丛书《中国宗教历史文献

---

[1]金文兵:《高一志译著考略》,《江南大学学报(人文社会科学版)》,2011年第10卷第2期,第59—63页。

[2]徐光宜:《明末耶稣会士与西方自然哲学的传入——以高一志及其著作为中心的研究》,中国科学际自然科学史研究所硕士学位论文,2012年,第20页。

[3]徐宗泽:《明清间耶稣会士译著提要》,北京:中华书局,1989年,第475页。

[4]《空际格致简介》,载黄兴涛、王国荣编:《明清之际西学文本——50种重要文献汇编》,北京:中华书局,2013年,第1395页。

[5]索书号19515。

[6]Albert Chan, S.J.(陈纶绪). *Chinese Books and Documents in the Jesuit Archives in Rome*, *A Descriptive Catalogue: Japonica—Sinica I - IV*, New York: M. E. Sharpe, 2002. pp. 359 - 360.

[7]编号为Shelf: Raccolta Generale Oriente, III, 229.1 - 2,据中文基督教文献数据库(Chinese Christian Texts Database, CCT-Database)。

[8](明)高一志:《空际格致》(影印梵蒂冈教廷图书馆藏明刻本),吴相湘主编:《天主教东传文献三编》第二册,台北:学生书局,1984年,第839—1030页。

集成》中的基督教文献部分《东传福音》所收，[1] 为学者所常见，因而流传较广。又，日本早稻田大学图书馆亦藏有《空际格致》明刻本，并公布了比影印本清晰的彩色数码图像。[2] 而此明刻本的主要版本特征为：(1) 半叶九行，行20字，小字双行字数同。(2) 半框宽14.3厘米，高20.4厘米。(3) 全书分上、下两卷，分两册装订，[3] 每卷前均有目录；每卷首题"极西耶稣会士高一志撰／古绛后学韩云订／南绛后学陈所性阅"。(4) 上卷末有"四行情图"，下卷前有"遵教规，凡译经典诸书必三次看详，方允付梓。兹并镌订阅姓氏于后：耶稣会中同学毕方济、伏若望共订，值会阳玛诺准"数十字。

（二）华东师范大学图书馆藏清钞本，[4] 原为盛宣怀（1844—1916）愚斋图书馆的藏书（以下简称"愚斋本"）。愚斋本两卷一函二册，半叶八行，行二十二字，白口，单鱼尾，四周单边，乌丝栏格；板框宽22.2厘米，高17.6厘米。每卷正文前均有目录，上卷末有"四行情图"，但明刻本每卷卷首原有的"南绛后学陈所性阅"字样以及下卷正文前的付梓说明均被删去。愚斋本与明刻本之间的文字差异在各清抄本中是最小的，但某些文字的改动显示出抄录者对原书的理

---

[1]（明）高一志：《空际格致》（影印梵蒂冈教廷图书馆藏明刻本），王美秀、任延黎主编：《东传福音》第11册，合肥：黄山书社，2005年，第36—84页。按：此明刻本《东传福音》题作"旧刻本"。
[2] 见早稻田大学古籍综合数据库（古典籍総合データベース）。
[3] 早稻田大学图书馆藏明刻本《空际格致》上册封面题"空际格致 乾"，下册封面题"空际格致 坤"。
[4]（明）高一志：《空际格致》，华东师范大学图书馆藏清钞本。

解。[1] 此本"丘"字与明刻本相同，不避讳，很可能是雍正三年（1725）规定避孔子讳以前，[2] 抄自明刻本的抄本。

（三）南京图书馆藏清钞本（以下简称"南图本"）。著录为二卷一册。据所钤"钱唐丁氏藏书""四库附存"等印记，[3] 可知此本原为钱塘人丁丙（1832—1899）藏书，《八千卷楼书目》仅称为"钞本"。因《空际格致》著录为《四库全书总目》中存目之书，[4] 钱塘人丁丙与其兄丁申（1829—1887）以搜集太平天国战争中散佚的文澜阁《四库全书》而著名，徐珂（1869—1928）称其以四库"阁目为本""附存为翼"，积二十年之力聚得八万卷，其藏书于1907年为金陵图书馆（实为现南京图书馆前身江南图书馆）所收购。[5]

南图本亦较易见，影印收于南图本亦较流行，先收于《四库全书存目丛书·子部·杂家类》，[6] 后收于《东传福音》。[7] 版本特征为：（1）半叶八行，行21字，小字双行字数

---

[1] 如卷下"风雨预兆"一节，详下第九章第四节第三部分。
[2] 王彦坤：《历代避讳字汇典》，郑州：中州古籍出版社，1997年，第353页。
[3] 杜泽逊：《四库存目标注》（第三册），上海：上海古籍出版社，2007年，第1856页。
[4] （清）永瑢、纪昀等：《四库全书总目》卷一二五，第1081页中栏。
[5] 徐珂：《丁竹舟、松生藏书于嘉惠堂》，《清稗类钞》，北京：中华书局，1984年，第4288—4289页。
[6] （明）高一志：《空际格致》（影南京图书馆藏清钞本），《四库全书存目丛书》（子部第93册），济南：齐鲁社，1997年，第687—735页。
[7] （明）高一志：《空际格致》（影南京图书馆藏清钞本），王美秀、任延黎主编：《东传福音》第11册，第85—134页。按：此《东传福音》影印本缺原书第60a页及所称应附的"《四库全书总目·空际格致二卷》提要"。

同。(2)虽仍勒为二卷,但每卷前均无目录。(3)每卷首仅题"极西耶稣会士高一志撰／古绛后学韩云订",并无"南绛后学陈所性阅"字样。(4)上卷末无"四行情图",下卷前也没有"遵教规"等数十字的说明,估计是绘图不便,而且是钞本,并非明刻本说明中所提示的付梓之书。(5)其区别于清本系统中其他版本的最大特点,是卷下第56b页有整整5行共105字阙文,可能也是由于兵火而导致的残缺。(6)抄写者参以己意,对文字有所校正:原为小字双行注,但依文理当为正文一部分,抄写者据以改为大字,抄入正文。〔1〕

关于南图本的抄写年代,也可以作进一步判断。愚斋本中少量明显的错误在南图本中有所改动,〔2〕除此之外后者基本继承了愚斋本的脱讹衍倒,而又另有其他讹误若干。因此南图本当源于愚斋本,可能是愚斋本的再传抄本。"狂火"一节中,明刻本有"丘坟"(卷下第2b页),南图本写作"邱坟"(卷下第3a页)。因雍正三年(1725)规定原姓丘或地名中有丘字者一律加阝旁作邱,〔3〕改"丘"为"邱"是同义字的改避,所以南图本的抄写年代很可能在雍正朝以后。

(四)上海图书馆藏清钞本。著录为"(明)高一志撰、

---

〔1〕如明刻本原作"然小火(概凑为大火至成一火而)实不能灭矣"(按:括号内为小字双行注,卷上第34b页),南图本均改为大字正文"然小火概凑为大火,至成一火,而实不能灭矣"(卷上第37a页)。
〔2〕如"地较水之大节"中,明刻本有"谁为宽广"一句(卷上第13a页),愚斋本(卷上第24b页)和后述之邵批本均讹作"谁为宽居"(卷上第24b页),南图本改作"谁为宽厚"(卷上第24b页)。
〔3〕王彦坤编:《历代避讳字汇典》,第353页。

（清）邵增批并跋"[1]（以下简称为邵批本），二卷二册。按"邵增"实应作"邵赠"（详见下节）。邵批本《空际格致》半叶字芯宽13.1厘米，高19.8厘米，其版式、行款等均与南图本相同，唯中缝只有"卷上""卷下"字样，而没有南图本中缝所有的"空际格致"四字书名。可知邵批本与南图本同源。因同为钞本之故，它与南图本之间，也多有因传抄讹误而导致的文字差别。由于邵批本无南图本所阙105字，且其许多讹误之处，于南图本并不误，因此两者很可能同出于另一未知的钞本。

（五）上海聚珍仿宋印书局本（以下简称仿宋本）。此本以仿宋体活字刊印，二卷，并与龙华民（Nicholas Longobardi，1559—1654）《地震解》合订为一册。半叶二十行，行21字；小字单行，与正文空一格区分。仿宋本《空际格致》为铅活字排印本，无刊印年月，但肯定在1916年丁三在（1880—1917）、丁辅之（1879—1949）成立聚珍仿宋印书局以后。又因丁丙为其叔祖，他们很可能也参考了丁丙原来的藏本（即南图本），[2]沿袭了清代版本的一些避讳字。仿宋本在文字上也与南图本有稍异之处：除了录有南图本所缺的5行文字，南图本中因抄写而引致的错讹，亦不见于仿宋本。[3]估计仿宋本所用的底本，是属

---

[1] 据上海图书馆古籍书目查询系统。
[2] 徐光宜即认为仿宋本与南图本"很可能来自同一母本"，又或前者根据它本补充了百余缺字，见氏著前揭文。
[3] 如卷下"风"一节中，明刻本有"空际之气犹多端可动"（卷下第23a页）一句，南图本误抄为"空降之气"（第24b页），仿宋本则与明刻本同（卷下第10b页）。

清本系统而与南图本较相近的本子，[1] 但编印者显然并没有用明刻本与之相比勘，以致仿宋本本身也有不少的脱讹倒衍。[2] 此本为较新刊本，流传较广，包括国家图书馆、上海图书馆等公共图书馆乃至私人均有收藏。

（六）台湾省藏蓝格抄本。此本笔者未见，其抄写时间不晚于清中前期。[3]

## 二、邵瑸对《空际格致》的批评

邵瑸对于《空际格致》全书有以下几种形式的批评（参见图9-1）：（1）断句，全书均有，以朱色圆圈为号；（2）圈点，对重点语句之旁加以朱色圆圈或点；（3）校改，包括增、删、改字等，以朱色字为主，仅有少量墨色字；（4）批语，包括眉批和旁批；（5）跋。批、跋和校改数量统计如下表9-1。

---

[1] 以卷下的阙字为例作比较："雷之奇验"一节中，明刻本有"乃以日之煴气之干"（卷下第10b页）一句，南图本作"乃以日□湿气之干"（卷下第11a页），仿宋本脱讹与南图同（卷下第5a页）；"彗字"一节中，明刻本有"彗字高去山顶犹远"（卷下第12a页）一句，南图本作"彗字高□山顶犹远"（卷下第11a页），仿宋本阙字与南图同（卷下第5b页）；"地震"一节中，明刻本有"而山崩之处内多洞穴者"（卷下第52a页）一句，南图本作"而山□之处内多洞穴者"（卷下第55b页），仿宋本阙字与南图同（卷下第22b页）。

[2] 如"电"一节中，明刻本有"光之迹微而神，空中无滞，故速传到目；声之迹粗而厚，空中为气所滞，故闻迟也"（卷下第7a页）一句，南图本与之相同（卷下第7b页），而因此句中有两个"空中"，仿宋本脱"空中无滞"至"声之迹粗而厚"共15字（卷下第3b页）。

[3] 徐光宜：《明清西方地震知识入华新探》，第477页脚注3。

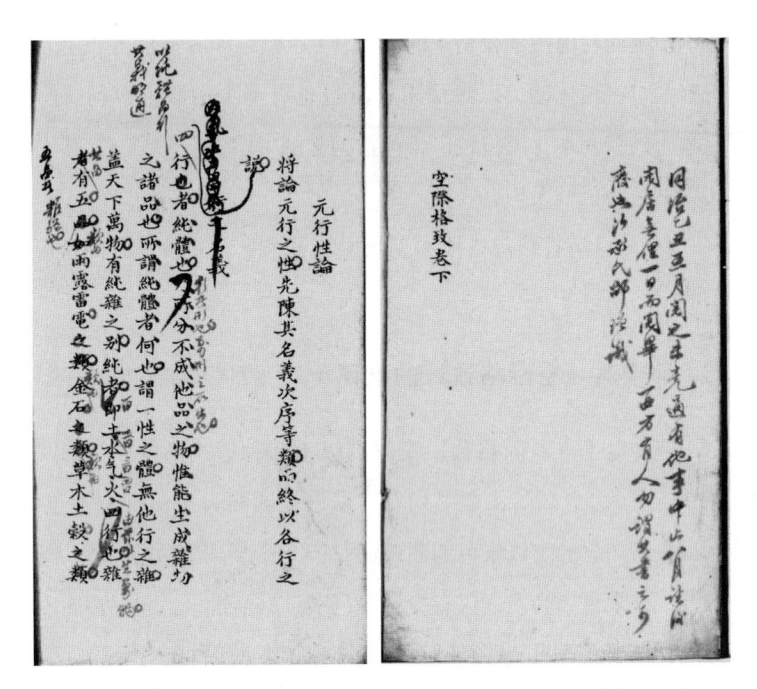

图 9-1　上海图书馆藏《空际格致》邵增批跋本，邵增跋语（右）

表 9-1　《空际格致》邵增批、跋及校改
数量统计（单位：条）

| | 批　语 | | | 跋语 | 校改 |
|---|---|---|---|---|---|
| | 眉批 | 旁批 | 批语总数 | | |
| 卷上 | 13 | 7 | 20 | — | 42 |
| 卷下 | 14 | 0 | 14 | — | 176 |
| 全书 | 27 | 7 | 34 | 1 | 218 |

附录四移录了邵增对《空际格致》所写的全部批语。至于邵增的校改则属"理校法"，并没有参照他本校改，因此这种校

改对于《空际格致》一书并没有太多的文献学意义。然而，正因为邵增使用理校法，我们仍可以从其校改中窥视他所持之"理"为何，从而探讨晚清士人对西学的倾向和接受程度（参见本章第四节）。

## 第二节　常熟邵增及其家世

上海图书馆著录其所藏清钞本《空际格致》为"邵增批并跋"，当中"增"字实为"增"，因以草书书写，土旁上的横笔不易辨认。跋语云：

> 同治乙丑（1866）五月，阅之未竟，适有他事中止。八月秋后，闲居无俚，一日而阅毕。西方有人，勿谓其书之可废也。沂承氏邵增识。[1]

据王尔敏《淮军志》中的《淮军幕府表》，邵增的字号为"辛卿"，籍贯江苏常熟，约于同治初年进入李鸿章（1823—1901）淮军幕府，为淮幕一百二十余人中的一员，任职徐州粮台委员，官至河南候补道，光绪四年（1878）卒。[2] 王尔敏未

---

[1]（明）高一志：《空际格致》，上海图书馆藏清钞本，邵增"跋"第60b页。
[2] 王尔敏：《淮军志》，影印台湾"中央研究院"近代史研究专刊（22）1981年2月版，北京：中华书局，1987年，第323页。

能确认邵增的功名身份，并将他归为李鸿章属下"办理文案"和"协助庶政的人物"。[1] 可知此人李鸿章幕的邵增，与批跋《空际格致》的邵增活跃年代相同，但字号并不吻合。然而既知邵增籍贯为江苏常熟，则再检《（光绪）常昭合志稿》，发现《人物志》内有两卷为"国朝耆旧"的传记，其中有"邵增传"附于"邵齐然传"之下：

> 〔邵〕齐鳌元孙增，字莘卿，附贡生，有干才。李文忠督师江苏，增随营积功，由训导涛保知府，分河南，督道口盐务。以利薮，不欲久处，改直隶道。增究心医家言，读古书多神悟，每以新意治疾，辄奏效。工诗文，有《兜率陀室集》。[2]

根据这段文字后的小字双行注，此传引自"家述"。而由"字莘卿"（《淮军志》误为"辛卿"）及跟随李鸿章（谥号文忠）建立军功等事可知，此邵齐鳌玄孙邵增，即前述淮军幕员邵增。再考《人物志》里两卷对于清朝耆旧的记载，发现包括附传在内共收录289人，其中以邵为姓者21人，可确定为明末清初始迁常熟之一世祖邵嘉祚[3]后裔者共18人，由此可知邵氏为

---

[1] 王尔敏：《淮军志》，第313—314、332页。
[2]（清）郑钟祥、张瀛修，（清）庞鸿文等纂：《（光绪）常昭合志稿》（影印光绪三十年［1904］）活字本）卷二七，《中国地方志集成》（江苏府县志辑第22册），南京：江苏古籍出版社，1991年，第421页下栏。
[3]（清）郑钟祥、张瀛修，（清）庞鸿文等纂：《（光绪）常昭合志稿》卷二七，第421页上栏。

常熟县及昭文县[1]的名门望族。则又据光绪三十年（1904）《虞山邵氏宗谱》（以下简称《宗谱》），可得到邵增更详细的家族信息：

〔邵〕增：渊泉长子，原名葆元，字沂承，号莘卿，常学附贡生。军功历保五品衔，候选训导、同知、道衔，河南候补知府，赏戴花翎、盐运使衔，直隶候补道。曾修宗谱，著有《兜率陀室诗古文集》《右直尚厚待命室杂艺》。生道光十一年十二月（1832年1月）初九日寅时，辛光绪三年（1877）六月初一日寅时，年四十七。

配严氏，监生学海女。生道光十一年（1831）九月十八日卯时，辛咸丰八年（1858）九月初二日卯时，年二十八。

继配湖北黄梅帅氏，诰授朝议大夫、广西柳州府知府悝女。生道光二十年（1840）六月初四日未时，辛光绪十六年（1890）正月初三日午时，年五十一。

子二：廷榁、廷桢，帅出。廷榁早卒，廷桢兼祧弟璘后。[2]

---

[1]"雍正四年（1726），析常熟之东境置昭文县"，（清）郑钟祥、张瀛修，（清）庞鸿文等纂：《（光绪）常昭合志稿》卷一，第11页上栏。
[2]邵廷桢、邵玉铨：《虞山邵氏宗谱》卷中，哥伦比亚大学东亚图书馆藏嘉会堂排印本，美国犹他家谱学会摄影微卷图像，第48b—50a页。

此《宗谱》最先由邵瓒曾祖父埈德（1761—1837）手抄，[1]后经次第增修，包括有：邵亨豫（1817—1883）于1839年（道光十八年除夕），[2]邵瓒本人于1864年（同治甲子），[3]邵松年（1848—1924）于1884年（光绪甲申），[4]邵瓒次子廷桢及族孙玉铨于1904年。[5] 因而《宗谱》所记之家族近事，若非涉及个人品行等敏感之事，当较信实。而在编修《（光绪）常昭合志稿》时任协修的邵松年与任检阅的邵福升、邵福揆为父子关系，他们和任校勘的邵福清、玉铨父子一样，[6]均与邵瓒等人为同宗（参见图9-2），故于《人物志》中可以征引"家述"，应当是家族耆老之口述。

邵瓒原名葆元，二弟璘原名赞元，[7]命名方法与三弟耿元、四弟懋元相同；而瓒、璘改名后，与五弟瑊命名方法亦同，均为玉旁，则可证实其名"瓒"是正确的写法；而《宗谱》谓邵瓒字沂承，亦能和邵跋题款互证。换言之，上海图书馆所藏

---

[1]（清）邵瓒：《虞山邵氏宗谱叙》，邵廷桢、邵玉铨：《虞山邵氏宗谱》，"叙"第1a—1b页。

[2]（清）邵亨豫：《虞山邵氏宗谱弁言》，邵廷桢、邵玉铨：《虞山邵氏宗谱》，"弁言"第1a—2a页。

[3]（清）邵瓒：《虞山邵氏宗谱叙》，邵廷桢、邵玉铨：《虞山邵氏宗谱》，"叙"第1a—1b页。

[4]邵松年：《虞山邵氏宗谱跋》，邵廷桢、邵玉铨：《虞山邵氏宗谱》，"跋"第1a—1b页。

[5]邵福清：《虞山邵氏宗谱序》，邵廷桢、邵玉铨：《虞山邵氏宗谱》，"序"第1a—2b页。

[6]《重修常昭合志职名》，（清）郑钟祥、张瀛修，（清）庞鸿文等纂：《（光绪）常昭合志稿》，第3页下栏—第4页下栏。

[7]邵廷桢等：《虞山邵氏宗谱》卷中，第47a页。

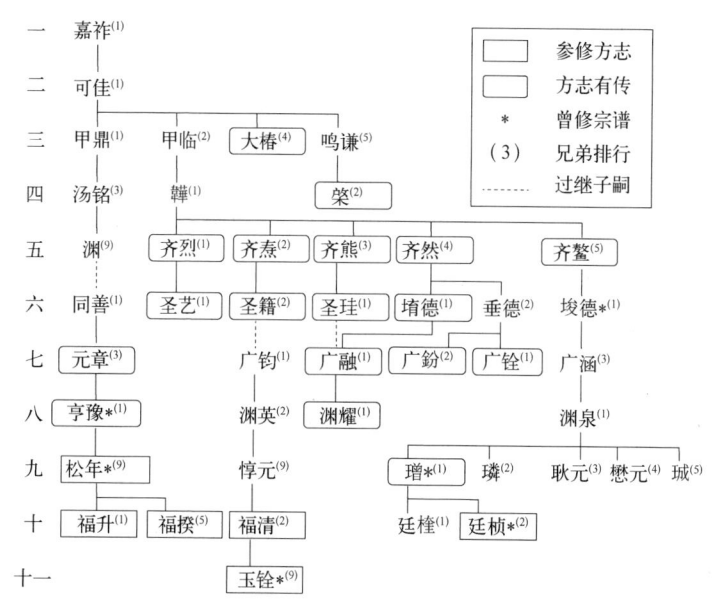

## 第九章　天算专门之学的晚清回响：以《空际格致》邵增批跋本为中心

```
一    嘉祚(1)
二    可佳(1)
三    甲鼎(1)   甲临(2)    大椿(4)    鸣谦(5)
四    汤铭(3)   韡(1)       荣(2)
五    渊(9)     齐烈(2)    齐焘(2)    齐熊(3)    齐然(4)              齐鳌(5)
六    同善(1)   圣艺(1)    圣籍(2)    圣珪(1)    培德(1)    垂德(2)    峻德*(1)
七    元章(3)   广钧(1)    广融(2)    广鈖(2)    广铨(1)    广涵(3)
八    亨豫*(1)  渊英(2)    渊耀(1)              渊泉(1)
九    松年*(9)  惇元(9)               琮*(1)    璘(2)      耿元(3)    懋元(4)    城(5)
十    福升(1)   福揆(5)    福清(2)              廷榁(1)    廷桢*(2)
十一                        玉铨*(9)
```

图例：
□ 参修方志
□ 方志有传
\* 曾修宗谱
(3) 兄弟排行
---- 过继子嗣

图9-2　常熟邵氏世系图[1]

《空际格致》之批跋者，正是常熟邵增。光绪二年（1876）十月，邵增因升任直隶候补道，向慈禧太后和光绪皇帝呈上谢恩折子，内自述其官宦历程：

> 盐运使衔、直隶试用道、臣邵增跪奏，为恭谢天恩、仰祈圣鉴事：
> 本月十五日，吏部以臣带赴内阁，经钦派王、大臣验放。十六日覆奏："堪以发往。"奉旨："依议，钦此。"

---

[1]本图据邵廷桢等《虞山邵氏宗谱》绘制，仅列出相关部分人物。

窃臣江左庸材，毫无知识，由附生效力戎行，洊保知府，捐升道员。涓埃未报，兢惕方深。兹复渥荷温纶，准予发往；自天闻命，俯地增惭。

伏念直隶为繁要之区，道员有监司之责。如臣梼昧，惧弗克胜。惟有吁求宸训，敬谨遵循。俾到省后，于一切事宜，矢慎矢勤，以期仰答高厚鸿慈于万一。所有微臣，感激下忱，谨缮折叩谢天恩，伏乞皇太后、皇上圣鉴。谨奏。[1]

按：此年阴历十月十五日，吏部带领一众即将调任的官员到内阁，经内阁大学士面试后正式赴任，即将任直隶候补道的邵曾是其中之一。通过面试后的官员，事后一律写呈上引格式之谢恩折子，故落款为"所有微臣"。事实上，官员升迁调任的谢恩折，用语也雷同，唯因各自情况并不相同，故上述加着重号者则按该次"验放"的具体情况填写。根据邵曾自填的履历可知，其出身为县学的附学生员（附生），俗称秀才；前述方志及《宗谱》均称邵曾为"附贡生"，是通过捐纳银钱而获得的贡生资格，虽属荣誉性质，但仍属正途出身。[2] 另外，邵曾由从四品知府晋升为正四品直隶道员，也是通过捐纳途径。因此《（光绪）常昭合志稿》中谓其因河南盐务为"利薮"所在而"不欲久处"，似亦是为亲者讳的粉饰之词。

---

[1] 中国第一历史档案馆编：《光绪朝朱批奏折》（第二辑），北京：中华书局，1995年，第156页。

[2] 艾永明：《清朝文官制度》，北京：商务印书馆，2003年，第16页。

在与太平天国的战争中，邵增入李鸿章幕府，与李有所交往。据《（光绪）金山县志》，邵增曾于同治二年（1863）重修泖港（今属上海市松江区泖港镇）当地的日辉墩庙，时任泖港厘卡委员，[1]负责征收厘金[2]等事，当时李鸿章正在上海坐镇指挥。[3]又，李氏于同治八年四月初九日（1869年5月20日）所上《盛军与少拜寺寨民仇杀折》（奏稿）中提及，折中所提的仇杀案由河南巡抚李鹤年（1827—1890），"即委河南候补知府李在钰，与臣处委员、候选知府邵增，会同驰赴唐县查办"。[4]按清代官制，初次入仕的除班人员、补班之列的部分候补人员，以及升班内之京升、议叙人员，均要到吏部报到，由吏部铨选，掣签选用，称为"候选"；当此阶段手续结束后，官员即赴各选定之衙门或省份候补实缺，称为"候补"或"候缺"。[5]邵增初为训导（八品学官），因此可知，他于此年以军功被保荐，升为知府，保荐者极可能就是李鸿章。

---

[1]（清）龚宝琦、崔廷庸修，（清）黄厚本等纂:《（光绪）金山县志》（影印光绪四年［1878］刊本）卷七,《中国地方志集成》（上海府县志辑第10册），上海：上海书店出版社，2010年，第98页下栏。

[2]厘金是清朝后期增设的、用以补充战争军费的商业税，其征收的基层机构称"厘卡"。参见朱金甫、张书才著:《清代典章制度辞典》,"厘卡""厘金"条，北京：中国人民大学出版社，2011年，第472—473页。

[3]［美］恒慕义（Arthur W. Hummel）主编，中国人民大学清史研究所《清代名人传略》翻译组译:《清代名人传略》，西宁：青海人民出版社，1990年，第314页。

[4]（清）李鸿章:《盛军与少拜寺寨民仇杀折》,《李鸿章全集》，长春：时代文艺出版社，1998年，第673页。

[5]朱金甫、张书才著:"候选""候补""候缺"条，《清代典章制度辞典》，第586页。

次年（1870）八月，李氏接替曾国藩（1811—1872）任直隶总督。[1] 邵増或于次年（1871）年末写信给李鸿章，李氏亦于同治十一年正月二十八日（1872年3月7日）回信：

莘卿仁弟足下：

昨展手翰并惠序文，九光裴裒，十色焜耀，寓规于颂，亲切可味，至为感纫。仆自莅吴会，仰赖威福；大难削平，元气未复；减赋经野，皇皇焉日不暇给。迨中原既定，稍可息肩；王事驰驱，又弥年载。畿辅为首善之地：阴阳偶戾，时青告灾；寿世寿民，愍有疲愧。足下知我，相勖甚深。蘧贤知非，宣圣学《易》，进德修业，固其素心。若夫房杜以下，不争非常之功；尧舜以来，犹有博施之病。孕虞育夏，甄周胜殷，居今之世，未易言也。专此，复颂春祺！不宣。鸿章顿首。[2]

据李鸿章追述，他与邵増在江苏认识，共同消灭太平军，随后又消灭了捻军，最近一年来赴任直隶总督；而不久以前，邵増给他写了一封信和序文，当中似乎有委婉的规劝之词（"寓规于颂"），使李鸿章用蘧伯玉知非的典故，表示将会改过迁善。由此观之，李、邵二人并不是寻常的点头之交，而是相互之间比较

---

[1]［美］恒慕义（Arthur W. Hummel）主编，中国人民大学清史研究所《清代名人传略》翻译组译：《清代名人传略》，第316页。
[2] 按：标点有改动。［清］李鸿章：《复河南候补府邵増（按：原文如此）》，顾廷龙、戴逸主编：《李鸿章全集》（信函二），合肥：安徽教育出版社，2008年，第415页。

熟识的宾主关系。

另一方面，或许因为同为常熟人的关系，邵增在被任命为直隶候补道、旅居北京期间，因给名臣翁同龢（1830—1904）祖孙诊症赠药，邵翁之间也有较深的交往。以致于当邵增于不久后在天津去世时，翁同龢在其日记中不无伤感：

> 闻邵莘卿竟于津门物故，余既承伊赠药，安孙又颇赖其治效，无物可报矣，为之三叹。[1]

综合上述材料，邵增一生之简要事迹可归纳如表9-2。

表9-2　常熟邵增生平简表

| 公元纪年 | 年号纪年 | 年龄* | 相关事件 | 大事备注 |
| --- | --- | --- | --- | --- |
| 1832 | 道光十一年 | 2 | 一月，出生 | |
| 1848 | 道光二十八年 | 18 | 或于此年前后进学，成为常熟县县学附学生员；并于此后不久，捐纳贡生 | |
| 1858 | 咸丰八年 | 28 | 妻严氏卒，终年28岁；此前长女生 | |
| 1860 | 咸丰十年 | 30 | 或出走上海以避战祸 | 九月，太平军攻克常熟 |
| 1862 | 同治一年 | 32 | 母归氏卒，终年49岁；跟随李鸿章麾下效力 | 李鸿章于上海署理江苏巡抚职 |

---

[1]（清）翁同龢，陈义杰整理：光绪三年六月初三日（1877年7月13日）条，《翁同龢日记》第三册，北京：中华书局，1993年，第1293页。

续 表

| 公元纪年 | 年号纪年 | 年龄* | 相 关 事 件 | 大事备注 |
|---|---|---|---|---|
| 1863 | 同治二年 | 33 | 任浏港厘卡委员；或于战后返回常熟 | 李鸿章收复常熟 |
| 1864 | 同治三年 | 34 | 倡议增修《虞山邵氏宗谱》 | |
| 1865 | 同治四年 | 35 | 读高一志《空际格致》，并有批跋 | 李鸿章署理两江总督，于上海成立江南机器制造总局 |
| 1868 | 同治七年 | 38 | 或在李鸿章幕中，跟随平捻；此时已任徐州粮台委员 | 捻军被剿平 |
| 1869 | 同治八年 | 39 | 三月，或跟从李鸿章幕前往武昌任职；于此后不久娶湖北黄梅人帅氏为继妻；五月，为候选知府，前往河南调查案件 | 李鸿章任湖广总督 |
| 1870 | 同治九年 | 40 | 十一月，长子廷楗生；为河南候补知府 | 李鸿章任直隶总督 |
| 1871 | 同治十年 | 41 | 或于本年末致信及序与李鸿章 | |
| 1876 | 光绪二年 | 46 | 此时已有盐运使衔；十一月赴京，改为直隶候补道员；为翁同龢、安孙祖孙治病 | |
| 1877 | 光绪三年 | 47 | 四月，次子廷桢生；七月，卒于天津 | |

注：此表年龄按虚岁，即以诞生之当年（阴历）记为 1 岁，次年正月初一记为 2 岁。

## 第三节　淮幕生涯与邵瑸的西学意向

邵瑸的官宦仕途的基础，在于跟随李鸿章平定太平天国起义时所建立的军功。咸丰十年庚申（1860），江苏、浙江大部分地区已被太平军所攻克，因有租界庇护之故，形如孤岛的上海成为江浙富户的避难所。[1] 以常熟邵氏这样的地方望族，邵瑸自述"咸丰庚申，宗族散离"，[2] 他本人很可能是前往上海逃避战火的一员。到了同治元年（1862），李鸿章募兵于安徽，率军（即后来著名的淮军）驰援上海，并署理江苏巡抚。[3] 此时邵瑸入李鸿章幕，任浏港卡员，开始"随营积功"。鉴于李鸿章的淮军新立不久，包袱较小，对于西洋军械笃信不疑，视为利器。[4] 通过与戈登（Charles George Gordon, 1833—1885）领导的洋枪队——"常胜军"的合作，李鸿章部队收复了包括苏州在内的大部分失地。[5] 此"借洋助剿"的巨大成功，使得李鸿章十分鼓励幕府部将虚心学习西方先进事物，希望部下能

---

[1] 王尔敏：《淮军志》，第47—49页。

[2] （清）邵瑸：《虞山邵氏宗谱叙》，邵廷桢、邵玉铨：《虞山邵氏宗谱》，"叙"第1b页。

[3] [美] 恒慕义（Arthur W. Hummel）主编，中国人民大学清史研究所《清代名人传略》翻译组译：《清代名人传略》，第314页。

[4] 王尔敏：《淮军志》，第295—296页。

[5] [美] 恒慕义（Arthur W. Hummel）主编，中国人民大学清史研究所《清代名人传略》翻译组译：《清代名人传略》，第314页。

学取洋人之长技，[1]特别是枪炮军械，"坚意要学洋人"。[2]上有所好，下必甚焉。邵璿阅读、批评作为西学基础学说的四元素论著作《空际格致》时，江南制造局及其翻译馆正在创办之始，邵璿的行为很可能就是对李鸿章鼓励幕府人员学习西方的一种响应。同时，邵璿在《空际格致》"山岳"节的眉批引用"西人通文墨者"的话，显示他与西洋人有所接触，在认识到西人在"助剿"上的巨大威力后，对于西方也有了解的需要。

无独有偶，比邵璿稍早的戴煦（1805—1860）同样因为受到西方坚船利炮的刺激，开始重视西学中的四元素说。《畴人传三编》本传称戴煦：

> 伯兄文节公督学广东，曾佐校年余而归。文节以英吉利人战舰用火轮，寄言谓："吾弟精思，必得其制。"乃由水、火、土、气四元行入手，著《船机图说》，未成。旋命受业甥王学录朝荣成之，凡三卷。[3]

数学家戴煦长兄戴熙（1801—1860，谥"文节"）见识到英国蒸汽船舰在鸦片战争中的重要作用，委托戴煦研究制造；后

---

[1] [美] K. E. 福尔索姆著，刘悦斌、刘兰芝译：《朋友·客人·同事：晚清幕府制度研究》，北京：中国社会科学出版社，2002年，第129页。

[2] 王尔敏：《淮军志》，第295页。

[3] (清)诸可宝：《畴人传三编》，引自冯立昇主编：《畴人传合编校注》，第552页。

者从最基本的四元素说入手研究，再由外甥王朝荣完成其未竟之《船机图说》。《畴人传三编》的作者诸可宝（1845—1903）与戴煦有姻亲关系，学习中西算学时即以戴煦为榜样，本传中称其为"先生"；因此上述引文既是可信的一手材料，也可以说明，在鸦片战争失败的刺激下，部分重视西学的中国士人，对以往较为忽视的西学（如自然哲学）也重视起来。而对于他们来说，比较容易获得的资源是明末的汉译西书。其中，系统论述四元素说的《空际格致》就因此而重新流行起来。

就现有材料来看，邵增本人应该是不通外文的，那么阅读汉译著作是对他来说比较方便的做法。当时的汉译西书数量仍然较少，因此"四库"所收及其所著录的明末以来汉译西书也不失为开明士人睁眼看世界的少数几种途径之一。如曾国藩著名幕僚赵烈文（1832—1893）在咸丰八年五月初五（1858年6月15日）的日记中，在写了姚莹边疆地理著作《康輶纪行》其中三卷内容的读书笔记后，列出的"待购书目"就有"艾儒略《万国全图说》、汤若望《坤舆全图说》、南怀仁《坤舆图略》、陈伦炯《海国闻见录》"等书。[1] 按赵氏所列艾儒略和汤若望两书未见，疑有误，而近似的艾儒略《职方外纪》、南怀仁《坤舆图说》与陈伦炯（？—1751）《海国闻见录》一样，均列入《四库全书总目》史部地理类外纪之属。[2] 江庆柏认为，这透露出赵

---

[1]（清）赵烈文：《能静居日记》（影印"国立中央图书馆"藏手写本），台北：学生书局，1964年，第25页。

[2]（清）永瑢、纪昀等：《四库全书总目》卷七一，第632页下栏—第633页上栏、第634页上栏—中栏、第634页下栏—第635页中栏。

烈文的一种购书意向。[1] 从该天日记看，赵氏所记为姚莹边疆地理著作《康輶纪行》的笔记，多属西洋诸国事，而在"待购书目"后则记康熙初年疏告耶稣会士的杨光先及其《不得已》,[2]由此可知赵烈文的意图当是想进一步阅读早期与西洋有关的汉文书籍。换言之，明末清初汉译西书是晚清早期急欲了解西学的士人所关注的焦点之一，批评《空际格致》的邵瑛，当时的地位境况与赵烈文十分相似，应该也属此列。

## 第四节　邵瑛对四元素说的接受

通过考察邵瑛的批、跋和校改，我们可以从以下几个方面归纳他对四元素说的态度。

### 一、把"四行"说视为"阴阳五行"理论的补充

当西方的四元素自然哲学理论以"四行说"的形式传入中国之时，它是一种与中国传统"五行说"相互竞争的理论,[3]中国士人也在辨别两个理论孰是孰非。前章已有提及，乾嘉学者对《空际格致》"四行说"的态度以四库馆臣的评价为代表，他

---

[1] 江庆柏:《赵烈文与天放楼藏书》,《藏书家》(第2辑)，济南：齐鲁书社，2000年，第52页。按：江庆柏称"待购书目……一行半字，后涂去，不知何故"，但检原文，涂去的是"待购书目"上一行"然未睹要旨"后约五六字，参见（清）赵烈文:《能静居日记》,第25页。

[2]（清）赵烈文：《能静居日记》,第5—26页。

[3] 徐光台：《明末西方四元素说的传入》,第348—349页。

们对《空际格致》中的四元素说持批判的态度，认为五大行星的存在证明了"五行说"的正确。[1] 与西人有所接触的邵增通过阅读《空际格致》全书，提出了不同意见，认为"西方有人，勿谓其书之可废"。事实上《空际格致》在论述四元素说时，首先对"行"这一概念进行严格的定义，再进一步讨论其性质、应用。"行"即世界上不能再细分、而又能相互合成其他混合物的四种基本物质，又或《空际格致》中所谓"纯体"。邵增接受了这一说理方式和关于"行"定义，认为"以纯体为行，其义明通"，"辨五行为非，其义亦晰"，又称赞"四元行之说，其义通正"。[2]

然而，邵增并没有完全抛弃与"五行说"相关的理论。如"五行相生"理论，《空际格致》力斥其非，邵增认为"此段议论，未能合理压心"，又谓"相生不以隔而止……西人特未之深故耳"。[3] 又如"阴阳"理论，因"四元行"有冷、热、干、湿四种性质，《空际格致》认为"冷热属阳，干湿属阴"，似与冷/热、干/湿各为一对阴阳组合相违，又未就为何如此作进一步解释。邵增于是将此句改为"主作且阳施者为热为冷，阴受者为干为湿"；又评论说"冷热、干湿相互为根，而清浊、轻重判焉，即阴阳之道亦分也"，[4] 显示出邵增将四元素说中的某些成分纳入中国"阴阳"理论范畴中的尝试。这或与邵增"究心医家言"，习惯于"阴阳""五行生克"等理论的运用有关。同

---

[1] （清）永瑢、纪昀等：《四库全书总目》卷一二五，第1081页。
[2] （明）高一志：《空际格致》卷上，邵批本，第1b、4b、14b页。
[3] （明）高一志：《空际格致》卷上，邵批本，第5b、6a页。
[4] （明）高一志：《空际格致》卷上，邵批本，第3a、14b页。

时也表明邵增视四元素说为一种补充理论,而不是与"五行说"对抗并取而代之的理论。

《空际格致》在论述四元素说基本原理后,还运用这一理论对"月下区"的自然现象进行解释。对于这些解释,邵增部分表示认同,但负面的评价更多(各节的正面及负面批语见表9-3、表9-4)。这同样表明四元素说在其心中并非能解释空际自然现象的唯一完美理论。

表9-3 邵增对《空际格致》的正面批语

| 节名(卷上) | 行之名义* | 行之数* | 行之纯* | 问金木为元行否* | 地凝注之所 | 气行有无 |
|---|---|---|---|---|---|---|
| 批语 | 其义颇通 | 确切 | 其辨亦佳 | 其义亦晰 | 此证最切 | 言之颇切 |
| 节名(卷下) | 雷 | 电 | 风雨预兆 | 海之潮汐 | 地震 ||
| 批语 | 最为清晰 | 明晰 | 颇佳 | 亦适符合 | 确切;其理颇佳 ||

表9-4 邵增对《空际格致》的负面批语

| 节名(卷上) | 问金木为元行否* | 地性之静 | 山岳 |||||
|---|---|---|---|---|---|---|---|
| 批语 | 未能如理压心 | 必绌于是说 | 俱无至理;尤为拙笨 |||||
| 节名(卷下) | 彗孛 | 天河 | 风 | 露霜 | 蜜 | 海之潮汐 | 水之臭味 |
| 批语 | 无有精义 | 均近敷衍 | 未能精确 | 似是而非 | 太觉拘执 | 拘而无当 | 其辨甚拙 |

注:带*号者为《空际格致》中关于四元素说理论论述的章节,其余为运用四元素说对空际自然现象进行解释的章节。

## 二、多种学说影响下的宇宙观

西方古典天文学认为大地是一圆球,居于宇宙中心,静止不动,明末清初的耶稣会士带来的这些知识强烈冲击了中国士人的传统认识。如其相关的地球四面之人如何站立的问题,四元素说作出了较好的解释,认为地球上的重物都有向土元素中心(地心)运动的趋向。祝平一认为,西方地圆说的传入之初,对这一问题的解释建基于四元素说,但这种解释对"生活在阴阳五行宇宙观的中国人"颇缺乏说服力。[1] 邵增在阅读完《空际格致》相关章节后则认为:

> 予尝谓地立天之中心,四围皆一气鼓荡,清气外疏、浊气内摄。对足而立,为浊气所摄耳。人非至清之物,其能趋向天乎?阅此不能发明其义,故广其说焉。[2]

显然邵增并不接受重物趋向地心的四元素说解释,而认为"对足而立"是"气摄"所致。另一方面,西方天文学的新理论"地动说"似乎也进入了邵增的视野:

> 古人称天地如鸡子然,黄中即地也。然壳之外又何

---

[1] 祝平一:《跨文化知识传播的个案研究——明末清初关于地圆说的争议,1600—1800》,《中央研究院历史语言研究所集刊》,1998年第69本第3分,第616页。
[2] (明)高一志:《空际格致》卷上,邵批本,第16b页。

所持、何所系乎？天静地动之说，其理似谬。惟天动地静，地随天而动，其理稍通。兹谓天包地而终古不动，得无诮其板滞乎？然则天之外亦有风气水火持之否？四围之天必有顶，顶之外究何若乎？窃尝思之，谓地必不动，亦怪太拙。[1]

值得注意的是，除了来自张衡的传统浑天说比喻（"天地如鸡子"）外，佛教"四大"概念（地、水、火、风）也在邵增的知识结构占一席位：

此等说俱无至理，西人尤为不通……当未辟之前，水环包于地，风气持挚，水之大浪激土成山岳，无风之处则土平。土之大强则圆，有凸者有凹者，皆能如人搓粉团之光圆乎？故风火持磨，水气渐润而干土出也。[2]

事实上，从其书斋名"兜率陀室"，可以看出邵增确实受到佛家的影响。[3] 因而，中国固有的传统、佛家传统乃至欧洲古典和近代天文学，均影响了邵增对宇宙模型的思考。

## 三、重视"天人感应"

邵增在《空际格致》卷上"气行有无"节眉批中称"此数

---

[1]（明）高一志：《空际格致》卷上，邵批本，第21b页。
[2]（明）高一志：《空际格致》卷上，邵批本，第28a—28b页。
[3] 佛教传说，须弥山顶最上层的天为兜率陀天。

证言之颇切,故点校之",[1] 换言之,他会对自认为比较确切的议论加以点校。从校改数量之多少(参见表9-5),我们可以看出邵增较关注的重点是对地震、虹霓等自然现象的解释。大概这些自然现象与灾异、人事相关,向来也是传统中国士人的关注重点。比如他认为地震的作用不是高一志所称的造物主要警示世人,而是为了"警人主之忽",[2] 体现了天变主要与皇权相联系的中国传统思想。

表9-5 邵增对《空际格致》各节的校改条数

| 节 名 | 校改条数 | 节 名 | 校改条数 | 节 名 | 校改条数 |
| --- | --- | --- | --- | --- | --- |
| 地震 | 69 | 海之源派 | 10 | 雷 | 4 |
| 虹霓 | 29 | 多日之象 | 9 | 下火 | 2 |
| 行之数 | 22 | 雷之奇验 | 8 | 彗孛 | 2 |
| 地内火 | 15 | 电 | 7 | 风 | 1 |
| 行之名义 | 13 | 海之潮汐 | 7 | 风雨预兆 | 1 |
| 雷降之体 | 13 | 气行有无 | 5 | 海水之动 | 1 |

清朝前期,《空际格致》愚斋本在文字上已有对明刻本师心自用的改易,邵批本沿袭之,对邵增也有影响。最明显的是卷下"风雨预兆"节,在讲及如何判断风雨等现象即将来临时,明刻本提到:

---

[1](明)高一志:《空际格致》卷上,邵批本,第28b页。
[2](明)高一志:《空际格致》卷上,邵批本,第58a页。

云积而不行指风，风后致雨……太阴出时，明亮清洁则晴，若红指风，黑指雨……月望时大半清洁，指后连晴。若红指风、黑指雨；围圈始开，必指其方有风；围圈或重者，又指暴风将至……云坐山头指雨，云润而白指雹……山林风静时或有鸣响，必指来风之大。空际毛飞海中沫浮，亦为大风之兆。[1]

愚斋本、南图本及邵批本则将相应之处改为：

云横而不行主风，风后主雨……太阴出时，明亮清洁则晴，若红主风，黑主雨……月望时大半清洁，主后连晴。若红主风、黑主雨；围圈始开，必主其方有风；围圈或重者，又主暴风将至……云坐山头主雨，云润而白主雹……山林风静时或有鸣响，必主来风之大。空际毛飞海中浮沫，亦主有大风之兆。[2]

以上仅举数例比较，而事实上在这一节当中，钞本的抄写者把全部"指"字替换为"主"。主某某现象等说法，正是中国传统占卜书中常见的话语。然而，这一字之差，正反映出耶稣会传教士与中国士人对于预示风雨的现象的不同理解：前者认为只是基于因果关系的预先指示，后者则认为是类似于传统占卜术，可

---

[1]（明）高一志：《空际格致》卷下，明刻本，第28a—28b页。
[2]（明）高一志：《空际格致》卷下，愚斋本，30b—32a页；南图本、邵批本，29b—31a页。

以占测出天意如何主宰。天主教会禁止教徒迷信占卜,[1] 传统中国士人则无此禁忌,故邵增的批语正是"风雨占颇佳"的正面评价。

## 四、对造物主的摒斥

《空际格致》同时也是一部结合天主教神学和亚里士多德《空际之学》传统的著作,在论述四元素理论的同时不忘时时提及造物主,借以向中国士人传播天主教。因此,四库馆臣对《灵言蠡勺》《空际格致》《寰有诠》一类明清间的汉译西书加以贬斥:

> 案:欧逻巴人天文推算之密、工匠制作之巧实逾前古。其议论夸诈迂怪,亦为异端之尤。国朝节取其技能而禁传其学术,具存深意。其书不足登册府之编,然如《寰有诠》之类,《明史·艺文志》已列其名,削而不论,转虑惑诬,故著于录而辟斥之。《明史》载其书于道家,今考所言兼剽三教之理,而又举三教全排之,变幻支离,莫可究诘,真杂学也。故存其目于杂家焉。[2]

在乾嘉时期的四库馆臣眼中,《空际格致》一类书籍是属

---

[1] 黄一农:《耶稣会士对中国传统星占术数的态度》,《九州学刊》,1991年第4卷第3期,第5—23页。
[2]（清）永瑢、纪昀等:《四库全书总目》卷一二五,第1081页中栏—下栏。

"异端学术",只适宜列于存目。随着形势的发展,邵增通过阅读西书,认识到欧洲人的这些学术不可轻视,但对于前辈的评价仍有沿袭——即摒斥西书中的天主教神学方面。他虽然重视"天人感应",却不认为当中的"天"就是天主或造物主。因而每当《空际格致》中赞颂造物主时,邵增或讥评或删改,"山岳"节批评其"泥于造物,尤为拙笨","海之潮汐"节则将"造物主岂无意乎",直接改为"主岂无意乎",[1] 可见一斑。

## 五、《空际格致》与邵增"以新意治疾"

前揭方志称邵增"究心医家言",也有翁同龢书信和日记之记载可供参证:

〔翁安孙〕其咳略止,面色红润,邵苹卿之力也。苹卿来,请为余诊,曰心肝肺皆病矣。听其诊,其洞见垣一方者,殆良医也。[2]

〔翁〕安孙服邵(辛)〔苹〕卿方甚效,干咳已稀,饮食亦可,现住城外调理。

左足虽愈而根株尚未净除……邵(辛)〔苹〕卿悬拟之方,周荇农自验其说,似宜采择也。

吾于月初,偶发旧疾,适(辛)〔苹〕卿来,投以

---

〔1〕(明)高一志:《空际格致》卷下,邵批本,第44a页。
〔2〕(清)翁同龢:《翁同龢日记》第三册,光绪二年十月十八日(1876年12月3日)条,第1247页。

清品，霍然而愈。[1]

　　清康熙年间王宏翰（1648—1700）著《医学原始》，方豪考证其中第二卷几乎全录《空际格致》。[2] 检王宏翰原书，其卷二"四元行论"及"四行变化见象论"两节，分别收录了《空际格致》卷上前半部分和卷下前半部分。[3] 除《空际格致》外，《医学原始》所参考的明末西书还有《性学觕述》《主制群征》《形神实义》等。[4] 邵增对医学也有所研究，对《空际格致》中与医学相关的论述也有校改，如将卷上"行之名义"节中"如人身骨肉属土，疾[5]血属水"，改为"如人骨肉属土，津血属水"，[6] 显示出邵增也同意西方对人身四行属性的归类。同时，方志又说邵增"读古书多神悟，每以新意治疾，辄凑效"。故邵增或与王宏翰相似，其治疾之新意可能与明代"古书"《空际格致》中的四行说相关。当然，邵增并未留下任何相

---

[1]（清）翁同龢：《致翁同爵函》，光绪二年十月十三日（1876年11月28日）；《致翁同爵函》，光绪二年十月二十九日（1876年12月14日）；《致翁曾荣函》，光绪二年十二月二十三日（1877年2月5日），谢俊美编：《翁同龢集》，第237、239、245页。

[2] 方豪：《中国天主教史人物传》（上册），影印香港公教真理学会、台中光启出版社1970年再版本，北京：中华书局，1988年，第153页。

[3]（清）王宏翰：《医学原始》卷二，影印中华医学会上海分会图书馆藏清康熙三十一年（1692）原刊本，上海：上海科学技术出版社，1989年，第69—105页。

[4] 董少新：《从艾儒略〈性学觕述〉看明末清初西医入华与影响模式》，《自然科学史研究》，2007年第26卷第1期，第72页。

[5] "疾"，形似而讹，据明刻本及南图本当作"痰"。

[6]（明）高一志：《空际格致》卷上，邵批本，第2a页。

关的著述，其医学成就也不能与会通四行、四液说与传统中医理论的王宏翰[1]相比。

## 本 章 小 结

通过对《空际格致》版本、常熟邵氏家世以及邵增批跋校改的考证和分析，我们可以看出像《空际格致》一类明末清初的汉译西书，在晚清洋务运动早期一度受到有意学习西方的中国士人的关注。从邵增的官宦经历与人际交往可以看出，其对西学的关注与洋务运动主将之一的李鸿章相关；在"借洋助剿"反叛的太平天国成功以后，他又较全面地阅读了介绍西方四元素理论的《空际格致》其中一个钞本，并在此基础上加深对西方科学文化的理解和吸收。茅海建指出，洋务运动主导者——湘、淮系首领"师夷"的原动力并非来自鸦片战争失败的刺激而要"制夷"，而是为了对付太平天国。[2] 邵增的故事，恰恰为这个论点添一例证。

当西欧科技革命以后的近代新知尚未大规模影响国人之时，明末西书经过清代前、中期的抄写流传，成为这些中国士人了解、学习西方的途径之一。这一知识阶层对西书的需求，促使了

---

[1] 董少新：《从艾儒略〈性学觕述〉看明末清初西医入华与影响模式》，第68页。
[2] 茅海建：《天朝的崩溃：鸦片战争再研究》，北京：三联书店，2005年第2版，第582页。

江南制造局翻译馆等机构大量的翻译出版。[1] 这种风潮延及晚清后期，加上清末铅、石印技术的引进配合，不论是明清之际的还是新近翻译的西学书籍，乃至相关的中国传统天算、博物学书籍都大量印行，[2] 以应士人所需。由此，在晚清士人向西方近代文化学习的较早阶段，他们以一种特别方式联结起前后两次西学东渐。

当然，由于固有的文化成见、相关书籍流通不广、抄写讹误等或里或表的原因，士人阶层在对西学的理解上会出现或多或少的偏差，这是异质文化交往、碰撞中常见的现象。而邵增在《空际格致》上的点校、批评和跋语，正是这一历史过程中具体而微的印记。

无独有偶，对于明末西书《空际格致》，除了邵增受乾嘉学人的影响、利用乾嘉朝的旧钞本进行批校外，迟至1944年，也有人这样评价《空际格致》：

> 《空际格致》二卷附以《地震解》，高一志作也。一志何时人不可考，要为汤若望一流。其论《空际格致》，虽与今之科学家较尚在幼稚之时，顾大本大原总不外是矣……甲申十月二十日，约园识。[3]

---

[1] 熊月之：《西学东渐与晚清社会》，第392—437页。
[2] 张秀民著，韩琦增订：《中国印刷史》，杭州：浙江古籍出版社，2007年，第463—474页；韩琦：《晚清西方印刷术在中国的早期传播》，收于韩琦、[意] 米盖拉编：《中国和欧洲：印刷术与书籍史》，北京：商务印书馆，2008年，第124—125页。
[3] （明）高一志：《空际格致》，附（明）龙华民：《地震解》，国家图书馆藏民国33年（1944）钞本。学友潘澍原博士提示并惠赐此条材料，谨致谢忱。

以今天的角度,这种对科学的认识和理解当然是不大准确的,但意图从明末西书中寻找出西学或科学,以作为对中国学术文化向近代演进的潮流的响应,此识语作者张寿镛[1]与邵瑞彭无太大区别。只是前者响应的是已成为学术界主流的科学,后者响应的是作为中国近代化尝试的洋务运动。两者都能从明末西书中,或者经过乾嘉学者的传承影响,汲取各自所需的学术思想资源。

---

[1] 张寿镛(1876—1945),字伯颂、咏霓,号约园,浙江鄞县人,清末民初学者、教育家,光华大学创办者兼第一任校长。

# 结语

# 乾嘉天算专门之学在近代知识转型过程中的再定位

以上各章，分别从不同角度论述了乾嘉之际天算专门之学。在此总结部分，笔者将基于这些内容，试图从较广阔的角度，总结乾嘉天算专门之学在整个近代知识转型中的历史定位。

**乾嘉天算专门之学：学术文化的重要组成部分**

早在20世纪初年，梁启超即认为清代历算学"极发达"，而且间接影响各门学术的治学方法，是为"科学之曙光"。[1]本书则在众多前辈学者的基础上，进一步挖掘和分析了材料，更大维度地展示乾嘉天算专门之学在乾嘉学术文化中的重要地位。

天算专门之学不但体现在学者相关的专门著述当中（当然这是很大且很重要的一部分），更广泛渗入到他们的学术文化生活中，如本书所揭示，包括有新的分类体系的建立、藏书与刻书活动、科举考试、经史考证研究、对地方学术认同的建立等多个

---

[1] 梁启超：《中国近三百年学术史》，第156页。

方面。康熙末年，以皇帝为首，何国宗、梅瑴成等人为得力干将，为摆脱传教士对天文学等科学知识的垄断控制，开始寻求学术上的独立，进而为江南的考据学者奠定其对西学的基调，本书作重点论述的许桂林《宣西通》即可反映此点。因而，乾嘉天算专门之学的成立与兴盛，从其最核心的数理科学上来说，具有寻求学术独立的针对性（尽管此目标最终并未达到）。

乾嘉学者对天算专门之学中的西学成分普遍持有"西学中源"的观点，这种观点使作为异质文化的西学至少在表面上同质化，并被纳入汉学学术知识体系当中。正是基于这种汉学的同质化，江声才能在其篆书著作中运用西学而并未觉得不协调。相反其学术对手孙星衍则不信西法，也不持"西学中源"论，认为江声方枘圆凿。也正因为西学同质化为汉学中天算专门之学的一部分，李明彻及其编著的《圜天图说》才能被阮元赏识，进而成为阮元在广东建立的汉学学术认同的重要组成。因此从非数理科学的角度，乾嘉天算专门之学又有汉学或儒学文化普适性的特点。

另外在天算专门之学在科举考试中的渗透方面，前人多认为科举考试只是晋身官宦的敲门砖而与学术无关，又或只在第三场较自由的策论上存在关联，而且自然之学在康熙晚年之后已被禁止。然而本书以新材料揭示，天算专门之学不但出现在乾嘉科举考试的策论中，更出现在八股文当中；应试者能因为知晓天文算法而被赏识，得到较佳的名次，进而为官宦和学术生涯奠定良好的基础。笔者无意拔高这类并不常见的科举考试为"科学测验"，毕竟在实际的答卷中，这类自然之学还是要与儒学相结合，遵守程朱理学那一套程式。但从另一方面，坚守被奉为圭臬的程朱理学长达数百年、看似颠扑不破的八股科举，竟能被西学、被天算专门之学所渗透（注意此时国门尚未被武力打开），不难看出天算专门之学在乾嘉之际学术文化方面的影响力。

**汉学范式下的继绝学和融西学**

虽然天算专门之学与近代科学式的天文学和数学知识有很大的距离，但其力求准确和言必有据的特征与乾嘉学术的精神相契合。其学术精神背后的哲学思维则指向继承汉儒所传、明儒已失的儒家"绝学"，故其学术以汉学范式为主导。乾嘉天算专门之学融合西学之目的，同样在于继承绝学。

本书论及乾嘉天算专门之学的大多数案例，几乎都涉及明末以降引入的西方学术。纯以天文科学的角度，乾嘉学者受到"钦定"西法的影响，其成就不能超越官方范围，他们的天算专门之学对于天文学的建树确实有限。然而，乾嘉学者有其自身的问题本位，其思考的角度不是从天文科学，而更多的是从继承传统学术知识的角度出发的。中学传统与西学传统的差距又是如此之大，因此，他们对西学的援引，中西学术的相互碰撞交融，是乾嘉之际天算专门之学的一个重要的特点。江声用汉代的篆书彰显西法"专精"、贵在能推算"前古后今"；其弟子徐颋在科举考试的八股文答卷中引用了西学的内容；另一位学者李兆洛因为将西学、天文算法和理学、考据结合得相当好而被提拔，并获得同科江南乡试的第一名；许桂林认为其《宣西通》可以证西人之短而显西人之长，并用诗歌称赞"第谷西方真健者"。书中揭示的这些史实，无不显示了乾嘉天算专门之学这种中西学术互引互渗的特点。

  对于中西之间巨大的差距，乾嘉学者多用"西学中源"说来弥缝，论者经常感叹，这种"不良的倾向"将中国天文科学研究引向"歧路"。的确，从后世看来，他们走的的确是一条歧路，但从另外一个角度来看，这恰恰反映出近代科学式知识的产生和被接受并不是必然的。近代科学的产生，偶然之至；对近代科学式知识的接受，以及在此之上的近代知识转型也是艰难的。这样的困难下，所呈现的当然是一幅歧路亡羊式的纷繁复杂的历史画卷。这幅画卷等待着历史研究者展开，因此"西学中源"说也应依据历史时段和历史主体加以细分，以探究其产生的背景。近人余嘉锡在评论《四库全书》所收录的西学书籍《坤舆图说》时说：

  胡氏（礼垣）责纪（昀）、阮（元）二公，不能以谦虚之心，用西洋之学说以图中国之自强，其说似也。虽然，历来无论学术政事，凡起而谋变而新是图者，其必感受外来之激刺。二公生当极盛之时，宁能豫知百年以后之事，而嘐嘐然号于人曰，吾中国必当变法以自强。是徒惊而骇俗，谥之曰非狂则愚……以阮公之治学，夙为汉学立旗帜，以彼作性命古训文言对之人，而欲其真实崇敬西学如徐光启，彼将丧失其声望，而为异派所攻击，徒授人以口实，如《汉学商兑》者流……即令如胡氏言，于天文算学，采用西法，而中国是否立可自强，其效尚茫如捕风，则彼身受攻击，以求不可必得之效，此智者所不为也。虽然胡氏之言，为中国人言之，固不可废，特独以讥二公其亦责备贤者之义乎。[1]

余嘉锡认为应理解纪昀、阮元等汉学家身处的环境，不能一味求全责备，指摘他们未能大规模地崇敬并输入西洋学术，这是持平之论。事实上，不论是正面抑或反面，乾嘉学派学者是继明末清初以后较早、较多地援引西学的一群人。也正因如此，在西学、新学大潮弥漫的晚清以至民国，各种身份的人都可以从乾嘉天算专门之学的书籍中获得学术资源、思想资源乃至现实资源。当时的一般士人认为，这些大量援引了西学的书籍，是了解（虽然是过时的）西学的良好途径；思想家虽不至于认为这些书是救国于危难的良方，但作为良方中的"药引"，恐怕不成问题；对于书商，翻印出版乾嘉学者天算专门之学书籍，并打出乾嘉学者的名号作招徕，能为其利润带来保证。本书第八章和第九章通过两个案例讨论了晚清对以中西学术互引为主要特点的乾嘉天算专门之学的反响，而更深入的相关研究，尚可进一步开展。

本书所论及的乾嘉天算专门学者，基本上都是乾嘉学派的有名学者，又或与之有密切交往的学人。经过了从宋学、理学向汉学、朴学的转变后，汉学范式成为乾嘉学者坚守的学术范式，这种范式影响了他们所研治的天算专门之学，使之极具"专门家

---

[1] 余嘉锡：《四库提要辨证》，北京：中华书局，1980年，第464—465页。

法"的汉儒经学色彩。可以说，汉学范式是乾嘉天算专门之学的"基底色"。也因为如此，他们对天算专门之学的研究并不等同于近代天文学和数学，其所作出的对自然科学的贡献成就也不能与同时代西方的科学家相比。

因此，由于作为"基底色"的汉学范式多少夺去了纯粹科学研究的"正色"，中国人的天文学水平也在同一时期大大落后于西方，再加上紧接下来中国对西方的惨败，便有人把这后来的悲剧归咎于乾嘉学派"复古""守旧"的思想束缚了中国科学的发展，导致了中国的失败。然而，如果中国历史上没有乾嘉学派的出现，中国人是否就能迅速地抛弃传统，进而完成近代科学式知识的转型，免于战争的失败呢？显然未必如此。中国的失败涉及多方面的原因，并非科学落后或某一学派可以担负全责。相反，立足于传统学术演化的角度，在经史考证这些传统领域，乾嘉学者运用天算专门之学做出了相当多的成绩。[1] 这些成绩不是乾嘉学者们闭门造车的结果，而是在同一学术范式下，学者之间相互交流、相互学习、相互讨论、相互激发的结果。本书亦通过对学者间论学文本的解读，揭示出讨论天算专门之学的乾嘉学者之间的学术联系。学者间与天算专门之学的相关学术联系，有异议相驳，亦有声气相求，但都共享同一的汉学学术范式，以区别于汲汲于科举考试之人，乃至于皇帝：

---

[1] 参见卢仙文、江晓原：《略论清代学者对古代历法的整理研究》，第81—90页；卢仙文、江晓原：《清代学者对经书中有关天文学的研究》，第69—78页。

谕总理事务王大臣："在玑衡以齐七政""视云物以验岁功",所以审休咎、备修省,先王深致谨焉。今钦天监《历象考成》一书,于节序时刻,固已推算精明,分厘不爽。而星官之术、占验之方,则阙焉未讲。但天文家言,互有疏密,非精习不能无差。海内有精晓天文、明于星象者,直省督抚确访试验,术果精通,着资送来京。[1]

不知乾隆帝晚年对于"天文"的看法是否有改变,但在上述谕旨颁布的 1737 年,他眼中的天文仍与星占有关。到了世纪末,乾嘉学者指出,"步算"与"占候"要相互区分。[2]由此,天算专门之学与"基底色"为皇权的"天学"便有了区分。

**广泛的汉学认同与孙星衍—阮元学圈:维系乾嘉天算专门学者的纽带**

正因为乾嘉时期的学者在一个统一的汉学范式下进行学术文化活动,故而在中国各地便有机会出现广泛的汉学认同。这种汉学认同以江南为中心,通过师友的传授、学者官员的流动和提倡而逐渐扩大。张寿安指出,"清中叶有以阮元为中心形成一'阮元学圈'",并以议立伏生、郑玄为五经博士等事证其实,[3]

---

[1]"乾隆二年正月丙辰"条,《清高宗实录》。
[2](清)阮元等著:《畴人传汇编》,"畴人传凡例"第 1—2 页。
[3] 张寿安:《打破道统·重建学统——清代学术思想史的一个新观察》,《"中央"研究院近代史研究所集刊》,2006 年 6 月第 52 期,第 95 页。

其他学者也在使用这一概念（Ruan Yuan's circle）。[1] 在议立五经博士等事中，孙星衍实起主导作用。[2]

孙星衍比阮元年长11岁，比阮元早两年中进士（1787），又是钱大昕的弟子。因此，在第三至第五章中，我们都可以看到他在乾隆末年与苏州学者圈在天算专门之学上的学术联系。嘉庆元年（1796），孙星衍和阮元分别写信与江苏巡抚，举荐江声为"孝廉方正"。[3] 嘉庆年间，孙星衍被阮元聘为杭州诂经精舍主讲，讲授包括天算专门之学在内的古学；李锐为阮元编撰《畴人传》；许桂林为阮元门下所取举人，又持《宣西通》向阮元就正；李明彻则在广东受到阮元的赞助。因此，阮元主要是在嘉庆朝以后发挥联结学者的主要作用。就本书所论的关于天算专门之学的各个案例来说，"阮元学圈"并无不妥，因为天算专门之学极具乾嘉汉学色彩，与乾嘉汉学圈互有重叠。而笔者在阮元学圈中加上孙星衍，是突出他在乾隆朝后期的作用。

**乾嘉天算专门之学与民国初年的天文学近代转型**

若论中国天文科学的近代转型，那就不得不提高鲁（1877—1947）。作为中央观象台第一任台长、中央研究院天文研究所的第一任所长，他致力于建立中国自己的天文科学研究体系。然而鼎革之际，他继承的遗产只是北京古观象台的青铜测天仪器，凭

---

[1] Hu Minghui, "Cosmopolitan Confucianism: China's Road to Modern Science", PhD diss., University of California, Los Angeles, 2004, pp. 284–297.
[2] 张寿安：《打破道统·重建学统——清代学术思想史的一个新观察》，第87—95页。
[3] 参见第四章第二节第一目中孙星衍《江声传》引文。

一己之力，如何能实现其宏愿？他想到了团结中国学者，集众人之力为中国天文学的近代化作出贡献。为此，他于1922年成立中国天文学会。高鲁在其《发起中国天文学会启》中，向中国学者号召：

> 天文学之发端于我国为最古。昔庖牺氏仰观象于天，俯观法于地，斯即治天文学之滥觞。大抵太古草昧时代，芸芸之众，出作入息，习见夫天象昭示历久而不变，星宿罗列有条而不紊。始则由感觉而生推想，继则由推想而成观念，积之既久，于是有蹊径可寻。有圣人出，因势而利其导，奉天时以策人事，本自然界之现象而创一切制度文物。此与晚近欧西科学家以经验观察二者为基础，而建设诸科学之统系及支派，实异途而同轨。
>
> 及至黄帝迎日推策，尧以闰月定四时成岁，舜在璇玑玉衡以齐七政，观授时之学已稍稍务矣。自星命术数之说盛，而天文学真正之途径遂以不明。虽然，其于天文学之进步，固未尝有所损也。吾人读泰西天文学史，其中有所谓中国天文学、埃及天文学、巴比伦天文学等，考其年代，后数者之发源均在前者之后；而彼古代天文学家如伊巴谷、都禄亩辈，大都得力于古巴比伦星命家之说为多。天文学之发达，即基乎是；各科学之起源，亦无不基于是。而天文学尤为各科学之先导焉。
>
> 今世学者每以科学进步之迟速判别黄白人种之优

劣,至将我国人民与半开化之国相比,其足以促发国人创巨痛深之猛省,亦可为深切著明矣……所以比年来莘莘学子,深知今兹时代,非科学竞争不足图存;非合群探讨,无以致学术之进步……爰发起天文学会,就天文一科与当世大雅君子作共同之研究。诸君子如不遐弃,则非徒同人之幸已也。[1]

高鲁的话语策略,其实与乾嘉学者提倡天算专门之学的话语策略并无太大区别,都是利用中国具有古老的天文学知识这一来自儒家经典的"公认事实",来建立起学者的认同。不同的是,乾嘉学者建立的是对经学、古学的认同,高鲁建立的是对本民族科学的认同。由于这种认同的建立,早期中国天文学会吸引了非天文专业,乃至非自然科学专业的人文学者参加,这包括:中国天文学会第二、第三、第六、第七届评议会长蔡元培(1868—1940),第三至第五届评议会评议员徐炳昶,[2] 第五至第七届评议会评议员陈垣(1880—1971)等。[3] 虽被评价为"不为乾嘉作殿军",但史学家陈垣渊源自钱大昕、陈澧、张之洞等著名的汉学大师是其自道和公认的。因中央观象台常福元请陈垣作

---

[1] 高鲁:《发起中国天文学会启》,载中国天文学会秘书处:《中国天文学会一览》,出版地不详,1933年,第2—3页。此文落款为"发起人高鲁暨中央观象台全体职员谨启",但应出自高鲁之手,参见拙文:《民国时期中国天文学会研究》,上海交通大学硕士学位论文,2009年,第14—18页。
[2] 徐炳昶(1888—1976),考古学家,时任北京大学教务长兼国学门导师、哲学系教授。
[3] 拙文:《民国时期中国天文学会研究》,第9—10页。

《回历岁首表》的关系，使得陈垣决定撰作《二十史朔闰表》《中西回史日历》等书，[1]体例正源于钱大昕未竟的《四史朔闰表》。[2]

事实上，对本国天文知识史的考察和研究，在民国初年中国天文学近代化的进程中十分重要。席泽宗等提到：

> 从1911年前后开始，一批由海外学成归来的天文学家刘师培、高鲁、高均（高平子）、朱文鑫、常福元、竺可桢、张钰哲、陈遵妫等人用全新的眼光审视中外天文学的历史发展，在《国粹学报》《观象丛报》《中国天文学会会务年报》《宇宙》等刊物上陆续发表阐述或介绍中外天文学的文章。朱文鑫还先后出版了多种论著，对中国古代历法、有关天象记录、恒星位置、天文仪器等作专题研究。另有一些历史学家和科学史学家，如董作宾、刘朝阳、钱宝琮等人，对殷墟甲骨文、周代金文等的历日资料进行研究，讨论殷商、周代的历法问题；或对汉代以后的若干历法作校勘、补遗与研究。所有这些都开启了天文学史研究的局面。[3]

---

[1] 陈垣：《〈中西回史日历〉自序及例言》，收于陈乐素、陈智超编校：《陈垣史学论著选》，上海：上海人民出版社，1981年，第211页。
[2] 比陈垣稍晚，乾嘉余脉章黄学派传人张汝舟（1899—1982）师承黄侃（1886—1935），亦为治历术朔闰之学的重要学者，著有《〈殷历〉朔闰谱》《西周经朔谱》《春秋经朔谱》等，参见氏著《二毋室古代天文历法论丛》，杭州：浙江古籍出版社，1987年。
[3] 席泽宗、陈美东：《20世纪中国学者的天文学史研究》，《广西民族学院学报（自然科学版）》，2004年第10卷第1期，第6页。

对于天文学史的研究，民国初年的学者或多或少地遵循着乾嘉学者的进路，只不过他们使用的工具是已经历两个多世纪飞速发展的、更新的西学——近代科学，乾嘉学者使用的工具是明末以来、或经过"西学中源"化的经典西学而已。通过把近代科学式的知识引入到本属乾嘉传统之一的天文学史研究当中，随着国家科研体系的建立和天文人才的养成，中国学者逐渐过渡到近现代天文学的科学研究。乾嘉天算专门之学也不再是具有浓厚汉学色彩的专门之学，而是蜕变成为近代科学式的天文学了。

# 附录一

# 江声相关著述

## 募刊尚书小引[1]

窃惟典谟训诰,帝王垂万世之经;删定赞修,文宣逮千秋之业。乃自暴秦肆箻(毒),载籍随烟焰而销。洎乎炎汉,旁求遗文。破宫墙而出伏生,初得之二十九篇;孔氏滋多,有五十八册。或写以汉字,或仍其旧文,遂有今古殊偁(称),实则原(源)流共贯。今文列于国学,欧阳、大小夏侯,分列三家;古文轶在民间,庸、胡、徐、王、涂、桑,仅延一线。刘歆欲立古文之学,博士谓改先帝之规,群起而攻,卒不果立。是以遗编残阙,师说绝无。犹幸孔书之篇目尚存,郑君之注解具在。在斯则硕果之不食,饩羊之犹龚(供)也。

---

[1] 录自(清)江声:《募刊尚书小引》,《尚书集注音疏》,第345—346页。按:原文为篆书。

逮晋永嘉，以郑声而乱正乐；至唐贞观，弃周鼎而宝康瓠。先儒之大谊前亡，群瞽之谬说斯偏。繇来以逾千禩（载），妄作奚啻百家？皆苗莠之不分，岂谊理之能阐？才老能疑其伪，不得要领以洞彻根由；晦翁既识非真，乃其著述仍奉为圭臬。致使续貂之伪籍，卒历久而横行；附骥之庸流，且伐兴而益炽。簧鼓于昔，误诒于今矣。

若夫元之草庐吴公，明之京山郝氏，皆知"二十五篇"之伪作，亦知"二十八字"之后加。乃吴并庌（斥）夫"二十四篇"，而郝致疑于六十七叙。是其八鹭，仍有纰缪。至其解说，究无发明。

圣朝右文，贤才应运。则有太邍（原）阎氏、先师惠君，各闭户而著书，（原注：阎若璩著《尚书古文疏证》，惠先生纂《古文尚书考》。）如造车之合辙。皆能据《逸篇》之目，显伪篡之乖韦（违）；采往籍之文，抉剽窃之内堀（窟）。至若白鱼入舟之瑞，赤乌衔谷之祥：阎氏尚犹过疑，先师独标真见。

声渊原惠氏，津逮阎书，故能兆彼籍，因而自忘愚鲁。叶古书所称引，刊正经文；酌故训于文辞，用祛俗解。文改则恐迂儒目眙，必标所本，以识繇来；解异则虞初学心疑，必详于疏，以申悎趣。书成一十二卷，文约四十万言，题曰"尚书亼（集）注音疏"。岂敢曰有功，庶可告无罪尔。今将登诸梨枣，必先课乓（厥）资财。以蒙先达慨赐庠其专，犹冀同人协赞集乓事。党（傥）能酤（酽）金相助，得镂版传，上绍前贤，下开来学。功由众举，事藉人为。敢不备列芳名，式昭盛德？

乾隆四十有九年，岁在焉逢执徐（甲辰），则余月（己巳）

癸巳江声纂。

拙制蒙少司寇王述暗（庵）先生见赏，谓宜刊布，爰始解囊。既而毕制府弇山先生闻之，亦捐资相助。和计所赐，得三分之一。于是勾（鸠）工兴事，而更求将伯，乃纂《募刊小引》，以广丐同人。遂有言高云朝标、杨士超信辉、杨二树恭基、彭尺木绍升、汪宇春为仁、段茂堂玉裁、徐后堂应阶、徐谢山承庆、蒋霁光寅、李槐江大夏、程念鞠世铨、汪竹香元谅、严豹人蔚、王扬孙煦、钮匪石树玉、李铁珊元德、黄莪圃丕烈。远者有闽粤徐质甫显璋，及门有杨生借时安行，谢生大千枬。后先相助，计六分有其五。自兴工以来，九年于兹矣。九年之中，资或不继，辄揭己力以补续者约有六之一焉。凡用银四百五十两，然后得成此刻。不敢忘诸君子乐成人美之德，故详识之。

乾隆五十八年，岁在昭阳赤奋若，毕陬月丁酉朏江声记，时年七十有三。

## 李锐算恒星东行[1]

李尚之曰：古灋（法）周天三百六十五度四分度之一，今灋以周天为三百六十度（原注：入算作百二十九万六千秒）。而谓恒星岁行五十一秒。案《九章算术》"今有术"曰：以所有数乘所求率为实，以所有率为灋，实如灋而一。今依此立算，以三百六十五

---

[1] 节录自（清）江声：《恒星说》，第9a—12b页。

度四分度之一通度内分，得千四百六十一度，为所有率。以四乘二十九万六千秒，得五百一十八万四千秒，为所求率。若以一度为所有数，则所求数为一度之积秒也。

有一度之积秒，求行一度之积年者，则以五十一秒为所有率，一年为所求率，一度之积秒为所有数，则所求数为行一度之积年也。求行一度之积日者，则以四乘五十一秒，得二百四秒为所有率。以三百六十五日四分日之一通日内分，得千四百六十一日，为所求率。一度之积秒为所有数，则所求数为行一度之积日也。兹欲速求，灋从简易。求积年者，以千四百六十一度与五十一秒相乘，得七万四千五百一十一为所有总率。以五百一十八万四千秒与一年相乘，仍得五百一十八万四千秒，为所求总率。一度为所有数，则所求数即行一度之积年也。求积日者，以千四百六十一度与二百四秒相乘，为所有总率。以五百一十八万四千秒与千四百六十一日相乘，为所求总率。一度为所有数，则所求数即行一度之积日也。此求积日灋，所有、所求两总率各用千四百六十一乘，即可省去不乘，用其约数。就以二百四为所有率，五百一十八万四千为所求率，一度为所有数，则所求数亦即行一度之积日也。若㸃，则求积年与求积日，惟所有率一用七万四千五百一十一、一用二百四为异。若所求率彼此同，用五百一十八万四千；所有数彼此同，用一度。则以所有数乘所求率为积分，如七万四千五百一十一而一，即得年数；不尽如二百四而一，即得日数矣。以一度乘五百一十八万四千，仍得五百一十八万四千，为积分。以七万四千五百一十一除之，得六十九年；不尽四万二千七百四十一，以二百四除之，得二百九日，有余百五。是恒星六十九年二百九日二百四分日之百五而行一度也。

凡三十度十六分度之七为一次。求积年者，以七万四千五百一十一为所有率，五百一十八万四千为所求率，三十度十六分度之七为所有数，则所求数为行一次之积年也。求积日者，以二百四为所有率，五百一十八万四千为所求率，三十度十六分度之七为所有数，则所求数为行一次之积日也。此三十度十六分度之七数有奇賸（剩），不可乘除，就以十六通度内分，得四百八十七度为所有数，即以十六除五百一十八万四千，得三十二万四千为所求率。（原注：此简澹也。若正澹，当以十六各通其所有率，以除积分。）以四百八十七度乘三十二万四千，得一意（亿）五千七百七十八万八千为积分。以七万四千五百一十一除之，得二千一百一十七年；不尽四万八千二百一十三，以二百四除之，得二百三十六日，有余六十九。是恒星二千一百一十七年二百三十六日二百四分日之六十九而行一次也。

凡十二次而一周天，以十二乘一次之积分，得十八意九千三百四十五万六千为积分。以七万四千五百一十一除之，得二万五千四百一十一年；不尽五万六九百七十九，以二百四除之，得二百七十九日，有余六十三。是恒星二万五千四百一十一年二百七十九日二百四分日之六十三而行一周也。

# 附录二

# 许桂林《宣西通》相关著述

## 宣 西 通 序[1]

谈天家言人人殊,无一说不穷,亦无一说不可通。何也?天必有所寄,天之外为水、为气、为空,皆必有止境,而亦安得有止境?《庄子》所谓天下有大惑焉,"万世之后遇大圣知其解者,是旦暮遇之也",此合古今圣神材智而皆穷者也。然以心思之幻,说天上慌忽不可见之事,则亦何说不可通?非特浑、盖、宣及历朝测天诸家,即如天日本动而云小动,地本静而云日日东行、上下日月而人不觉,亦无不可自成一家言也。"群言淆乱衷诸圣",圣人与天合德,其言天亦第就可见者言之耳。

《书》之《尧典》所载中星、七政,为浑、盖、宣三家之

---

[1]录自(清)唐仲冕:《宣西通序》,引自(清)许桂林:《宣西通》,第33—34页。

祖。《系易》曰"天行健","坤至静而德方"。又曰"日月得天而能久照","天尊地卑","日月运行"。至于"治历明时",则取诸《革》。《戴记》亦云:"道并行而不相悖。"《春秋》书"日有食之"而不言所食,书"恒星不见"而不言所以不见。六合之内论而不议,六合之外存而不论,谈天之法,不外乎是。

余素不了天官家言,闻地球之说,地底有人,亦甚疑之。解之者曰:"地以上皆天也,子以地底人为倒悬,彼亦将以子为倒悬。气之所聚,人在气中,故不知耳。"余遂信之。东海许君月南,素精算学,近得宣夜不传之秘,捄(救)西法之失。著《宣西通》一书,而先以测天诗二十首见示,谓天顶冲,不应有人,余乃据前说以规之。今月南邮寄是书,且云:"桂林于西法重数、小轮,断其必无。其书大端有二:一曰地下半皆气,承之上半居人,而非面面居人。一曰北极为气母,不为天枢。盖地诚面面居人,必周围以气裹之,气外当有壳,壳外岂得便空?气有母则可无壳,而日月星宿皆天,属为阳,阳则轻清而能运转,地独属阴,阴则重浊,下承以气而不动。岐伯言'大气举地',举非裹也。《考灵曜》言'地四游气承之',乃能游也。"其说本《晋天文志》所载"宣夜"之说,以明西法之小轮、重数及地底有人之说必不可通。读其书,可谓明辨晰矣。而其来书且言:"桂林姑存此说,以备一解,先生可于序中指正其失。"何其谦也。《传》曰:"礼,吾未见者有六焉,又何以规?"余三复是书,始而茫然,久乃豁然,又安能复理前说哉?盖月南本宣夜"天了无形质,日月聚星浮生空中、行止须气,七曜无所根系迟疾任情"之说,以正西法之失,深有合于古人言天不知其所不知，故无恶于凿也。

虽然，有进焉。《易》曰"日月丽乎天"，《记》云"日月星辰系焉"，若非丽且系，何能宿离不忒？但丽不必有质，系不必有绳，如西人木节在板，目睛自动之喻。日月之行有冬有夏，经星有岁差，纬星有进留退伏，皆可推算。意者即气母之主宰是，而纲维是乎？月南其必能通其说矣。然月南谓得气母之说，而谈天竟可不穷，则吾请问气母之上，诚如宣夜所云"谷黑山青""眼眵精绝"矣，而究竟伊于胡底？恐亦不得不穷。吁，殆所谓存而不论者也。夫言天，亦第言其可见者而已矣。陶山唐仲冕撰。

## 谈 天 小 言[1]

桂林述《宣西通》三卷，绎其余绪，衍为韵言，贻好事以咫闻，作谈天之别调。

**《元包》《凿度》古来传，运世荒唐总未然。我谓泰西开辟晚，依稀止计六千年。**（《天地仪书》谓开辟至崇正庚辰五千六百三十余年。桂林案：邵康节以十二万年为一元，特北宋以后一家之说。《元命包》《乾凿度》则言开辟至获麟二百七十六万岁，虽未必然，传述甚古。西人此说最不足信，盖西人所谓天主耶稣生于西汉之末。耶稣以上则皆洪荒。彼所谓默冬、地末恰诸人当中国周时者，已似添造，周以前则无闻矣。故五千六百三十余年

---

[1] 录自（清）许桂林：《谈天小言》，引自（清）许乔林编：《朐海诗存》卷一一，第17a—20b页。按：每首诗后括号内小字为作者原注。

之数，仍是彼人入中国后，因中国纪载酌设此数耳，识者不为所诳也。吴甫春谓"地陷为湖"即其洪荒，"海涸为田"即其开辟，普天下不必同时开辟也，桂林深取焉。）

渺渺天阶不可登，巧凭弧角恐难凭。到今重数仍无定，一任诸公自减增。（天有重数，西人始言之。而或云九重，或云十二重，后又或云七重、四重。）

大气能将地举空，地平而下或刚风。漫云四面皆生齿，岂有人居天顶冲？（西人谓地在天中，四面皆有居人。地平下九十度谓之天顶冲。）

日径大多于地径，自家立法自家疑。当时百六十余倍，酌减才余五倍奇。（孙渊如先生谓一度二千九百里，若日大于地，则日在营室，左右当揜数宿矣。桂林谓西法天愈远则度阔，不可以古度言，此宜为西学者所不服也。而百六十五倍奇自减至五奇，此却不攻自破。但五倍之说证以暗虚尖影，颇可信矣。）

地影尖因地体圆，更因日大故能然。月行过此方为食，不到高高列宿边。（闇虚之说，张衡已有，西士言之始详。日入地下，地生黑影，名曰暗虚。近地处阔，远则渐狭，至尖而尽。人居其内为夜，月过其尖为食。月以上即地影所不到，故众星借日光以明而无入暗虚时。凡圆物大于光体，所照之影愈远愈阔，小于光体，则其影渐远潋尖，以是知地圆而小于日也。）

似曾亲到月轮天，想入非非太凿然。大小东西轮各样，外边更有负轮圈。（西人第谷小轮法谓日有本轮、均轮，五星又有次轮。而月有四轮，又增次均轮也。其本轮外有负均轮之圈。）

曲行度法望荧荧，四十年中测筹经。未见火星居日下，犹然唤作上三星。（西法以木、火、土三星在日上名曰上三星。后西人测火星有时在日下,乃为火星天割入日天之说。桂林独讶西人比利尼阿测火星曲路,作图不成;第谷密测四十年,其门人格白尔乃作火星行图,何尚未见火星在日下也?)

西士精心讲割圆,火星割日亦云然。试思不作葱皮裹,宗动何由带众天?(梅先生谓西学后来益精,如知火星天割入日天,则如葱皮之说不可用矣。桂林则谓相裹虽未必然,而带动之说自无罅漏。今云相割而仍云带动,静言思之,恐无此理。)

好筭因疑筭有星,新图南极补《甘经》。飞鱼、火鸟临波照,更见匀排三角形。(西人新增南极诸星,有飞鱼、火鸟、三角形等名。)

两儿论日圣人穷,蒙气群惊术最工。第谷西方真健者,暗同姜岌沈存中。(蒙气之说,姜岌、沈括皆言之,而第谷言之最详。谓清蒙气在地平上下能映小为大,升卑为高。日月初出时大,中天则小;或日未西没,已见月食于东。皆清蒙气之故。蒙气亦各地不同,大约四十度以上即无蒙气矣。)

磁石西儒得悟深,知他性是地中心。五星距日推常度,摄取还方石吸针。(西儒谓日之摄五星,若磁石之吸铁,故其距日有定度。又言磁石是地中心,性一尖指地心,一尖指赤道。赤道在中国南,故制之使平,即为定南针。)

日御行天有宿盈,一年两日合平行。最高竟不知何物,已数荆川缀术精。(唐荆川不知最高为何物。古言日每日行一度,大略而已。今宪法一度六十分,太阳每日平行五十九分零八秒,而每年止春分前三日、秋分后三日两日能合平行,余逐日有盈缩。夏至缩极,日行最高;冬至盈极,日行最卑。其最高最卑,见在二至后。康熙丁酉最高在夏至后七度四十三分四十九秒,嘉庆壬申在夏至后九度四十一分。)

五星出入依黄道，远近无过八度余。阑入中宫无此事，始知占验语多虚。（梅先生言日行黄道，月、五星从之，出入左右不过数度。月五度奇，金最远，亦止八度，无入中宫之理。）

食号金钱自昔闻，漫将阳德论纷纭。暗虚阔处月轮转，食甚能教十七分。（日食时或月在日中，四周光溢，古云"金钱食"，谓为阳德盛之占。月行最卑过暗虚阔处，食甚有至十七分者。）

水球四面土玲珑，却被刚风禁在空。上下四旁人与物，不论颠倒任天中。（元时西域札马鲁丁造仪器，木为圆球，以色别之，三分土七分水。梅先生谓亦地圆之说。桂林案：圆球七水而三土，必水球四周浮零星之土块矣。故作此诗，以写其状，盖不辨之辨耳。）

七千年后推西月，元日应逢三月中。不悟前人天正法，西儒亦自少通融。（西以日躔斗四度为正月一日，现在冬至后十余日。七千年后当在谷雨矣。桂林疑西人立法之初必用天正，以冬至为正月一日，其时冬至日在斗四度。后人不知元日随冬至而移，乃胶定于日躔斗四度。正如中法之先，东汉初日已在斗二十一度，尚用《太初术》，谓在牵牛中星。傅仁均已知定朔，而李淳风犹不能用也。）

语言顺倒各随宜，四面居人实太奇。红字偶然书"酒卖"，岂真地背挂青旗？（西人谓地四面居人，梅先生亦然之，而云当有面背。中国面也，故其语顺；海外背也，故其语倒。如日本国酒旗书"酒卖"之类。桂林则谓天之下、地之上，人顺生，禽兽横生，草木倒生。古人尝言之，不必禽兽为地四旁之性，草木为地背之性，更何论于言语之顺倒。必若所云在地背者语倒，则在地四旁者且当语横，有是理乎？或云地平上半居人，而中国当其中则可也。）

羲和遗法费寻稽，未必留传到泰西。闰月不知惟闰日，殷春正夏恐难齐。（梅先生以羲和宅西，而西域术始春分，疑西法为羲和之遗。

桂林谓羲和法最重闰月定时，而西域但有闰日，其太阴年尤乖，定时之旨，非其传必矣。）

苍穹元气运浑浑，北极从来定一尊。欲拟天枢为气母，无天壳必有天根。（朱子言天必有壳，西人最上不动之天，正此物也。但壳即实形，必更有安放之地，于理穷矣。桂林疑天实积气北极为气母，浑浑不息，下际上蟠。气有母则无虑于沦散而必以壳包之，即无虑置壳之无地。乃叹古人定北仍为一尊，理趣深远，后人增南极，西儒增黄极，皆可省也。）

中西得失细衡裁，第谷精能最足推。向使泰西仍阻隔，梅王自有步天才。（谓梅先生、王晓庵。）

# 附录三

# 《圜天图说》《圜天图说续编》序跋

## 圜天图说序[1]

六朝以来方外之士能诗文者甚多。为推步之术者，余撰《畴人传》，释氏三人：瞿昙罗、瞿昙悉达、一行；道士二人：张宾、傅仁均。隋唐以后无闻焉。

广州有羽士青来者，通《时宪法》，仿泰西阳玛诺《天问略》之例，著为一书，取元明本朝诸家之说而发明之。其论黄道距交度、七政经纬、两心差、恒星图、各省州县北极出地度数，有《天问略》所未及者，可谓详且备矣。欲为天学者得是书读之，天体、地球、恒星、七政可以了然于心目间，因之以求弧矢割圆诸术甚易也。是书可为初学推步之始基矣。

青来继张、傅之后，能为人所不为之学，较之吴筠、杜光庭辈专以诗文为事者，岂可同年而语哉？此书亟宜付梓，载入省志。

嘉庆岁在己卯处暑，阮元序

"阮元之印"（白文印）

---

[1] 录自（清）李明彻：《圜天图说》，"阮元序"第1a—4b页。

"芸台"（朱文印）

## 圜天图说自序[1]

山林逸士，何敢言天？不过格物穷理，求其明达之量而已。回忆壮年遨游，周历所至，良师益友，说地谈天，诸多异闻。今年逾周甲，皤肤（然）老翁，习静草庐，不惟谢绝世事，即曩年闻见，亦都不措意，老作高厚间一蠹氓耳。友人槺坪黄公，自虔州来粤，寄榻草庐，志在同参，引伸元（玄）妙，而于天地、经纬、日月星辰之学亦复旁论及之，遂以闻于观察卢公。竟承下问，时相质难。彻自顾元（玄）门一小隐，岂谓管蠡足裨高深？惟夙有传述，不敢自秘。爰绘图疏说，录呈塞命。遽蒙许可，并为参订，转呈阮制军鉴定，题名"圜天图说"。且赐之序，命梓，以广其传。窃思天学精微，地道广博，此种浅说，何足发明？惟疏其大概，或为高远者自迩自卑之初基为尔。书内所不备，望海内君子赐之裁补，勿为一笑。

嘉庆己卯岁嘉平月，青来李明彻识

"李明彻印"（白文印）

"青来一字化龙"（朱文印）

## 圜天图说序[2]

天文推步之学，自泰西新法出，愈阐愈精。而其法实本于《周髀》。今

---

[1] 录自（清）李明彻：《圜天图说》，"自序"第1a—3b页。按：原文为隶书。
[2] 录自（清）李明彻：《圜天图说》，"刘彬华序"第1a—4a页。

《周髀》真经尚存，所谓"地法覆盘""滂沱四隤而下"，非即地圆之说乎？西法所言里差寒暑，昼夜随方而殊，证之《周髀》，无不吻合。说者谓，和仲宅昧谷，厥后畴人子弟散入遐方，传为西学，则其由来已久。然熊三拔、利玛窦撰述诸书，亦实能发前人所未发。盖因已成之法，以推未尽之奥，固宜益密矣。

吾广讲天经者，五代周杰有《极衍》二十四篇，胡万顷有《太乙时纪》《阴阳二遁立成历》二卷，此外寥寥焉。羽士李青来，隐于粤秀山，余耳其名，未之识也。一日，出所著《圜天图说》三卷，大为芸台制府、西津观察所称许。因问序于余，余卒读之，知其学具有本原，于《乾坤体义》《表度图》《天问略》，及王寅旭、梅定九之书皆研究而有所得。故言之凿凿，了如指掌，其用心可谓勤矣。

青来少倜傥，抱大志，数奇不偶。中岁遂从葛稚川游，乃不为《抱朴子》内外篇之学，而以此专门名家撰成一书，是非谈元（玄）者流而嗜学之士也。余方编《粤志·艺文略》，承制府命，著是书于录云。

嘉庆岁在庚辰三月三日 朴石刘彬华序

"刘彬华印"（白文印）

"朴石"（朱文印）

# 圜天图说序[1]

天地变化，日出不穷。要其大端，理、数二者尽之。而言理者每略乎数，存其大致而已。与之探赜索隐、剖析毫芒，其义立窒。于是为之说曰："六合以外存而不论也，六合以内论而不议也。"噫嘻！果毋良庸论议乎哉？亦论议

---

[1] 录自（清）李明彻：《圜天图说》，"卢元伟序"第1a—5a页。

之苦无据耳。吾人厕身两间，仰首而见天，举步而见地，此亦耳目至切近之事。而局于耳目者以谓天似覆盆，地如平板。及诘以何以历万里而总戴天心，登五岳而不相瞩见，则惑之。至于日轮远大近小之疑，月行内阴外阳之异，则滋惑之甚。无他，不明其数即莫测其形，因莫究其理，凭虚以求。无征不信，何怪然哉！

《尧典》"四命"，实为言天之祖，而测地之事见焉。何者？宇内地东南尽海，西北广漠无极。今观"嵎夷南交，宅抵海滨"，则西与朔方亦必为大西极北之境。古人盖尝亲履其地，以施测量，非如后世言天家仅据空文，为想当然之说也。或者谓，宅其官而非宅其地。则未然矣。

余稽古力少，又无阅历见闻，胸积群疑无从叩质。建宦游粤东，适旧友黄樨坪明经亦侨寓省垣龙王庙，相与遇从。偶谈及月行九道，意欲制一仪以显迹象，时庙中李道人在座，乃言西法星月别有次轮，致为明显，可无泥古人九道云云也。因为绘图列说，而后迟留伏逆之迹乃得了然。且复推广引伸，作七政、地球诸图说。积久疑团一旦得豁。道人言此皆其师得之西人传述者，有口授而无章句。且云："西人之学务为征实，凡所测验类，多从亲历目睹而得，故其学详于数而简于理。"余维宇宙间一切事物，数大于理。时行物生，日新蕃变而范围于三百六十五度之内，理固为数囿也。

此书精析确征，明白晓畅，宜广其传，俾初学按图玩索，释彼俯仰之惑。道人逊谢，以为传述旧闻，恐言之无文，贻讥拿鄙。余笑谓之曰："言惟其是而已，奚计工拙？且邹衍谈天、邹奭雕龙，古人已不必兼长矣。"遂为略加删订，卒怂恿付梓。

道人名明彻，号青来，番禺人。性淡远，不妄交。善写山水人物，洋画线法尤精。

南康卢元伟叙

"卢元伟印"（朱文印）

"字特天号西津"（白文印）

## 圜天图说跋[1]

青来道人清静寡欲，而于事物理趣多所穷究，得辄默然识于心，未尝为人言，人亦无知之者。年七十矣，兀坐终日，泊如也。初，余僦居精舍，见其案无他物，惟《几何篇》一册。余曰："是宇宙事物数理所从出也，通其义以施于推步，了然矣。"爱与穷究天地日月星象经纬之学。青来不余讳，日作一图，图各有说，阐发确微，积疑乃释。自维戴高履厚垂五十年，设贸贸以终，竟不获明其理与数，讵非抱憾事哉？

粮储观察卢公，故深于斯学者，余数从问难久矣。一日诣余，遂以《图说》进质。公阅而深然之，谓："余能不失人而是书之必传无疑也。"复为删订，以商于制府阮公。均各序其所以矣。

青来固欲余一言，以志相知之雅，顾何能辞于其付梓也？为书简末而归之。

虔南黄一桂樨枰氏跋

"黄弌桂印"（白文印）

"樨枰"（阴朱文印）

## 圜天图说续编序[2]

嘉庆庚辰，李青来外史著《圜天图说》成。制府阮芸台先生序而梓之，录

---

[1] 录自（清）李明彻：《圜天图说续编》，"黄培芳序"第1a—5b页。
[2] 录自（清）李明彻：《圜天图说续编》，"黄培芳序"第1a—5b页。按：原文为草书。

入省志。明年，青来复成《续编》示余。盖宏纲要恉，正编已"范围不过"，是编所以推阐正编，补其未备也，其中于星象尤详。如正编只述恒星有名者，此并及无名之星，以补浑天全体无量之数。续绘五星南北纬行图，并伏见纬差、朔策凌犯。细推其说，以补七政之精微。经纬度数有黄赤同升，亦有南北广狭。《续说》绘图，证明浑天经纬，最为细密：罗计为气字非星也；天汉为细星非河影也；斗杓月建虽依宫旋转，亦不能取为实证也；分野则辨其非，而阐明则详其议也。凡此并有所发明。至于风云、雷雨、冰雹、霰雪之理，习天文者所当知。江海、潮汐、盐井、火山之类，乃地球之发用，皆不可不补者也。

余惟中法流于泰西，由疏入密，西法因以加详。明万历中，西洋人利玛窦航海至吾粤，遂为西法入中国之始。维时政之衰，门户构争。至国初而渐解，然则中西并用，权衡一是，为前古所未有者。青来之说，悉有原本依据，而不谭灾祥休咎，尤其识之卓越。乃利玛窦所著诸书，则徐光启、李之藻辈为演述，若青来之书，自撰而自续焉，岂不视前人而更盛哉？

青来初渔白云山，旋住粤秀山。老庄告退，山水方滋。余亦为山水痴，时相遇于云岩水石间，因以是编索余序。余谓是可与正编合传，实为推步家要笈。以正编已序论者，兹不收云。

道光纪元岁在辛巳初冬，粤岳山人黄培芳序

"粤岳山人印"（朱文印）

"三世名贤之后"（白文印）

"臣黄培芳印"（白文印）

# 圜天图说续编序[1]

学人读书稽古，文艺尚矣，诗赋次之。以此取科名作荣世事业。至于戴天而不知天之高，履地而不知地之厚，谓"六合以外存而不论，六合以内论而不议"，比比然矣。不知三正之建，造甲子、作盖天、综六术、作调历，羲、轩以前无论矣。至《虞书》"尧命羲和均调四仲""舜在璇玑玉衡以齐七政"，《周礼》"大司徒以土圭之法测土深""正日景以求地中"，古人于天学未尝置之不论不议。及周之衰，畴人子弟分散列职，天文不及于古。然继是学未尝无人。杨子或问浑天曰："洛下闳营之，鲜于妄人度之，耿中丞象之。"此皆《浑天仪说》。嗣后有六合仪、三辰仪、四游仪，皆仿浑天之制。自两汉及齐、梁，言天学者愈精愈密。历代相因，千载相承，未之有改。然是书虽存而不发，学者多以不解解之，究无阶级之可循。

吾粤番邑李青来道人，少尝从余游，天姿聪敏，过目成诵，且品格端严，有茅容之风，余尝以大器期之。及长，不事举业，好从外方游，数十年不相闻问。后于云山碧洞中不期而遇，然已年周花甲矣。乃知仰以观于天文，俯以察于地理，六合八荒、千仞三泉，凡前人推步占验之书，无不留心考究。自著《图说》三卷、《续编》二卷，以阐前人所未发。理数之学大而且精，然而淡如也。生平与世酬酢不过挟丹青以自见所能，至于天学之说，未尝泄发于世人，而世人亦未知请益以求元（玄）妙。大抵理数微渺，难与俗人言也。然青来生平未尝以此书见长，而其长自不没于有识者之明鉴。当世名公大人不特序文而表扬之，且编入《粤志》，以垂永久。学申于知己而声价倍增矣。后世有讲求天学者得是书而潜玩之，以通于《算经》《天问略》诸撰述，明

---

[1] 录自（清）李明彻：《圜天图说续编》，"陈鸿章序"第 1a—5b 页。

若观火矣。且观天测地，日月运行，七政行星之缠次了如指掌矣。青来之学，虽不求于荣世而得诸传世者若此，所谓羽衣黄冠以备顾问，允当之矣。洵乎人品之高、学问之大，其不负余平生所期望也。夫于是略序数言，以为《图说》之弁。

　　八十友人陈鸿章谨识

　　"陈鸿章印"（白文印）

　　"恕亭"（朱文印）

　　"博士之章"（朱文印）

# 附录四

# 上海图书馆藏《空际格致》邵增批跋本批语

(一) 卷上

"行之名义"节（第 1b—2b 页），眉批 1 条。(1) 于"惟能生成杂物之诸品也"处批："**以纯体为行，其义颇通。**"（第 1b 页）旁批 4 条。(1) 于"乃所分不成他品之物"旁批："**行者形也，当为刑之所出也。**"(2) 于"杂者有五品"旁批："**五品者，杂品也。**"（以上 2 条均第 1b 页）(3) 于"故洞彻诸杂物之性情"旁批："**识在神而明之可知。**"（第 2b 页）(4) 于"如金石等以土为主，其余次之"旁批："**较少次之，亦主。**"（第 3b 页）

"行之数"节（第 2b—4b 页），眉批 1 条。(1) 于"一曰元情之合"处批："**以干湿、冷热、轻重端元行，亦确切。**"（第 3a 页）

"问金木为元行否"节（第 4b—6a 页），眉批 3 条。(1) 于"中华论五行，古今多不同"处批："**辨五行为非，其义亦晰。**"（第 4b 页）(2) 于"乃今之水无土与太阳之火，莫能生木"处批："此段议论，未能如理压心。"（第 5b 页）（3）于"火二虽居土五之前，然隔三四何以生土"处批："**相生不以隔而止，律吕隔八生，相生同，西人特未之深故耳。**"（第 6a 页）

"行之形"节（第 8b—9a 页），眉批 1 条。（1）于"此姑就其总为圆形者言之耳"处批："**圆者本诸方者，强为天圆地方，地究何曾方乎？**"（第 9a 页）

"行之纯"节（第 13b—14b 页），无眉批。旁批 1 条。（1）本节末处批："**四元行之说，其义通正。行，形也，纯而不杂谓之行。合四行而万物以育。金石归六府之列，其辨亦佳。冷热、干湿相互为根，而清浊、轻重判焉，即阴阳之道亦分也。**"（第 14b 页）

"地之广大"节（第 14b—16b 页），眉批 1 条。（1）于"可知夫地之四面皆可居人"处批："**予尝谓地立天之中心，四围皆一气鼓荡，清气外疏、浊气内摄。对足而立，为浊气所摄耳。人非至清之物，其能趋向天乎？阅此不能发明其义，故广其说焉。**"（第 16b 页）

"地凝注之所"节（第 18b—19a 页），眉批 1 条。（1）于"证有三端，一曰月食"处批："**此证最切。**"（第 18b 页）

"地性之静"节（第 21a—22b 页），眉批 1 条。（1）于"岂为重物所能有耶"处批："**古人称天地如鸡子然，黄中即地也。然壳之外又何所持、何所系乎？天静地动之说，其理似谬。惟天动地静，地随天而动，其理稍通。兹谓天包地而终古不动，得无诮其板滞乎？然则天之外亦有风气水火持之否？四围之天必有顶，顶之外究何若乎？窃尝思之，谓地必不动，亦怪太拙。如在**

附录四　上海图书馆藏《空际格致》邵增批跋本批语　　427

月轮处望地大于月三倍，又人见日甚小，不知其大于地六十倍，凡可依倚之处必生物，此炎方有鼠、冰山有虫可验也。月小于地三倍，其球三万里，日大于地六十倍，其球五百四十万里，开拓若是而无一物依附之乎？目之所极，多见黑星，必有物如地上之山川、草木、人物、鸟兽之生生者在。依附日月之物，又必见我之所谓地上者旋转不已，而究不知我地之动与日月之动也。吾知善言天者，亦必绌于是说矣。"（第21b—23a页）

"山岳"节（第22b—25a页），眉批1条。（1）于"古说地以甚干"处批："此等说俱无至理，西人尤为不通。予每谓地立天之中心，清气外疏、浊气内摄。水重也、浊也，亦附地而流。当未辟之前，水环包于地，风气持挚，水之大浪激土成山岳，无风之处则土平。土之大强则圆，有凸者在凹者，皆能如人搓粉团之光圆乎？故风火抟磨，水气渐涸而干土出也。凸者为山，凹者为水。水风火日磨，水气日涸，拓地益宽。水之不平，到处不同，共环地而行可见。予好游名山，恒视数百丈上之石有水洞，此相磨而涸之准也。西洋近为中国狎，亦有西人通文墨者云：美格理国在中国足底下，中国之午正即美国之子正也。盖美国开土当未百年，前系英国人寻海外新地而得此。于是分为十三部，轮舟东驶若干，更抵中国。近年美人又有好奇者谓，西行必后得新地，行若干更而亦抵中国。现在往来风帆甚多，近东则东行，近西则西行，是对足而立之非伪。而予云水环包于地之义，亦确而可征矣。"（第23b—25a页）旁批1条：（1）于"止为造物者所用之火[1]器具

────────
[1]"火"，形似而讹，据明刻本及南图本当作"大"。

耳"下批:"泥于造物,尤为拙笨。"(第25a页)

"地水大小之较"节(第24b—25b页),无眉批。旁批1条。(1)"地水大小之较"下批:"水大于地,实则水之下皆地也,而地大于水矣。"(第24b页)

"地水高卑之较"节(第25a—26a页),眉批1条。(1)于"下海则易,进江河则难"处批:"海为地之最凹处。水性就低就下,则海纳百川之义无须多解矣。"(第25b页)

"气行有无"节(第28a—29a页),眉批1条。(1)于"必气使之然矣"处批:"空中一气鼓荡,虽下愚亦无能为无此。此数证言之颇切,故点校之。"(第28a页)

(二)卷下

"雷"节(第5b—7a页),眉批1条。(1)于"干热以渐出"处批:"论雷之说最为精晰。"(第5b页)

"电"节(第7a—7b页),眉批1条。(1)于"彼深夜悉无太阳之光"处批:"论电之说,亦为明晰。"(第7a页)

"彗孛"节(第12a—15a页),眉批1条。(1)于"上古多以彗孛为系天之星"处批:"彗孛原非真星数说虽通,无有精义。"(第12a页)

"天河"节(第15a—17a页),眉批1条。(1)于"天河本不属此论"处批:"天河诸说,均近敷衍。秋明春暗,当于此著然。徐思所以透之。"(第15a页)

"风"节(第24a—28b页),眉批1条。(1)于"静则为气,动则为风,此说非也"处批:"论风之理,未能精确。"(第24b页)

"风雨预兆"节（第29b—30b页），眉批1条。（1）于"一、太阳晚落及早出时"处批："**风雨占颇佳。**"（第29b页）

"露霜"节（第35b—36b页），眉批1条。（1）于"恒摄其湿气"处批："**似是而非。**"（第35b页）

"蜜"节（第36b—38b页），眉批1条。（1）于"世以蜜为蜂所酿"处批："**蜂采百卉之露以酿蜜，常人知之。西人亦归入风雨雾露之中，太觉拘执。**"（第37a页）

"海之源派"节（第38a—39a页），眉批2条。（1）于"昔人或拟处"批："**水之在地，如人身血脉津液然，故随气上下流通无滞。**"（第38a页）（2）于"就视则见红"处批："**予经黑水，其色如墨。试汲之，亦清，惟味咸耳。**"（第39a页）

"海之潮汐"节（第40a—44a页），眉批2条。（1）于"气之聚或多或寡"处批："**予谓潮汐之旨，由于气如人之呼吸。然而应月之战亦适符合耳。**"（第41b页）（2）于"或问潮汐之为者"处批："**潮汐由气此数说皆拘而无当。**"（第43b页）

"水之臭味"节（第48b—50b页），眉批1条。（1）于"仍存本性之纯耳"处批："**其辨甚拙。**"（第50b页）

"地震"节（第53a—59a页）眉批1条。（1）于"一曰地震者"处批："**论地震亦为确切。**"（第53b页）（2）于"则欲人提醒而自为改图"处批："**其理颇佳。**"（第58a页）

# 参考文献

## 一、中文史料

〔1〕（汉）司马迁：《史记》，北京：中华书局，1959年。

〔2〕（汉）班固：《汉书》，北京：中华书局，1962年。

〔3〕（汉）许慎著，（清）段玉裁注：《说文解字注》，上海：上海古籍出版社，1988年。

〔4〕（汉）杨孚撰，吴永章辑佚校注：《异物志辑佚校注》，广州：广东人民出版社，2010年。

〔5〕（汉）郑玄笺，（唐）孔颖达正义：《毛诗正义》，（清）阮元校刻：《十三经注疏》。

〔6〕（汉）郑玄注、（唐）贾公彦疏：《周礼注疏》，（清）阮元校刻：《十三经注疏》。

〔7〕（汉）郑玄注，（唐）孔颖达正义：《礼记正义》，（清）阮元校刻：《十三经注疏》。

〔8〕伪题（汉）孔安国传，（唐）孔颖达正义：《尚书正义》，（清）阮元校刻：《十三经注疏》。

〔9〕（晋）郭璞注，（宋）邢昺疏：《尔雅注疏》，（清）阮元校刻：《十三

经注疏》。

[10] （南朝宋）范晔撰，（唐）李贤等注：《后汉书》，北京：中华书局，1973年。

[11] （唐）房玄龄等：《晋书》，北京：中华书局，1974年。

[12] （唐）李百药：《北史》，北京：中华书局，1974年。

[13] （唐）刘知幾著，（清）浦起龙释：《史通通释》，上海：上海古籍出版社，1978年。

[14] （唐）瞿昙悉达：《开元占经》，影印明大德堂钞本，薄树人主编：《中国科学技术典籍通汇·天文卷》第五册。

[15] 旧题（唐）李淳风撰：《观象玩占》，哈佛大学汉和图书馆藏明许明元写本。

[16] （宋）崔与之：《崔清献公集》，清道光三十年（1850）南海伍氏《岭南遗书》刻本。

[17] （宋）李肖龙：《崔清献公言行录》，清道光三十年（1850）南海伍氏《岭南遗书》刻本。

[18] （宋）欧阳修、宋祁等：《新唐书》，北京：中华书局，1975年。

[19] （宋）郑樵：《六经奥论》，（清）纳兰性德编：《通志堂经解》第16册，影印清同治十二年富文斋刊本，扬州：江苏广陵古籍刻印社，1996年。

[20] （明）程大位：《算法统宗》，影印清康熙五十五年（1716）刻本，郭书春编：《中国科学技术典籍通汇·数学卷》第二册。

[21] （明）方以智：《物理小识》，上海：商务印书馆，1937年。

[22] （明）高一志：《空际格致》，明刻本；影印南京图书馆藏清钞本，《四库全书存目丛书》子部第93册，济南：齐鲁书社，1997年；上

海图书馆藏邵增批跋本。

［23］（明）高一志：《空际格致》，附（明）龙华民：《地震解》，国家图书馆藏民国33年（1944）钞本。

［24］（明）顾炎武著，陈垣校注：《日知录校注》，合肥：安徽大学出版社，2007年。

［25］（明）利玛窦：《坤舆万国全图》，朱维铮主编：《利玛窦中文著译集》，上海：复旦大学出版社，2001年。

［26］（明）李之藻：《浑盖通宪图说》，《天学初函》第三册，影印金陵大学寄存罗马藏明崇祯二年（1629）本，台北：学生书局，1986年。

［27］（明）李之藻编：《天学初函》，影印金陵大学寄存罗马藏明崇祯二年（1629）本，台北：学生书局，1986年；日本名古屋藏明崇祯二年（1629）刻本。

［28］（明）傅汎际译义，李之藻达辞：《寰有诠》，影印崇祯元年（1628）刻本，薄树人主编：《中国科学技术典籍通汇·天文卷》第八册。

［29］（明）利玛窦、李之藻：《乾坤体义》，法国国家图书馆藏明刻本胶卷；影印文渊阁《四库全书》本。

［30］（明）吴敬：《九章算法比类大全》，影印明弘治元年（1488）刻本，郭书春编：《中国科学技术典籍通汇·数学卷》第二册。

［31］（明）熊明遇：《格致草》，影印清顺治五年（1648）《函宇通》刻本，薄树人主编：《中国科学技术典籍通汇·天文卷》第六册。

［32］（明）熊三拔：《泰西水法》，《天学初函》第三册，影印金陵大学寄存罗马藏明崇祯二年（1629）本，台北：学生书局，1986年。

［33］（明）熊三拔口授，（明）周子愚、卓尔康笔记：《表度说》，《天学初函》第五册，影印金陵大学寄存罗马藏明崇祯二年（1629）本，台

北：学生书局，1986年。

〔34〕（明）熊三拔撰说，（明）徐光启札记：《简平仪说》，《天学初函》第五册，影印金陵大学寄存罗马藏明崇祯二年（1629）本，台北：学生书局，1986年。

〔35〕（明）徐光启：《赤道南北两总星图》，法国国家图书馆藏明崇祯六年（1633）刻、清初印本胶卷。

〔36〕（明）徐光启等纂修，（清）汤若望等重订：《西洋新法历书》，薄树人主编：《中国科学技术典籍通汇·天文卷》第八册。

〔37〕（明）阳玛诺：《天问略》，《天学初函》第五册，影印金陵大学寄存罗马藏明崇祯二年（1629）本，台北：学生书局，1986年；影印清《艺海珠尘》本，薄树人主编：《中国科学技术典籍通汇·天文卷》第八册。

〔38〕（清）《钦定天禄琳琅书目》，影印清乾隆四十年（1775）《四库全书荟要》本，长春：吉林出版集团有限责任公司，2005年。

〔39〕（清）毕沅（署名）：《释名疏证》，影印清乾隆五十四年（1789）毕氏灵岩山馆刻经训堂丛书本，王云五主编：《丛书集成初编》，上海：商务印书馆，1936年。

〔40〕（清）毕沅（署名）：《篆字释名疏证》，影印清乾隆五十五年（1790）毕氏灵岩山馆刻经训堂丛书本，王云五主编：《丛书集成初编》，上海：商务印书馆，1936年。

〔41〕（清）陈昌齐：《测天约术》，影印清道光三十年（1850）南海伍氏《岭南遗书》刻本，《丛书集成新编》第42册，台北：新文丰出版公司，1985年。

〔42〕（清）陈康祺：《郎潜纪闻二笔》，《郎潜纪闻》，北京：中华书局，

1984年。

〔43〕（清）戴进贤、徐懋德等：《历象考成后编》，影印雍正八年（1730）刻本，薄树人主编：《中国科学技术典籍通汇·天文卷》第七册。

〔44〕（清）戴肇辰、苏佩训修，（清）史澄等纂：《（光绪）广州府志》，影印清光绪五年（1889）刊本，《中国地方志集成》（广东府县志辑第1—3册），上海：上海书店出版社，2003年。

〔45〕（清）戴震：《戴震集》，上海：上海古籍出版社，2009年。

〔46〕（清）方东树：《汉学商兑》（1826），朱维铮主编：《汉学师承记（外二种）》，北京：生活·读书·新知三联书店，1998年。

〔47〕（清）方东树：《考槃集文录》，清光绪二十年（1894）刻本。

〔48〕（清）龚宝琦、崔廷庸修，（清）黄厚本等纂：《（光绪）金山县志》，影印光绪四年（1878）刊本，《中国地方志集成》（上海府县志辑第10册），上海：上海书店出版社，2010年。

〔49〕（清）顾观光：《六历通考》，景光绪九年（1883）初刻、乙卯年（1915）补刻《武陵山人遗书》本，薄树人主编：《中国科学技术典籍通汇·天文卷》第二册。

〔50〕（清）顾广圻：《顾千里集》，北京：中华书局，2007年。

〔51〕（清）顾广圻：《思适斋集》，影印复旦图书馆藏清道光二十九年（1849）徐渭仁刻本，《续修四库全书》，集部，第1491册。

〔52〕（清）顾广圻撰，王大隆（欣夫）辑：《思适斋书跋》，影印1935年刊本，国家图书馆编：《国家图书馆藏古籍题跋丛刊》第5册，北京：北京图书馆出版社，2002年。

〔53〕（清）桂文灿撰，王晓骊、柳向春点校：《经学博采录》，上海：华东师范大学，2010年。

〔54〕（清）杭世骏：《道古堂文集》，影印清乾隆四十一年（1776）刻光绪十四（1888）年汪曾唯增修本，《续修四库全书》，集部第1426册。

〔55〕（清）何国宗、梅毂成等：《历象考成》，影印清雍正二年武英殿《律历渊源》本，薄树人主编：《中国科学技术典籍通汇·天文卷》第七册。

〔56〕（清）胡裕燕等修，（清）吴昆山等纂：《（光绪）清河县志》，影印光绪二年（1876）刊本，《中国方志丛书》，台北：成文出版社，1983年。

〔57〕（清）黄德溥、崔国榜修，褚景昕等纂：《（同治）赣县志》，影印清同治十一年（1872）刻本，《中国地方志集成》（江西府县志辑第75册），南京：江苏古籍出版社，1996年。

〔58〕（清）黄丕烈：《百宋一廛书录》，影印北京图书馆藏清劳格钞本，《续修四库全书》，史部，第923册。

〔59〕（清）黄丕烈撰，（清）潘祖荫辑：《士礼居藏书题跋记》，影印清光绪潘祖荫刻本，国家图书馆编：《国家图书馆藏古籍题跋丛刊》第6册，北京：北京图书馆出版社，2002年。

〔60〕（清）黄虞稷：《千顷堂书目》，上海：上海古籍出版社，2001年。

〔61〕（清）惠栋：《古文尚书考》，影印北图分馆藏清乾隆五十七年（1792）宋廷弼刻本，《续修四库全书》，经部，第44册。

〔62〕（清）纪昀：《纪文达公文集》，《纪文达公遗集》，影印清嘉庆十七年（1812）纪树馨刻本，《续修四库全书》，集部，第1435册。

〔63〕（清）江藩：《汉学师承记》，朱维铮主编：《汉学师承记（外二种）》，北京：生活·读书·新知三联书店，1998年。

〔64〕（清）江声：《艮庭小慧》，中国科学院自然科学史图书馆藏清嘉庆元年（1796）近市居刻本；又，影印清嘉庆元年（1796）近市居刻本，《清代诗文集汇编》第349册。

〔65〕（清）江声：《恒星说》，中国科学院自然科学史图书馆藏清嘉庆元年（1796）近市居篆刻本；又，影印上海图书馆藏清嘉庆元年（1796）近市居篆刻本，《清代诗文集汇编》第349册。又，（清）沈翠岭编：《昭代丛书》萃编癸集第十三册，道光二十四年（1844），中国国家图书馆藏世楷堂刻本；又，影印《昭代丛书》世楷堂刻本，《丛书集成续编》第78册，台北：新文丰出版公司，1991年。

〔66〕（清）江声：《六书说》，影印复旦图书馆藏清咸丰元年（1851）李氏半亩园刻本，《续修四库全书》，经部，第203册；又，收于（清）胡珽编：《琳琅秘室丛书》第五册，清咸丰三年（1853）仁和胡氏木活字排印本。

〔67〕（清）江声：《论语竢质》，收于（清）胡珽编：《琳琅秘室丛书》第五册，清咸丰三年（1853）仁和胡氏木活字排印本。

〔68〕（清）江声：《尚书集注音疏》，影印湖北省图书馆藏清乾隆五十八年（1793）近市居篆刻本，《续修四库全书》，经部，第44册，第345—697页；又，国家图书馆藏清乾隆五十八年（1793）近市居篆刻本；又，收于（清）阮元主编：《清经解》第二册，缩拼影印道光九年（1829）广州学海堂刻本，上海：上海书店，1988年，第833—953页。

〔69〕（清）江声：《与孙渊如书》，中国历史博物馆编：《小莽苍苍斋藏清代学者法书选集》，北京：文物出版社，1995年，2006年重印本，

第 45 页。

〔70〕（清）江声撰，陈鸿森辑：《江声遗文小集》，彭林主编：《中国经学（第四辑）》，桂林：广西师范大学出版社，2009 年，第 1—28 页。

〔71〕（清）蒋彤编：《武进李先生年谱》，影印民国间吴兴刘氏刻《嘉业堂丛书》本，《北京图书馆藏珍本年谱丛刊》第 131 册。

〔72〕（清）江永：《数学》，清《守山阁丛书》本。

〔73〕（清）江永：《翼梅》，清道光丁未（1847）海山仙馆丛书刻本。

〔74〕（清）蒋友仁原著，（清）钱大昕润色、李锐补图：《地球图说》，清《文选楼丛书》刻本，薄树人主编：《中国科学技术典籍通汇·天文卷》第六册。

〔75〕（清）焦循：《雕菰集》，影印中国科学院图书馆藏清道光四年（1824）阮福岭南节署刻本，《续修四库全书》，集部，第 1489 册。

〔76〕（清）焦循撰，沈文倬点校：《孟子正义》，北京：中华书局，1987 年。

〔77〕（清）揭暄：《璇玑遗述》，影印光绪二十五年（1899）《刻鹄斋丛书》本，薄树人主编：《中国科学技术典籍通汇·天文卷》第六册。

〔78〕（清）李福泰修，（清）史澄等纂：《（同治）番禺县志》，影印清同治十年（1871）刊本，《中国地方志集成》（广东府县志辑第 6 册），上海：上海书店出版社，2003 年。

〔79〕（清）李光地：《李文贞公全集》，上海图书馆藏清乾隆元年（1736）刻本。

〔80〕（清）李鸿章：《李鸿章全集》，长春：时代文艺出版社，1998 年。

〔81〕（清）李鸿章撰，顾廷龙、戴逸主编：《李鸿章全集》，合肥：安徽教育出版社，2008 年。

〔82〕（清）李明彻：《鼎建纯阳观碑记》，载广州市文史研究馆编：《羊城

风华录:历代中外名人笔下的广州》,广州:花城出版社,第 86—88 页。

[83] (清)李明彻:《圜天图说》,中国科学院自然科学史研究所藏清嘉庆己卯(1819)松梅轩刻本;浙江图书馆藏松梅轩刻本;内蒙古师范大学图书馆藏松梅轩刻本;佛山图书馆藏松梅轩刻本。又,法国国家图书馆藏松梅轩刻本胶卷。又,影印松梅轩刻本,《藏外道书》第 24 册,成都:巴蜀书社,1994 年。又,影印松梅轩刻本,《四库未收书辑刊》第 4 辑,第 26 册。

[84] (清)李明彻:《圜天图说续编》,中国科学院自然科学史研究所藏清道光元年(1821)松梅轩刻本;浙江图书馆藏松梅轩刻本;内蒙古师范大学图书馆藏松梅轩刻本;佛山图书馆藏松梅轩刻本。又,影印松梅轩刻本,《藏外道书》第 24 册,成都:巴蜀书社,成都:巴蜀书社,1994 年。又,影印松梅轩刻本,《四库未收书辑刊》第 4 辑,第 26 册。

[85] (清)(伪署)华蘅芳撰:《天文地球图说》,复旦大学图书馆藏光绪戊戌(1898)石印本;又,中国科学院自然科学史研究所藏光绪戊戌石印本;又,浙江图书馆藏光绪戊戌石印本。

[86] (清)李铭皖、谭钧培修,(清)冯桂芬等纂:《(同治)苏州府志》,影印清光绪九年(1883)刊本,《中国地方志集成》(江苏府县志辑第 7—10 册),南京:江苏古籍出版社,1991 年。

[87] (清)李锐:《召诰日名考》,影印道光三年(1823)《李氏遗书》刊本,薄树人主编:《中国科学技术典籍通汇·天文卷》第二册。

[88] (清)李锐撰,(清)吴嘉泰撮钞:《观妙居日记》,上海图书馆藏钞本。

〔89〕（清）李锐：《观妙居日记》，哈佛大学燕京图书馆藏清钞本；又影印清钞本，《国家图书馆藏抄稿本日记选编》第四册，北京：国家图书馆出版社，2015年。

〔90〕（清）李善兰：《景教流行中国碑大曜森文日即礼拜日考》，《遐迩贯珍》1855年10月。

〔91〕（清）李元度：《国朝先正事略》，沈云龙主编：《近代中国史料丛刊》第12辑。

〔92〕（清）梁章钜：《退庵随笔》，清光绪元年（1875）《二思堂丛书》刊本。

〔93〕（清）凌廷堪：《校礼堂诗集》，影印复旦图书馆藏清道光六年（1826）张其锦刻本，《续修四库全书》，集部，第1480册。

〔94〕（清）凌廷堪：《校礼堂文集》，影印复旦图书馆藏清嘉庆十八年（1814）张其锦刻本，《续修四库全书》，集部，第1480册。

〔95〕（清）刘锦藻：《清朝续文献通考》，上海：商务印书馆，1936年。

〔96〕（清）罗士琳：《观我生室汇稿》，上海图书馆藏清道光二十三年（1843）汇刻本。

〔97〕（清）罗士琳：《周无专鼎铭考》，《石刻史料新编》第四辑第一册，台北：新文丰出版公司，2006年，第799—810页。

〔98〕（清）梅文鼎：《绩学堂诗钞》，影印清乾隆梅瑴成刻本，《续修四库全书》，集部，第1413册。

〔99〕（清）梅文鼎：《绩学堂文钞》，影印清乾隆梅瑴成刻本，《续修四库全书》，集部，第1413册。

〔100〕（清）梅文鼎：《历算全书》，《景印文渊阁四库全书》，子部，第794册。

〔101〕（清）梅文鼎：《勿庵历算书记》，《景印文渊阁四库全书》，子部，第795册。

〔102〕（清）梅文鼎：《宣城梅氏历算丛书辑要》，上海图书馆藏承学堂清乾隆十年（1745）刻本。

〔103〕（清）梅毂成等：《明史·历志》，影印清乾隆武英殿原刻本，薄树人主编：《中国科学技术典籍通汇·天文卷》第三册，1993年。

〔104〕（清）梅毂成等：《明史·天文志》，影印清乾隆武英殿原刻本，薄树人主编：《中国科学技术典籍通汇·天文卷》第三册。

〔105〕（清）南怀仁：《坤舆全图》，早稻田大学藏咸丰庚申（1859）重刊本，不分页。

〔106〕（清）南怀仁：《坤舆图说》，《景印文渊阁四库全书》，史部，第594册。

〔107〕（清）裴大中、倪大中修，（清）秦湘业等纂：《（光绪）无锡金匮县志》，影印清光绪七年（1881）刊本，《中国地方志集成》（江苏府县志辑第24册），南京：江苏古籍出版社，1991年。

〔108〕（清）皮锡瑞：《经学通论》，北京：中华书局，1954年。

〔109〕（清）皮锡瑞著，盛冬铃、陈抗点校：《今文尚书考证》，北京：中华书局，1989年。

〔110〕（清）皮锡瑞著，周予同注释：《经学历史》（1907年初刊），北京：中华书局，1959年。

〔111〕（清）钱大昕著，杨勇军整理：《十驾斋养新录》，上海：上海书店出版社，2011年。

〔112〕（清）钱大昕著，吕友仁点校：《潜研堂集》，上海：上海古籍出版社，1989年。

〔113〕（清）钱大昕编，（清）钱庆曾述、陈文和校点：《钱辛楣先生年谱》，陈文和主编：《嘉定钱大昕全集》第1册，南京：江苏古籍出版社，1997年。

〔114〕（清）钱林：《文献征存录》，影印清咸丰八年（1858）有嘉树轩刻本，《续修四库全书》，史部，第540册。

〔115〕（清）钱仪吉编：《碑传集》，影印清光绪十年（1884）诸可宝署检江苏书局校刊本，沈云龙主编：《近代中国史料丛刊》第93辑。

〔116〕（清）钱泳：《履园丛话》，影印华东师大图书馆藏清道光十八年（1837）述德堂刻本，《续修四库全书》，子部，第1139册。

〔117〕（清）乾隆官修：《清朝通典》，影印1935年上海商务印书馆《十通》本，杭州：浙江古籍出版社，2000年第2版。

〔118〕（清）乾隆官修：《清朝文献通考》，影印1935年上海商务印书馆《十通》本，杭州：浙江古籍出版社，2000年第2版。

〔119〕（清）阮元校刻：《十三经注疏》，清嘉庆二十年（1815）南昌府学重刊宋本十三经注疏本，缩印世界书局本，北京：中华书局，1980年。

〔120〕（清）阮元：《定香亭笔谈》，影印清嘉庆五年（1800）扬州阮氏琅嬛仙馆刻本，《续修四库全书》，子部，第1138册。

〔121〕（清）阮元：《揅经室集》，影印上海图书馆藏清道光阮氏文选楼刻本，《续修四库全书》，集部，第1478—1479册。

〔122〕（清）阮元著，邓经元点校：《揅经室集》，北京：中华书局，1995年。

〔123〕（清）阮元等：《畴人传汇编》，扬州：广陵书社，2009年。

〔124〕（清）阮元辑：《淮海英灵集》，影印清嘉庆三年（1798）小琅嬛仙馆刻本，《续修四库全书》，集部，第1682册。

〔125〕（清）阮元修，（清）陈昌齐等纂：《（道光）广东通志》，影印1934年商务印书馆影印清道光二年（1822）刻本，《续修四库全书》，史部，第669—675册。

〔126〕（清）沈恩华修，（清）卢鼎崎等纂：《（同治）南康县志》，影印清同治十一年（1872）刻本，《中国地方志集成》（江西府县志辑第86册），南京：江苏古籍出版社，1996年。

〔127〕（清）沈镐：《六圃沈新周先生地学》，上海图书馆藏清康熙五十二年（1713）三让堂刻本。

〔128〕（清）孙星衍：《孙渊如残札》，励耘书屋收藏，转引自陈垣：《跋凌次仲藏孙渊如残札》，《文物》，1962年第6期，第28—29页。

〔129〕（清）孙星衍：《孙渊如先生全集》，影印民国八年（1919）商务印书馆四部丛刊影印清嘉庆刻本，《续修四库全书》，集部，第1477册。

〔130〕（清）孙星衍著，陈抗、盛冬铃点校：《尚书今古文注疏》，北京：中华书局，2004年第2版。

〔131〕（清）孙星衍著，焦桂美、沙莎点校：《平津馆鉴藏记书籍·廉石居藏书记·孙氏祠堂书目》，上海：上海古籍出版社，2008年。

〔132〕（清）汤金钊编：《戴可亭相国夫子年谱》，影印清道光间大庚戴氏刻本，《北京图书馆藏珍本年谱丛刊》，第116册。

〔133〕（清）唐仲冕：《陶山文录》，影印浙江图书馆藏清道光二年（1822）刻本，《续修四库全书》，集部，第1478册。

〔134〕（清）王宏翰：《医学原始》，影印中华医学会上海分会图书馆藏清康熙三十一年（1692）原刊本，上海：上海科学技术出版社，1989年。

〔135〕（清）王家相、魏茂林等：《清秘闻述续》，影印湖北省图书馆藏清光绪十四年（1888）刻本，《续修四库全书》，子部，第 1178 册。

〔136〕（清）王兰生：《恩荣备载》，清道光十六年交河王氏刻《交河集》本，《北京图书馆藏珍本年谱丛刊》第 91 册。

〔137〕（清）王鸣盛：《尚书后案》，影印华东师大图书馆藏清乾隆四十五年（1780）礼堂刻本，《续修四库全书》，经部，第 45 册。

〔138〕（清）王鸣盛撰，（清）江声篆书：《窥园图记》，北京翰海拍卖有限公司 1997 年秋季拍卖会拍卖品。

〔139〕（清）王韬编：《格致书院课艺》，清光绪二十四年（1898）上海图书集成印书局印本。

〔140〕（清）王先谦：《东华录》，影印上海古籍出版社藏清光绪十年（1884）长沙王氏刻本，《续修四库全书》，史部，第 369—375 册。

〔141〕（清）魏瀛修，（清）钟音鸿等纂：《（同治）赣州府志》，影印清同治十二年（1873）刻本，《中国地方志集成》（江西府县志辑第 73—74 册），南京：江苏古籍出版社，1996 年。

〔142〕（清）魏源：《海国图志》，济南：山东画报出版社，2004 年。

〔143〕（清）温训：《陈观楼先生传》，《登云山房文稿》卷三，影印清道光三年（1823）番禺潘氏刻光绪二十四年（1898）补刻本，《清代诗文集汇编》第 561 册。

〔144〕（清）翁同龢撰，陈义杰整理：《翁同龢日记》，北京：中华书局，1993 年。

〔145〕（清）翁同龢撰，谢俊美编：《翁同龢集》，北京：中华书局，2005 年。

〔146〕（清）吴趼人：《二十年目睹之怪现状》，天津：天津古籍出版社，2004 年。

〔147〕（清）徐朝俊：《高厚蒙求》，嘉庆丁卯（1809）云间徐氏刻本。

〔148〕（清）许桂林：《北堂永慕记》，附于《易确》卷二〇，道光十四年（1834）江宁刻本。

〔149〕（清）许桂林：《春秋穀梁传时月日书法释例》，清咸丰四年（1854）南海伍氏《粤雅堂丛书》刻本。

〔150〕（清）许桂林：《算牖》，道光十年（1830）刻本。

〔151〕（清）许桂林：《宣西通》，影印华东师范大学藏清嘉庆金陵陶开扬局刻本，《续修四库全书》，子部，第1035册；国家图书馆藏清嘉庆金陵陶开扬局刻本。

〔152〕（清）许乔林：《弇榆山房诗略》，上海图书馆藏清道光己酉（1849）刻本。

〔153〕（清）许乔林编：《朐海诗存》，上海图书馆藏道光十一年（1831）刻本。

〔154〕（清）玄烨：《圣祖仁皇帝庭训格言》，影印《四库全书荟要》本，《景印摛藻堂四库全书荟要》，史部第99册，总第185册，台北：世界书局，1988年。

〔155〕（清）阎若璩：《尚书古文疏证》，影印上海图书馆藏乾隆十年（1745）眷西堂刻本，上海：上海古籍出版社，1987年。

〔156〕（清）杨光先：《不得已》，影印中社本，吴相湘主编：《天主教东传文献续编》第三册，台北：学生书局，1966年。

〔157〕（清）姚莹：《康輏纪行》，影印清同治刻本，《四库未收书辑刊》第5辑第14册，北京：北京出版社，2000年。

〔158〕（清）佚名编：《江南乡试录（嘉庆甲子科）》，国家图书馆藏清嘉庆刻本。

〔159〕（清）永瑢、纪昀等：《四库全书总目》，北京：中华书局，1965年。

〔160〕（清）俞樾：《春在堂杂文》，清光绪二十五年（1899）春在堂全书本。

〔161〕（清）俞樾：《历代长术辑要序》（1877），载汪曰桢：《历代长术辑要》，清光绪刻本。

〔162〕（清）袁枚：《随园随笔》，影印华东师大图书馆藏清嘉庆十三年（1808）刻本，《续修四库全书》，子部，第1148册。

〔163〕（清）允禄、戴进贤等：《钦定仪象考成》，影印清乾隆二十一年（1756）内府刻本，薄树人主编：《中国科学技术典籍通汇·天文卷》，第7册。

〔164〕（清）曾燠辑：《国朝骈体正宗》，影印湖北省图书馆藏清嘉庆十一年（1806）赏雨茆屋刻本，《续修四库全书》，集部，第1668册。

〔165〕（清）曾燠撰，（清）伊秉绶书：《伊秉绶书光孝寺虞仲翔祠碑》（原碑拓本），北京：中国美术学院出版社，2004年。

〔166〕（清）张宝琳修，（清）王棻、孙诒让等纂：《（光绪）永嘉县志》，影印华东师大图书馆藏清光绪八年（1882）刻本，《续修四库全书》，史部，第708—709册。

〔167〕（清）张鉴等撰，黄爱平点校：《阮元年谱》，北京：中华书局，1995年。

〔168〕（清）张鸣珂：《国朝骈体正宗续编》，影印清光绪十四年（1888）寒松阁刻本，影印湖北省图书馆藏清光绪十四年（1888）寒松阁刻本，《续修四库全书》，集部，第1668册。

〔169〕（清）张绍南编：《孙渊如先生年谱》，影印清道光间海虞顾氏钞本，《北京图书馆藏珍本年谱丛刊》第119册，北京：北京图书馆出版

社，1999年。

〔170〕（清）张文虎：《舒艺室全集》，清同治十三年（1874）金陵冶城宾馆刊本。

〔171〕（清）张锡恭：《茹荼轩续集》，影印民国三十八年（1949）铅印云间两征君集本，《清代诗文集汇编》第786册。

〔172〕（清）张之洞编撰，范希曾补正，孙文泱增订：《增订书目答问补正》，北京：中华书局，2011年。

〔173〕（清）章梫：《康熙政要》，影印清刊本，台北：华文书局，1969年。

〔174〕（清）章学诚著，王重民通解：《校雠通义通解》，上海：上海古籍出版社，2009年。

〔175〕（清）赵烈文：《能静居日记》，影印"国立中央图书馆"藏手写本，台北：学生书局，1964年。

〔176〕（清）郑复光：《费隐与知录》，清道光铜活字本。

〔177〕（清）郑交泰等修，曹京等纂：《（乾隆）望江县志》，影印清乾隆三十三年（1768）刻本，《中国地方志集成·安徽府县志辑》第13册，南京：江苏古籍出版社，1998年。

〔178〕（清）郑钟祥、张瀛修，（清）庞鸿文等纂：《（光绪）常昭合志稿》，影印清光绪三十年（1904）活字本，《中国地方志集成》（江苏府县志辑第22册），南京：江苏古籍出版社，1991年。

〔179〕（清）周中孚：《郑堂读书记》，影印上海辞书出版社藏民国十年（1921）刻吴兴丛书本，《续修四库全书》，史部，第924—925册。

〔180〕（清）朱一新：《佩弦斋杂存》，清葆真堂刻本。

〔181〕沈云龙主编：《近代中国史料丛刊》，台北：文海出版社，1966—1987年。

[182]《清实录》，北京：中华书局，1986年。

[183] [英] 威廉·赫歇尔（John Frederick William Herschel）原著，[英] 伟烈亚力（Alexander Wylie）、（清）李善兰译述：《谈天》，上海：商务印书馆，1934年。

[184] 薄树人主编：《中国科学技术典籍通汇·天文卷》，郑州：河南教育出版社，1993年。

[185] 陈伯陶：《李明彻传》，《瓜庐文賸（剩）》卷四，上海图书馆藏1931年铅印本，第34a—37a页。

[186] 冯立昇主编：《畴人传合编校注》，郑州：中州古籍出版社，2012年。

[187] 高鲁：《发起中国天文学会启》，载中国天文学会秘书处：《中国天文学会一览》，出版地不详，1933年，第2—3页。

[188] 顾廷龙编：《清代朱卷集成》，台北：成文出版社，1992年。

[189] 黄兴涛、王国荣编：《明清之际西学文本——50种重要文献汇编》，北京：中华书局，2013年。

[190] 江庆柏等整理：《四库全书初次进呈存目》，北京：人民文学出版社，2015年。

[191] 江庆柏等整理：《四库全书荟要总目提要》，北京：人民文学出版社，2009年。

[192] 梁启超：《西学书目表》，清光绪丙申（1896）武昌质学会丛书本。

[193] 闵尔昌：《碑传集补》，影印民国12年（1923）刊本，沈云龙主编：《近代中国史料丛刊》第100辑。

[194] 邵廷桢、邵玉铨：《虞山邵氏宗谱》，哥伦比亚大学东亚图书馆藏清光绪三十年（1904）嘉会堂排印本，美国犹他家谱学会摄影微卷图像。

〔195〕徐珂:《清稗类钞》,北京:中华书局,1984年。

〔196〕徐世昌:《清儒学案》,影印民国年间木刻本,《海王邨古籍丛刊》,北京:中国书店,1990年。

〔197〕叶澜、叶瀚:《天文地球启蒙歌》,中国科学院自然科学史研究所藏清光绪戊戌(1898)上海通西阁石印本。

〔198〕叶青:《古今彗星考》,清宣统二年(1910)上海时中书局本。

〔199〕张宏生主编:《全清词·雍乾卷》,南京:南京大学出版社,2012年。

〔200〕赵尔巽等:《清史稿》,北京:中华书局,1976年。

〔201〕《北京图书馆藏珍本年谱丛刊》,北京:北京图书馆出版社,1999年。

〔202〕《景印文渊阁四库全书》,台北:商务印书馆,1982—1983年。

〔203〕《清代诗文集汇编》,上海:上海古籍出版社,2010年。

〔204〕《申报》,上海:上海书店,1987年。

〔205〕《续修四库全书》,上海:上海古籍出版社,1995—2002年。

〔206〕中国第一历史档案馆编:《光绪朝朱批奏折》(第二辑),北京:中华书局,1995年。

## 二、近人专著

〔1〕艾永明:《清朝文官制度》,北京:商务印书馆,2003年。

〔2〕曹增友:《传教士与中国科学》,北京:宗教文化出版社,1999年。

〔3〕陈春声:《市场机制与社会变迁:18世纪广东米价分析》,北京:中国人民大学出版社,2010年。

〔4〕陈美东:《中国科学技术史·天文学卷》,北京:科学出版社,

2003年。

〔5〕陈平原：《中国现代学术之建立——以章太炎、胡适为中心》，北京：北京大学出版社，1998年。

〔6〕陈卫平：《第一页与胚胎：明清之际的中西文化比较》，上海：上海人民出版社，1992年。

〔7〕陈垣著，陈乐素、陈智超编校：《陈垣史学论著选》，上海：上海人民出版社，1981年。

〔8〕陈祖武、朱彤窗：《乾嘉学派研究》，石家庄：河北人民出版社，2005年。

〔9〕陈祖武：《清代学术源流》，北京：北京师范大学出版社，2012年。

〔10〕陈遵妫：《中国天文学史》，上海：上海人民出版社，1980年。

〔11〕邓嗣禹：《中国考试制度史》，南京：考选委员会，1936年。

〔12〕董光璧：《中国近现代科学技术史论纲》，长沙：湖南教育出版社，1991年。

〔13〕董作宾：《董作宾先生全集》，台北：艺文印书馆，1977年。

〔14〕杜泽逊：《四库存目标注》，上海：上海古籍出版社，2007年。

〔15〕樊洪业：《耶稣会士与中国科学》，北京：中国人民大学出版社，1992年。

〔16〕方豪：《方豪六十自定稿》，台北：学生书局，1969年。

〔17〕方豪：《中国天主教史人物传》，影印香港公教真理学会、台中光启出版社1970年再版本，北京：中华书局，1988年。

〔18〕方豪：《中西交通史》，上海：上海人民出版社，2008年。

〔19〕葛兆光：《域外中国学十论》，上海：复旦大学出版社，2002年。

〔20〕葛兆光：《中国思想史》，上海：复旦大学出版社，2009年。

〔21〕顾颉刚、刘起釪：《尚书校释译论》，北京：中华书局，2011年。

〔22〕郭书春：《九章算术译注》，上海：上海古籍出版社，2009年。

〔23〕郭书春主编：《中国科学技术史·数学卷》，北京：科学出版社，2010年。

〔24〕韩琦：《通天之学：耶稣会士和天文学在中国的传播》，北京：生活·读书·新知三联书店，2018年。

〔25〕韩琦、［意］米盖拉编：《中国和欧洲：印刷术与书籍史》，北京：商务印书馆，2008年。

〔26〕洪博升：《求古与考据：江声与王鸣盛〈尚书〉学研究》，台北：元华文创股份有限公司，2018年。

〔27〕洪万生主编：《谈天三友》，台北：明文书局，1993年。

〔28〕侯外庐：《中国思想通史》，北京：人民出版社，1963年。

〔29〕胡适：《戴东原的哲学》，排印1925年本，合肥：安徽教育出版社，2006年8月第2版。

〔30〕黄爱平、黄兴涛主编：《西学与清代文化》，北京：中华书局，2008年。

〔31〕黄爱平：《朴学与清代社会》，石家庄：河北人民出版社，2003年。

〔32〕黄爱平：《〈四库全书〉纂修研究》，北京：中国人民大学出版社，1989年。

〔33〕黄时鉴、龚缨晏：《利玛窦世界地图研究》，上海：上海古籍出版社，2004年。

〔34〕黄一农：《两头蛇：明末清初的第一代天主教徒》，上海：上海古籍出版社，2006年简体字版。

〔35〕江曦：《清代版本学史》，北京：中国社会科学出版社，2013年，第

29—31页。

［36］江庆柏：《清代人物生卒年表》，北京：人民文学出版社，2005年。

［37］江庆柏：《〈四库全书荟要〉研究》，南京：凤凰出版社，2018年。

［38］江晓原、钮卫星：《回天：武王伐纣与天文历史年代学》，上海：上海人民出版社，2000年。

［39］江晓原：《天学外史》，上海：上海人民出版社，1998年。

［40］江晓原：《天学真原》，沈阳：辽宁教育出版社，2004年10月第2版。

［41］江晓原：《星占学与传统文化》，上海：上海古籍出版社，1992年。

［42］李迪、郭世荣：《清初著名天文数学家梅文鼎》，上海：上海科学技术文献出版社，1988年。

［43］李迪主编：《数学史研究文集》（第一辑），呼和浩特：内蒙古大学出版社，1990年。

［44］李继闵：《〈九章算术〉导读与译注》，西安：陕西科学技术出版社，1998年。

［45］李零：《兰台万卷：读〈汉书·艺文志〉》，北京：生活·读书·新知三联书店，2011年。

［46］李明友：《李汝珍师友年谱》，南京：凤凰出版社，2011年。

［47］李天纲：《跨文化的诠释：经学与神学的相遇》，北京：新星出版社，2007年。

［48］李绪柏：《清代广东朴学研究》，广州：广东省地图出版社，2001年。

［49］李俨、钱宝琮：《李俨钱宝琮科学史全集》，沈阳：辽宁教育出版社，1998年。

［50］梁启超：《清代学术概论》，上海：上海古籍出版社，1998年。

〔51〕梁启超：《中国近三百年学术史》，北京：东方出版社，2004年。

〔52〕林庆彰、张寿安主编：《乾嘉学者的义理学》，台北："中央"研究院中国文哲研究所，2003年。

〔53〕林庆彰主编：《乾嘉学术研究论著目录（1900—1993）》，台北：学生书局，1995年。

〔54〕林庆彰主编：《清初的群经辨伪学》，上海：华东师范大学出版社，2011年。

〔55〕刘伯骥：《广东书院制度沿革》，上海：商务印书馆，1939年。

〔56〕刘墨：《乾嘉学术十论》，北京：生活·读书·新知三联书店，2006年。

〔57〕刘师培：《刘师培儒学论集》，成都：四川大学出版社，2010年。

〔58〕罗振玉：《清代学术源流考》，南京：江苏文艺出版社，2011年。

〔59〕马伟华：《历法、宗教与皇权：明清之际中西历法之争再研究》，北京：中华书局，2019年。

〔60〕罗志田：《权势转移：近代中国的思想、社会与学术》，武汉：湖北人民出版社，1999年。

〔61〕茅海建：《天朝的崩溃：鸦片战争再研究》，北京：生活·读书·新知三联书店，1995年4月第1版，2005年第2版。

〔62〕蒙文通：《经学抉原》，上海：上海人民出版社，2006年。

〔63〕孟森：《清史讲义》，北京：中华书局，2006年。

〔64〕钮卫星：《天文学史——一部人类认识宇宙和自身的历史》，上海：上海交通大学出版社，2011年。

〔65〕潘鼐：《中国恒星观测史》，上海：学林出版社，1989年。

〔66〕彭林编：《清代经学与文化》，北京：北京大学出版社，2005年。

〔67〕启功著，赵仁珪等编：《启功讲学录》，北京：北京师范大学出版社，2004年。

〔68〕钱穆：《中国近三百年学术史》，北京：九州出版社，2011年。

〔69〕钱穆：《中国学术通义》，北京：九州出版社，2011年。

〔70〕任百强：《我佛山人评传》，香港：中国评论学术出版社，2010年。

〔71〕桑兵：《国学与汉学——近代中外学界交往录》，杭州：浙江人民出版社，1999年。

〔72〕桑兵：《晚清民国的国学研究》，上海：上海古籍出版社，2001年。

〔73〕商衍鎏著，商志䪩校注：《清代科举考试述录及有关著作》，天津：百花文艺出版社，2004年，第1—344页。

〔74〕尚小明：《学人游幕与清代学术》，北京：社会科学文献出版社，1999年。

〔75〕沈定平：《明清之际中西文化交流史——明代：调适与会通》，北京：商务印书馆，2007年增订本。

〔76〕沈定平：《明清之际中西文化交流史——明季：趋同与辨异》，北京：商务印书馆，2012年。

〔77〕司马朝军：《〈四库全书总目〉编纂考》，武汉：武汉大学出版社，2005年。

〔78〕司马朝军：《〈四库全书总目〉研究》，北京：社会科学文献出版社，2004年。

〔79〕孙殿起：《贩书偶记（附续编）》，上海：上海古籍出版社，1999年。

〔80〕汤志钧：《戊戌变法史》，北京：人民出版社，1994年。

〔81〕田淼：《中国数学的西化历程》，济南：山东教育出版社，2005年。

〔82〕王尔敏：《淮军志》，影印"中央"研究院近代史研究所专刊（22）

1981年2月版，北京：中华书局，1987年。

〔83〕王国维：《王国维儒学论集》，成都：四川大学出版社，2010年。

〔84〕王建梁：《清代书院与汉学的互动研究》，武汉：武汉大学出版社，2009年。

〔85〕王俊义、黄爱平：《清代学术与文化》，沈阳：辽宁教育出版社，1993年。

〔86〕王先明：《近代新学：中国传统学术文化的嬗变与重构》，北京：商务印书馆，2000年。

〔87〕王彦坤编：《历代避讳字汇典》，郑州：中州古籍出版社，1997年。

〔88〕王应宪：《清代吴派学术研究》，上海：华东师范大学出版社，2009年。

〔89〕王渝生主编：《第七届国际中国科学史会议文集》，郑州：大象出版社，1999年。

〔90〕王渝生：《中国算学史》，上海：上海人民出版社，2006年。

〔91〕王重民：《中国目录学史论丛》，北京：中华书局，1984年。

〔92〕文廷海：《清代春秋穀梁学研究》，成都：巴蜀书社，2006年。

〔93〕翁连溪：《清代宫廷刻书》，北京：紫禁城出版社，2001年。

〔94〕吴伯娅：《康雍乾三帝与西学东渐》，北京：宗教文化出版社，2002年。

〔95〕吴哲夫：《四库全书纂修之研究》，台北："国立"故宫博物院，1990年。

〔96〕席泽宗主编：《中国科学技术史·科学思想卷》，北京：科学出版社，2001年。

〔97〕熊月之编：《晚清新学书目提要》，上海：上海书店出版社，2007年。

［98］熊月之：《西学东渐与晚清社会》，北京：人民大学出版社，2011 年。

［99］徐海松：《清初士人与西学》，北京：东方出版社，2000 年。

［100］徐宗泽：《明清间耶稣会士译著提要》，北京：中华书局，1989 年。

［101］杨宽：《古史论文选集》，上海：上海人民出版社，2003 年。

［102］于省吾：《于省吾著作集：双剑誃尚书新证、双剑誃诗经新证、双剑誃易经新证》，北京：中华书局，2009 年。

［103］余嘉锡：《四库提要辨证》，北京：中华书局，1980 年。

［104］余英时：《论戴震与章学诚》，北京：生活·读书·新知三联书店，2005 年。

［105］余英时：《文史传统与文化重建》，北京：生活·读书·新知三联书店，2012 年。

［106］余英时：《中国文化史通释》，北京：生活·读书·新知三联书店，2012 年。

［107］张立：《从传统走向近代：中国科学文化史上的阮元》，合肥：安徽教育出版社，2005 年。

［108］张培瑜：《中国先秦史历表》，济南：齐鲁书社，1987 年。

［109］张培瑜：《中国古代历法》，北京：中国科学技术出版社，2007 年。

［110］张汝舟：《二毋室古代天文历法论丛》，杭州：浙江古籍出版社，1987 年。

［111］张舜徽：《清儒学记》，武汉：华中师范大学出版社，2005 年。

［112］张秀民著，韩琦增订：《中国印刷史》，杭州：浙江古籍出版社，2007 年。

［113］张永堂：《明末方氏学派研究初编——明末理学与科学关系试论》，台北：文镜文化事业有限公司，1987 年。

〔114〕张永堂：《明末清初理学与科学关系再论》，台北：学生书局，1994年。

〔115〕章炳麟著、朱维铮编校：《訄书：初刻本、重订本》，上海：中西书局，2012年。

〔116〕中国实学研究会编：《中韩实学史研究——第五届东亚实学国际学术研讨会论文集》，北京：中国人民大学出版社，1998年。

〔117〕周予同著、朱维铮编：《周予同经学史论著选集》，上海：上海人民出版社，1996年第2版。

〔118〕周振鹤：《余事若觉》，北京：中华书局，2012年。

〔119〕朱金甫、张书才：《清代典章制度辞典》，北京：中国人民大学出版社，2011年。

〔120〕朱维铮：《音调未定的传统》，沈阳：辽宁教育出版社，1995年。

〔121〕朱维铮：《中国经学史十讲》，上海：复旦大学出版社，2008年。

〔122〕朱文鑫：《天文考古录》，上海：商务印书馆，1933年再版。

〔123〕左玉河：《从四部之学到七科之学——学术分科与近代中国知识系统之创建》，上海：上海书店出版社，2004年。

# 三、近人论文（中、外文）

〔1〕[法]林力娜（Karine Chemla）：《数学与注释：〈九章算术〉注研究》，田淼译，《法国汉学（科技史专辑）》，北京：中华书局，2002年，第79—99页。

〔2〕[法]林力娜：《从古代中国数学的观点探讨知识论文化》，杨雅婷译，收于祝平一编：《中国史新论：科技与中国社会分册》，台北：联

经公司，2010年，第181—260页。

〔3〕[美]艾尔曼（Benjamin A. Elman）：《18世纪的西学与考证学》，原载《故宫学术季刊》（台北），2003年秋季第21卷第1期，第65—100页；收于《经学·科举·文化史：艾尔曼自选集》，北京：中华书局，2010年，第73—104页。

〔4〕[美]艾尔曼著，车行健译：《学海堂与今文经学在广州的兴起》，《湖南大学学报（社会科学版）》，2006年第2期，第13—20页。

〔5〕[美]艾尔曼：《清代科举与经学的关系》，《经学·科举·文化史：艾尔曼自选集》，北京：中华书局，2010年，第158—181页。

〔6〕[美]艾尔曼：《早期现代还是晚期帝国的考据学？——18世纪中国经学的危机》，《复旦学报》，2011年第4期，第9—19页。

〔7〕[日]桥本敬造：《梅文鼎の历算学——康熙年间の天文历算学》，《东方学报》（京都），1970年第41册，第491—518页。

〔8〕[日]桥本敬造：《梅文鼎の数学研究》，《东方学报》（京都），1973年第44册，第233—279页。

〔9〕安东强：《张之洞〈书目答问〉本意解析》，《史学月刊》，2010年第12期，第50—56页。

〔10〕薄树人：《李氏遗书天文部分提要》，《中国科学技术典籍通汇·天文卷》第二册，郑州：河南教育出版社，1993年，第701—702页。

〔11〕薄树人：《明史历志、天文志提要》，薄树人主编：《中国科学技术典籍通汇·天文卷》第三册，第1421—1422页。

〔12〕薄树人：《清钦天监人事年表》，《薄树人文集》，合肥：中国科学技术大学出版社，2003年，第495页。

〔13〕车行健：《论郑玄对〈礼记·月令〉的考辨》，《东华人文学报》

（花莲），1997 年第 1 期，第 183—196 页。

[14] 陈建平：《由建构与算理看戴震的〈勾股割圜记〉》，《自然科学史研究》，2011 年第 30 卷第 1 期，第 28—44 页。

[15] 陈祖武：《乾嘉学派吴皖分野说商榷》，《贵州社会科学》，1992 年第 7 期，第 44—49、56 页。

[16] 承载：《扬州学派与苏南学人》，《史林》，2001 年第 2 期，第 44—56 页。

[17] 董光璧：《实学与科学》，中国实学研究会编：《中韩实学史研究》，北京：中国人民大学出版社，1998 年，第 144—332 页。

[18] 董少新：《从艾儒略〈性学觕述〉看明末清初西医入华与影响模式》，《自然科学史研究》，2007 年第 26 卷第 1 期，第 64—76 页。

[19] 董作宾：《武王伐纣年月日今考》，《董作宾先生全集》甲编第一册，台北：艺文印书馆，1977 年，第 81—111 页。

[20] 段异兵：《清代的流星观念和观测》，《自然辩证法通讯》，1998 年第 5 期，第 39—49、68 页。

[21] 冯峰：《扬州学派形成考论》，《清史研究》，2011 年 5 月第 2 期，第 31—44 页。

[22] 冯锦荣：《李锐的生平及其〈观妙居日记〉》，《文史》第 47 辑，北京：中华书局，1999 年第 2 辑，第 207—220 页。

[23] 冯锦荣：《明末熊明遇〈格致草〉内容探析》，《自然科学史研究》，1997 年第 16 卷第 4 期，第 304—328 页。

[24] 冯锦荣：《乾嘉时期考据学与历算研究的一些问题》，林庆彰、张寿安主编：《乾嘉学者的义理学》，台北："中央"研究院中国文哲研究所，2003 年，第 733—766 页。

[25] 冯锦荣:《游艺及其〈天经或问〉前后集》,王渝生主编:《第七届国际中国科学史会议文集》,郑州:大象出版社,1999年,第286—300页。

[26] 葛兆光:《清代学术史与思想史的再认识》,《中国典籍与文化》,2012年第1期,第8—22页。

[27] 葛兆光:《18世纪的学术与思想——评艾尔曼〈从理学到朴学〉》,原载《读书》1996年第2期,收于《域外中国学十论》,上海:复旦大学出版社,2002年,第1—14页。

[28] 关汉华:《试论阮元对广东文化发展的贡献》,《广东社会科学》,1996年第6期,第99—106页。

[29] 关增建:《传统365¼分度不是角度》,《自然辩证法通讯》,1989年第11卷第5期,第77—80页。

[30] 关增建:《乙巳占提要》,《中国科学技术典籍通汇·天文卷》第四册,郑州:河南教育出版社,1993年,第451—454页。

[31] 郭世荣:《李锐〈观妙居日记〉研究》,《文献》,1986年第2期,第248—263页。

[32] 郭世荣:《梅毂成对江永:〈翼梅〉引起的中西天文学之争》,《自然辩证法通讯》,2005年第27卷第5期,第79—84页。

[33] 郭世荣:《清代中期数学家焦循与李锐之间的几封信》,李迪主编:《数学史研究文集》(第一辑),呼和浩特:内蒙古大学出版社,1990年,第123—130页。

[34] 韩琦:《"自立"精神与历算活动——康乾之际文人对西学态度之改变及其背景》,《自然科学史研究》,2002年第21卷第3期,第210—221页。

〔35〕韩琦：《白晋的〈易经〉研究和康熙时代的"西学中源"说》，《汉学研究》（台北），1998年第16卷第1期，第185—201页。

〔36〕韩琦：《从〈明史〉历志的修纂看西学在中国的传播》，刘钝、韩琦等编：《科史薪传——庆祝杜石然先生从事科学史研究40周年学术论文集》，沈阳：辽宁教育出版社，1997年，第61—70页。

〔37〕韩琦：《格物穷理院与蒙养斋——17、18世纪之中法科学交流》，《法国汉学》（四），中华书局，1999年，第302—324页。

〔38〕韩琦：《君主和布衣之间：李光地在康熙时代的活动及其对科学的影响》，《清华学报》（新竹），1996年，新26卷第4期，第421—445页。

〔39〕韩琦：《科学、知识与权力——日影观测与康熙在历法改革中的作用》，《自然科学史研究》，2011年第30卷第1期，第1—18页。

〔40〕韩琦：《明清之际"礼失求野"论之源与流》，《自然科学史研究》，2007年第26卷第3期，第303—311页。

〔41〕韩琦：《清初历算与经学关系简论》，彭林编：《清代经学与文化》，北京：北京大学出版社，2005年，第409—418页。

〔42〕韩琦：《晚清西方印刷术在中国的早期传播》，收于韩琦、［意］米盖拉编：《中国和欧洲：印刷术与书籍史》，北京：商务印书馆，2008年，第114—127页。

〔43〕韩琦：《西方数学的传入和乾嘉时期古算的复兴——以借根方的传入和天元术研究的关系为例》，祝平一编：《中国史新论·科技史分册：科技与社会》，台北：联经出版公司，2010年，第459—486页。

〔44〕韩琦：《再论白晋的〈易经〉研究——从梵蒂冈教廷图书馆所藏手稿分析其研究背景、目的及反响》，荣新江、李孝聪主编：《中外关

系史：新史料与新问题》，北京：科学出版社，2004年，第315—323页。

［45］黄兴涛：《西方地震知识在华早期传播与中国现代地震学的兴起》，《中国人民大学学报》，2008年第5期，第139—148页。

［46］洪万生、刘钝：《汪莱、李锐与乾嘉学派》，《汉学研究》（台北），1992年第10卷第1期，第85—103页。

［47］洪万生：《〈书目答问〉的一个数学社会史考察》，《汉学研究》，2000年第18卷第1期，第153—162页。

［48］洪万生：《谈天三友：焦循、汪莱和李锐——清代经学与算学关系试论》，氏编：《谈天三友》，台北：明文书局，第43—124页。

［49］胡适：《清代学者的治学方法》，季羡林编：《胡适全集》第一卷，合肥：安徽教育出版社，2003年，第363—390页。

［50］黄俊义：《庄存与复兴今文经学起因于"与和珅对立"说辨析》，黄爱平、黄兴涛主编：《西学与清代文化》，北京：中华书局，2008年，第63—72页。

［51］黄一农：《汤若望〈新历晓或〉与〈民历铺注解惑〉二书略记》，《"国立中央图书馆"馆刊》（台北），1992年新25卷第1期，第151—157页。

［52］黄一农：《汤若望与清初西历之正统化》，吴嘉丽、叶鸿洒主编：《新编中国科技史》下册，台北：银禾文化事业公司，1990年，第465—490页。

［53］黄一农：《杨光先著述论略》，《书目季刊》（台北），1990年第23卷第4期，第3—21页。

［54］黄一农：《耶稣会士对中国传统星占术数的态度》，《九州学刊》，

1991 第 4 卷第 3 期，第 5—23 页。

〔55〕黄一农：《择日之争与康熙历狱》，《清华学报》（新竹），1991 年新 21 卷第 2 期，第 247—280 页。

〔56〕江庆柏：《〈四库全书荟要提要〉与〈四库全书总目〉学术立场差异考论》，《文史哲》，2012 年第 6 期，第 136—141 页。

〔57〕江庆柏：《赵烈文与天放楼藏书》，《藏书家》（第 2 辑），济南：齐鲁书社，2000 年，第 51—58 页。

〔58〕江晓原：《第谷天文工作在中国的传播及影响》，中国天文学史整理研究小组编：《科技史文集（第 16 辑）·天文学史专辑（4）》，上海：上海科学技术出版社，1992 年，第 127—143 页。

〔59〕江晓原：《明末来华耶稣会士所介绍之托勒密天文学》，《自然科学史研究》，1989 年第 8 卷第 4 期，第 306—314 页。

〔60〕江晓原：《欧洲天文学在清代社会中的影响》，《上海交通大学学报（哲学社会科学版）》，2006 年第 14 卷第 6 期，第 37—43 页。

〔61〕江晓原：《17、18 世纪中国天文学的三个新特点》，《自然辩证法通讯》，1988 年第 10 卷第 3 期，第 51—56 页、第 33 页。

〔62〕江晓原：《试论清代"西学中源"说》，《自然科学史研究》，1988 年第 7 卷第 2 期，第 101—108 页。

〔63〕江晓原：《天文学史上的水晶球体系》，《天文学报》，1987 年第 28 卷第 4 期，第 403—409 页。

〔64〕江晓原：《〈周髀算经〉盖天宇宙结构》，《自然科学史研究》，1996 年第 15 卷第 3 期，第 250—253 页。

〔65〕金文兵：《高一志译著考略》，《江南大学学报（人文社会科学版）》，2011 年第 10 卷第 2 期，第 59—63 页。

［66］李迪：《清代盗名盗版算书几例》，《自然辩证法研究》，2003年第19卷第7期，第91—92页。

［67］李烽、黄比新、阎静萍等译：《〈中国丛报〉中文提要（之一）》，《岭南文史》，1985年第1期，第35—49页。

［68］李弘祺：《中国科举制度的历史意义及解释：从艾尔曼对明清考试制度的研究谈起》，《台大历史学报》，第32期，2003年12月，第237—267页。

［69］李天纲：《跨文化诠释：经学与神学的相遇》，收于李国章、赵昌平主编：《中华文史论丛》（总第72辑），上海：上海古籍出版社，2003年，第252—309页。

［70］李宜茜：《近十五年来"明清实学思潮"研究评介（1982—1997）》，《"国立"台湾师范大学历史学报》，1998年6月第26期，第259—278页。

［71］刘钝：《郭守敬〈授时历草〉和天球投影二视图》，《自然科学史研究》，1982年第1卷第4期，第327—332页。

［72］刘钝、亢宽盈：《〈梅氏丛书辑要〉评介》，林德宏主编：《中国典籍精华丛书·科技巨著》第9卷，北京：中国青年出版社，2000年，第165—221页。

［73］刘墨：《乾嘉学术与西学》，《清史研究》，2005年第3期，第53—62页。

［74］刘乃和：《〈四库全书荟要〉的编修》，《史学史研究》，1985年第3期，第58—71页。

［75］卢仙文、江晓原：《略论清代学者对古代历法的整理研究》，《中国科技史料》，1999年第20卷第1期，第81—90页。

〔76〕卢仙文、江晓原：《梅文鼎的早期历学著作：〈历学骈枝〉》，《中国科学院上海天文台年刊》，1997 年第 18 期，第 250—256 页。

〔77〕卢仙文、江晓原：《清代学者对经书中有关天文学的研究》，《传统文化与现代化》，1996 年第 6 期，第 69—78 页。

〔78〕罗晃湖：《杨孚及其〈异物志〉考述》，《广东图书馆学刊》，1983 年第 1 期，第 29—32 页。

〔79〕罗振玉：《本朝学术源流概略》，校点 1933 年石印《罗雪堂先生全集》初编本，收于罗振玉著、顾迁校点：《清代学术源流考》，南京：江苏文艺出版社，2011 年，第 99—136 页。

〔80〕蒙文通：《廖季平先生传》，《经学抉原》，上海：上海人民出版社，2006 年，第 195—200 页。

〔81〕穆蕴秋、江晓原：《19 世纪的科学、幻想与骗局——1835 年"月亮骗局"之科学史解读》，《上海交通大学学报（哲学社会科学版）》，2011 年第 19 卷第 5 期，第 76—81、89 页。

〔82〕宁晓玉：《〈新法算书〉中的月亮模型》，《自然科学史研究》，2007 年第 26 卷第 3 期，第 352—362 页。

〔83〕漆永祥：《从〈汉学师承记〉看西学对乾嘉考据学的影响》，收于黄爱平、黄兴涛主编：《西学与清代文化》，北京：中华书局，2008 年，第 306—314 页。

〔84〕启功：《说八股》，《北京师范大学学报（社会科学）》，1991 年第 3 期，第 41—63 页。

〔85〕启功、张海明：《夫子循循然善诱人——启功先生访谈录》，《文艺研究》，2003 年第 3 期，第 77—86 页。

〔86〕钱穆：《中国学术通义序》（1975），收于《中国学术通义》，北京：

九州出版社，2011年。

［87］屈海春：《清代钦天监暨时宪科职官年表》，《中国科技史料》，1997年第18卷第3期，第45—71页。

［88］容肇祖：《学海堂考》，《岭南学报》，1934年第3卷第4期，第1—148页。

［89］石云里、吕凌峰：《从"苟求其故"到但求"无弊"：17—18世纪中国天文学思想的一条演变轨迹》，《科学技术与辩证法》，2005年第22卷第1期，第101—105页。

［90］石云里、吕凌峰：《礼制、传教与交食测验：清钦天监档案中的交食记录透视》，《自然辩证法通讯》，2002年第24卷第6期，第44—50页。

［91］石云里：《17世纪中国的准哥白尼学说——黄道周的地动理论》，《大自然探索》，1995年第14卷第2期，第122—125页。

［92］石云里：《中国传统地动说及其引起的分歧与争论》，《自然辩证法通讯》，1992年第14卷第1期，第43—49、78页。

［93］史玉民：《清钦天监的科学职能和文化职能》，江晓原主编：《多元文化中的科学史——第十届东亚科学史会议论文集》，上海：上海交通大学出版社，2005年，第125—133页。

［94］宋巧燕、张承刚：《诂经精舍、学海堂两书院研究综述》，《漳州师范学院学报（哲学社会科学版）》，2012年第26卷第3期，第111—116、160页。

［95］王川：《西洋望远镜与阮元望月歌》，《学术研究》，2000年第4期，第82—90页。

［96］王广超、孙小淳：《试论梅文鼎的围日圆象说》，《自然科学史研

究》，2010年第29卷第2期，第142—157页。

［97］王广超：《明清之际中国天文学关于岁差理论之争议与解释》，《自然科学史研究》，2009年第28卷第1期，第63—76页。

［98］王国维：《国朝汉学派戴阮二家之哲学说》，《王国维儒学论集》，成都：四川大学出版社，2010年，第89—93页。

［99］王俊义：《关于乾嘉学派的成因及派别划分之商榷》，《中国社会科学院研究生院学报》，1995年第3期，第36—41页。

［100］王萍：《清初历算家梅文鼎》，《"中央"研究院近代史研究所集刊》，1971年第2期，第313—324页。

［101］王扬宗：《"西学中源"说在明清之际的由来及其演变》，《大陆杂志》（台北），1995年第90卷第6期，第39—45页。

［102］王扬宗：《康熙、梅文鼎和"西学中源"说》，《传统文化与现代化》，1998年第3期，第77—84页。

［103］王扬宗：《康熙、梅文鼎与"西学中源"说再商榷》，《中华科技史学会会刊》（台北），2006年第10期，第59—63页。

［104］吴国富：《清初高道石和阳》，《中国道教》，2010年第1期，第40—54页。

［105］吴家驹：《论摛藻堂〈四库全书荟要〉》，《古籍整理研究学刊》，1995年第1、2合期，第92—94页。

［106］席泽宗、陈美东：《20世纪中国学者的天文学史研究》，《广西民族学院学报（自然科学版）》，2004年第10卷第1期，第6—11页。

［107］冼玉清：《天文家李明彻与漱珠冈》，《岭南学报》，1950年10卷2期，第173—191页；又《冼玉清文集》，广州：中山大学出版社，1995年，第193—214页。

〔108〕徐道彬:《论江永与西学》,《史学集刊》,2012年第1期,第54—63页。

〔109〕徐光台:《明末清初西学对中国传统占星气的冲击与反应:以熊明遇〈则草〉与〈格致草〉为例》,纪宗安、汤开建编:《暨南史学(第四辑)》,广州:暨南大学出版社,2005年,第284—303页。

〔110〕徐光台:《明末清初中国士人对四行说的反应——以熊明遇〈格致草〉为例》,《汉学研究》,1999年17卷第2期,第1—30页。

〔111〕徐光台:《明末西方四元素说的传入》,《清华学报》,1997年新27卷第3期,第347—380页。

〔112〕徐光台:《台湾近20年的科技史研究:近代东西文明的遭遇与冲撞取向》,《自然科学史研究》,2010年第29卷第2期,第216—231页。

〔113〕徐光台:《西学传入与明末自然知识考据学:以熊明遇论冰雹为例》,《清华学报》,2007年新37卷第3期,第117—157页。

〔114〕徐光台:《西学对科举的冲激与回响——以李之藻主持福建乡试为例》,《历史研究》,2012年第6期,第66—82页。

〔115〕徐光台:《熊明遇论"占理"与"原理"》,《九州学林》,2008年6卷第2期,第56—103页。

〔116〕徐光台:《熊明遇对天体色相的看法》,《台湾哲学研究》,2000年第3期,第23—46页。

〔117〕徐光台:《徐光启演说〈泰西水法·水法或问〉(1612)的历史意义与影响》,《清华学报》,2008年新38卷第3期,第421—449页。

〔118〕徐光台:《异象与常象:明万历年间西方彗星见解对士人的冲激》,《清华学报》,2009年新39卷第4期,第529—566页。

〔119〕徐光宜:《明清西方地震知识入华新探》,《中国科技史杂志》,

2012年第33卷第4期,第473—484页。

[120] 严敦杰:《梅文鼎的数学和天文学工作》,《自然科学史研究》,1989年第8卷第2期,第89—107页。

[121] 杨小明:《梅文鼎的日月五星左旋说及其弊端》,《自然科学史研究》,2003年第22卷第4期,第351—360页。

[122] 余英时:《原"序":中国书写文化的一个特色》,《清华大学学报(哲学社会科学版)》,2009年第24卷第1期;又收于《中国文化史通释》,北京:生活·读书·新知三联书店,2012年,第123—146页。

[123] 张瑞山:《乾嘉学派与清代天算、地学、医学》,《自然辩证法通讯》,1992年14卷第5期,第57—63页。

[124] 张寿安:《从"六经"到"二十一经"——19世纪经学的知识扩张与典范转移》,《学海》,2011年第1期,第146—163页。

[125] 张寿安:《打破道统·重建学统——清代学术思想史的一个新观察》,《"中央"研究院近代史研究所集刊》,2006年6月第52期,第53—112页。

[126] 张寿安:《龚自珍论乾嘉学术:专门之学——钩沉传统学术分化的一条线索》,《学海》,2010年第2期,第23—36页。

[127] 张寿安:《专门之学:钩沉传统学术分化的一条线索》,黄东兰主编:《新史学(第四卷):再生产的近代知识》,北京:中华书局,2010年,第1—29页。

[128] 张素卿:《"汉学"典范下的清代〈穀梁〉学》,彭林主编:《中国经学(第四辑)》,桂林:广西师范大学出版社,2008年,第219—239页。

[129] 张晓林:《四大耶？五行耶？四行耶？——杨廷筠辨儒释耶元素论》，《兰州大学学报（社会科学版）》，2009年第6期，第26—31页。

[130] 张秀琴:《数学家张敦仁传略》，《中国科技史料》，1996年第17卷第4期，第33—38页。

[131] 章炳麟:《清儒》，《检论》卷四，排印浙江图书馆1917—1919年《章氏丛书》本，收于汪学群编:《清代学问的门径》，第33—41页。

[132] 甄鹏:《道士学者李明彻》，《地图》，2006年第2期，第81—83页。

[133] 甄鹏:《李明彻考评》，《宗教学研究》，2007年第3期，第54—56页。

[134] 甄鹏:《清朝道士李明彻的地图学成就研究》，《中国道教》，2006年第2期，第24—25页。

[135] 钟玉发:《阮元调和汉宋学思想析论》，《清史研究》，2004年第4期，第19—25页。

[136] 周振鹤:《20世纪考据文章的代表性总结——评〈20世纪中国文史考据文录〉》，《余事若觉》，北京：中华书局，2012年，第136—143页。

[137] 祝平一:《跨文化知识传播的个案研究——明末清初关于地圆说的争议，1600—1800》，《"中央"研究院历史语言研究所集刊》，1998年第69本第三分，第589—670页。

[138] 朱维铮:《18世纪的汉学与西学》，《走出中世纪》，上海：上海人民出版社，1987年，第153—182页。

[139] 朱维铮:《张之洞与〈书目答问〉二种》，《读书》，1994年第10期，第78—86页。

[140] 朱维铮:《中国经学的近代行程》，《复旦学报（社会科学版）》，

1989年第4期，第26—30页。

〔141〕朱一文：《儒学经典中的数学知识初探——以贾公彦对〈周礼·考工记〉桌氏为量的注疏为例》，《自然科学史研究》，2015年34卷2期，第131—141页。

〔142〕朱一文：《再论〈九章算术〉通分术》，《自然科学史研究》，2009年29卷3期，第290—301页。

〔143〕竺可桢：《论以岁差定〈尚书·尧典〉四仲中星之年代》，《竺可桢文集》，北京：科学出版社，1979年，第100—107页。

# 四、中文译著

〔1〕[德]魏特（Alfons Väth, S. J.）：《汤若望传》，杨丙辰译，台北：商务印书馆，1960年台一版（1949年初版）。

〔2〕[法]费赖之（Louis Pfister, S. J.）：《在华耶稣会士列传及书目》，冯承钧译，北京：中华书局，1995年。

〔3〕[法]荣振华（Joseph Dehergne, S. J.）：《在华耶稣会士列传及书目补编》，耿升译，北京：中华书局，1995年。

〔4〕[美]K. E. 福尔索姆：《朋友·客人·同事：晚清幕府制度研究》，刘悦斌、刘兰芝译，北京：中国社会科学出版社，2002年。

〔5〕[美]艾尔曼：《从理学到朴学：中华帝国晚期思想与社会变化面面观》，赵刚译，南京：江苏人民出版社，2012年。

〔6〕[美]艾尔曼：《经学、政治和宗族——中华帝国晚期常州今文学派研究》，赵刚译，南京：江苏人民出版社，1998年。

〔7〕[美]艾尔曼：《科学在中国（1550—1900）》，原祖杰译，北京：中

国人民大学出版社，2016年。

〔8〕［美］艾尔曼：《中国近代科学的文化史》，上海：上海古籍出版社，2009年。

〔9〕［美］恒慕义（Arthur W. Hummel）主编，中国人民大学清史研究所《清代名人传略》翻译组译：《清代名人传略》，西宁：青海人民出版社，1990年。

〔10〕［美］科恩（Paul A Cohen）：《在中国发现历史——中国中心观在美国的兴起》，林同奇译，北京：中华书局，2002年。

〔11〕［美］托马斯·库恩（Thomas S. Kuhn）：《必要的张力——科学的传统与变革论文选》，范岱年、纪树立等译，北京：北京大学出版社，2004年。

〔12〕［日］本田成之：《中国经学史》，孙俍工译（1934），桂林：漓江出版社，2013年。

〔13〕［英］李约瑟（Joseph Needham）：《中国科学技术史》（第四卷·天学），《中国科学技术史》翻译小组译，北京：科学出版社，1978年。

# 五、西文史料

〔1〕Aristotle, *Meteorology*, trans. by Webster E. W., in *The Complete Works of Aristotle*, edited by J. Barnes, electronic edition, Princeton：Princeton University Press, 1991, vol. 1.

〔2〕Bridgman, Elijah Coleman（裨治文）et Williams, Samuel Wells（卫三畏）ed. *The Chinese Repository*, vol. 1, Tokyo：Maruzen CO., LTD, second edition, 1833.

〔3〕 Edkins, Joseph（艾约瑟）, "On the introdution of European Astronomy by the Jesuits, at Beijing," *The North China Herald*, no. 115 - 118, 1852.

〔4〕 ——, "The future attitude of China towards Christianity", *The Chinese Recorder and Missionary Journal*, vol.17, no.10 - 11（1886）: 391 - 396, 405 - 415.

〔5〕 Lynn, W. T., "Correspondence To the Editors of 'The Observatory': Biela and his Comet", *The Observatory*, vol. 28, no.363,（1905）: 424.

〔6〕 ——, "Wilhelm von Biela", *The Observatory*, vol.21, no.272,（1898）: 406.

〔7〕 Wylie, Alexander（伟烈亚力）, *Notes on Chinese Literature: With Intorductory on the Progerssive Advancement of the Art*; *and a List of Translations from the Chinese, into Various European Languages*, Shanghai: American Presbyterian Mission Press; London, Trubner & Co. Paternoster Row, 1896.

# 六、西文专著

〔1〕 Karine, Chemla et Guo, Shuchun, *Les neuf chapitres: le classique mathématique de la Chine ancienne et ses commentaires*, Paris: Dunod, 2004.

〔2〕 Albert Chan, S.J.（陈纶绪）, *Chinese books and Documents in the Jesuit Archives in Rome, A Descriptive Catalogue: Japonica—Sinica I - IV*, New York: M. E. Sharpe, 2002.

〔3〕 Cohen, Paul A., *Discovering History in China: American Historical Writing* on the Recent Chinese Past, New York: Columbia University Press, 1984, 1996 Second Paperback Edition, 2010 Reissue.

[ 4 ] Benjamin A. Elman, On Their Terms: Science in China, 1550 – 1900, Cambridge: Harvard University Press, 2005.

[ 5 ] ——. Classicism, Politics and Kinship: The Ch'ang-chou School of New Text Confucianism in Late Imperial China, Berkeley: University of California Press, 1990.

[ 6 ] ——. A Cultural History of Civil Examinations in Late Imerial China, Berkeley and Los Angeles, California & London, England: University of California Press, 2000.

[ 7 ] Kuhn, Thomas S., The Essential Tension: Selected Studies in Scientific Tradition and Change, Chicago and London: The University of Chicago Press, 1977.

[ 8 ] Needham, Joseph, with the research assistance of Wang Ling. Science and Civilisation in China, vol. III. Mathematics and the Sciences of the Heavens and Earth, Cambridge: Cambridge University Press, 1959.

# 七、西文论文

[ 1 ] Bai, Limin (白莉民), "Mathematical Study and Intellectual Transition in the Early and Mid-Qing", Late Imperial China, vol.16, no2 (1995): 23 – 61.

[ 2 ] Benjamin A. Elman, "Philosophy (I – LI) Versus Philology (K'ao-Cheng): The Jen-Hsin Tao-Hsin Debate", T'oung Pao, LXIX, 4 – 5

(1983): 175-222.

[3] ——, "The Hsüeh-hai T'ang and the Rise of New Text Scholarship in Canton", *Ch'ing-shih wen-t'i* (*Late Imperial China*), vol. 4, no. 2 (1979): 51-82.

[4] Hu, Minghui (胡明辉), "Provenance in Contest: Searching for the Origins of Jesuit Astronomy in Late Imperial China", *The International History Review*, vol. 24, no. 1 (2002): 1-36.

[5] Jami, Catherine et Han, Qi (韩琦), "The Reconstruction of Imperial Mathematics in China during the Kangxi Reign (1662-1722)", *Early Science and Medicine*, vol. 8, no. 2 (2003): 88-110.

[6] Jami, Catherine (詹嘉玲), "Imperial Control and Western Learning: The Kangxi Emperor's Performance", *Late Imperial China*, vol. 23, no. 1 (2002): 28-49.

[7] Miles, Steven B. (麦哲维), "Celebrating the Yu Fan Shrine: Literati Networks and Local Identity", *Late Imperial China*, vol. 25, no. 2 (2004): 33-73.

[8] Mosca, Matthew W. (马世嘉), "The Literati Rewriting of China in the Qianlong-Jiaqing Transition". *Late Imperial China*, vol. 32, no. 2 (2011): 89-132.

[9] Porter, Jonathan, "The Scientific Community in Early Modern China", *Isis*, vol. 73, no. 4 (1982): 529-544.

[10] Sela, Ori (石敖睿), "Confucian Scientific Identity: Qian Daxin's (1728-1804) Ambivalence toward Western Learning and Its Adherents", *East Asian Science, Technology and Society: an International Journal*, vol. 6,

no.2（2012）：147-166.

[11] Sivin, Nathan（席文）, "Why the Scientific Revolution did not take place in China — or didn't it?", 2005, taken from http://ccat.sas.upenn.edu/~nsivin/writ.html, last modified 2008 Nov. 14, last access 2012 11. 12, (revised version of an essay first published in *Chinese Science*, 1982, no. 5, pp.45-66.)

[12] Tian, Miao, "A Formal System of the Gougu Method: A Study on Li Rui's Detailed Outline of Mathematical Procedures for the Right-Angled Triangle", In *The History of Mathematical Proof in Ancient Traditions*, edited by Karine Chemla. Cambridge: Cambridge University Press, 2012, pp. 552-573.

[13] Zhu, Yiwen, "Different Cultures of Computation in Seventh Century China from the Viewpoint of Square Root Extraction." *Historia Mathematica*. 2016, vol.43（1）：3-25.

# 八、学位论文（中、西文）

[1] 郭庆章：《罗士琳及其数学研究》，台北："国立"台湾师范大学数学系硕士学位论文，2005年。

[2] 韩建民：《晚清科学图书出版研究》，上海：上海交通大学博士学位论文，2005年。

[3] 雷中行：《明清的西学中源论争议》，新竹："国立"清华大学历史研究所硕士学位论文，2007年。

[4] 李素幸：《清代许桂林〈算牖〉之研究》，台北："国立"台湾师范

大学数学系硕士学位论文，2009年。

〔5〕刘墨：《乾嘉学术的知识谱系》，南京：南京师范大学博士学位论文，2003年。

〔6〕甄鹏：《清朝道士李明彻及其科学成就研究——兼论道教与科学的新型关系》，济南：山东大学博士论文，2006年。

〔7〕陈志辉：《民国时期中国天文学会研究》，上海：上海交通大学硕士学位论文，2009年。

〔8〕Chu Ping-yi（祝平一），"Technical Knowledge, Cultural Practices and Social Boundaries: Wan-nan Scholars and the Recasting of Jesuit Astronomy, 1600 – 1800", PhD diss., University of California, Los Angeles, 1994.

〔9〕Hu Minghui（胡明辉），"Cosmopolitan Confucianism: China's Road to Modern Science", PhD diss., University of California, Los Angeles, 2004.

# 人名索引*

## A

阿里斯塔克　254
艾儒略　27，377，387，388
艾约瑟　320，341，342
安多　50
安国宁　275
安清翘　24

## B

白晋　23，50
班固　41，42，199，257
毕沅　142，147
裨灶　77，117

## C

蔡沈　98
蔡元培　400
常福元　400，401
陈伯陶　271-275，299，300，303，312，325，326，329
陈昌齐　115，276，331
陈鸿章　275，277，423，424
陈杰　29
陈美东　21，22，48，201，207，208，215，233，257，401
陈抟　69
陈献章　324
陈垣　44，107，148，400，401
陈遵妫　20，21，401
程颢　43
程瑶田　87，92，93
程颐　43
程朱　28，33，103，121，311，393
崇祯帝　48
褚寅亮　67，149
崔清献　328-332

---

*本索引人物为书中出现的历史名人以及2020年之前去世的重要学者。

## D

戴进贤 291

戴均元 115,116,121,124,128

戴圣 154

戴煦 376,377

戴震 6,10,11,13,18,19,24,25,27,45,46,66,67,71,80,94,120,134,153,337

第谷 49,233,237,240,241,244-246,250,253,296,341,342,393,412,413,415

丁丙 360,362

丁辅之 362

丁三在 362

丁申 360

董作宾 401

杜预 42,43,70,220

段玉裁 18,34,93,123,143,147

## F

范宁 43,261,262

范晔 135,215

方豪 22,387

方孔炤 16,310

方以智 16,23,268,310

方中通 99

费士玑 148,149

费正清 5,7

伏生 195,201,202,204,206,259,397,403

傅仁均 326,414,417

傅斯年 13

## G

高鲁 398-401

高平子 401

高斯 96

高一志 33,297,311,312,317,319,320,355-361,365,374,379,381-384,386,387,389

戈登 375

哥白尼 233,240,242,254,256,267,341

公孙弘 38

顾观光 21,22

顾广圻 80,83-89,123,126,129,136,142

顾颉刚 13,195,196,217

顾炎武 43,44,46,92,94,95,107,117

顾筿溪 86

桂馥 314

郭璞 43,122,137

郭守敬 59,85,113,252

郭嵩焘 336

## H

汉高祖 38

汉光武帝 38

汉河间献王刘德 41

汉景帝 41

汉鲁共王刘余 41

汉武帝 38

何承天 119, 159, 160

何国宗 23, 24, 68, 241, 248, 392

何君锡 68

侯外庐 10, 47

忽必烈 58

胡广 43

胡适 13, 20

胡渭 94, 95

华蘅芳 343, 347, 349, 350

黄承吉 229

黄道周 65, 256, 281

黄帝 120, 126, 201, 249, 258, 306, 345, 399

黄侃 401

黄培芳 275, 277, 327, 333, 421, 422

黄丕烈 80-83, 147

黄时鉴 288

黄一桂 275, 276, 278, 421

黄虞稷 74

黄宗羲 23, 44

惠栋 9, 18, 19, 45, 83, 95, 129, 130, 136, 137, 149, 150, 259, 261

惠能 333

惠士奇 92, 129, 137

## J

纪理安 68

纪昀 45, 62, 77-80, 88, 109-113, 317, 360, 377, 379, 385, 395

贾公彦 172-175, 192, 200

贾逵 42, 70, 257, 259

江藩 9, 33, 63, 87, 123, 129, 130, 132-134, 137, 140, 141, 148, 149, 229

江声 9, 18, 32, 83, 118, 123, 126, 129-138, 140-154, 156-166, 168, 169, 172-176, 178, 179, 181, 182, 184-186, 188-192, 195, 199, 200, 202-205, 212, 215-218, 225, 260, 392, 393, 398, 403-405

江永 11, 24, 65, 66, 68, 80, 250

姜岌 234, 413

蒋方震 14

蒋友仁 68, 255, 256, 284

焦循 12, 18, 25-27, 29, 32,

70, 89-92, 94, 95, 130, 151, 153, 229, 245
揭暄 268, 319
晋元帝 42

## K

开普勒 233, 245, 250
康熙帝 49, 52, 100, 107
孔安国 41, 42, 63, 195, 196, 199, 259
孔颖达 196-200, 213, 217
孔子 33, 37, 41, 255, 257, 258, 261, 360
库恩 6, 242

## L

李播 83-85
李淳风 83, 183, 187, 253, 260, 304, 305, 414
李光地 50, 51, 54-57, 60, 61
李鸿章 320, 365, 366, 371-376, 388
李潢 115, 116, 118, 119
李明彻 10, 32, 271-281, 284-286, 288-297, 299-301, 303, 304, 307-310, 312-314, 316, 317, 321-330, 332-343, 347, 349, 351-354, 392, 398, 417-419, 421, 423
李汝珍 222, 225, 226
李锐 9, 21, 26, 27, 30, 32, 64, 81-83, 86, 114, 115, 118, 119, 123-125, 130, 131, 150, 151, 157-159, 179-185, 187-193, 195, 204-221, 255, 284, 398, 405
李善兰 219, 300, 327, 328
李约瑟 3, 5, 16, 20, 241
李兆洛 117, 119-124, 128, 393
李之藻 60, 104, 120, 231, 233, 239, 254, 284, 285, 310, 311, 315, 422
李自成 49
利玛窦 4, 32, 77, 104, 236, 239, 258, 276, 284, 288, 297, 310, 311, 315, 419, 422
隶首 61, 70, 117, 290, 345
梁启超 1-3, 12-15, 18, 44-46, 63, 68, 69, 103, 342, 349, 356, 391
梁章钜 319, 321
林昌彝 336, 337, 353
凌廷堪 93-96, 98, 222, 231, 264
刘彬华 275, 277, 296, 297,

326, 327, 333, 418, 419
刘敞 43
刘焯 70, 119, 160, 198
刘朝阳 401
刘徽 183-185
刘师培 2, 14, 15, 401
刘向 1, 41
刘歆 41, 42, 70, 75, 195, 197, 199, 201, 206, 218, 260, 403
刘炫 70, 198
刘昭 215, 234
卢元伟 275, 276, 295, 327, 419, 420
陆九渊 43
吕不韦 118, 154, 156, 157
罗士琳 9, 68, 219, 222, 228, 229, 231, 262, 263, 269, 347
罗雅谷 48, 236
洛下闳 77, 119, 423

**M**

马戛尔尼 4
马融 42, 259
毛际可 52, 54
毛奇龄 46, 92
梅毂成 24, 52, 57, 67, 68, 92, 95, 108, 113, 241, 248, 392

梅文鼎 3, 23, 24, 51-62, 66-68, 71, 72, 77, 80, 92, 94, 95, 98-100, 113, 120, 238, 244, 245, 250, 268, 279, 284, 285, 296, 297, 337
梅颐 42, 63
孟森 47

**N**

南怀仁 49, 50, 288, 289, 292, 377
牛顿 4

**P**

潘耒 99
皮锡瑞 14, 15, 42-44
浦起龙 111

**Q**

钱宝琮 46, 52, 80, 401
钱大昕 9, 18, 19, 21, 23, 24, 29-32, 52, 67-71, 81, 82, 86, 93, 123, 131, 147, 149-151, 153, 221, 255, 284, 398, 400, 401
钱穆 2, 15, 18, 46
钱塘 271, 360
乾隆帝 18, 45, 47, 52, 67, 73, 397

秦九韶 78，85，86
瞿昙悉达 214，304-306，417

## R

容成 77，290，345
阮元 9，10，12，18，21，23，29，30，32，45，52，60，64，68，70，71，87，88，94-96，113，115，117，125，126，128，133，141，153，200，219，227，228，231，234，240，244，255，256，263，264，272-276，278，296，297，299-304，307，309，316，319，321，322，324-327，329-336，341，343，346-348，351，352，354，392，395，397，398，417

## S

商衍鎏 110，122，125，127，128
邵亨豫 368
邵埈德 368
邵松年 368
邵雍 16，43，69，79
邵瑸 320，355-357，362-373，375-383，385-390，425

沈括 413
盛宣怀 359
石和阳 275，335
叔孙通 38
舜 58，63，91，372，399，423
司马彪 215
司马迁 38，109，195，197，253
司马炎 42
四库馆臣 27，28，62，73，74，76-78，80，268，299，317，318，320，321，378，385
苏轼 43
孙权 333
孙星衍 10，32，34，83，119，123，126，132，133，135-138，140，142，144，145，152，153，159，202，205，227，392，397，398

## T

汤若望 4，48，49，64，234，236，246，291，377，389
汤因比 5
唐荆川 413
唐仲冕 225-227，230，231，263，264，409，411
托勒密 233，240，242，267，

296, 337, 341, 342

托马斯·阿奎那 239, 355

## W

汪莱 25-27, 193

汪曰桢 21, 22, 219, 220

汪中 12, 94, 95

王安石 43

王弼 42

王昶 35, 147

王国维 14, 15

王宏翰 387, 388

王际华 73

王兰生 108

王莽 42

王鸣盛 18, 92, 130, 147-149, 153, 195, 199-205, 212, 218

王念孙 12, 93

王守仁 43

王肃 42, 217

王韬 350

王锡阐 3, 23, 68, 92, 95, 238, 279, 297

王孝通 87

王恂 59

王引之 93

王重民 1, 74

伟烈亚力 296, 300, 341, 342

翁方纲 225, 227

翁同龢 373, 374, 386

吴趼人 327, 345-349, 351, 353

吴烺 67

吴荣光 327, 346

## X

郗萌 231, 233-235, 257

羲和 58, 66, 98, 334, 345, 414, 415, 423

席元章 266

席泽宗 4, 48, 401

夏文焘 86

冼玉清 272, 274, 275, 325, 329, 330, 332, 335, 349, 352

熊明遇 33, 298, 309, 310, 314, 356

熊三拔 33, 286, 293, 297, 315, 317, 419

徐炳昶 400

徐朝俊 71

徐光启 60, 71, 244, 246, 276, 285, 291, 298, 314, 315, 317, 394, 422

徐珂 350, 360

徐日昇 50

徐颋 122, 123, 129, 225, 393

许桂林 10, 32, 99, 221-232, 234-244, 246-258,

260－265，267，268，392，
393，398，409，411
许衡　58
许乔林　222，224，225，250，
262－264，411
许慎　42，44，138
许兆升　223－226
薛凤祚　70

## Y

亚里士多德　233，239，297，
311，312，314，320，321，
355，385
阎若璩　18，63，64，71，92，
94，95，140，199，404
颜安乐　262
阳玛诺　32，239，258，280，
341，342，359，417
杨孚　328－334
杨光先　49，68，81，378
杨炯　83，84
杨士勋　261
杨廷筠　298，356
尧　58，66，77，118，152，
153，156，157，345，346，
372，399，409，420，423
姚文田　93，307
姚莹　273，289，352，377，378
叶澜　343，350
一行　90，116，119，218，378，
417
伊秉绶　334
游熊　313
游燕　294，295
游艺　33，256，263，281，292，
295，299，308－310，313，
318，319，321
于敏中　73
余萧客　129，130
俞樾　220
虞翻　333，334
虞喜　70，97，119，159，160

## Z

曾国藩　372，377
曾燠　89，225，226，333－335
曾钊　334
曾子　234，255
札马鲁丁　414
湛若水　324
张宾　326，417
张诚　50
张敦仁　87，123，124
张衡　83，84，98，233，251，
382，412
张汝舟　401
张寿镛　390
张舜徽　12
张维屏　333
张文虎　266－269

张钰哲　401
张载　43，98
张之洞　35，221，327，328，400
章炳麟　2，11，45
章学诚　1，6，18，19，93
赵烈文　377，378
赵翼　24
赵友钦　54，252
郑复光　265
郑樵　118
郑玄　42，44，141，143，154，156，157，172－175，192，193，195，199，200，204，205，211，213，216－219，257，260，397
郑众　42
周敦颐　43
周中孚　88
朱维铮　1，2，11，33，37，42－45，47，123，132，137，141，148，149，229，288，328
朱文鑫　194，401
朱熹　16，43，46，63，79，98
诸可宝　52，87，376，377
竺可桢　401
梓慎　117
祖冲之　69，215

# 再版后记

这本小书原是我的博士论文和博士后研究部分工作的一个小结，很荣幸上海古籍出版社予以再版，收入"观象"丛书。初版序言中提到当时即将发表的论文，已经以《李明彻〈圜天图说〉的儒学化及其在晚清的流传》为题刊载于《中国科技史杂志》2022 年第 1 期。至于本书第六章，亦蒙中山大学哲学系梅谦立教授 (Thierry Meynard) 邀请，以《许桂林"宣夜—西法"宇宙图景及其知识谱系建构》为题，于 2023 年 5 月 27 日在"西方自然哲学在明清的传播"学术研讨会上宣读，并收入《西学东渐研究》辑刊，即将发表。因而本书主体各章均以单篇论文的方式献芹于学界，获得一定的关注和后续研究的跟进。

本书初版时献给先舅祖父周达孝，先祖母周君雅之兄。在我上中学时，他常常提及其幼承庭训、受教《左传》《离骚经》的往事；偶尔又铿锵有力地朗诵古文，使我对中国传统的诗词、文章开始产生兴趣。先祖母在耄耋之年，仍以阅读我的文章为乐，给予我巨大的鼓励；但至本书初版时，她在病榻上已难辨认当中文字，次年也以百龄驾鹤而去。

乡贤任百强先生是吴趼人研究专家，在吴氏石印《圜天图说》问题以及岭南学术掌故等方面令我受教颇多。博士毕业后我赴远谋职，久未通音信，本书初版后欲敬赠一册，但遗憾的是，后来得知任先生已先于 2021 年辞世。

本书再版，庶可告慰他们在天之灵。

十多年前我在博士论文里关注的关键词"绝学"，随着 2018 年新设立的国家社科基金冷门绝学研究专项而逐渐受到关注。本书初版后，相关议题的研究也有推进。不过，本书主要观点未变，所以这一版并不准备纳入这些新的内容，故整体面貌一如初版；但我仍修订了笔误若干，在此感谢徐皓煊和刘紫荆花两位同学的指正。

2025 年 2 月 16 日

于北京海淀